A poesia de Carolina Maria de Jesus:
um estudo de seu projeto estético, de suas temáticas e
de sua natureza quilombola

Amanda Crispim Ferreira

A poesia de Carolina Maria de Jesus:
um estudo de seu projeto estético, de suas temáticas e
de sua natureza quilombola

malê

Todos os direitos desta edição reservados à Malê Editora e
Produtora Cultural Ltda.
Direção: Francisco Jorge & Vagner Amaro

A poesia de Carolina Maria de Jesus: um estudo de seu projeto estético, de suas temáticas e de sua natureza quilombola
ISBN: 978-65-87746-83-8
Edição: Marlon Souza
Capa: Dandarra Santana
Diagramação: Maristela Meneghetti
Revisão: Louise Branquinho

Texto revisado segundo o novo Acordo Ortográfico da Língua Portuguesa.
Proibida a reprodução, no todo, ou em parte, através de quaisquer meios.

```
      Dados Internacionais de Catalogação na Publicação (CIP)
              (Câmara Brasileira do Livro, SP, Brasil)

    Ferreira, Amanda Crispim
       A poesia de Carolina Maria de Jesus : um estudo de
    seu projeto estético, de suas temáticas e de sua
    natureza quilombola / Amanda Crispim Ferreira. --
    Rio de Janeiro, RJ : Malê Edições, 2022.

       Bibliografia.
       ISBN 978-65-87746-83-8

       1. Escritoras negras - Brasil 2. Jesus, Carolina
    Maria de, 1914-1977 - Crítica e interpretação
    3. Poesia brasileira I. Título.

    22-114085                                  CDD-B869.109
                    Índices para catálogo sistemático:

       1. Poesia : Literatura brasileira : História e
             crítica    B869.109

    Eliete Marques da Silva - Bibliotecária - CRB-8/9380
```

2022
Editora Malê
Rua do Acre, 83, sala 202, Centro, Rio de Janeiro, RJ
contato@editoramale.com.br
www.editoramale.com.br

SUMÁRIO

Prefácio: Carolina Maria de Jesus e sua morada poética 9
Introdução: Carolina Maria De Jesus, para além do testemunho 13
1. De Bitita a Carolina Maria de Jesus: a formação da escritora 25
1.1 A descoberta poética 25
1.2 O processo de escrita carolineano 75
2. O poema na literatura negro-brasileira e os versos de carolina 109
2.1 Características da poesia negro-brasileira 111
2.2 Marcas do eu lírico negro na produção de carolina 122
3. "Nossos passos vêm de longe...": a produção negro-feminina na literatura brasileira e o lugar de Carolina 163
3.1 "Vozes-mulheres": sobre um feminismo negro e a busca pelo direito à fala ... 166
3.2 Escrevivências negro-femininas 174
4. Qual era a fome de carolina?: fases e temáticas 231
4.1 No quarto de despejo, antes do sucesso: as primeiras experiências poéticas, o diálogo com seus modelos e o caminho para publicação 239
4.2 Na casa de alvenaria, durante o sucesso: de best-seller ao desencanto com a literatura 262
4.3 No sítio, após o sucesso: a reflexão e a reformulação de seu projeto literário 297
A poesia quilombola de Carolina e os novos olhares para a sua obra: à guisa de conclusão 315
Epílogo: uma carta para Carolina 325
Referências 331

À Carolina Maria de Jesus,

à Gizêlda Melo do Nascimento,

às minhas ancestrais e às mulheres que, mesmo diante do racismo e do machismo cotidianos, persistem escrevivendo, eu dedico.

Ninguém amou a poesia
Certamente mais do que eu
Nem mesmo Gonçalves Dias
Nem Casimiro de Abreu.
(Carolina Maria de Jesus)

Eu sou igual a agua, se faz um dique impedindo seu curso, ela vae evoluindo-se e transpôe
(Carolina Maria de Jesus)

Prefácio

Carolina Maria de Jesus e sua morada poética

O interesse pela obra de Carolina Maria de Jesus ocorre, na maioria das vezes, em virtude da divulgação de *Quarto de Despejo: diário de uma favelada* (1960). Tornou-se a entrada para sua produção, que a crítica tem mostrado ser ampla e repleta de portas a serem abertas, como tão bem evidencia o livro de Amanda Crispim.

A poesia de Carolina Maria de Jesus: um estudo de seu projeto estético, de suas temáticas e de sua natureza quilombola convida leitores e leitoras a adentrarem a obra poética de Carolina, ou da poetisa, como é chamada ao longo do livro, por meio de uma escrita fluida, envolvente, sem perder a profundidade analítica e o diálogo contínuo com a teoria e a crítica. Elucida, ao lado de outras vozes, o projeto literário da autora, construído no cerne da narrativa oral, na breve alfabetização escolar e no desejo de trazer à luz, pela palavra literária, o mundo pulsante que carregava em seu corpo de mulher negra.

Vida e obra entrelaçadas dão o tom do primeiro capítulo sobre a formação da escritora, e o enfoque centra-se nos modos de letramento com os quais Carolina teve contato, presentes na forma e no conteúdo de seus poemas. Memória marcante de sua infância, o avô Benedito foi responsável por instigar a menina Bitita a pensar sobre moral, ética e religiosidade cristã, como revelam os poemas "O ébrio", ao tratar do alcoolismo sob a forma de versos curtos similares a provérbios, e "Ingenuidade", exaltação às virtudes cristãs, conforme demonstram as análises de Amanda Crispim.

Na caminhada do letramento, a imersão nas congadas, nas palavras de Rui Barbosa, na leitura dos clássicos e na cultura emanada de seu entorno, levou a autora a fazer das artes – literatura e música – a força motriz para sobreviver à fome e cantar, como um aedo contemporâneo, o amor, a maternidade, a religião, a política, a condição negra no Brasil em "atitude quilombola", nas palavras da estudiosa Crispim. O método de comparação entre as diferentes versões dos poemas (manuscritas e datiloscritas), que deram origem às publicações *Antologia pessoal* (1996) e *Clíris: poemas recolhidos* (2019), é utilizado pela estudiosa com o intuito de afastar as interferências editoriais e revela a preocupação linguística marcada nos poemas. Esses traços são apontados na análise, por exemplo, das versões de "Saudade de mãe", a partir de usos da acentuação gráfica clássica portuguesa, que contribui para descortinar o processo criativo de Carolina, pautado na reescrita e na busca pela melhor expressão poética. Gerações de autoras e autores negros são postas ao lado de Carolina nos capítulos subsequentes e o resultado de cuidadosas reflexões mostra de que modo a autora foi recebida em sua época de produção e as reverberações de seus escritos em autoras contemporâneas.

A retomada de Luiz Gama, Lino Guedes, Solano Trindade, entre outros, em constante diálogo com teoria e crítica, contribui para leitores e leitoras conhecerem a trajetória e a convergência das produções de autores negros, além de promover o reconhecimento de nomes tantas vezes esquecidos pela historiografia literária tradicional, apesar de existir fortuna crítica significativa em torno de suas obras. Contudo, de acordo com Crispim (p.161), não é nesse grupo inicial que a poetisa Carolina encontra seu espaço, uma vez que não foi plenamente compreendida em suas vertentes poéticas: "[...] não conseguiam compreender o projeto multifacetado da autora, que não se restringia à questão racial, mas incluía a observância de diversas questões político-sociais e, também, existenciais".

A análise do poema "Os feijões" corrobora a ideia da atualidade da produção de Carolina, que, em seu tempo, vislumbrou as linhas tênues que ligam gênero, raça e classe social, além de oferecem um panorama mais amplo para os debates em torno de política e sociedade, principalmente no que se refere a mulheres e homens negros. A poesia de Carolina aponta essas inter-relações e, ainda assim, não foi reconhecida.

"Vozes mulheres", de Conceição Evaristo, é o ponto de partida para traçar a linhagem de escritoras negras no capítulo 3. Ao longo do percurso analítico do livro, aproximam-se autoras, críticas e teóricas: Maria Firmina dos Reis, Conceição Evaristo, Cristiane Sobral, Gizêlda Melo do Nascimento, Sueli Carneiro, bell hooks, Lélia Gonzalez, Grada Kilomba, Spivak, Fernanda Miranda, Raffaella Fernandez, entre outras.

Nesse momento, intensificam-se os diálogos entre as autoras negras, que formam um grande círculo de acolhimento ao redor de Carolina Maria de Jesus, recuperando-se uma imagem cara às tradições africanas. Destacam-se os poemas "Meus filhos", "Maria Rosa", "Noivas de maio" e "Desilusão", que colocam em primeiro plano o sofrimento amoroso, a maternidade, a crítica à instituição do casamento e a solidão. Sua poesia encontra abrigo no corpo das mulheres negras. Escrevivências.

"Quadros" é o poema de abertura do último capítulo, que mostra as variadas temáticas sobre as quais Carolina se debruça em exercício frequente de anotações para seus futuros poemas, como aponta Crispim. A estudiosa desconstrói a ideia de Carolina ter sido revelada por Audálio Dantas e descreve suas estratégias para ser publicada, ressaltando, mais uma vez, clara consciência do movimento poético, isto é, da relação entre autor, obra e público sobre a qual fala o crítico Antonio Candido. A divisão sugerida para a produção poética da autora, nessa última parte, centra-se em recortes temporais: antes do auge de *Quarto de despejo*; durante o período de evidência nos meios literários da época; e posterior ao sucesso.

O olhar cuidadoso e a sensibilidade de Amanda Crispim conduzem leitores e leitoras na jornada pelas moradas de Carolina, abrindo portas e janelas do quarto de despejo, da casa de alvenaria e do sítio, e iluminando cantos de sua poesia, antes desconhecidos. Fragmentos das obras em prosa dialogam com os poemas e delineiam um percurso de leitura para a produção literária carolineana.

Assim, a natureza, o bucolismo, a crítica social e a liberdade são temas exaltados em versos ritmados de "Trinado", "As aves" e "O colono e o fazendeiro". O amor platônico, a mulher idealizada e o nacionalismo surgem em "Segredo oculto", "Meu Brasil" e "Minha Pátria", exemplos de retomada da tradição clássica em sua obra. Fome, guerra, desigualdades sociais, reforma agrária, a imagem de Jesus libertador e a homenagem a pessoas notórias por suas lutas estão presentes em "O pobre e o rico", "As terras", "Quando Cristo regressar", "João Brasileiro", "O operário" e "Vidas". Ao refinamento desse estudo, preocupado em apontar as tensões na poética de Carolina, não passam despercebidas as versões consideradas "amenas" ou aquelas indicadas por "não inclui", frutos da autocensura.

Os poemas "Quarto de despejo" e "Agruras de poeta" assinalam a consciência poética da autora, tantas vezes ressaltada em sua obra, que, segundo Crispim, aproxima-os de um manifesto. Marcam a volta para o campo e o desencanto: "Reminiscências", "A velhice e a mocidade", "O infeliz", "A carta", entre outros poemas que anunciam o fim da jornada pelas moradas da autora e a certeza de que o livro de Amanda Crispim – mulher, negra, professora e crítica literária – coloca-a entre as principais referências de estudos sobre a obra de Carolina Maria de Jesus. Fica a certeza de que há resposta para o verso de "Atualidades" – "Vivo ao léu sem ter morada": Carolina, a literatura foi sua morada.

Maria Carolina de Godoy
Professora Associada do Departamento de Letras Vernáculas e Clássicas da Universidade Estadual de Londrina, pesquisadora associada do PACC – Programa Avançado de Cultura Contemporânea da UFRJ e líder do grupo de pesquisa "Literatura afro-brasileira e sua divulgação em rede" do CNPq.

Introdução

Carolina Maria de Jesus, para além do testemunho

> *"Os poetas que passaram*
> *Construíram castelos no ar*
> *Quase todos idealizaram*
> *Sonhos que não pude realizar."*
>
> (Carolina Maria de Jesus)

Quarto de despejo: diário de uma favelada, publicado em 1960, foi o texto que deu a Carolina Maria de Jesus a oportunidade de vivenciar o sucesso adquirido por meio da publicação de um livro. O diário, que narrava o seu cotidiano na favela do Canindé, em São Paulo, foi bem aceito pelo público: "O sucesso do livro superou as expectativas mais otimistas: foram vendidos dez mil exemplares nos três primeiros dias. O momento era propício, pois a denúncia da injustiça social constituía, na época, tema recorrente nos jornais" (CASTRO; MACHADO, 2007, p. 69).

Após aquele 19 de agosto de 1960, a rotina da escritora favelada modificou-se, pois, a partir daquele momento, em vez de levantar todas as manhãs para catar papel, ela participava de programas de televisão, rádio, jantares, almoços, viagens e debates para divulgar seu livro, dando entrevistas e autógrafos frequentemente. "Carolina é solicitada e convidada todos os dias. E aceita. *Quarto de despejo* é o livro mais vendido no país" (CASTRO; MACHADO, 2007, p. 73). Além disso, é a obra mais traduzida na década de 1960, passando por mais de 15 países em apenas cinco anos após a sua publicação no Brasil (PERPÉTUA, 2014, p. 89). Com o dinheiro ganho pela venda dos livros, Carolina comprou um sobrado e, realizando o seu sonho de possuir uma casa de alvenaria, mudou-se com os filhos para um bairro de classe média em São Paulo.

O sucesso veio tão rápido quanto o insucesso. Carolina aos poucos foi sendo apagada do cenário literário nacional. Seu segundo livro, *Casa de alvenaria: diário de uma ex-favelada,* que narrava a sua vida fora do Canindé, já não vendeu tanto como o primeiro, e os outros dois seguintes, *Provérbios* e *Pedaços da fome,* publicados em 1963, com recursos da própria autora, renderam-lhe menos ainda, dando-lhe, na verdade, prejuízo. Assim, Carolina passou do sucesso ao esquecimento, pois a mesma mídia que a aclamou, concedendo-lhe lugar de destaque em jornais e revistas da época, já não se interessava mais pelo que ela tinha a dizer. Diferentes questões, como as diversas tentativas da imprensa e de seus editores de "teleguiar" as ações da escritora, a ditadura militar, o avanço da censura, o machismo e o racismo, atravessaram a trajetória literária de Carolina. Assim, diante de todas essas violências, a escritora começa a se arrepender de ter publicado *Quarto de despejo:*

> Carolina pressentiu o fim do sucesso já na fase de grande deslumbramento. Insatisfeita com sua celebridade, imaginava-se catando papel novamente, fazia o balanço das coisas positivas e negativas que lhe aconteciam, analisava criticamente a nova vida, na qual se sentia confusa, idealizava seu tempo na favela, previa novas e maiores dificuldades no futuro, julgava-se usada. Comparou-se a um pedaço de doce devorado pelas formigas: "Este pedaço de doce coincide comigo depois que publiquei o quarto de despejo." (CASTRO; MACHADO; 2007, p. 79).

Entendendo que não era mais possível viver naquela situação, Carolina decide deixar a cidade grande e morar em seu sítio, em Parelheiros - SP, pois lá poderia plantar e alimentar seus filhos, visto que já ficara sem dinheiro até para comprar comida. Trabalhava como lavradora e também se dedicava à atividade da escrita, em que, afastando-se dos diários, escrevia sua autobiografia, romances, contos, peças teatrais e poemas, textos que sempre quis publicar, mas nunca conseguiu. Como uma última tentativa de retornar à mídia como escritora, entregou os manuscritos de *Um Brasil para os brasileiros* a duas jornalistas que foram entrevistá-la em seu sítio, em 1975, as quais os publicaram na França sob o título *Journal de Bitita,* em 1982, exatamente cinco anos após a morte de Carolina, ocorrida em 13 de fevereiro de 1977.

Os textos de Carolina continuaram circulando nas reuniões de movimentos sociais e religiosos, como o Movimento Negro e a Pastoral da Juventude católica. Todavia, foi somente na década de 1990 que Carolina, aos poucos, passou a ser redescoberta no meio acadêmico no Brasil, por meio do trabalho dos professores José Carlos Sebe Bom Meihy e Robert Levine, que, lecionando nos Estados Unidos, perceberam que lá Carolina nunca desaparecera. Por isso, dedicaram-se a entender a razão do insucesso da escritora em seu país e a reapresentá-la ao público e à crítica brasileira. Com o auxílio dos seus alunos, entraram em contato com Vera Eunice, filha de Carolina, e com Audálio Dantas, jornalista responsável pela descoberta e publicação dos diários *Quarto de despejo* e *Casa de alvenaria*, a fim de conseguir informações sobre a escritora (CASTRO; MACHADO, 2007, p. 123).

    O resultado foi a publicação do livro *Cinderela negra: a saga de Carolina Maria de Jesus* (1994), uma biografia da autora construída por meio de depoimentos daqueles que a conheceram e por dois textos inéditos da escritora: *Minha vida* e *Sócrates africano*. Nos anos seguintes, a dupla de pesquisadores, Meihy e Levine, publicou mais dois livros da autora: *Meu estranho diário* (1996a) e *Antologia pessoal* (1996b), por meio de manuscritos entregues por Vera Eunice e organizados pela própria Carolina, sendo que o primeiro tratava-se de fragmentos de diário e o segundo, de um livro de poemas. Tais publicações recolocaram Carolina na mídia brasileira e, pouco tempo depois, a autora adentrou a academia, com *Quarto de despejo* sendo leitura obrigatória nos vestibulares da UFMG, em 2001; da UnB, em 2004; da UFRGS, em 2018; da Unicamp, da UFSC, da Acafe, da UEM, da UEPG e da UFT, em 2020; da UEL e da Unicentro, em 2021; e sendo objeto de pesquisas em diferentes programas de pós-graduação, como Letras, Psicologia, Ciências Sociais, Estudos da Linguagem, Estudos da Tradução, Ciências da Saúde, História, Arquitetura e Urbanismo, em universidades de todo o país. Em 2014, por ocasião do seu centenário, vários eventos acadêmicos e literários foram realizados em sua homenagem, o que possibilitou ainda mais a divulgação de sua história e do seu diário.

    Entretanto, a maioria das suas produções ainda se encontra manuscrita, ou seja, fora do alcance do público. Diante disso, apesar do crescimento das pesquisas em torno de Carolina, percebe-se que grande parte do que é produzido não é sobre sua obra, mas, sim, sobre um único livro, seu diário *Quarto de despejo*. Sendo assim, as análises acabam por focalizar apenas naquele deslumbramento da década de 1960, uma "favelada que escreve", refletindo sobre questões sociais e, algumas vezes, linguísticas, porém poucas vezes literárias. Na maioria dos casos, observa-se o seu diário como um documento, negando-lhe valor literário. Esse tipo de estudo foi muito importante, pois possibilitou o seu ressurgimento por meio da divulgação de seu livro, porém fez com que Carolina ficasse conhecida somente como a escritora de diários, como a mulher do testemunho, excluindo-se toda a sua obra ficcional.

Talvez por isso há quem diga que sua obra não possui valor literário, como foi o caso da jornalista e escritora Marilene Felinto, que, em um artigo publicado na *Folha de São Paulo*, em 29 de setembro de 1996, criticava a publicação dos livros *Meu estranho diário* e *Antologia Pessoal*, alegando ser mais uma tentativa da academia de dar à obra de Carolina o estatuto literário. Para a jornalista, seus textos não passavam de desabafos, que possuíam apenas um valor documental, e não literário (FELINTO, 1996, p. 11). Na mesma linha, há um caso mais recente, de abril de 2017, quando o professor Ivan Cavalcanti Proença, durante um evento em homenagem a Carolina, promovido pela Academia Carioca de Letras, afirmou que *Quarto de despejo* não é literatura: "É o relato natural e espontâneo de uma pessoa que não tinha condições de existir por completo". Subestimando a autora, ele completou: "Ouvi de muitos intelectuais paulistas: 'Se essa mulher escreve, qualquer um pode escrever'" (LONGO, 2017). Em entrevista para o *blog* "Gente boa", do jornal *O Globo*, Proença reforçou: "Mantenho o que disse. Não é literatura. É um documento importante, extraordinário e de significado sócio-econômico e cultural muito sério. Mas não é literatura" (RAMOS, 2017).

Acredita-se que, como Felinto e Proença, há outros críticos que compartilham dessa opinião por não conhecerem sua obra, tanto a publicada quanto a inédita, que, segundo Elzira Divina Perpétua (2014), em sua pesquisa sobre os manuscritos da autora, revela uma outra Carolina, não a diarista, mas aquela que gostaria "de ser reconhecida por sua produção poética e ficcional" (p. 222).

Nesse sentido, a partir dos anos 2000, começaram a surgir pesquisadores dispostos a conhecer essa outra Carolina e seu projeto literário. A primeira foi Elzira Divina Perpétua, que desenvolveu, na UFMG, em 2000, sua tese de doutorado, intitulada *Traços de Carolina Maria de Jesus: gênese, tradução e recepção de Quarto de despejo*, na qual cotejou os manuscritos com o texto publicado a fim de compreender o processo de editoração e publicação do diário. Depois, em 2004, temos a tese de Germana Henriques Pereira de Souza, na UnB, com o título *Carolina Maria de Jesus: o estranho diário da escritora vira-lata*, na qual a pesquisadora propõe-se a pesquisar a escrita de Carolina. Após, em 2007, na USP, temos a tese *Exuberância e invisibilidade: populações moventes e cultura em São Paulo, 1942 ao início dos anos 70*, da pesquisadora Elena Pajaro Peres, que apresenta um estudo sobre a cultura de São Paulo a partir da obra de Carolina.

Anos depois, em 2011, na Unicamp, temos a tese *A descoberta do insólito: literatura negra e literatura periférica no Brasil (1960-2000)*, do pesquisador Mário Augusto

Medeiros da Silva, em que é discutida a produção de Carolina a partir de uma perspectiva da Literatura Negra e periférica. Em 2015, encontramos duas teses: a primeira, desenvolvida na UFMG, da pesquisadora Aline Alves Arruda, sob o título *Carolina Maria de Jesus: projeto literário e edição crítica de um romance inédito*, na qual a pesquisadora analisa a obra de Carolina a fim de demonstrar o seu projeto literário, e também apresenta a transcrição de um dos seus romances, *Dr. Silvio*, que se encontrava "escondido" nos manuscritos da autora; a segunda, realizada na Unicamp, da pesquisadora Raffaella Andréa Fernandez, com o título *Processo criativo nos manuscritos do espólio literário de Carolina Maria de Jesus*, que apresenta uma profunda análise em torno dos manuscritos da autora buscando compreender o seu processo criativo, além de demonstrar as ideias de palimpsesto e poética de resíduos na sua obra.

Por fim, encontramos a tese da pesquisadora Fernanda Rodrigues de Miranda, defendida em 2019, na USP, sob o título *Corpo de romances de autoras negras brasileiras (1859-2006): posse da história e colonialidade nacional confrontada*. Na qual, partindo da concepção de que os romances de mulheres negras são pouco presentes nos estudos críticos e bibliográficos no Brasil, a autora pretende dar visibilidade a essa produção, analisando obras como *Úrsula* (1859), de Maria Firmina dos Reis, *Pedaços da fome* (1963), de Carolina Maria de Jesus, e *Um defeito de cor* (2006), de Ana Maria Gonçalves, que, embora distantes no espaço temporal, convergem no objetivo de romper com o silenciamento sobre a voz da mulher negra. Esse movimento é interessante porque, assim como a pesquisa de Silva (2011), Miranda (2019) insere a obra de Carolina dentro de uma tradição literária, rompendo com a ideia de uma escritora "isolada" na Literatura Brasileira.

Todas essas pesquisas contribuíram para que se pudesse começar a construir um novo olhar sobre a produção de Carolina, tirando-a dessa condição de "pré-literatura" ou "relatora do cotidiano", apresentando seu projeto literário e confirmando a sua condição de escritora, que tantas vezes lhe foi negada. Contudo, ainda não houve pesquisas em torno dos poemas da "poetisa negra", como era conhecida no meio midiático da época. Ou seja, não encontramos discussões em torno daqueles textos sobre os quais seu editor a orientou que "guardasse" (JESUS, 1961, n.p.), pois, segundo ele, o que ela tinha de relevante em sua obra eram os diários.

Diante dessas reflexões, desejamos, neste livro, adentrar esse universo poético de Carolina e explorar esse território tão pouco ou nada conhecido. Para tal análise, elegemos estudar suas poesias, que pareciam ser os textos aos quais ela mais se dedicou na composição, reescrevendo várias vezes a fim de obter uma obra digna de publicação e de sucesso de vendas e de crítica. A todo momento, ela declarava a admiração que tinha pelos poetas e intitulava-se também poeta (JESUS, 2007a, p. 40).

Para este estudo, além dos poemas das publicações *Antologia pessoal* (1996b) e *Clíris: poemas recolhidos* (2019), optamos por analisar, principalmente, os poemas das versões manuscritas. Uma intitulada *Clíris,* que se acredita ter sido a primeira versão da sua antologia poética, e outra intitulada *Um Brasil para os brasileiros*, supostamente a última versão, entregue por Carolina a duas jornalistas, conforme mencionado, uma brasileira, Clélia Pisa, e uma francesa, Maryvonne Lapouge, em 1975, durante uma entrevista para o livro *Brasileiras. Voix,* écrits *du Brésil.* Há, ainda, uma versão datiloscrita, sem título, datilografada pelos filhos da escritora, que apresenta os poemas de *Antologia pessoal.* Nossos locais de pesquisa desses manuscritos[1] foram a Fundação Biblioteca Nacional (FBN) e o Instituto Moreira Sales (IMS), no Rio de Janeiro - RJ, e os microfilmes utilizados no livro foram digitalizados da cópia localizada no CEDAP - Unesp, em Assis - SP, e também do material do IMS.

É importante ressaltar que, embora trabalhemos com manuscritos, este livro não se trata de um estudo pautado na Crítica Genética. Desse modo, as transcrições dos textos aqui encontradas não seguem o padrão dessa teoria, mas têm o objetivo de, somente, permitir a apreciação dos poemas da autora ao leitor comum, já que é possível que as pessoas não compreendam a letra, nem o processo de escrita de Carolina.

A opção pelos manuscritos e por essa metodologia de análise deve-se a vários motivos, dentre os quais destaca-se o fato de as obras impressas não contemplarem todos os poemas da autora. A versão de *Antologia pessoal* (1996b), por exemplo, não apresenta um prólogo e contém aproximadamente 20 poemas, como "Os feijões" e "João Brasileiro", que discutem o racismo e as desigualdades sociais no Brasil, optando por incluir outros que refletem sobre questões metafísicas ou apresentam o diálogo com a estética romântica. Acredita-se que, como essa versão foi organizada pela própria autora, revela o seu desejo de ter a sua imagem descolada da crítica social, tão explorada no diário, e de apresentar uma Carolina mais reflexiva. Já *Clíris* (2019), organizado por Raffaella Fernandez e Ary Pimentel, contempla alguns poemas que não apareciam em *Antologia pessoal*, como "A empregada" e "Negros", mas omite alguns poemas que

---

[1] Segundo o pesquisador Sérgio Barcellos (2015, p. 13-14), os manuscritos da autora estão distribuídos na Fundação Biblioteca Nacional, no Rio de Janeiro (14 cadernos), no Arquivo Público Municipal Cônego Hermógenes Cassimiro de Araújo Bruonswik, em Sacramento (37 cadernos), no Instituto Moreira Salles, no Rio de Janeiro (2 cadernos), na Biblioteca Brasiliana Guita e José Mindlin, USP (2 cadernos), e no Museu Afro Brasil, em São Paulo (1 caderno).

abordam o sofrimento amoroso e a busca pela felicidade, apresentando uma Carolina mais atenta às questões sociais e raciais, o que foi importante, já que, por muitos anos, devido ao fato de esses poemas estarem fora do alcance do leitor, a poeta foi acusada de não apresentar um lugar de fala negro em sua obra.

Assim, a observação dos manuscritos se faz necessária para que possamos ter uma visão ampla da produção poética da autora, que se caracteriza por abordar questões político-sociais, existencial-reflexivas e religiosas. Além disso, observar essas várias versões do livro de poesias da autora nos permite comparar as mudanças nos textos, as escolhas da autora, e compreender as várias fases de Carolina, que podem ser classificadas em: antes do sucesso; durante o sucesso; e depois do sucesso. Em cada fase, percebe-se uma mudança na linguagem e nos conteúdos dos textos. Ademais, as versões publicadas sofrem interferências do editor, o que descaracterizaria a sua poesia, marcada pelo uso diferenciado da linguagem. É uma linguagem híbrida e experimental, um misto do que conseguiu apreender nos dois anos de acesso à educação institucionalizada e do conhecimento da linguagem alheia, dos poetas canônicos que leu e do que apreendeu de maneira autodidata. Salientamos, contudo, que essa escolha não tem o intuito de manter a autora em um lugar de subalternidade, evidenciando seus desvios na norma padrão da língua. Ao contrário, acreditamos que, para o nosso estudo, que visa analisar os caminhos da sua construção literária, essa interferência é prejudicial. Cremos que essas revisões, identificadas em *Antologia pessoal* (1996b) e *Clíris* (2019), homogeneízam o texto da autora, interferindo com suas escolhas vocabulares, alterando a ordem das palavras nos versos, prejudicando a rima dos versos, enfim, comprometendo a autenticidade do seu texto poético.

Além dos poemas, encontramos nos manuscritos grande parte da obra ficcional da autora, composta por diversos gêneros biográficos e ficcionais, divididos em, aproximadamente, 56 cadernos autógrafos. Dizemos "aproximadamente" porque não há exatidão sobre a quantidade de cadernos, visto que Carolina, constantemente, entregava manuscritos a jornalistas, editores e pessoas influentes no meio literário na busca por ser publicada. Desse modo, muitos materiais acabaram se perdendo ao longo dos anos. Segundo Sérgio Barcellos e Raffaella Fernandez, pesquisadores do acervo de Carolina, sobre os cadernos catalogados, temos, aproximadamente[2]: oito romances

---

[2] Dizemos "aproximadamente" porque não há unanimidade quando se fala em catalogação das obras de Carolina. Há sempre um romance novo sendo descoberto, um caderno novo sendo encontrado. É, sem dúvida, uma pesquisa movente.

(*Dr. Silvio*[3], *Dr. Fausto*, *Diário de Marta* ou *A mulher diabólica*, *Rita*, *O escravo*, *A Felizarda*[4], *Maria Luiza* e um sem título); três peças teatrais (*A Senhora Perdeu o Direito!*, *Obrigado Senhor Vigário* e *Se eu Soubesse*); dois livros de poemas (um intitulado *Clíris* e outro, *Um brasil para os brasileiros*); além de contos, provérbios, pensamentos, textos humorísticos curtos, letras de música, cartas e, claro, diário pessoal (BARCELLOS, 2015, p. 15-16; FERNANDEZ, 2016, p. 17-20).

Esses manuscritos expõem várias referências de uma Carolina escritora, as quais foram excluídas do material publicado, como o trecho a seguir, datado de 05 de maio de 1958 e excluído do *Quarto de despejo*: "passei o resto da tarde escrevendo, terminando o meu livro Cliris" (FBN, 47, GAV 01, 02, p. 3). Além das referências, também é possível encontrar nos manuscritos o lirismo, as comparações e as metáforas que ficaram ocultas na obra apresentada ao público em 1960:

> Um político não pode ser calouro. Precisa saber. O senhor Kubistcheque está no palco e não sabe cantar. Cuidado com a vaia ou o gongo (FBN, 47, GAV 01, 02, p. 124).
>
> A Vera pediu café. Eu não tenho. Ela não chorou. E as suas lágrimas que eu acho pungente. Ela já está aprendendo a resignar-se (FBN, 47, GAV 01, 02, p. 130).
>
> Eu vi meus ideais desfazer-se como fumaças no espaço (FBN, 47, GAV 01, 02, p. 239).
>
> Eles comem muito pão e gostam de pão mole. Mas quando não tem eles comem pão duro. Porque a fome é um juiz, que nos faz curvar-se. Que vida meu Deus! Duro é o pão que nós comemos. Dura é a cama que dormimos. Dura é a vida do favelado que quando chove tem que enfrentar a lama como se fossemos suínos (FBN, 47, GAV 01, 02, p. 136).

Nosso interesse neste trabalho é observar sua obra para além dos estigmas de uma voz testemunhal restrita às vivências do Canindé. Queremos acessar os poemas e compreender a poética de Carolina. Essa poética que, assim como um quilombo representou refúgio, resistência e liberdade para os escravizados, abriga os mesmos sentidos para a escritora. Era seu refúgio diante da realidade opressora, pois, por meio da palavra no papel, a poeta criava o seu lugar e o seu porto seguro diante das agruras da realidade na qual estava inserida. Era resistência, porque foi o seu meio de reagir aos

---

[3] O romance em questão foi transcrito pela pesquisadora Aline Alves Arruda em sua tese de doutorado, defendida em 2015 na UFMG.
[4] O romance foi publicado pela própria autora, provavelmente em 1963, sob o título de *Pedaços da fome*.

silenciamentos fixados. Além disso, os próprios poemas resistiram às carências materiais, às imposições da elite literária e ao racismo, pois a escritora nunca parou de escrever. Na ausência de papel, escreveu nas paredes e, ao ser colocada à margem, adaptou seus versos, reescreveu-os e infiltrou-se na literatura. É liberdade, pois criava versos para libertar-se dos estereótipos impostos e do "estojo de marfim" que tentaram aprisionar poetisa e poema. Em seu barraco, às margens do Tietê, encontra na arte poética o seu quilombo, o seu modo de subverter o destino decretado e construir sua história.

Diante disso, acreditamos que esse movimento de análise dos seus poemas é necessário para que a autora possa sair dessa condição que lhe impuseram de "exótica", "improvável", que só sabe falar da fome, da favela e da pobreza, e passe a ser estudada por completo, como uma autora que, além da discussão social e política, dedicou-se a refletir sobre o fazer poético, sobre questões existenciais e metafísicas, a liberdade de amar e ser amada, a condição da mulher, a religião e o racismo.

Faremos nossas análises amparados por uma base teórica constituída por estudos em torno da poesia negro-brasileira e da Literatura Negro-Feminina. Acreditamos que essas teorias são necessárias para podermos compreender essa poesia quilombola, marcada por um lugar de fala feminino e negro. Lugares que por muitos anos foram-lhe negados, mas que são reivindicados na sua produção poética. Utilizaremos, também, estudos voltados para a análise da escrita de Carolina e seus manuscritos, como os do pesquisador José Sebe Bom Meihy, da pesquisadora Marisa Lajolo e dos demais pesquisadores que já foram citados nesta introdução, que observaram seus textos e fizeram valiosas contribuições sobre a sua escrita, seu lugar de fala e a intervenção editorial no processo de publicação de seus diários e seus textos ficcionais.

Dividido em quatro capítulos, este livro se propõe, no primeiro, *De Bitita a Carolina Maria de Jesus: a formação da escritora*, a apresentar o processo de descoberta poética de Carolina e as características do seu processo formativo e criativo. Esse capítulo, mais do que narrar a trajetória da escritora, tem por objetivo apresentar e compreender o processo de letramento e formação de Carolina enquanto escritora. Esse percurso é importante, pois, devido aos poucos anos em que a autora teve acesso à educação institucional, desenvolveu-se a ideia de que ela não teve formação, de que era uma pessoa "iletrada" e de que sua escritura é fruto do acaso ou da carência material. Essa concepção pode ser refutada por meio da observação de seus escritos, quando percebemos que sua obra é resultado de uma formação não institucional, perpassada pela ancestralidade africana, pela tradição oral e pela escuta de discursos abolicionistas. Após ser alfabetizada, inicia sua formação autodidata, pautada na leitura de textos literários, filosóficos e religiosos. Toda essa formação refletirá em seus versos.

Já sobre o seu processo criativo, ainda nesse primeiro capítulo, mostraremos as características de sua poesia, que é permeada pela *escrevivência*[5]. Desse modo, acreditamos que a observação de suas vivências, seus pensamentos e suas experiências será fundamental, pois é desse lugar que nascerá sua poética. Sendo assim, já apontamos que este livro, apesar de pretender analisar os poemas da autora, será permeado por passagens de seus diários e demais textos de caráter autobiográfico, pois entendemos que esse cotejo com sua trajetória nos auxiliará no processo de compreender sua poética.

A partir da análise dos textos, refletiremos sobre a caracterização da linguagem nos poemas, os temas escolhidos, os diálogos com a tradição oral, canônica, e também com a modernidade. Além de observar práticas da autora, como a reescrita e o movimento de dialogar com discursos e estéticas diferentes para escrever seus poemas, a fim de entender o seu processo de criação.

No segundo capítulo, *O poema na Literatura Negro-Brasileira*[6] *e os versos de Carolina*, o objetivo é apresentar uma reflexão panorâmica a respeito das características do poema de autoria negra e sobre como a produção de Carolina se enquadra nesse grupo, comparando os textos da poeta com as demais produções do período em que produziu. Esse movimento se faz necessário porque, embora o jornalista Willy Aureli a tenha intitulado "poetisa negra" ainda na década de 1940, importantes críticos dessa estética, como David Brookshaw (1983), Oswaldo de Camargo (1987), Zilá Bernd (1988), Benedita Gouveia Damasceno (2003), Miriam Alves (2010) e Luiz da Silva Cuti (2010), simplesmente ignoraram a sua produção em seus estudos. Diferentemente de outros autores negros, Carolina estava privada de algumas reflexões a respeito da escrita negra, e era a partir do discurso que acessava, o hegemônico, que ela refletia suas vivências. Todavia, isso não desqualifica a sua obra enquanto Literatura Negra, visto que, mesmo distante dessas discussões, ela não deixa de apresentar um eu lírico negro,

---

[5] Conceito criado pela escritora e pesquisadora Conceição Evaristo sobre uma característica da escrita de mulheres negras, que se refere, a grosso modo, a uma escrita que nasce de uma vivência, de uma experiência (EVARISTO, 2005).

[6] Optamos por, ao longo do livro, utilizar a nomenclatura "Literatura Negro-Brasileira" em vez de "Literatura Afro-Brasileira". Nossa opção se baseia nas discussões propostas por Cuti (2010): "Denominar de afro a produção literária negro-brasileira (dos que se assumem como negros em seus textos) é projetá-la à origem continental de seus autores, deixando-a à margem da literatura brasileira, atribuindo-lhe, principalmente, uma desqualificação com base no viés da hierarquização das culturas, noção bastante disseminada na concepção de Brasil por seus intelectuais. 'Afro-brasileiro' e 'afro-descendente' são expressões que induzem a discreto retorno à África, afastamento silencioso do âmbito da literatura brasileira para se fazer de sua vertente negra um mero apêndice da literatura africana. Em outras palavras, é como se só à produção de autores brancos coubesse compor a literatura do Brasil. [...] Atrelar a literatura negro-brasileira à literatura africana teria um efeito de referendar o não questionamento da realidade brasileira por esta última. A literatura africana não combate o racismo brasileiro. E não se assume como negra [...]" (CUTI, 2010, p. 35-36).

como veremos no decorrer do capítulo. Produziu um texto que expunha esse lugar de fala feminino e negro, mesmo que algumas vezes não aparecesse de maneira explícita, pois era o lugar ao qual pertencia. Em outras palavras, suas vivências estavam inscritas, "escrevividas" em sua obra.

É importante ressaltar que optamos por analisar nesse capítulo apenas as produções poéticas de representantes da poesia negra que vieram antes de Carolina e, também, daqueles que produziram no mesmo período em que ela. Excluímos as reflexões críticas sobre as produções posteriores à morte da autora, como as que constituem a Literatura Periférica, porque, embora saibamos da relevância dessa discussão, como dissemos, um dos objetivos da seção é apresentar o contexto de produção no qual a poeta produziu a sua obra poética. Por essa razão, as reflexões teórico-críticas atuais sobre poesia negra não aparecem no capítulo. Outro grupo que ficou ausente nesse momento do livro foram as poetas, pois elas serão contempladas no capítulo seguinte, que tratará somente da produção de autoria de mulheres negras e da sua importância no movimento de reconhecimento de Carolina enquanto poeta e precursora de uma estética negra feminina.

Também nesse capítulo, começaremos a compreender o processo de autocensura pelo qual a poetisa passou no decorrer de sua trajetória, discussão que se desenvolverá nos capítulos seguintes, bem como as estratégias que criou para inserir-se e permanecer no meio literário.

No terceiro capítulo, *"Nossos passos vêm de longe...": a produção negro-feminina na Literatura Brasileira e o lugar de Carolina*, apontamos a trajetória da produção negro-feminina no Brasil, suas fases, características e principais representantes, e situamos Carolina e sua produção nesse grupo. Tal movimento se faz necessário para que possamos compreender que, embora Carolina não tenha conhecido outras escritoras negras no período no qual produziu, visto que a literatura era (e ainda é) um privilégio masculino e branco, de alguma maneira dialogou com suas ancestrais em sua poética. Ela pertence a essa linhagem de escritoras negras e veremos que sua escrita comunica isso. Além disso, a importância e a contribuição de Carolina também se dão no seu movimento de inaugurar uma tradição de *escrevivências* negras femininas, pois a sua produção influenciou as produções atuais.

No quarto capítulo, *Qual era a fome de Carolina?: fases e temáticas*, pretendemos demonstrar que a poesia da autora era multifacetada e discutia sobre diversas questões, pois sua fome ia além da comida. Tinha fome de escrever, de arte, de justiça social, de dignidade, de existência, de amor, de felicidade, e isso foi revelado por meio de uma obra ampla e versátil, que foi mudando ao longo da sua trajetória, à medida que ia adquirindo mais conhecimento sobre a arte literária, adentrando os espaços poéticos e construindo um projeto literário próprio. Diante disso, propomos uma divisão de seus poemas em três fases: antes do sucesso, no quarto de despejo, uma fase marcada por temas românticos, como o nacionalismo e o sofrimento amoroso; durante o sucesso, na casa de alvenaria, um período de críticas sociais e, também, de desilusões; e, por fim, depois do sucesso, no sítio, uma mais reflexiva, na qual, reclusa em seu sítio, reflete sobre temas universais, como a velhice, a saudade, a tristeza, a felicidade e a morte. A divisão proposta não deve ser observada de maneira rígida, mas como uma sugestão de leitura e análise da poesia da autora, visto que os poemas de Carolina raramente eram datados e, além disso, a poeta passeava pelos temas em toda sua caminhada de descoberta artística.

Por fim, concluímos levantando discussões sobre as razões de Carolina, mesmo produzindo uma obra vasta e alcançando sucesso de vendas, não ter sido reconhecida como escritora e não ter encontrado um espaço dentro dos círculos literários e acadêmicos da época. Apontamos, também, a existência de um quarto momento na obra de Carolina, o momento atual, no qual novos olhares têm surgido para observar a sua obra. Olhares distantes daquela análise engessada e restrita às vivências do Canindé, os quais, assim, possibilitam uma discussão mais completa e profunda sobre seu projeto literário e estético. Desse modo, sob essa nova ótica, a produção de Carolina, aos poucos, ressoa na Literatura Brasileira.

1. De Bitita a Carolina Maria de Jesus: a formação da escritora

> *"Nesta primeira obra poética que apresento,*
> *desejo relatar aos ilustres leitores,*
> *como foi que percebi as minhas aptidões para*
> *a poesia."*
>
> (Carolina Maria de Jesus)

1.1 A descoberta poética

As palavras apresentadas na epígrafe do capítulo – "Nesta primeira obra poética que apresento, desejo relatar aos ilustres leitores, como foi que percebi as minhas aptidões para a poesia" (IMS, CMJ_Pi_Um Brasil para os brasileiros_p001) – dão início ao prólogo[7], texto que Carolina escreveu para apresentar sua primeira obra, que, como vimos, era para ser um livro de poesias. O prefácio narra todo o caminho percorrido pela autora em direção à arte literária, desde o contato inicial com a literatura, depois a sua alfabetização, até a escrita dos primeiros textos. A preocupação de Carolina em expor ao seu público a sua história, e como aconteceu sua descoberta poética, faz-se legítima quando percebemos a profunda relação que há entre sua escritura[8] e sua história. Além disso, conhecer o que há por trás daquele 15 de julho de 1955, data que inaugura os relatos de *Quarto de despejo* (1960), permite-nos compreender todo o processo de

---

[7] Há, pelo menos, cinco versões diferentes desse prólogo. Nesta tese, sempre que aludirmos a ele, estaremos nos referindo à versão encontrada no livro *Um Brasil para os brasileiros*.

[8] Nesta tese, *escritura* refere-se ao conceito criado por Roland Barthes, quando diz: "A ciência é grosseira, a vida é sutil, e é para corrigir essa distância que a literatura nos importa. [...] através da escritura, o saber reflete incessantemente sobre o saber, segundo um discurso que não é mais epistemológico, mas dramático" (1987, p. 19). Nesse sentido, a escritura se difere da escrita, pois é a inscrição do sujeito no enunciado, na linguagem. É uma voz subjetiva que não se oculta, mas fala no texto, transpondo a submissão às regras do código linguístico para se render a um clamor artístico. Ainda conforme Barthes (1987, p. 21): "[...] as palavras não são mais concebidas ilusoriamente como simples instrumentos, são lançadas como projeções, explosões, vibrações, maquinarias, sabores: a escritura faz do saber uma festa. [...] a escritura se encontra em toda parte onde as palavras têm sabor (saber e sabor têm, em latim, a mesma etimologia). [...] É esse gosto das palavras que faz o saber profundo, fecundo".

formação e letramento da escritora e começar a removê-la desse lugar do "exótico", da "surpresa", da "escritora improvável", da "iletrada", da "descoberta de Audálio Dantas".

Apesar de ter alcançado notoriedade mundial com o seu diário, ao acessarmos sua biografia, pudemos descobrir outras fases, movimentos e episódios de sua vida que nos permitiram compreender a sua Voz. Revelou pensamentos, visões de mundo, histórias existentes além daquele barraco, ações que foram "apagadas" em **Quarto de despejo** e são fundamentais para se conhecer a sua obra, que não se resume a uma vida na favela, às poucas páginas de um diário.

Curiosamente, esse prólogo não foi publicado junto com os poemas organizados por José Sebe Bom Meihy, em *Antologia Pessoal* (1996b), mas separadamente, em formato de conto, sob o título de "Minha vida", no livro *Cinderela Negra: a saga de Carolina Maria de Jesus* (1994), organizado por Meihy e Levine. Partes desse preâmbulo também aparecem no romance autobiográfico *Diário de Bitita* (1986). O texto só foi publicado como prólogo em 2019, no livro de poemas *Clíris: poemas recolhidos*, organizado por Raffaella Fernandez e Ary Pimentel. Sendo assim, entendemos que, antes de perpassarmos os poemas da autora, é preciso atravessarmos sua trajetória, pois sua meninice, suas lutas, sua errância e suas descobertas são a chave para adentrarmos em sua consciência de escritora, compreendermos seu processo de letramento e seu projeto literário.

Sobre as biografias e os textos autobiográficos de Carolina Maria de Jesus, em que nos apoiamos para construir este livro, é importante ressaltar que sabemos que o que se apresenta em um texto de cunho memorialístico, mesmo aqueles marcados pelo pacto autobiográfico feito entre autor e leitor (LEJEUNE, 2008, p. 15), não é um relato fiel do que aconteceu no passado, pois nossa memória é construída coletivamente e constitui-se de nossas recordações do passado, que não chegam "ilesas" até o presente. Elas se modificam porque nossas formas de pensar e de enxergar também se modificam com o tempo. Assim, biografias, autobiografias, testemunhos, dentre outros gêneros memorialísticos, são fruto das escolhas daquele que escreve, daquilo que se conseguiu ou se escolheu lembrar, portanto, não é de todo "confiável", tal como a memória, que também nos trai.

No caso de Carolina, por não termos muitos documentos a respeito de sua existência antes do Canindé, grande parte do que se sabe sobre ela foi contado por ela mesma. Considerando sua habilidade performática e sua capacidade criativa e imaginativa, é natural que se olhe com "desconfiança" para a sua autobiografia. Todavia, o que nos interessa não é descobrir se Carolina inventa ou não sua trajetória, visto que esse é um movimento provável para uma escritora, mas compreender como esses acontecimentos inferem e constroem sua poética.

Carolina nasceu em uma cidade mineira chamada Sacramento, no início do século XX, acredita-se que no dia 14 de março de 1914. Dizemos "acredita-se", pois, assim como a maioria das pessoas negras no Brasil no período pós-abolição, as quais foram privadas dos seus direitos mais básicos, como a existência e a cidadania, Carolina não tinha registro de nascimento. A data "14 de março de 1914" está em um registro de nascimento feito por ela mesma em 18 de agosto de 1934, quando desejava sair do interior rumo à cidade grande e, para isso, precisava de documentos. Já em sua certidão de batismo, a data de nascimento é 06 de outubro de 1915. (CASTRO; MACHADO, 2007, p. 13). Contudo, em alguns momentos da sua autobiografia, a própria autora se questionava sobre a data:

> No dia 27 de gosto de 1927 o vovô faleceu. Minha mãe disse-me que eu estava com seis anos. Será que eu nasci no ano de 1921? Há os que dizem que nasci no ano de 1914. [...] Os negros não serviam no exército porque não eram registrados, não eram sorteados. Eles diziam:
> – É orgulho. Só os brancos que são considerados brasileiros.
> Ninguém na minha família tinha registro. Não era necessário o atestado de óbito para sepultar os mortos (JESUS, 2007b, p. 147).

Apelidada pelos seus familiares de Bitita, Carolina foi criada por sua mãe, Maria Carolina de Jesus, a Cota, provavelmente natural da região do Desemboque, um distrito de Sacramento, e seu avô materno, Benedito José da Silva, homem de origem africana, da província de Cabinda, na Angola. "O vovô era descendente de africanos. Era filho da última remessa de negros que vieram num navio negreiro. Os negros cabindas, os mais inteligentes e mais bonitos" (JESUS, 2007b, p. 139). Escravizado, recebera a carta de alforria do seu escravizador após salvá-lo de um ataque de cobra, e, embora liberto, ainda carregava o sobrenome do sinhô, "Silva". "Era um preto alto e calmo, resignado com sua condição de soldo da escravidão. Não sabia ler, mas era agradável no falar" (JESUS, 2007b, p. 08). Assim como os demais escravizados[9] recém-libertos, foi expulso

---

[9] Optamos pelo termo "escravizados" em vez de "escravos" porque "escravo conduz ao efeito de sentido de naturalização e de acomodação psicológica e social à situação, além de evocar uma condição de cativo que, hoje, parece ser intrínseca ao fato de a pessoa ser negra, sendo desconhecida ou tendo-se apagado do imaginário e das ressonâncias sociais e ideológicas a cativeiro dos eslavos por povos germânicos, registrada na etimologia do termo. O campo semântico de 'escravo' aproxima a pessoa cativa de um ente que seria escravo, no lugar de permitir entrever que ele estaria nessa condição. A responsabilização sobre a condição de cativo desliza da parte que exerce o poder e escraviza outrem, para a parte que, oprimida, passa a ser vista como natural e espontaneamente dominada e inferiorizada. Em não se tratando de um estado transitório, mas de uma condição de vida, implícita no termo 'escravo', seu emprego contribui ardilosamente para a anistia dos agentes do processo histórico de desumanização,

da fazenda sem nenhuma indenização ou reconhecimento pelos anos que trabalhou para construir esse país e enriquecer os escravizadores[10]. Mesmo com a idade avançada, analfabeto, sem dinheiro, sem terras ou qualquer perspectiva de mudança de vida, a única opção que lhe restou foi continuar trabalhando em um serviço braçal para conseguir sustentar sua família. "O meu avô, com setenta e três anos, arrancava pedras para os pedreiros fazerem alicerces das casas" (JESUS, 2007b, p. 66).

Apesar disso, era muito conhecido na região e exercia certa liderança local. "Carregava consigo um rigoroso padrão ético e moral afro-católico, que fazia questão de partilhar com seus familiares e com a comunidade com a qual convivia no bairro pobre do Patrimônio" (PERES, 2016, p. 93). Conduzia as orações e participava dos festejos da cidade. Isso lhe conferia uma autoridade moral: "Meu avô rezava o terço. Quem sabia rezar, era tratado com deferência especial. [...] Eu ficava vaidosa por ser a neta de um homem que sabia rezar o terço, convencida de que éramos importantes" (JESUS, 2007b, p. 67). Ainda sobre o avô, citamos Joel Rufino dos Santos:

> O avô, com sol e chuva, reunia a família, nos fins da tarde para o terço. Considerado pelos padres, embora mantido à distância, sustentava com três outros pretos velhos o andor de São Benedito na festa da padroeira N. Sra. do Santíssimo Sacramento. Na folia de Reis, seus pés gretados, unhas grossíssimas, apareciam sob as calças do Palhaço (SANTOS, 2009, p. 32).

O cristianismo foi um fator importante no processo de colonização e na escravização no Brasil, pois, diversas vezes, os ensinamentos de Cristo serviram como "mera ideologia a serviço do opressor" (NASCIMENTO, 2016, p. 63), contribuindo para doutrinar os escravizados e mantê-los sob domínio. Um exemplo é o trecho de um dos sermões do padre jesuíta Antônio Vieira:

> Escravos, estais sujeitos e obedientes em tudo a vossos senhores, não só aos bons e modestos, senão também aos maus e injustos [...] porque nesse estado em que Deus vos pôs, é a vossa vocação semelhante à de seu Filho, o qual

---

despersonalização e de espoliação identitária do escravo ou ex-escravo. Enquanto o termo 'escravo' reduz o ser humano à mera condição de mercadoria, como um ser que não decide e não tem consciência sobre os rumos de sua própria vida, ou seja, age passivamente e em estado de submissão, o vocábulo 'escravizado' modifica a carga semântica e denuncia o processo de violência subjacente à perda da identidade, trazendo à tona um conteúdo de caráter histórico social atinente à luta pelo poder de pessoas sobre pessoas, além de marcar a arbitrariedade e o abuso da força dos opressores. [...] Diferentemente do 'escravo', privado de liberdade, em estado de servidão, o 'escravizado' entra em cena como quem 'sofreu escravização' e, portanto, foi forçado a essa situação" (HARKOT-DE-LA-TAILLE; SANTOS, 2012, p. 08).

[10] Abdias do Nascimento comenta, em seu livro *O genocídio do negro brasileiro* (2016), sobre esse mito do "africano livre": "Atirando os africanos e seus descendentes para fora da sociedade, a abolição exonerou de responsabilidades os senhores, o Estado e a igreja. Tudo cessou, extinguiu-se todo humanismo, qualquer gesto de solidariedade ou de justiça social: o africano e seus descendentes que sobrevivessem como pudessem" (NASCIMENTO, 2016, p. 79).

padeceu por nós, deixando-vos o exemplo que haveis de imitar (VIEIRA *apud* NASCIMENTO, 2016, p. 62).

Outro exemplo são as palavras do pastor protestante inglês Morgan Goldwin:

> O cristianismo estabeleceu a autoridade dos senhores sobre seus servos e escravos em tão grande medida como a que os próprios senhores poderiam havê-la prescrito [...] exigindo a mais estrita fidelidade [...] exigindo que se os sirva com o coração puro como se servissem a Deus e não a homens [...] E está tão longe de fomentar a resistência que não permite aos escravos a liberdade de contradizer ou a de replicar de forma indevida a seus senhores. E lhes promete a recompensa futura no céu, pelos leais serviços que tenham prestado na terra (GOLDWIN *apud* NASCIMENTO, 2016, p. 63).

Ideias como as do Padre Antônio Vieira ou as do pastor Morgan Goldwin permeavam o cotidiano do avô de Carolina, que, embora resistente e consciente dos horrores da escravização, acabara por absorver alguns desses ensinamentos. Misturando doutrina cristã às suas vivências, entendia um catolicismo pautado na obediência aos mandamentos, na crença de uma justiça divina, de um Deus que estava ao lado do sofredor e na vinda de um Cristo que libertaria o seu povo: "O vovô abriu os olhos e nos disse: Todo mal que se faz, paga-se. O mal e o bem são dívidas sagradas para com Deus e recebemos tudo com juros: o bem e o mal. É preferível perdoar do que vingar-se [...]" (JESUS, 2007b, p. 145). "Chorei quando ele morreu. Será que ainda vai chover? Agora ele pode conversar com Deus. Vai pedir chuvas para o Norte e os nortistas não precisam andar, andar, andar até cansar" (JESUS, 2007b, p. 147).

A pesquisadora Elena Pajaro Peres (2015), que, em seu projeto de pós-doutorado, desloca Carolina de um olhar voltado para o *Quarto de despejo* (1960) e busca sua relação com a África ancestral, relaciona essa força moral e ética de Benedito à cultura banto, "onde o exercício da formação moral e da busca do caminho reto era feito por meio de diálogos e provérbios, muitas vezes pictografados em tecidos e cerâmicas" (PERES *apud* FERRARI, 2015, n.p.). Ela aprofunda a discussão relacionando essa preocupação quanto à firmeza de caráter com a tradição musical afro-norte-americana dos *spirituals*:

> Como os provérbios, os *spirituals* comunicam o caminho a ser seguido e lamentam os seus desvios, recriando uma ética religiosa e política que foi constantemente retomada nos discursos em prol dos direitos civis, especialmente nas décadas de 1950 e 1960 (PERES *apud* FERRARI, 2015, n.p.).

Convivendo com o avô, Carolina recebe essa formação moral e religiosa, levando-a por toda sua vida: não se deixar dominar por vícios, desenvolver virtudes como o perdão, a honestidade e a caridade e obedecer aos dez mandamentos. Esses valores e ensinamentos refletem-se em sua poética, que, por diversas vezes, serviu para exibir seu lado conservador, religioso e ético. Um exemplo é a antologia *Provérbios (1963)*, publicada pela própria autora, com vários textos que apresentam esse tom moralista. Podemos dizer que esse movimento acontece por ela sentir-se possuidora de um saber diferenciado, que a maioria das pessoas que conviviam com ela não tinha; por essa razão, ela sentia que deveria transmitir-lhes. Assim como o avô, Carolina exerceu certa influência na comunidade por ser inteligente, saber ler e reivindicar seus direitos. Desse modo, sentia-se "guardiã" da moral e no dever de ensinar os "bons costumes", como podemos observar nos poemas a seguir:

O ébrio[11]

O homem que bebe:
Não tem valor na sociedade
Não tem nenhuma utilidade
Amar um homem assim
É ir para os braços da infelicidade

O homem que bebe:
Não pensa na prosperidade.
Não tem noção de responsabilidade
Amar um homem assim
Só nos proporciona contrariedade.

O homem que bebe
Diz apenas futilidades
Nunca diz a verdade
Não tem dignidade
É digno de piedade

Promete se regenerar
Mas não tem força de vontade
É um escravo da bebida
E não prospera na vida.

O homem que bebe:
Quando está bebado, prevalece
Porque o álcool embrutece
E transforma-o em animal.
O ébrio não tem valor
No núcleo social.

Homem que bebe:
Seus filhos não vivem em paz
E você não sabe o que faz
E pratica más ações.
Quantos crimes tem cometido
Homem que por ter bebido
Finda a vida nas prisões.

---

[11] Transcrição do manuscrito localizado em: FBN, rolo 5 - MS-565 (5), FTG [n.p.].

O homem que bebe:
Pela esposa é reprovado
E o seu lar desmoronado
Fica jogado na rua.
Se queres ser ditoso no viver,
O homem não deve beber
Se és infeliz, a culpa é sua.

O ébrio é um insciente
E aborrece diariamente.
Não tem valor o seu depoimento
No poder judiciário.
Sua existencia é abjeta
E o seu vicio lhe acarreta
A cruz do seu calvário.

Ele não tem força mental
Para afastar-se do mal
É apenas forma de homem,
Que enfraquece lentamente.
Fica tuberculoso ou demente
Apenas bebe. E não come.

O ébrio é péssimo vizinho
Pois não trata com carinho
Os que estão ao seu redor
O ébrio é irracional
E degrada. É um animal.
É um homem inferior

  O poema aborda a questão do vício do álcool, fortemente condenado pelo avô de Carolina e também por ela em, praticamente, todas as suas obras. O texto é construído aos moldes de um provérbio, como os que ouvia do seu avô: versos curtos, ritmados e rimados, recursos que facilitam a memorização do poema, visto que, na maioria das vezes, os provérbios eram divulgados por pessoas que não sabiam ler. Além disso, Carolina tinha o costume de declamar seus textos. Outro recurso dessa tradição popular presente no poema é a linguagem simples e clara, pois a intenção é que todos tenham acesso ao ensinamento. É permeado de metáforas, como "é um escravo" e "é um animal", que funcionam como recursos do provérbio para facilitar a compreensão da mensagem trazida pela autora para o seu texto. A poeta inicia as estrofes apresentando a máxima sobre uma característica do homem que bebe e, depois, no decorrer dos versos, aconselha o leitor a não se relacionar com um ébrio, expondo as consequências negativas que surgem dessa relação. O poema é cheio de afirmações baseadas no senso comum e na experiência que a autora vivenciou ao conviver com alcoolistas, em sua maioria negros, desde a infância, em Sacramento, até a vida adulta, nas favelas do Canindé.

  É importante ressaltar que o fato de grande parte dos alcoolistas ser constituída de negros não é uma coincidência, mas, sim, uma consequência, pois viviam sobre a forte pressão do racismo e acabavam desenvolvendo doenças psíquicas, como o alcoolismo, a depressão, a ansiedade e a loucura (COSTA, 2007, p. 90). Ou seja, é mais um problema social que atravessa a população negra deste país e que tem como uma de suas causas as desigualdades raciais no Brasil. Jurandir Freire Costa, no livro *História da psiquiatria no Brasil* (2007), discute essa relação entre racismo e alcoolismo:

> Os negros, após a Abolição da escravatura, vieram habitar as cidades, onde foram submetidos a brutal – mesmo que oculta – discriminação racial, social e econômica da parte dos brancos. Em consequência, observa-se uma profunda desagregação na organização social e psíquica destes indivíduos, pouco habituados à ordem competitiva das cidades, que se faz acompanhar de uma degradação moral, em todos os níveis, de suas condutas. Ao cabo de alguns anos, o alcoolismo nos negros aumentava de modo alarmante. Contudo, na medida em que progredia a integração social desta comunidade, o alcoolismo tendia a baixar (COSTA, 2007, p. 90-91).

Ainda sobre o tema do moralismo na poética de Carolina, observemos o poema "Ingenuidade"[12], a seguir:

Ingenuidade

De uma coisa eu tenho saudade,
e da minha ingenuidade
Não conhecia a maldade,
Nem odio, nem ambição.
Que penetra na nossa mente
Dá raiz e dá semente
E deturpa o coração.

No meu "ego" fiz assepsia
Para receber só alegria
Pois desejo me modificar.
Quero ser semelhante ao Cristo
Que aos homens ensinou isto:
Perdoar!

O homem deve ser fraternal.
Os que praticam o mal
Nem a si mesmo favorece.
Os que adotam a maldade
Não auxilia a sociedade
Só o desprêzo merece.

---

[12] Transcrição do manuscrito localizado em: FBN, rolo 5 - MS-565 (5), FTG 43 [38].

Nesse poema, a autora aborda a questão das virtudes sob uma ótica cristã. Aponta o passado como um tempo bom, porque era ingênua, e essa condição lhe permitia conservar um coração puro, livre da maldade, da ambição e do ódio, como o de Jesus. Para poder ter o coração semelhante ao de Cristo novamente, para se converter e modificar, o eu lírico revela ter feito assepsia no ego, ou seja, ter adotado ações para impedir a "contaminação" de sua alma, como, por exemplo, exercer o perdão. Como tinha aprendido com seu avô, o perdão era o caminho para a salvação, para o céu e para a construção de uma sociedade melhor e mais fraternal. Assim como no poema anterior, temos novamente a ideia de um conselho, um ensinamento, uma lição, e a autora, mais uma vez, utiliza comparações para construir seu texto. Um exemplo é o caso da "assepsia", um método para impedir a entrada de germes no organismo e que a autora compara às práticas cristãs para impedir a entrada do mal, do pecado, no coração do homem.

Aos moldes do poeta pré-moderno Augusto dos Anjos, que inovou no modo de escrever ao trazer termos científicos para a literatura[13], Carolina traz uma palavra do vocabulário médico para o seu poema. É importante ressaltar que a autora vai passar vários momentos da sua vida na companhia de médicos, ou como paciente, devido ao tratamento das feridas em sua perna, ou trabalhando como empregada doméstica na casa deles, e provavelmente seja dessa convivência que ela tenha tido acesso a esse vocabulário. Desse modo, verificamos um exemplo de que sua poesia vai ser construída, tanto no plano da linguagem quanto no plano do conteúdo, a partir dessas vivências.

Outra questão que pode ser apontada a partir desse poema é a concepção de religião em sua poética. O movimento de trazer um vocabulário do meio hospitalar para um poema de cunho religioso aproxima o hospital e a Igreja, apontando o primeiro como um espaço onde se recebe curas físicas e espirituais. Essa conclusão pautou-se nos relatos em que a autora narrou ter sido acolhida pelas Irmãs da Santa Casa de Misericórdia nos momentos de mais profunda dor física e psicológica. Esse acolhimento fez com que Carolina construísse a imagem da Igreja como aquela que acolhe o pobre e o doente, e a do Cristo como aquele que é justo e está ao lado do sofredor, compreendendo a religião de maneira pragmática. Essa imagem vai se fortalecer à medida que a escritora vai crescendo e questionando a necessidade de buscar um Deus diante de um contexto

---

[13] Um exemplo da poética inovadora de Augusto dos Anjos é o poema "Psicologia de um vencido", publicado em seu livro *Eu* (1912): "Eu, filho do carbono e do amoníaco, / Monstro de escuridão e rutilância, / Sofro, desde a epigênesis da infância, / A influência má dos signos do zodíaco. / Profundíssimamente hipocondríaco, / Este ambiente me causa repugnância... / Sobe-me à boca uma ânsia análoga à ânsia / Que se escapa da boca de um cardíaco. / Já o verme — este operário das ruínas — / Que o sangue podre das carnificinas / Come, e à vida em geral declara guerra, / Anda a espreitar meus olhos para roê-los, / E há de deixar-me apenas os cabelos, / Na frialdade inorgânica da terra!" (ANJOS, 1994, p. 203).

extremamente difícil no qual estava inserida, afastando-se de uma fé doutrinária para uma fé concreta e libertadora, que vai permear a sua poesia, como veremos ao longo deste livro.

Retomando a trajetória da autora, ainda sobre a convivência com seu avô, destaca-se a influência que ele teve também na sua formação social e intelectual. De acordo com os novos estudos sobre letramento (KLEIMAN, 1995; SOARES, 2010; STREET, 2014), apesar de não-alfabetizado, podemos dizer que Benedito era letrado, pois conseguia envolver-se nas práticas sociais da leitura e da escrita, ou seja, estava inserido na comunidade, participando e discutindo sobre tudo o que estava acontecendo no Brasil e ao redor do mundo, aconselhando as pessoas, conduzindo as orações e catequizando as crianças. Era uma liderança na comunidade, reunia-se com pessoas que haviam tido acesso à educação escolarizada e ouvia atento ao Senhor Nogueira, que todas as noites lia o jornal *O Estado de São Paulo* para as pessoas que não sabiam ler. Assim, estava em profundo contato com a leitura e a escrita mesmo não sabendo ler, porque "o fenômeno do letramento, extrapola o mundo da escrita tal qual ele é concebido pelas instituições que se encarregam de introduzir formalmente os sujeitos no mundo da escrita" (KLEIMAN, 1995, p. 20). Desse modo, Benedito também era chamado de "Sócrates africano", devido à sua inteligência e à sua sabedoria:

> As pessoas que iam visitar o vovô saíam comentando:
> – Que homem inteligente. Se soubesse ler, seria o Sócrates africano.
> – O que será Sócrates africano?
> Outros comentavam:
> – Foi um crime não educá-lo. E este homem seria o Homem! Poderiam criar uma lei de educação geral, porque pessoas cultas que adquirem conhecimento, do seu grau intelectual tem capacidade para ver dentro de si [...] (JESUS, 2007b, p. 145-146).
> Os homens que iam visitar o meu avô eram o Sr. Manoel Soares, o Dr. José da Cunha, o Sr. José Afonso, o Sr. Manoel Nogueira. Eram os homens que liam o jornal Estado de São Paulo e sabiam o que ocorria no mundo. Com os ricos espalhando o quanto o vovô era inteligentíssimo, duplicaram-se as visitas. Todos queriam ouvir o vovô falar (JESUS, 2018, p. 62).

Mesmo letrado, Benedito sabia que estava inserido em uma sociedade que valorizava o código escrito. Sendo assim, pai de oito filhos, a sua maior tristeza era que nenhum dos seus sabia ler, devido à legislação brasileira, que não permitia o acesso e/ou a permanência dos negros nas escolas[14]: "Não foi por relaxo da minha parte. É que na época que meus filhos deveriam estudar não eram franqueados as escolas para os negros" (JESUS, 2007b, p. 68). Ele tinha plena consciência de que a verdadeira liberdade só viria por meio do conhecimento e da inserção na sociedade, por isso aconselhava os netos a estudarem, para assim poderem romper o ciclo de exclusão e subalternidade no qual vivia a sua família: "E nós, os netos, recebíamos as palavras do vovô como se fossem um selo e um carimbo" (JESUS, 2007b, p. 68).

Carolina narra que seu avô lhe contava histórias quando era pequena. Ele era um *griot,* aquele ancião, guardião da memória coletiva, "homem-memória", responsável por transmitir o conhecimento em sociedades em que a palavra escrita não é o principal meio de preservação e difusão da História e do saber, como a africana (LE GOFF, 1992, p. 425). Seu avô era seu elo com sua história, com seus antepassados, com o continente africano e com a trajetória do povo negro neste país. Seu movimento de contar histórias era um ato político, pois permitia-lhe resistir ao discurso dominante já "petrificado" pela escrita, dando-lhe a oportunidade de conhecer sua "verdadeira" origem e construir sua identidade:

> No mês de agosto, quando as noites eram mais quentes, nós nos agrupávamos ao redor do vovô para ouvi-lo falar dos horrores da escravidão. Falava do Palmares, o quilombo famoso onde os negros procuravam refúgio. O chefe era um negro corajoso chamado Zumbi, que pretendia libertar os pretos. Houve um decreto: quem matasse o Zumbi ganharia duzentos mil-réis e um título de nobre de barão. Mas onde é que já se viu um homem que mata assalariado receber um título de nobreza?! Um nobre para ter valor tem que ter cultura, linhagem (JESUS, 2007b, p. 68-69).

As memórias do avô funcionavam como um "antídoto" contra o projeto de "desmemoriamento" que o colonizador tinha para conseguir manter o escravizado num lugar de subalternidade, já que um homem sem memória é um homem mais suscetível à dominação, a não resistir ao cativeiro. Observando suas narrativas curtas, encontramos o texto "Balangandã", que comprova essa afirmação:

---

[14] Sobre isso, é importante destacar as seguintes leis: Decreto n.º 1.331, de 17 de fevereiro de 1854, que regulamentou as escolas primárias e secundárias na Corte, tornando o ensino gratuito, e não permitia o acesso dos escravizados às escolas públicas do país (BRASIL, 1854); o Decreto n.º 7.031, de 6 de setembro de 1878, que permitiu que os negros frequentassem a escola pública somente no período noturno, embora eles dependessem da boa vontade de seus escravizadores e, também, das suas condições físicas após um longo dia de trabalho (BRASIL, 1878); e a Reforma Rivadávia Correa, de 1911, que, no intuito de "melhorar a clientela" da escola pública, implementou a cobrança de taxas educacionais e a realização de exames admissionais, tornando o acesso dos negros praticamente impossível (ALMEIDA; SANCHEZ, 2016, p. 238).

> A palavra "balangandã" é de origem africana. Posso afirmar que é de origem de certa região da África porque sou de cor. Minha raiz é africana. Quem explicou-me o que era balangandã foi meu extinto avô, em 1924. Eu estava com dez anos. Já sabia ler e gostava de saber a origem de tudo. Só vivia interrogando. Um dia ouvi o meu avô contar:
> – Quem não tem balangandã, não vai no Bonfim!
> Perguntei-lhe:
> – Vovô, o que é balangandã?
> – É dinheiro, minha filha. É o nome do dinheiro lá na África. Quando iniciou o tráfico os navios traficantes iam para a Baía. E o sensacionalismo era a festa do senhor do Bonfim. Mas quem ia na festa eram os ricos. Então os pretos começaram a cantar: "Quem não tem balangandã não vai ao Bonfim."
> (JESUS, 2018, p. 102).

Além do avô, outra figura importante para a formação e, também, o processo de letramento de Carolina foi o, já citado, oficial de justiça Manoel Nogueira[15], um homem negro que, todas as tardes, lia para os negros que não sabiam ler:

> Assim antes de ser alfabetizada, a futura escritora tomou contato com o discurso em prol dos direitos dos negros, com as ideias do diplomata e jurista Rui Barbosa, com o pensamento abolicionista de José do Patrocínio, com as principais notícias mundiais e com as poesias do baiano Castro Alves (PERES, 2016, p. 93).

Carolina ouvia-o atentamente e fazia reflexões sobre a real situação dos negros recém-libertados no país:

> Quando os pretos falavam: "– Nós agora, estamos em liberdade" eu pensava: "mas que liberdade é esta se eles têm que correr das autoridades como se fossem culpados de crimes? Então o mundo já foi pior para os negros? Então o mundo é negro para o negro, e branco para o branco"! (JESUS, 2007b, p. 67).

Por meio do fragmento, a autora revela consciência sobre a falácia da abolição da escravização e a real condição dos negros no início do século XX no Brasil. Entendemos que, apesar de juridicamente livres, não foram inseridos na sociedade brasileira. As relações nessa nova organização social não se modificaram e os brancos continuaram

---

[15] Jesus (2007b, p. 46).

exercendo autoridade sobre os negros, perpetuando o ciclo de exploração e abuso vivido no sistema escravocrata.

Ademais, a infância de Carolina também foi perpassada pela influência religiosa e cultural das congadas, ritual que se institui:

> [...] no âmbito mesmo da encruzilhada entre os sistemas religiosos cristãos e africanos, de origem banto, através do qual a devoção a certos santos católicos, Nossa Senhora do Rosário, São Benedito, Santa Ifigênia e Nossa Senhora das Mercês, processa-se por meio de performances rituais de estilo africano, em sua simbologia metafísica, convenções, coreografias, estrutura, valores, concepções estéticas e na própria cosmovisão que os instauram. Performados por meio de uma estrutura simbólica e litúrgica complexa, os ritos incluem a participação de grupos distintos, denominados guardas, e a instalação de um Império negro, no contexto do qual autos e danças dramáticas, coroação de reis e rainhas, embaixadas, atos litúrgicos, cerimoniais e cênicos, criam uma performance mitopoética que reinterpreta as travessias dos negros da África às Américas (MARTINS, 2002a, p. 74).

O contato com as congadas, além de influir na construção de sua identidade, possibilitou o desenvolvimento do seu viés performático, que marcará sua maneira de se comunicar e toda sua expressão artística. Isso pois, além de escritora, Carolina vai dar vazão à sua arte como atriz, cantora, dançarina, compositora e instrumentista.

Assim, por meio das memórias transmitidas pelo avô, do contato com textos de autores abolicionistas, dos discursos de Rui Barbosa sobre a importância da educação, a liberdade, a justiça e a igualdade e da cultura e religiosidade de matriz africana, a autora pôde ter acesso às histórias não contadas nos livros de História e engajar-se nas práticas sociais da leitura e da escrita, desenvolvendo seu pensamento crítico e inserindo-se na comunidade. Observemos o exemplo a seguir:

> Um dia, eu andava pelas ruas, ia contente. Ganhei uma lima, ia oferecê-la a minha mãe quando apareceu o Humbertinho e me tomou a lima. Chorei. Ele era branco. Tinha servido no exército. Às vezes ele vestia farda. [...] Quando eu o encontrava, xingava:
> – Me dá minha lima! Me dá minha lima.
> Todos o temiam; ele era filho do juiz. E o juiz mandava prender. Ele dava vazão ao seu instinto satânico. Uma tarde, quando passava na frente de sua

casa, ele me abordou e me jogou várias limas no rosto e nas pernas. Que dor! Então eu xinguei:

– Cachorro ordinário, ninguém gosta de você! Vá embora, você é sujo!

Foram contar ao doutor Brand que foi ver nossa discussão. Ele não compreendia por que aquelas limas estavam no chão espalhadas. Eu xingava:

– Este ordinário vive pegando nos seios das meninas pobres, aperta e deixa elas chorando, mas em mim você não vai encostar suas mãos.

O doutor Brand interferiu:

– Você não tem educação?

– Eu tenho. Teu filho é que não tem.

– Cala a boca. Eu posso te internar.

– Para teu filho fazer porcaria em mim, como faz com as meninas que o senhor recolhe? É melhor ir para o inferno do que ir para sua casa. Doutor Brand. Aqui todos falam do senhor, mas ninguém tem coragem de falar para o senhor. Os grandes não têm coragem de chegar e falar! Seu filho entra nos quintais dos pobres e rouba as frutas.

Foram avisar a minha mãe que eu estava brigando com o doutor Brand. Foram avisar os soldados. O povo corria para ver a briga. Quando o doutor Brand caminhou na minha direção, não corri e ele não me bateu.

Minha mãe puxou-me:

– Cala a boca, cadela!

Gritei:

– Deixa, isto aqui é uma briga de homem com homem.

Falei:

– Olha doutor Brand, seu filho me roubou uma lima. Todos têm medo, eu não tenho! Ele não recebe convites para ir nas festas dos ricos porque os ricos não querem misturar-se com ele.

– Cala a boca, negrinha atrevida!

– Atrevido é o seu filho porque é filho de juiz, não respeita ninguém.

Quando ele ia me bater, eu lhe disse:

– O Rui Barbosa falou que os brancos não devem roubar, não devem matar. Não devem prevalecer porque é o branco que predomina. A chave do mundo está nas mãos dos brancos, o branco tem que ser superior para dar o exemplo. O branco tem que ser semelhante ao maestro na orquestra. O branco tem que andar na linha.

O doutor Brand disse:

– Vamos parar, eu vou deixar a cidade. [...]

Quando me viam nas ruas, as pessoas sorriam para mim dizendo:

> – Que menina inteligente, nos defendeu! Limpou a cidade. [...]
> As filhas do farmacêutico José Neto me deram dois vestidos de lese e perguntaram:
> – Você já sabe ler?
> – Não senhora.
> – Puxa, quando souber então! Você promete, menina.
> Diziam que foram as palavras de Rui Barbosa, que mencionei, que fizeram o juiz retroceder. Que eu falava por intermédio de um espírito. A verdade, é que eu ouvia o senhor Nogueira ler "O Estado de São Paulo" (JESUS, 2007b, p. 31-34).

A partir desse fragmento, podemos "reconhecer a multiplicidade de práticas letradas" (STREET, 2014, p. 30), pois, embora até aquele momento não tivesse tido acesso ao letramento escolar, a autora poderia ser considerada letrada, já que, assim como o avô, desenvolveu a habilidade de administrar situações cotidianas por meio de recursos orais. Não era uma "analfabeta", passiva, incapaz de ler o mundo, de pensar mais abstratamente, menos crítica ou menos capaz de refletir sobre as fontes de sua opressão política, mas atuava ativamente. Posicionava-se, denunciando a situação na qual viviam os negros e as mulheres na época, porque estava inserida em um contexto com outros tipos de letramentos. Sobre isso, aponta Street (2014, p. 37):

> Tem-se reconhecido com frequência que as pessoas absorvem práticas letradas em suas próprias convenções orais, ao invés de simplesmente imitar aquilo que foi trazido. [...] Longe de serem analfabetos passivos e atrasados, agradecidos pela iluminação trazida pelo letramento ocidental, os povos locais têm seus próprios letramentos, suas habilidades e convenções de linguagem e suas próprias maneiras de aprender os novos letramentos fornecidos pelas agências, pelos missionários e pelos governos nacionais.

No relato há pouco apresentado, a narradora utiliza-se de várias oposições, como preto/branco, pobre/rico e mulher/homem, para também demarcar esses lugares na sociedade, apontando os primeiros como desfavorecidos e os segundos como privilegiados.

Ao denunciar o crime de Humbertinho, que abusava sexualmente de meninas pobres, a autora expõe essa situação e questiona esses lugares, reivindicando justiça para essas mulheres. Tal atitude caracteriza-se como corajosa, não só pela manifestação em si, mas por contestar uma prática que era muito comum, principalmente na época da escravização, para iniciar sexualmente os filhos da casa-grande, e que continuou mesmo depois da abolição, porque o homem branco continuava pensando que era dono do corpo da mulher negra. Ao acusar o filho, a menina também expõe o pai, que, mesmo sendo "um homem da lei", era conivente com a prática ilícita do filho, fortalecendo no jovem o sentimento de impunidade e escancarando a fragilidade da aplicação das leis em nossa sociedade.

Por fim, utiliza-se da estratégia de validar seu discurso, citando Rui Barbosa, personalidade brasileira que se destacou em diversas áreas do conhecimento, sendo jurista, jornalista, tradutor, filólogo, político e abolicionista. Já que estava em uma discussão "de homem com homem", era necessário apropriar-se de uma fala de um outro homem para ser ouvida. Na discussão, é interessante perceber a força que os discursos do polímata tinham sobre o processo de formação de Carolina, tanto que o título de um dos livros da autora, *Um Brasil para os brasileiros*, provavelmente foi inspirado em seus discursos, em que ele dizia que queria preparar um Brasil para os brasileiros (JESUS, 2007b, p. 120).

A autora expõe essa compreensão, conhecimento adquirido com a convivência com o Senhor Nogueira, para condenar a atitude do juiz e seu filho, sob a justificativa de que eles não deveriam cometer tais crimes porque os brancos eram considerados os "maestros", "os exemplos" a serem seguidos na sociedade, apontando outro pensamento que percorria as mentalidades da época: o de que o branco era sinônimo de homem bom e o negro, de homem ruim. Tal ideia era tão forte no imaginário brasileiro que foi assimilada e defendida até por pessoas negras, tamanha era a força da política do branqueamento, que se desenvolveu a partir da ideia de que o grande número de negros no Brasil gerava uma imagem de um país "atrasado" e selvagem, com uma população "feia e geneticamente inferior por causa da presença do sangue africano" (NASCIMENTO, 2016, p. 85).

Para desconstruir essa imagem, foi necessário estimular e facilitar a entrada de imigrantes europeus[16] para ocupar o lugar dos negros na fazendas, não como escravizados, mas como trabalhadores, e iniciar um processo de branqueamento da população brasileira "através da 'salvação' do sangue europeu" (NASCIMENTO, 2016, p. 85). Esse embranquecimento não foi só físico, mas também cultural, psicológico

---

[16] O Decreto n.º 528, de 28 de junho de 1890, no Art.1º, diz: "é inteiramente livre a entrada, nos portos da República, dos indivíduos válidos e aptos para o trabalho, que não se acharem sujeitos à ação criminal do seu país, excetuados os indígenas da Ásia ou da África, que somente mediante autorização do Congresso Nacional poderão ser admitidos" (BRASIL, 1890).

e social, em que se associava a imagem dos negros à barbárie, ao ócio, à preguiça, "definindo-os como desorganizados social e moralmente" (SCHWARCZ, 2012, p. 62), fortalecendo o preconceito e as desigualdades raciais, que impediam (e ainda impedem) que os negros ascendessem socialmente, que fossem verdadeiramente livres:

> Minha tia Claudemira trabalhava para os sírios que vinham como imigrantes para o Brasil. E aqui conseguiam até empregadas. [...] Pensava: "Por que será que eles deixam sua pátria e vêm para o Brasil?" E dizem que nosso país é um pedacinho do céu. [...] Pensei: "Será que o Brasil vai ser sempre bom como dizem eles? Por que será que o estrangeiro chega pobre aqui e fica rico? E nós, os naturais, aqui nascemos, aqui nós vivemos e morremos pobres?" (JESUS, 2007b, p. 72-73).

Além desses, outra pessoa que influenciou a construção da sua identidade e, consequentemente, a poética de Carolina foi sua mãe. Segundo a autora, era uma mulher batalhadora, esforçada, independente, que enfrentou as "más línguas" e foi trabalhar fora para sustentar sua família, já que o esposo, Osório Pereira, não gostava de trabalhar e não arcava com as despesas da casa. Em sua autobiografia, Carolina aponta que Osório era um mulato que só se casou com Cota para livrar-se da tutoria e da exploração a que era submetido na casa do tutor. Quando se casou, "o tutor deu-lhe só quinhentos mil réis. Não lhe deu um lote de terra para ele construir a sua casinha" (JESUS, 2007b, p. 81).

Da relação, nasceu um menino, Jerônimo Pereira, e para não morrer de fome junto com o filho, ela assumiu a administração do lar, trabalhando como lavadeira e empregada doméstica, algo que era inaceitável na conservadora Sacramento, onde as mulheres não podiam nem sair de casa sem autorização dos esposos. Era o caso de Siá Maruca, segunda esposa do seu avô, que lhe era obediente e submissa. Cota era o oposto da madrasta, era uma mulher à frente do seu tempo, ou "semilivre", como a própria Carolina a definiu (JESUS, 2007b, p. 82). Contudo, Cota pagou um alto preço pela liberdade, e Carolina, ao observar a vida de sua mãe e a vida de Siá Maruca, percebeu como era machista a sociedade na qual estava inserida e, por diversas vezes, desejou ser homem:

> Seguia minha mãe por todos os cantos, chorando e pedindo:
> – Eu quero virar homem! Eu quero virar homem!
> [...] Minha mãe tolerava e dizia:

> – Quando você vir o arco-íris, você passa por debaixo dele que você vira homem. [...]
> – Por que é que você quer virar homem?
> – Quero ter a força que tem o homem. O homem pode cortar uma árvore com um machado. Quero ter a coragem que tem o homem. Ele anda nas matas e não tem medo de cobras. O homem que trabalha ganha mais dinheiro do que uma mulher; fica rico e pode comprar uma casa bonita para morar (JESUS, 2007b, p. 12-13).

> A mulher que vivia com meu avô era Siá Maruca. Uma preta calma. Era um casal elegante. Quando conversavam, se o vovô a repreendia, ela chorava, curvava e pedia desculpas. Quando o vovô se ausentava, eu dizia:
> – Siá Maruca, por que é que a senhora não reage quando o vovô a repreende?
> – Não, minha filha! A mulher deve obedecer ao homem.
> Eu ficava furiosa. E chorava porque queria virar homem para as mulheres obedecerem-me (JESUS, 2007b, p. 78).

Assim, a autora começa a tecer suas críticas ao patriarcado e a compreender os desafios que precisava enfrentar para conquistar um lugar em uma sociedade que, além de racista, era também machista. Na observação das atitudes do avô, que denunciava as ações dos brancos racistas, mas era machista com as mulheres, reproduzindo a violência que recebera dos brancos[17], Carolina ia entendendo a sua condição de dupla subalternidade: por ser negra e mulher. Inconformada, começou a pensar em estratégias para transgredir os limites impostos à mulher negra em uma sociedade machista e racista.

Fruto de uma relação extraconjugal, a autora não conheceu o pai, mas criou para si uma imagem de um pai artista, romântico, sedutor: "Dizem que ele era um preto bonito. Tocava violão e compunha versos de improviso" (JESUS, 2007b, p. 82), chamado João Candido Veloso, nascido na cidade mineira de Araxá e filho de Joana Veloso[18]. Segundo seus relatos, Cota o conheceu em um baile que frequentava aos finais de semana. Apaixonaram-se e, dessa relação, nasceu Carolina. Poeta boêmio, levava a vida a andar de bares em bares, bailes em bailes, seduções em seduções. Não assumiu Cota, nem Carolina. Osório, ao descobrir a gravidez da esposa, abandonou-a,

---

[17] Lélia Gonzalez, ao discutir sobre a presença de mulheres no Movimento Negro, comenta sobre o machismo praticado pelo homem negro, que, para ela, possuía um caráter mais acentuado do que o machismo branco, "uma vez que este se articula com mecanismos compensatórios que são efeito direto da opressão racial. Afinal, que mulher negra não passou pela experiência de ver o filho, o namorado, o irmão, o companheiro, o amigo etc. passar pela humilhação da suspeição policial, por exemplo? Nesse sentido, o feminismo negro tem uma diferença específica em relação ao feminismo ocidental: a solidariedade, fundada em uma experiência histórica comum" (GONZALEZ, 2008, p. 38).

[18] Jesus (2007b, p. 8).

juntamente com seu filho, e casou-se com uma mulher mais velha, branca e rica. Assim, Cota passou a assumir sozinha a criação dos dois filhos.

Ainda sobre suas origens, a autora também narra que possuía uma família numerosa, com muitos tios e tias, tios-avôs e tias-avós, primos e primas e madrinhas e padrinhos. Ao descrever com riqueza de detalhes a sua família, Carolina criou para si uma ancestralidade, algo extremamente importante para a população negra da época, já que não conseguiam construir uma árvore genealógica devido ao processo de escravização que separava as famílias escravizadas. Assim, Carolina subverteu as estruturas da época e iluminou sua vida com um lugar de origem, uma identidade, apontando que tinha uma família, tinha um pai, uma mãe, avós, valores, influências e memórias para guiar-se. Era neta de um *griot* africano, filha de um poeta negro brasileiro e de uma mulher negra livre e à frente do seu tempo.

Desse modo, Carolina desenvolveu a personalidade de uma pessoa inteligente, incomodada e questionadora, que, desde criança, submetia as pessoas de seu convívio a vários interrogatórios, sobre diversos temas que perpassavam a mente da menina que tinha "um crânio pequeno demais" para a quantidade de seus pensamentos. Vivia em uma constante busca pelo conhecimento, por explicações e respostas a todas as suas inquietações a respeito de diversas questões, como o casamento inter-racial, as desigualdades raciais e a violência policial:

> Minhas ideias variavam de minuto a minuto, iguais às nuvens no espaço que formam belíssimos cenários, porque se o céu fosse sempre azul não seria gracioso.
> Um dia perguntei a minha mãe:
> – Mamãe, eu sou gente ou bicho?
> – Você é gente, minha filha!
> – O que é ser gente?
> A minha mãe não respondeu (JESUS, 2007b, p. 10).

> O soldado que matou o nortista era branco. O delegado era branco. E eu fiquei com medo dos brancos e olhei minha pele preta. Por que será que o branco pode matar o preto? Será que Deus deu o mundo para eles? Eu tinha excesso de imaginação, mas não chegava a nenhuma conclusão nos fatos que presenciava. Estava com seis anos. O único lugar seguro para eu guardar os fatos era dentro da minha cabeça. Minha cabeça era um cofre. Minha mente aclarou-se muito mesmo (JESUS, 2007b, p. 137).

Fiquei pensando naquela boa mulher que foi desprezada só porque seu genro era preto. Quer dizer eu o preto fez com que ela perdesse a consideração dos brancos. Minha mãe dizia que o mundo é assim mesmo. Fiquei furiosa:
– Ah, comigo o mundo vai modificar-se. Não gosto do mundo como ele é.
Minha mãe sorria e perguntava:
– O que é que você vai fazer do mundo?
– Não quero gente grande no mundo. São os grandes que são maus. As crianças brincam juntas; para elas não existe cor. Não falam em guerras, não fazem cadeias para prender ninguém. Eu não gosto dos grandes. Os grandes têm coragem de enfiar uma faca no outro. Outro dia um espinho entrou no meu pé e doeu tanto! E se fosse uma faca? O tio Cirineu me ouvia e dizia:
– Essa negrinha vai longe... (JESUS, 2007b, p. 129-130).

Outro momento importante no processo de formação de Carolina foi a sua alfabetização e os dois anos em que conseguiu frequentar a escola Alan Kardec, fundada pelo médium Eurípedes Barsanulfo, em Sacramento, que, apesar do pouco tempo, era considerado um bom colégio, pois "tinha como proposta o autodesenvolvimento e a busca incansável pelo saber" (BIGHETO *apud* PERES, 2016, p. 93). Acredita-se que tenha sido uma etapa fundamental, já que, como vimos, o acesso à escola foi um privilégio em uma época na qual a educação formal era para poucos, e nesses "poucos" não estavam incluídas as crianças negras. Além disso, com a morte do avô, que era o seu elo com a literatura, a apropriação do código escrito deu-lhe autonomia e condições de ampliar e continuar sua formação literária, mesmo quando teve que sair da escola, de maneira autodidata.

Apesar de a mãe de Carolina manifestar o desejo de que a filha tivesse acesso à educação formal – "Quando você completar sete anos, você vai frequentar a escola. Vai aprender a ler" (JESUS, 2007b, p. 112) –, ela tinha plena consciência das desigualdades raciais e de como elas demarcavam os lugares de brancos e negros na sociedade brasileira. Desse modo, a escritora só chega à escola porque a mãe não queria desobedecer a uma ordem de sua patroa: "Minha mãe era tímida. E dizia que os negros devem obedecer aos brancos; isto, quando os brancos têm sabedoria. Por isso ela devia enviar-me à escola, para não desgostar a dona Maria Leite [...]" (JESUS, 2007b, p. 150). Tratava-se de uma senhora branca e espírita, que, usufruindo de seu "senhorio", seguindo a cartilha do velho e bom paternalismo e, também, o princípio de caridade espírita, pagou a matrícula de Carolina, porque, além de querer impor a sua vontade sobre a educação de uma criança negra, sentia-se em dívida com todos os negros: "Nós que fomos escravocratas temos os nossos compromissos morais com vocês. Quem sabe se agora que o Rui Barbosa nos aconselhou a educá-los, vocês se ajustam no país" (JESUS, 1994, p. 172).

O ambiente escolar foi muito difícil para Carolina, não só para ela, mas para todas as crianças negras da época (e ainda hoje), as quais, quando tinham a oportunidade de frequentar a escola, eram bombardeadas por humilhações e preconceitos. "No ano de 1925, as escolas já admitiam alunas negras. Mas, quando as alunas negras voltavam das escolas, estavam chorando, dizendo que não queriam voltar a escola porque os brancos falavam que os negros eram fedidos" (JESUS, 2007b, p. 45). Todavia, mesmo diante das pressões, a escritora acabou destacando-se entre os alunos da turma: "Passei a ser umas das primeiras da classe!" (JESUS, 2007b, p. 154). Tornou-se uma aluna de alto rendimento, despertando até a inveja dos alunos brancos, que não conseguiam ter o mesmo desempenho que ela, mesmo com todas as condições favoráveis a uma boa aprendizagem. É importante destacar que o fato de já ser letrada e ter recebido incentivo da mãe e do avô, este que sempre lhe falou da importância de saber ler, contribuiu para o seu sucesso no processo de alfabetização e letramento escolar.

Outra figura marcante na vida da autora foi a sua professora, Dona Lanita Salvina. Tal personagem, pouco explorada na versão publicada de sua autobiografia, era negra e foi a grande responsável pelo desenvolvimento cognitivo e intelectual da autora:

> 27 de abril de 1960:// Eu tive uma professora bôa// Ela podia se chamar bondade, Inteligência e santa./ Que mulher! Eu achava ela tão bonita. Ela era preta. Dona Lanita. Eu achava/ a lêtra dela bonita e procurava imita-la.// [...] (JESUS *apud* FERNANDEZ, 2018, n.p.).

Dona Lanita acolheu a pequena Bitita, que se sentia sozinha e assustada naquele ambiente opressor da escola, e a incentivava: "Minha professora insistia para eu aprender a ler. Dirigia-me um olhar carinhoso" (JESUS, 2007b, p. 152). Emprestava-lhe livros, estimulando-a no desenvolvimento da leitura:

> Não faltava as aulas. Ela dava livros para eu ler. A moreninha,/ Inocência, Escrava Isaura. Dêpois tinha que explicar a historia do livro. E/ foi por intermédio da minha ilustre e saudosa professora que eu aprendi/ escrever versos e contos e a gostar de lêr.// Ela dizia: envez de você ficar na esquina você lucra muito mais lendo um/ livro (JESUS *apud* FERNANDEZ, 2018, n.p.).

Alfabetizada, relata com emoção o momento em que percebeu que sabia ler:

> Li: "Farmácia modelo". Fui correndo para a casa. Entrei com os raios solares. Mamãe assustou-se. Interrogou-me:
> – O que é isto?
> – Oh! Mamãe! Eu já sei ler! Como é bom saber ler! (JESUS, 2007b, p. 154).

Por ter sido criada em um contexto de literatura oral, sua casa não tinha livros, todavia, era permeada de práticas letradas, tanto que a autora, ao conseguir um livro, rapidamente leu-o, compreendeu, analisou e começou a traçar estratégias para desenvolver e assimilar aquele conteúdo, ou seja, incorporou ao letramento escolar outras práticas anteriormente apreendidas:

> Vasculhei as gavetas procurando qualquer coisa para eu ler. A nossa casa não tinha livros. Era uma casa pobre. O livro enriquece o espírito. Uma vizinha emprestou-me um livro, o romance *A escrava Isaura*. Eu que já estava farta de ouvir falar na nefasta escravidão, decidi que deveria ler tudo sobre a escravidão. Compreendi tão bem o romance que chorei com dó da escrava. Analisei o livro. Compreendi que naquela época os escravizadores eram ignorantes, porque quem é culto não escraviza, e os que são cultos não aceitam o jugo da escravidão. [...] Eu lia o livro, retirava a síntese. E assim foi duplicando o meu interesse pelos livros. Não mais deixei de ler (JESUS, 2007b, p. 154).[19]

Assim, num universo proporcionado por uma importante mulher em sua história, sua professora, a autora "encontra o apoio necessário para desenvolver ainda mais seu pensamento crítico e criativo" (PERES, 2016, p. 93), rendendo-se aos encantos da literatura. Durante a cerimônia na qual recebeu o título de Cidadã Paulistana, em 1960, Carolina dedicou sinceras homenagens à querida professora:

> Seria uma deslealdade de minha parte não revelar que o meu amor pela literatura foi-me incutido por minha professora Dona Lanita Salvina, que aconselhava-me para ler e escrever tudo que surgisse na minha mente. E consultasse o dicionário quando ignorasse a origem de uma palavra (JESUS *apud* PERES, 2016, p. 93).

---

[19] A informação sobre quem lhe emprestou o romance *A escrava Isaura*, se a vizinha ou a professora, não é clara nos textos da autora. Nos prólogos, ela menciona a vizinha. Já na anotação do diário, a professora.

A capacidade de ler e escrever, juntamente com a sua habilidade em fazer o uso das práticas sociais da leitura e da escrita, foi o que, por muitas vezes, diferenciou Carolina das demais pessoas de seu convívio, pois via essa competência como um meio de transformação social. Acreditava profundamente no poder dos livros, da literatura. Entendia que as pessoas letradas eram mais inteligentes e tinham mais oportunidades na vida e mais condições de lutar por um futuro melhor, porque tinham mais capacidade e sensibilidade para compreender o mundo ao seu redor. Poderiam ser verdadeiramente livres:

> Quando os negros se reuniam falavam:
> – Tem um baiano, o doutor Rui Barbosa, que quer que o negro vá à escola, mas os brancos falam que já deram a liberdade para os negros e chega.
> Mas o Rui falava que a liberdade sem cultura e sem instrução não ia beneficiá-los. O negro inculto era nômade, indolente e imiscível. Não será um braço para impulsionar a Nação. Será sempre uma boca. O analfabeto não tem forças para evoluir na vida. Ele sempre será um músico de ouvido (JESUS, 2007b, p. 41).

Após dois anos de frequência escolar, a família de Bitita teve que sair da cidade para tentar uma vida melhor no campo. "Foi com pesar que deixei a escola. Chorei porque faltavam apenas dois anos para eu receber meu diploma. [...] Minha mãe encaixotava nossos utensílios, eu encaixotava meus livros, a única coisa que eu venerava" (JESUS, 2007b, p. 157-158).

Passados a revolta e o tédio iniciais, logo a autora percebeu que a vida no campo poderia ser, realmente, melhor que a da cidade, principalmente por lhe oferecer duas coisas essenciais em sua vida: comida e literatura. A abundância de alimentos e o tempo para leituras foram o que mais encantou Carolina nesse período. Foi nessa época que a escritora desenvolveu o hábito da leitura e não mais parou de ler. Leu muito e pôde começar a construir suas referências políticas, filosóficas, estéticas e literárias que a acompanharam por toda sua trajetória enquanto escritora, como Castro Alves, Nietzsche, Sócrates, Camilo Castelo Branco, Tomás Antônio Gonzaga, o já citado Rui Barbosa, além da Bíblia e de livros sobre a vida dos santos, como Santa Terezinha do Menino Jesus, entre outros: "Nas horas vagas, eu lia Henrique Dias, Luiz Gama, o mártir da independência, o nosso Tiradentes. [...] Lendo, eu ia adquirindo conhecimentos sólidos" (JESUS, 2007b, p. 160). Em outro momento, a autora relatou o instante em que conheceu um dicionário e, ao descobrir a sua finalidade, pôde transformar a sua relação com as palavras e ampliar suas leituras:

> Um dia, remexendo nos caixotes, encontrei vários livros e um Dicionário Prosódico de João de Deus. Era a primeira vez que vi um dicionário. Quando compreendi a finalidade do dicionário, procurei a palavra níveos, e sorri satisfeita, porque tinha logo atraente: os meus dentes (JESUS, 2007b, p. 215).

> Eu passava o dia lendo Os Lusíadas de Camões, com o auxílio do dicionário. Eu ia intelectualizando-me, compreendendo que uma pessoa ilustrada sabe suportar os amarumes da vida (JESUS, 2007b, p. 218).

Aos poucos, a leitura ia tornando-se algo vital:

> Para não pensar na vida eu lia. Sempre aparecia alguém que me emprestava um livro para eu ler e eu ia compreendendo que não é difícil ser leitora. Minha mãe saía de manhã e recomendava-me: "Você põe fogo no feijão." Eu começava a ler e só recordava do feijão quando sentia o cheiro de queimado penetrando em minhas narinas. Quando a mamãe chegava era um tempo quente, repreendia-me: "Você precisa ler menos e prestar mais atenção nos deveres." O meu desejo era ler, diariamente, sem interrupção (JESUS, C. 1994, p. 182-183).

Percebe-se que a relação da autora com os livros era afetiva, visto que eles, por muitas vezes, foram a sua única companhia. Raramente, ela narra a presença de amigos em sua autobiografia e, apesar de ter uma família grande, declarava que não tinha um bom relacionamento com seus parentes, que a invejavam por sua inteligência. Sendo assim, a leitura tornara-se seu refúgio e, também, seu único bem. Nos livros escondia-se das adversidades da vida e no conhecimento adquirido encontrou seu tesouro. Sobre a relação de Carolina com os livros, sua filha, Vera Eunice, reflete:

> Acho que os livros foram os únicos companheiros constantes dela, porque eles não escolhem seu leitor. Como ela quase não tinha amigos, nem outras crianças com quem brincar, como não podia ir para a escola, ler era a solução. Até na adolescência ela dizia que os meninos ficavam longe dela porque suas famílias os proibiam de se aproximar. Proibiam os meninos até de falar com minha mãe! Por isso é que ela aprendeu tanto e acabou sendo escritora: se afogava em livros para fugir da solidão (LIMA, 1994, p. 67).

A reflexão de Vera Eunice revela outro fato da vida de Carolina que lhe permitiu desenvolver sua escritura: o isolamento. Não só na juventude, mas também na época do Canindé, a autora fugia das discussões e conversas paralelas com os vizinhos para, aos moldes do poeta clássico, "Longe do estéril turbilhão da rua, / Beneditino, escreve! No aconchego / Do claustro, na paciência e no sossego"[20], retida em seu barraco, produzir sua obra. A busca pelo isolamento é, também, um dos motivos que levaram a escritora a deixar a casa de alvenaria e mudar-se para o sítio em Parelheiros.

Outra marca da biografia de Carolina que encontramos em seus poemas foi o seu processo diaspórico e sua constante busca por um lugar, por um espaço todo seu. Devido à ganância dos fazendeiros, que exploravam os colonos, e a uma ferida que surgiu em sua perna, Carolina teve que sair da fazenda com sua família e passou a peregrinar por diversas cidades de Minas Gerais e São Paulo em busca de melhores condições de vida e tratamento.

A pesquisadora Ivana Bocate Frasson, em sua dissertação *Na cozinha, o duro pão; no quarto, a dura cama: um percurso pelos espaços na obra de Carolina Maria de Jesus* (2016), analisa a obra *Diário de Bitita* e aponta que:

> Ao todo encontramos 16 deslocamentos, entre idas e vindas. Saindo de Sacramento (MG), após dois anos de escola, foi para Uberaba (MG), época em que vivenciou a fartura em uma fazenda na qual sua mãe trabalhava (Capítulo 12 – A fazenda). De volta a Sacramento foram para Restinga, onde sofreram explorações nas fazendas e largaram tudo para ir para Franca (Capítulo 13 – retorno à cidade). Sem sucesso, voltaram para Sacramento. Conseguiu um emprego de cozinheira e lavadeira em Conquista (MG) (Capítulo 14 – Doméstica), mas voltou para Sacramento. Foi, então, sozinha para Uberaba em busca de recursos para curar as feridas das pernas (Capítulo 15 – A doença). Voltou para Sacramento e, ainda doente, viajou para Ribeirão Preto (SP) (Capítulo 16 – A revolução), onde permaneceu apenas seis dias, indo a pé para Jardinópolis (SP), onde foi acolhida na Santa Casa de Misericórdia. Conseguiu emprego em Sales de Oliveira (SP) e de lá foi para Orlândia (SP) (Capítulo 17 – As leis da hospitalidade). Retornou a Sacramento, onde foi presa e logo partiu para Franca (SP) com a mãe (Capítulo 18 – A cultura). Por fim, parte sozinha para São Paulo (SP) (Capítulo 22 – Ser cozinheira) (FRASSON, 2016, p. 76).

---

[20] Fragmento do poema "A um poeta", de Olavo Bilac.

Carolina percorreu todo esse caminho a pé, de hospital em hospital à procura de cura para uma ferida que tinha nas pernas e na tentativa de descobrir-se e encontrar seu lugar no mundo. Nesse tempo, conheceu pessoas, leu diversos livros e realizou diferentes trabalhos, como cozinheira, agricultora, empregada doméstica e babá[21]. No entanto, nada parecia acalmar aquele coração e aquela mente atiçados pela literatura.

Em sua última passagem por Sacramento, foi presa, acusada de praticar feitiçaria devido ao hábito de carregar sempre um dicionário, que foi confundido com um livro de São Cipriano. Ela e a mãe passaram cinco dias na cadeia, sem comida e sob maus tratos. Após ser libertada com o auxílio de um primo, jurou nunca mais retornar à sua terra natal.

Continuou suas andanças, que pareciam nunca ter fim, pois buscava a realização pessoal, a alegria, o amor, a arte, a cultura, ou seja, sonhos irrealizáveis, aspirações muito distantes da realidade das mulheres negras e pobres:

> Cansei daquela vida estagnada. Uma vida sem um amanhã promissor. Sentia um descontentamento tremendo. Que vontade de ter uma casa, uma vida ajustada! A patroa era ótima. Eu tinha vergonha de dizer que desejava deixar o emprego. Meu desejo era viver na cidade, ir ao cinema. Dançar, entrar no cordão de carnaval (JESUS, 2007b, p. 235-236).

> Para ser sincera, comecei a sentir falta das diversões; então, decidi sair. Poderia ganhar menos em outra casa, mas poderia sair aos domingos, ir ao cinema e passear (JESUS, 2007b, p. 247).

Como toda escritora, Carolina ansiava por arte. Além da literatura, encantava-se por outras manifestações artísticas e culturais, como o carnaval, a música, a dança, as radionovelas, as valsas, o cinema e o circo. Percebemos que, para ela, a arte, assim como a comida, era um item de primeira necessidade. Por isso, por diversas vezes, arriscou empregos, deixou de comprar uma roupa ou pagar uma condução para que ela e os filhos pudessem desfrutar desse encantamento e da transformação produzidos pela arte, pela cultura e pela educação. Em recente entrevista, Vera Eunice declarou: "Em casa, não tínhamos comida, mas tínhamos cultura! Minha mãe sabia tocar violão e ensinou isso para todos os filhos!" Depois, continuou: "Nos dias que ela não conseguia dinheiro para comprar comida, dizia: 'Hoje não temos comida, então vamos cantar!' Cantávamos para

---

[21] Jesus (2007b, p. 230-231; 235).

distrair a fome!"²². Como Tia Ciata, que mantinha em sua casa um reduto de resistência do samba e da religiosidade e cultura afro-brasileiras, Carolina conservava a arte com seus filhos, resistindo à fome, à morte e à loucura, em seu pequeno quilombo no Canindé.

A arte era o que lhe permitia viver, pois compunha canções, que cantava com os filhos, principalmente nos dias em que não tinham o que comer; criava e atuava em um show que apresentava nos circos que chegavam à cidade; desfilava lindamente, vestida com a fantasia confeccionada por ela, nos bailes de carnaval:

> Os registros sobre Carolina, principalmente os mais íntimos, insistem em uma preferência interessante: o carnaval. [...] Zé Carlos manifesta-se sobre o assunto dizendo que uma das maiores carnavalescas que eu conheci foi minha mãe. Os cinco dias de folia eram mais que sagrados para ela... Era bonito ver o samba no pé de Carolina! A avenida dos desfiles lotada, a música esquentando, e a Carolina no samba... Todos os anos ela vestia sua fantasia de penas de galinha carijó e arrepiava até o sol raiar... (LEVINE; MEIHY, 1994, p. 167).

Por ter esse "espírito de artista", Carolina carregava consigo uma inquietação e, por diversas vezes, foi incompreendida. Na busca por essa tal compreensão, por conseguir nomear o turbilhão de sensações que permeavam os seus sonhos, coração e mente, acabou desembarcando em São Paulo, em 1937, acompanhada de uma patroa, na ilusão de que encontraria o que tanto buscava: "Até que enfim, eu ia conhecer a ínclita cidade de São Paulo! Eu trabalhava cantando, porque todas as pessoas que vão residir na capital do estado de São Paulo rejubilam-se como se fossem para o céu" (JESUS, 2007b, p. 250). Sobre o fascínio que não só Carolina, mas todos os sonhadores da época desenvolveram por São Paulo, considerando-a uma "terra prometida", comenta Mário Augusto Medeiros da Silva (2011, p. 226):

> A capital paulista assume o caráter de ponto de fuga, capaz de lhe proporcionar a possibilidade de escapar a um destino pré-determinado, rumando ao encontro do que se denominou por *ideologia do progresso*, como analisado por Florestan Fernandes, acerca da mitificação da capital. A cidade é o espaço social dos direitos, da permissão de fala e da denúncia. Será onde o grupo social negro organizado e, particularmente, De Jesus poderão se realizar de alguma maneira, individual e/ou coletivamente, num projeto.

---

[22] Entrevista concedida a Caio Souto no dia 02 de junho de 2020. Disponível em: https://www.youtube.com/watch?v=uyycdVtQJDY&t=394s. Acesso em: 2 jun. 2020.

Em terras paulistanas, Carolina trabalhou em diversos serviços, como faxineira de hotel e restaurantes, lavadeira e empregada doméstica. Dona de um gênio forte, estava sempre questionando e desafiando autoridades e, consequentemente, perdendo ou saindo de empregos. Um de seus trabalhos foi como empregada doméstica na casa do médico Euryclides de Jesus Zerbini, o primeiro cardiologista a realizar um transplante do coração no Brasil. Zerbini possuía uma biblioteca e permitia que Carolina, em suas horas vagas, desfrutasse desse tesouro, a leitura literária. Entretanto, "segundo suas próprias palavras, ela era muito independente para ficar limpando as bagunças alheias" (LEVINE; MEIHY, 1994, p. 21). Assim, a autora estava sempre transgredindo essas ordens e pagando o preço para ser dona de sua própria vida em uma sociedade patriarcal, desigual e racista. "Gostava de sair à noite, de namorar, dançar, cantar, declamar. [...] Escapulia do emprego e ia dormir fora por dias seguidos. Acabava desempregada de novo, no abrigo noturno, na fila da sopa e do pão" (CASTRO; MACHADO, 2007, p. 27).

Carolina era tão insubordinada que ousava ser uma mulher apaixonada. "Um dos traços mais interessantes da personalidade de Carolina Maria de Jesus, sem dúvida, foi seu constante sentimento de paixão. Todos reconhecem nela a exuberância no amor" (MEIHY, 1994, p. 165), um ato considerado revolucionário quando vindo de homens e mulheres negros, que, submetidos à opressão do racismo, têm suas autoestimas abaladas e, consequentemente, sua capacidade de querer, sentir e amar. Sobre isso, citamos hooks (2010, n.p.):

> Numa sociedade onde prevalece a supremacia dos brancos, a vida dos negros é permeada por questões políticas que explicam a interiorização do racismo e de um sentimento de inferioridade. Esses sistemas de dominação são mais eficazes quando alteram nossa habilidade de querer e amar. Nós negros temos sido profundamente feridos, como a gente diz, "feridos até o coração", e essa ferida emocional que carregamos afeta nossa capacidade de sentir e consequentemente, de amar. Somos um povo ferido. Feridos naquele lugar que poderia conhecer o amor, que estaria amando. A vontade de amar tem representado um ato de resistência para os Afro-Americanos. Mas ao fazer essa escolha, muitos de nós descobrimos nossa incapacidade de dar e receber amor.

Como vimos, Carolina foi criada dentro de um contexto familiar em que o afeto raramente era demonstrado. Cresceu vendo o avô bater na esposa, o tio agredir a mãe, brancos agredindo negros. Também relata momentos em que era agredida pela mãe devido aos seus constantes questionamentos. Todavia, há de se olhar com cuidado para essas relações, já que reproduzem violências aprendidas na época da escravização e, também, revelam estratégias criadas pelos escravizados para resistir aos horrores do sistema. A intenção não é justificar a situação de violências à qual estavam submetidas, principalmente, as mulheres negras, na época e ainda hoje, mas demonstrar que esse comportamento é mais uma ferida consequente da escravização e do racismo, e também precisa ser combatido:

> Imagino que, após o término da escravidão, muitos negros estivessem ansiosos para experimentar relações de intimidade, compromisso e paixão, fora dos limites antes estabelecidos. Mas é também possível que muitos estivessem despreparados para praticar a arte de amar. Essa talvez seja a razão pela qual muitos negros estabeleceram relações familiares espelhadas na brutalidade que conheceram na época da escravidão. Seguindo o mesmo modelo hierárquico, criaram espaços domésticos onde conflitos de poder levavam os homens a espancarem as mulheres e os adultos a baterem nas crianças como que para provar seu controle e dominação. Estavam assim se utilizando dos mesmos métodos brutais que os senhores de engenho usaram contra eles. Sabemos que sua vida não era fácil; que com a abolição da escravatura os negros não ficaram imediatamente livres para amar (HOOKS, 2010, n.p.).

Apesar disso, Carolina, num movimento quilombola, amou, gerou, sofreu por amor, amou novamente e expressou esse amor em seus poemas, no cuidado com seus filhos, nas relações com seus companheiros, na dedicação em compor sua obra. Esse amor foi o que a impediu de enlouquecer. Conforme hooks (2010, n.p.):

> Quando nós, mulheres negras, experimentamos a força transformadora do amor em nossas vidas, assumimos atitudes capazes de alterar completamente as estruturas sociais existentes. Assim poderemos acumular forças para enfrentar o genocídio que mata diariamente tantos homens, mulheres e crianças negras. Quando conhecemos o amor, quando amamos, é possível enxergar o passado com outros olhos; é possível transformar o presente e sonhar o futuro. Esse é o poder do amor. O amor cura.

A capacidade de amar e expressar esse amor, esse ato resistente de Carolina, foi outra característica que lhe permitiu escrever poesias líricas, pois, como colocou Staigner (1972, p. 65), "a maioria dos grandes poetas líricos, foram também grandes apaixonados – como estes de primeira categoria: Safo, Petrarca, Goethe, Keats". Nesse movimento de buscar o amor, a autora rompeu com a ideia de que o negro, para conseguir sobreviver, deveria reprimir suas emoções. Essa estratégia de sobrevivência[23] até lhe foi ensinada, entretanto, ela a subverte e encontra justamente no ato de expressar seus sentimentos, uma nova forma de viver. Um exemplo é o poema "Desilusão":

Desilusão[24]

Não foi incluído na Antológia

Oh! grande Deus! Estou sofrendo!
A tristesa pouco a pouco me consome
Os homens não mais estão compreendendo
E a humanidade, mórre de fome.

Só um espirito nobre e supérior
Nos proporcionará a felicidade
Este é Jesus Cristo Nosso Senhor
Que deseja o bem da humanidade

A voz envio-te êste meu verso
Crêio que has de me ouvir
Dae-me fôrças é o que peço
para eu sofrer e não sucumbir.

Como lenitivo penso na mórte
Mas não posso suicidar
Devo resignar-me com a sórte
porque tenho filhos para criar

Vivo triste e desiludida
porque so encontro trópeços
O que me estimula na vida
São os filhos, e meus versós.

Semelhante a uma prece, "Oh, grande Deus", o sujeito lírico recorre a Deus, que é a única esperança para o pobre. A melancolia e o lamento perpassam os versos por meio de palavras sombrias como "sofrendo", "tristeza", "não", "morre", revelando um sujeito desesperado com a sua condição e desiludido com a sociedade. O texto, apesar de religioso, apresenta uma crítica social, pois denuncia um governo ineficiente, que não ampara seus pobres, obrigando-os a recorrer à fé, à intervenção divina, para conseguir

---

[23] "Depoimentos de escravos revelam que sua sobrevivência estava muitas vezes determinada por sua capacidade de reprimir as emoções. Num documento datado em 1845, Frederick Douglass lembra que foi incapaz de se sensibilizar com a morte de sua mãe, por ter sido impedido de manter contato com ela. A escravidão condicionou os negros a conter e reprimir muitos de seus sentimentos. O fato de terem testemunhado o abuso diário de seus companheiros - o trabalho pesado, as punições cruéis, a fome - fez com que se mostrassem solidários entre eles somente em situações de extrema necessidade. E tinham boas razões para imaginar que, caso contrário, seriam punidos. Somente em espaços de resistência cultivados com muito cuidado, podiam expressar emoções reprimidas. Então, aprenderam a seguir seus impulsos somente em situações de grande necessidade e esperar por um momento "seguro" quando seria possível expressar seus sentimentos. Num contexto onde os negros nunca podiam prever quanto tempo estariam juntos, que forma o amor tomaria? Praticar o amor nesse contexto poderia tornar uma pessoa vulnerável a um sofrimento insuportável. De forma geral, era mais fácil para os escravos se envolverem emocionalmente, sabendo que essas relações seriam transitórias. A escravidão criou no povo negro uma noção de intimidade ligada ao sentido prático de sua realidade. Um escravo que não fosse capaz de reprimir ou conter suas emoções, talvez não conseguisse sobreviver." (HOOKS, 2010, n.p.)
[24] Transcrição do manuscrito localizado em: FBN, rolo 4 - MS-565 (4), FTG 392

mudar essa realidade. A angústia é tanta que o sujeito lírico vê na morte a única saída para amenizar seu sofrimento. Todavia, recorda-se de que nem esse alívio pode ter, pois tem filhos, os quais, sem ela, provavelmente morreriam. Nesse sentido, a estratégia que encontrou para sobreviver foi o amor aos seus filhos e a sua literatura.

Sua primeira filha chamava-se Carolina e nasceu em 1945[25]. Nasceu morta, como grande parte das crianças na época, quando a mortalidade infantil era alta, principalmente entre as crianças pobres, que já estavam submetidas a uma situação de vulnerabilidade ainda no ventre materno. Para sua primogênita, a autora dedicou os versos do poema "Minha filha":

Minha filha[26]

A minha filha morreu!
Deixou-me só, e aflita.
Peço, diga-me se és feliz
Aí no céu, onde habita.
Eu vi minha filha expirar
Quase morri de paixão.
Este golpe veio abalar
Para sempre, o meu coração.

Minha filha era tão bela!
Quantas saudades deixou.

Eu gostava tanto dela,
A morte intrusa a levou.
Resta-me apenas a saudade
Da minha filha: Minha boneca!
Morreu na maternidade
Na rua Frei Caneca.

Ela morreu eu me lembro
Dia 29 de setembro.
A mãe nunca esquece
O filho que fenece.

Os versos elegíacos de Carolina denunciam um problema social, mas também falam de um sentimento universal, existencial e atemporal, pois trata-se do sofrimento de uma mãe que tem que conviver com a morte precoce de sua filha. Assim como Fagundes Varela, em seu "Cântico do Calvário", a autora fala de uma dor e de uma saudade provocadas por "este golpe" que abalará eternamente seu coração, sentimentos talvez amenizados pela crença de que a filha agora habita um céu e vive uma vida feliz: "Peço, diga-me se és feliz / Aí no céu, onde habita". Ao escrever o poema, numa atitude quilombola, a autora exibe um amor materno, que poderia ficar escondido sob os números de uma grande chaga social brasileira. Mesmo com a filha morta, Carolina a batizou, deu-lhe identidade, cidadania, história, e eternizou sua existência por meio da

---

[25] Depoimento de Vera Eunice para Levine e Meihy (1994, p. 69). Informação confirmada por Vera Eunice em entrevista para Castro e Machado (2007, p. 33, nota de rodapé 35).
[26] Trancrição do manuscrito localizado em: FBN, rolo 5 - MS-565 (5), FTG [n.p.].

poesia. Nesse movimento resiste, transgride o anonimato, a coisificação e a naturalização da morte de vidas negras, algo tão comum desde a época da escravização. Sua filha não era apenas mais um número, ela tinha um nome, que era o mesmo da mãe, o mesmo da avó, ou seja, pertencia a uma linhagem de mulheres fortes, a uma família que chorou sua perda.

Em 1948, engravidou de seu segundo filho, João Carlos. Foi abandonada pelo pai da criança e expulsa da casa da família para a qual trabalhava. Na mesma época, iniciou-se, em São Paulo, o processo de "higienização", que consistia na expulsão de tudo o que estivesse ligado à pobreza ou a atividades consideradas incompatíveis com a concepção de modernidade, como: venda de galinhas, frutas, entre outros. Além disso, entrou em vigência a Lei do Inquilinato, promulgada em 1942[27], que desalojou milhares de famílias pobres. Foi nesse período que se formou a Avenida Paulista, com seus casarões elegantes e moradores também imponentes, que, inspirados na *belle époque* francesa, impactaram profundamente a cidade e o pacato cotidiano paulista. Para isso,

> foram demolidos muitos casebres e favelas, tudo em nome de um prolongamento das ruas e da ampliação de largos e praças. O mesmo processo que levou ao inchaço da pobreza acabou, finalmente, por expulsá-la dos bairros centrais da cidade, onde agora ficavam as casas de ópera e as lojas comerciais (SCHWARCZ, 2012, p. 47).

Assim, a única opção de Carolina foi juntar-se às pessoas que estavam sendo expulsas dos centros urbanos e alojar-se na favela do Canindé, que estava situada próximo a um depósito de lixo, às margens do Rio Tietê. A autora narra esse processo:

> Era fim de 1948, surgio o dono do terreno da Rua Antonio de Barros onde estava localisada a favela. Os donos exigiram e apelaram queriam o terreno vago no praso de 60 dias. Os favelados agitavam-se. Não tinham dinheiro. Os que podiam sair ou comprar terreno saiam. Mas, era a minoria que estava em condições de sair. A maioria não tinha recursos. Estavam todos apreensivos. Os policiaes percorria a favela insistindo com os favelados para sair. Só se ouvia dizer o que será de nós? São Paulo modernisava-se. Estava destruindo as casas antigas para construir arranha céus. Não havia mais

---

[27] Sobre a Lei do Inquilinato, Castro e Machado (2007, p. 32) salientam: "Também em 1942, em São Paulo, foi promulgada a Lei do Inquilinato, renovada nos anos seguintes. Com ela, o governo congelou os aluguéis, desestimulando o investimento em moradias para locação, antigas ou novas, e liberando mais recursos para a industrialização. Sem os investimentos da iniciativa privada, aumentou a carência de habitação para a população de baixa renda. Enquanto isso, migrantes continuavam a chegar e os antigos moradores de prédios e cortiços se viam cada vez mais ameaçados de despejo."

porões para o proletário. Os favelados falavam, e pensavam. E vice-versa. Até que alguém sugerio.
– Vamos falar com o Dr. Adhemar de Barrós. [...]
– Dentro de 3 dias arranjo lugar para voçeis. [...]
E resolveram instalar os favelados as margens do Rio Tietê, no bairro do Canindé (JESUS, 2014, p. 39-40).

O fragmento citado nos revela que o Canindé era uma "favela oficial", ou seja, "núcleos que surgiram a partir das intervenções da própria Prefeitura" (PAULINO, 2007, p. 76), para abrigar populações que estavam alojadas em terrenos particulares ou que seriam utilizados para obras públicas. Desse modo, num primeiro momento, o governo evitou explosões sociais e até angariou certo prestígio. Entretanto, podemos dizer que, aos poucos, o sentimento de "gratidão" transformou-se em revolta, e textos que descreviam a verdadeira realidade nas favelas começaram a ser escritos. Sobre esse processo, Carolina escreveu estes versos[28]:

Com fé o pobre pede:	Sóu rijo, não dessispero
À Deus que lhe conçede	Fui mórar no cimitério
Uma audiência	Não sei se é isto, um pecado.
Já está farto de viver	Para quem não tem confôrto
E casado de sofrer	Chegou a invejár o morto
Com a indigência	Que ali está sepultado
A favela foi habolida	Oh! Deus, eu quero mórrer
Era onde eu tinha guarida	Nada tenho para comer
Quando chegava o inverno	Até o ideal, em mim arrefeçeu
Mas, as altas autoridades	O mundo ficou cruel
Querem, embelezar as cidades	É uma taça de fel
E os pobres, que vá pro inferno	Para um infausto, como eu

O poema, sem título, expõe o sentimento de desamparo do eu lírico, que foi expulso do lugar onde morava, provavelmente, ocupações ou cortiços, devido ao processo, empenhado pelo governo, de "embelezamento" das cidades.

No texto, o eu lírico compara a nova "moradia" a um cemitério, já que as autoridades enviaram os pobres para o inferno. O lugar é tão insalubre que o sujeito lírico chega a invejar o morto, o qual, sepultado, está em melhores condições que os

---
[28] Transcrição do manuscrito localizado em: FBN, rolo 4 - MS-565 (4), FTG 520.

moradores da favela. A realidade é de fome, desesperança e profundo abandono do poder público. Assim, o eu lírico só vê na intervenção divina a solução para os seus problemas e oscila entre permanecer firme ("sou rijo, não dessispero") ou entregar-se à agonia ("Oh! Deus, eu quero mórrer").

Já no Canindé, Carolina ergueu, sozinha e grávida de seis meses, o seu barraco. "Carolina carregou tábuas e materiais extraídos da construção de uma Igreja a cinco quadras de sua morada. Com o que conseguiu ela construiu um barraco com as próprias mãos, cobrindo-o com folhas de zinco, recolhidas também ao caso" (LEVINE, 1994, p. 21).

Longe de querer romantizar a profissão de catadora de papel ou a condição de mãe-solo, esses dois pontos foram importantes para que Carolina conseguisse desenvolver sua escritura, visto que, sem estar sob o domínio de patrões ou de um esposo, tinha como administrar seu tempo entre a criação e o sustento dos filhos e o seu ideal, que era ser escritora:

> Poderia ser dona do seu tempo, sem patrão nem marido para lhe ditar o emprego de suas horas. Apesar da carga ser grande demais para ela carregar, pois ver os filhos com fome sem o mínimo necessário para sobreviver era terrível, ainda assim, não poderia se sujeitar à ordem e aos desmandos de um patrão ou um homem. Num país como o nosso, onde regime de trabalho para as classes subalternas sempre foi a semiescravidão, Carolina parte para a única alternativa que lhe restou: uma forma de trabalho arcaica de trocar papel por comida ou gêneros de primeira necessidade (SOUSA, 2012, p. 85).

O lixo tornou-se o seu sustento. Catando papel, restos de alimentos, objetos e roupas, Carolina sustentou seus três filhos (João Carlos, José Carlos e Vera Eunice), construiu sua casa e sua obra. Fez do papel seu modo de sobrevivência, tornando-se catadora de papel e escritora. Vivia com o dinheiro dos papéis que vendia e da literatura que encontrava naqueles que não vendia. Nas madrugadas, enquanto tentava enganar a fome ou perdia o sono devido às preocupações cotidianas, dedicava-se a escrever suas memórias.

Tais escritos foram reunidos em um livro, intitulado *Quarto de despejo: diário de uma favelada*, publicado por intermédio do jornalista Audálio Dantas em 1960. Nessa denúncia, não poupou governantes da época, nem outras autoridades, citando nomes a fim de garantir a veracidade de seu relato e o efeito impactante a ser causado.

Carolina sobreviveu 12 anos na favela. Nesse tempo, nunca se adaptou àquela realidade e sempre almejou outro lugar para morar. Nunca se sentiu parte daquela comunidade, pelo contrário, quando saiu de lá, após a publicação de seu diário, foi sob pedradas, pois os favelados se sentiam expostos por ela nos relatos do livro:

> O repúdio da autora à situação que se encontrava é visceral. Da mesma forma e na mesma medida é por ela estranhada. Tanto que no dia em que ia se mudar da favela, depois do sucesso do livro, foi apedrejada pelos vizinhos. O ponto de estranhamento entre Carolina e os favelados é, sem dúvida, o livro. Escrevê-lo foi a forma que encontrou para tentar romper o fechamento do mundo que vivia. A esperança que deposita nessa experiência é grande (VOGT, 1983, p. 211).

São Paulo não lhe trouxe a felicidade almejada, mas, com certeza, transformou sua vida, pois, sozinha, acabou encontrando na escrita a oportunidade de inserir-se no mundo e resistir na cidade grande. Segundo Elena Pajaro Peres (2007), além da questão do direito à voz, do falar por si, o desenvolvimento da escritura de Carolina aconteceu em São Paulo devido ao deslocamento de uma cultura oral para uma cultura escrita:

> A oralidade tão viva em seu grupo de origem – apesar de fragmentada pela experiência anterior da escravidão e das sucessivas inclusões decorrentes do processo migratório – não era mais funcional nesse novo entorno e não trazia mais em si a memória da coletividade, uma vez que suas relações familiares e de vizinhança estavam rompidas. Em Sacramento ela não sentira em nenhuma oportunidade desejo de escrever. Seu anseio era por ouvir ou ler histórias, aprender, reter, guardar, modificar em sua mente, rememorar. Gravava com perfeição os discursos de Rui Barbosa lidos pelo senhor Manoel, apreciava com imenso prazer as narrativas de seu avô. Falava com os vizinhos, enfrentava o juiz, discutia com a professora, respondia à sua mãe e fazia um milhão de perguntas (PERES, 2007, p. 190-191).

Carolina entende que aquela literatura oral, da palavra falada, que descobrira e aprendera com seu avô, não tinha poder nesse novo contexto, e era preciso acessar o código escrito para conseguir inserir-se e permanecer. Entretanto, mesmo diante dessa nova realidade, não abandonou as lições literárias aprendidas na infância, transferindo para sua escritura as marcas da tradição oral, como a capacidade narrativa, melódica e descritiva. Essa transmissão é percebida na leitura de sua autobiografia, quando a autora demonstra toda a sua habilidade imaginativa ao criar passagens nas quais ela aparece como heroína, como foi o caso da discussão com Humbertinho, ou nas narrações permeadas de detalhes, quando apresenta membros da sua família. Seus poemas também são marcados pela literatura oral, como no exemplo a seguir:

O Marginal[29]

Vou citar-lhe o meu passado
Quando jovem fui notado
Era alegre, de janeiro a janeiro
Eu cantava uma canção
E tocava violão
Com os meus companheiros

Nós faziamos serenata
E a lua cor de prata
Brilhava no firmamento
Para a minha amada, eu cantava
A canção que ela adorava
Não me sai do pensamento.

Uma luz lá dentro acendia
Era ela que me movia
Minha voz lhe despertava.
Era profunda emoção
Parece que o meu coração
Dentro do peito oscilava.

Meu Deus! Que ansiedade
Vê-la era minha vontade
Para dizer-lhe, querida!
Quero levá-la ao altar
E se Deus nos auxiliar
Vai ser bela a nossa vida.

Nos versos que eu cantava
Meu afeto eu revelava.
E ela compreendia
Haveremos de nos unir.
Se o seu pai consentir
Para mim, que alegria!

Ela, pousou o olhar no chão
Não sei se foi emoção
E começou a chorar:
Meu pai aprecia um nobre
E disse-me que tu és pobre
E não nos deixa casar.

Suas palavras me feriu
E o meu coração dividiu
E eu perdi todo o ideal
Ela, vive ao lado de um nobre
Não revolto por eu ser pobre
E não lhe desejo mal.

Outro dia nos encontramos
Por uns minutos nos fitamos
Com ardor e emoção.
No sorriso que ela deu,
Percebi que ainda é meu
O seu terno coração.

---

[29] Trancrição do manuscrito localizado em: FBN, rolo 5 - MS-565 (5), FTG [n.p.].

É um pecado desligar	Ela, vive no meu pensamento
Dois entes que se amam	Não lhe olvido um só momento
Por mera futilidade.	Esteja eu onde estiver.
É egoísmo, é um crime	Enquanto o mundo existir
Pois, não há nada mais sublime	O homem há de amar e sentir
Do que o amor e amizade.	Afeto por uma mulher.
Se eu estivesse ao seu lado	Eu ando andrajoso assim
Não viveria assim, maguado	Por não te-la perto de mim.
E não estaria sozinho.	É ela o meu ideal!
Envelheciamos contente	Vivo, ao relento, sem abrigo
E quem sabe se atualmente	Sem afeto, e sem amigo
Já tinhamos um netinho.	– Sou, um marginal.

O poema inicia-se com o verso "Vou citar-lhe o meu passado", assemelhando-se ao movimento dos contadores de histórias, que começam a contação com frases como "Vou contar-lhe uma história", "Há muito tempo", "Era uma vez...". Ao longo das estrofes, a poeta desenvolve uma narrativa, e essa construção poética é muito comum na sua obra, permeada por poemas narrativos:

> [...] os poemas de Carolina se formatam como histórias. Narrações linearmente simples de encontros e desencontros que ancoram a aventura humana ou a metafísica do encontro e do desencontro no lastro concreto do que aconteceu em tal espaço, em tal tempo a tal ou qual pessoa (LAJOLO, 1996, p. 49).

O texto apresenta a história de um casal que não pôde viver um amor devido à imposição da família. Tal caso é semelhante a um outro, que aconteceu na família da autora, quando sua tia Ana não deixou a sua filha branca, Mariinha, casar-se com um homem negro. Segundo a autora, Mariinha foi obrigada a casar-se com um homem branco, que era alcoolista e que a fez muito infeliz, para "purificar a raça": "Que ignorância da minha tia aceitar aquele homem sem qualidade, tipo inadmissível mesmo num núcleo mais sórdido, só por causa da cor da pele!" (JESUS, 2007b, p. 86). Como o esposo era irresponsável, Mariinha tinha uma vida precária. Sempre que ela encontrava seu grande amor, os dois lamentavam por não viverem aquela história:

– Se você fosse minha! A minha vida haveria de ser mais alegre.
A Mariinha chorava, dizendo:
– Eu tenho nojo do João Miguel. Como é horrorosa a presença de um homem quando não lhe temos amor. Eu não deveria ter nascido. Porque não nasci livre, fui escrava da vaidade da minha mãe (JESUS, 2007b, p. 86-87).

Por fim, Mariinha teve os filhos brancos que sua mãe queria, mas acabou morrendo de tristeza. O homem que a amava, quando soube da sua morte, também morreu. "Minha tia deixou de ser racista por uns tempos" (JESUS, 2007b, p. 89). Esse exercício de trazer experiências pessoais para o texto é um traço de toda a obra de Carolina, que, como vimos nos poemas já apresentados, construirá seus textos a partir do cotidiano vivido, de histórias que ouviu ou viu. Memórias ficcionalizadas, textos "escrevividos", poética da escrevivência, característica que desenvolveremos ao longo do livro.

No poema, o motivo do impedimento não é a cor, mas a condição social. Também não fica claro se o casal morre, todavia, fica evidente que eles são infelizes: "Vivo, ao relento, sem abrigo / Sem afeto e sem amigo / Sou um marginal". Assim como no caso real, há também uma crítica à atitude da família, que é condenada pelo sujeito lírico tanto no plano religioso, moral, quanto no social, pois ele a compara a um pecado, a um crime, e diz que é uma ação egoísta. Outro ponto interessante é o triste desfecho dos personagens, que se aproxima da ideia de "moral da história" ou "lição", muito presente nos gêneros de cultura oral, como os provérbios, as lendas e as fábulas. É como se a poeta quisesse alertar as famílias a não se intrometerem nos relacionamentos dos jovens por motivos de preconceito, pois o final pode ser ruim.

Além do conteúdo, a tradição oral também assinala a estrutura quando a autora incorpora diálogos no poema, alternando sujeitos e vozes no decorrer dos versos, como no exemplo a seguir:

> Ela, pousou o olhar no chão
> Não sei se foi emoção
> E começou a chorar:
> Meu pai aprecia um nobre
> E disse-me que tu és pobre
> E não nos deixa casar

Esse tipo de recurso também aparecerá em outros poemas, corroborando a marca narrativa que se apresenta não só nos seus textos em prosa, mas, além disso, nos textos em versos. A linguagem do poema também é perpassada pela oralidade. Um exemplo é quando a autora traz marcas da língua falada para o texto, como a palavra "maguado", grafada com "u" em vez de "o". Outro exemplo é a ausência de concordância verbal no verso "Suas palavras me feriu", um recurso que a autora mobiliza para criar a rima com o verso seguinte "E o meu coração dividiu", característica muito usada em poemas escritos para serem declamados.

Apesar de só ter iniciado o processo de desenvolvimento de sua escritura na fase adulta, Carolina narra em sua autobiografia que ainda criança descobrira que era predestinada a ser escritora:

> Minha mãe queixou-se que eu chorava dia e noite. Ele disse-lhe que o meu crânio não tinha espaço suficiente para alojar os miolos, que ficavam comprimidos, e eu sentia dor de cabeça. Explicou-lhe que, até os vinte anos, eu ia viver como se estivesse sonhando, que a minha vida ia ser atabalhoada. Ela vai adorar tudo que é belo! A tua filha é poetisa; pobre Sacramento, do teu seio sai uma poetisa. E sorriu (JESUS, 2007b, p. 85).

Na ocasião da insistente dor de cabeça da pequena Bitita, Carolina diz que o médium Eurípedes Barsaulfo revelou a sua sina: seria poetisa. Talvez seja por isso que a autora narra ter se deslocado tantas vezes durante sua vida, provavelmente andava em busca de compreender a realização do seu destino.

Diante disso, a autora conta que sua primeira experiência como escritora foi muito antes do Canindé, em Franca - SP, quando trabalhava na Santa Casa, na década de 1930, e quis se despedir de uma das religiosas da instituição:

> O primeiro verso que eu fiz foi dedicado a uma freira. Quando eu trabalhava na Santa Casa de Franca. Eram seis irmãs, que tratavam os doentes admiravelmente. Elas faziam o retiro de duas a duas. Quando viajou para São Paulo, a freira pôr quem eu tinha profunda admiração, eu não podia deixar os meus afazeres para ir despedir-me dela. Peguei o lápis e um papel para lhe escrever qualquer coisinha amável:
> Nas minhas orações peço!
> Á Jesus, com muita fé
> para ter breve regresso
> A irmã, Maria José.
> Escrevi apressadamente porque estava fritando os bifes para os doentes do pavilhão. A mensageira voltou sorrindo. Bonito verso Carolina! A irmã

gostou e agradece a sua amabilidade. – Verso... repeti mentalmente. – Verso... o que será isto? Sorri, o meu objetivo era agradar a irmã (IMS, CMJ_ Pi_ Um Brasil para os brasileiros_ p51).

    A escrita é rápida, simples, até espontânea. É o desejo da autora de manifestar seu carinho, sua gratidão a alguém que fora especial, e, para isso, ofereceu o que tinha de melhor, os versos, já que não tinha dinheiro para comprar-lhe um presente.

    A partir daquela primeira experiência com a poesia escrita, a autora narra que, chegando a São Paulo, começou a perceber que a vontade de escrever foi tornando-se mais intensa. Assim, aos poucos e sem entender muito bem como funcionava, iniciou o seu processo no mundo da escrita. Processo, a princípio, conturbado, cheio de incertezas e dúvidas, construído a partir das memórias das histórias do avô, dos acontecimentos familiares, dos fatos que envolveram sua trajetória, dos discursos de Rui Barbosa, das leituras dos clássicos, das congadas, das pesquisas ao dicionário, da correria, da multidão, da industrialização, das pessoas diferentes, dos amores vividos, do falatório, da confusão, do empurra-empurra, do medo, do fedor do lixo, do cansaço do trabalho, dos sorrisos, da fila do pão, das aglomerações nos cortiços, dos desalojamentos, do sentimento de injustiça, das valsas vienenses, das radionovelas, da fome, da busca pela felicidade, da mudança interior, da mudança geográfica e de um amanhecer fabuloso experienciados em terras paulistanas. Tudo isso despertou diversas emoções em Carolina, como angústia, tristeza, paixão, desajuste e solidão, gerando a inspiração, a disposição e o desejo de escrever, que se tornou cada vez mais intenso e, aos poucos, foi materializando-se em poemas. Retomando o prólogo:

> [...] Lá no interior eu era tranquila. Mas, percebi que o meu pensamento ia modificando-se. Era uma transição que não me era possível domina-la. Que desordem mental tremenda. Sentia ideias que eu desconhecia como se fosse alguém ditando algo na minha mente. Um dia apoderou-se de mim um desejo de escrever:
> – Escrevi –
> Adeus dias de venturas.
> Adeus mundo de ilusão
> Vou recluir-me na sepultura
> Debaixo do frio chão.
>
> Vou satisfêita. Risonha.
> Contente por não voltar.

> A minha vida é tristonha.
> Morrendo... irei descansar.
> Trabalho. Não tenho conforto.
> Levo a vida a lutar.
> Somente depois de morta.
> Nada mais, tenho em que pensar.
>
> Dêsde êsse dia, eu comecei a fazer versos. É que as pessoas que residem em São Paulo, pensam com mais intensidade. Por isso é que o meu cérebro, desenvolveu-se (IMS, CMJ_Pi_Um Brasil para os brasileiros_p 49-50).

O poema é fortemente marcado por um diálogo com a estética romântica, que constituía, como vimos, as primeiras leituras a que Carolina teve acesso depois de alfabetizada. Além disso, diante desse novo contexto, no qual a autora estava sozinha em uma cidade grande, acredita-se que a ideia de fuga, o caminho da evasão que permeia os poetas românticos, tenha se encaixado perfeitamente na realidade em que a autora vivia, como o melhor modelo de poesia a seguir. O texto é construído em torno de uma ideia de escapismo, exemplificado pelo desejo da morte como a única forma de fugir da realidade de sofrimento, na qual o sujeito lírico está inserido: "Adeus mundo de venturas / Adeus mundo de ilusão". O exagero e a negatividade são observados através da repetição da palavra "adeus", que reforça o desejo da morte e o desajuste do poeta com o mundo, dando ao texto o sentimento de melancolia que o poeta deseja expressar. A realidade é apresentada como algo ruim, de maneira subjetiva, por meio da experiência pessoal da autora, que trabalha e não tem conforto, por isso, deseja a morte para poder descansar. É carregado de sentimentalismo e composto por meio de um vocabulário que remembra os poemas de Álvares de Azevedo e Junqueira Freire, como "Adeus", "Venturas", "Ilusão" e "Sepultura".

Assim, a poesia visitava Carolina e era bem recebida, encontrava lugar em sua vida e permanecia por meio do texto, mesmo sem ela saber ao certo do que se tratava. Só sabia que era algo que a consumia, que a movimentava e, a princípio, até a amedrontava.

> Eu ignorava as minhas qualidades poéticas, quando percebi: que medo! Fiquei apavorada, para mim foi uma surpresa. Nunca pensei que um dia me tornasse poetisa [...] (IMS, CMJ_Pi_Um Brasil para os brasileiros_p 50).

Acredita-se que Carolina tenha assumido e "incorporado" de vez o título de poeta após um encontro com o jornalista Willy Aureli, momento no qual a autora ouviu alguém chamar-lhe de poetisa, confirmando as palavras que o médium pronunciara havia 25 anos:

> Dia 5 de fevereiro de 1941, eu fui na redação das Fôlhas na rua do Carmo. Falei com o distinto jornalista Sr. Vili Aureli. Mostrei-lhe os meus escritos e perguntei-lhe o que era aquilo que eu escrevia.
> Ele olhou-me minuciosamente, sorriu e respondeu-me: – Carolina, você é poetisa! – Levei um susto, mas não demonstrei. O meu coração acelerou-se como se fosse um cavalo de corrida. Pensei: – Ele disse-me que sou poetisa. Que doença será esta? Será que isto tem cura? Será que vou gastar muito dinheiro para curar esta enfermidade? (IMS, CMJ_Pi_Um Brasil para os brasileiros_p 53-54).

Antes das palavras do jornalista, a autora relatou que, apesar de estar sempre escrevendo, não sabia que poderia ser escritora, visto que quase não frequentara a escola e, para ela, os poetas eram pessoas "inteligentíssimas" (IMS, CMJ_Pi_Um Brasil para os brasileiros_p54). Por isso, em vários momentos, a autora revelou que a escrita surgia-lhe espontaneamente, a todo momento, e, devido a isso, ela quase foi considerada louca por escrever constantemente. Quando a inspiração para a escrita surgia, ela dizia que era "atormentada" por um estado de "fusão mental", e chegou a pensar que era uma patologia:

> Eu já estava aborrecendo-me de ter vindo para São Paulo. Lá no interior eu era feliz. Tinha paz mental. Gozava a vida e não tinha nenhuma enfermidade. E aqui em São Paulo eu sou poetisa! (IMS, CMJ_Pi_Um Brasil para os brasileiros_p56).
> Eu pensava que as coisas que brotavam na minha cabeça eram provenientes dos meus dentes. Procurei um dentista, solicitando um exame, ele não quis extraí-los (IMS, CMJ_Pi_Um Brasil para os brasileiros_p58).

Depois, pensou que poderia ser fome:

> Eu lutava para ficar livre do pensamento poético que me impedia o sono. Percebia que andando de um lado para o outro, o pensamento poético dissipava um pouco. Quando sentia fome, as ideias eram mais intensas, comendo algo, notava que diminuíam. E passei a ter medo da fome (IMS, CMJ_Pi_Um Brasil para os brasileiros_p60).

Até perceber que a inquietação era uma vontade incontrolável de escrever e que só cessaria quando as "ideias poéticas" saíssem da cabeça e fossem para o papel: "Quando percebo que estou exausta sento, com o lápis na mão e escrevo" (IMS, CMJ_Pi_Um Brasil para os brasileiros_p61).

Podemos dizer que, provavelmente, o que acontecia com Carolina era a ideia de inspiração, tão defendida e difundida pelos românticos. Antonio Candido, ao se referir ao processo criativo de Álvares de Azevedo, explica essa concepção: "A febre de escrever atirou-o atabalhoadamente sobre o papel, como se as palavras viessem por demais imperiosas. Grande número dos seus escritos manifesta o fluxo incontrolado que, para o Romantismo, era o próprio sinal da inspiração" (CANDIDO, 2007, p. 502). Emil Staigner, em *Conceitos fundamentais da poética* (1972), ao se referir ao poeta lírico, aponta: "O poeta lírico não produz coisa alguma. Êle abandona-se. – literalmente (stimmung) – à inspiração [...] Seu poetar é involuntário" (STAIGNER, 1972, p. 28). A partir dessas citações, podemos dizer que o "pensamento poético", ou as "ideias literárias", que Carolina tanto elucida em sua autobiografia seja a inspiração que incomoda, provoca e movimenta os poetas: "Eu não faço verso. Eles promanam na mente" (JESUS *apud* PERPÉTUA, 2014, p. 322).

A conversa com o jornalista gerou a primeira grande reportagem sobre a autora, escrita pelo próprio Willy Aureli e publicada na *Folha da Manhã* no dia 25 de fevereiro de 1940, sob o título "Carolina Maria, poetiza preta". Na matéria, o jornalista descreve Carolina como uma "belle espécime de mulher negra", com porte de Rainha de Sabá, que chegara à redação à procura de um jornalista que pudesse observar seus escritos. Expõe o diálogo que tivera com a autora e publica o poema "O colono e o fazendeiro":

– Faço versos... Ninguém porém me leva a sério!
– Como assim?
– Ando pelas redacções, e quando sabem que sou preta, mandam dizer que não estão... [...]
– São uns ingratos...
– O sr. quer ver alguma poesia de minha lavra?
– Conceda-nos essa honra...
Exhibe uns papeis, um caderno, uns recortes de revistas. Lê e declama. Com naturalidade e graça, optima dicção, tudo de mistura com o sorriso que é um raio de luz em tamanhas trevas... [...]
– Que horas tem ahi? – Pergunta a poetiza.
– Meio dia e meio...
– Céos! Tenho que me apressar. Está na hora da fabrica apitar...
– Sempre rimando?

– Está em mim, sou feita assim. Tá vendo? [...]
Prometeu regressar. Saiu satisfeita quando o photographo synchronizou a chapa. Cumprimentou a todos com um único gesto e saiu, por onde entrara, deixando uma esteira de sympathia.
É possível que ainda se torne célebre...
(AURELI, 1940, p. 03).

Com os cabelos crespos à mostra, sorriso no rosto, um belo vestido e brincos na orelha, a reportagem nos apresenta uma autora bem diferente daquela que seria revelada anos depois, em 1958, na matéria de Audálio Dantas. Colocando-a sem o lenço na cabeça, sem a sujeira e o olhar triste, bem característicos da época do Canindé, o texto de Willy Aureli não apresenta uma "favelada que escreve", mas uma escritora em busca de reconhecimento. Embora Carolina ainda não morasse na favela em 1940, a autora era pobre, e, mesmo assim, percebe-se que o foco do artigo não é a sua pobreza, a sua condição social, mas a apresentação de seu trabalho, dos seus poemas. Já no título da reportagem, o jornalista a chama de "poetiza preta" e, durante todo o texto, tenta construir essa imagem, apontando para a capacidade da escritora de poetizar o cotidiano que, por diversas vezes, é duro e sofrido, como a condição do colono nas fazendas do início do século XX, apresentada pela poeta no poema "O colono e o fazendeiro". Ademais, o repórter também expõe as dificuldades que a autora tem que enfrentar por causa do preconceito racial e ilustra a matéria com uma foto de Carolina sorrindo na redação do jornal, no auge dos seus 26 anos, ao seu lado, representando a alegria de quem tinha conseguido encontrar-se no mundo depois de tantas andanças: entendia-se poeta.

O encontro com o jornalista foi fundamental para a tomada de consciência sobre sua condição de poeta, visto que, naquela época, o jornalista e o jornalismo eram os grandes responsáveis pela validação e difusão de textos literários em um país que não tinha a cultura de comprar livros. Desse modo, a conversa com Aureli deu-lhe a clareza a respeito de um lugar e uma posição na sociedade: "O significante dado por um outro marcaria o momento em que ela passou a almejar um lugar social ao lado daqueles a quem ela considerava detentores de um saber semelhante ao seu" (PERPÉTUA, 2014, p. 45). Não era mais peregrina, uma louca, mas acreditava ser uma escritora. Tanto que, passado o susto inicial, Carolina desejava descobrir o que era ser poetisa, como deveria se portar, o que deveria escrever, como escrever... Sabia que era necessário sistematizar toda aquela aparente "desordem" que acontecia em sua mente, fruto da inspiração. Queria ser "digna" do título que o jornalista lhe dera:

> Então a poetisa tem que escrever livros? Eu não tenho condição para ser escritora. Não estudei. Silenciei com receio de dizer banalidades. O homem olhou-me nos olhos e eu transpirei por saber que era poetisa e não tinha cultura e era semialfabetizada. E se me convidassem para uma reunião: eu não sabia falar. Eu aprendi a escrever atabalhoadamente (IMS, CMJ_Pi_Um Brasil para os brasileiros_p56).

Na busca por compreender o que significava tal profissão, Carolina narra que foi na obra de Casimiro de Abreu que encontrou as respostas que buscava:

> Procurei numa livraria um livro de poeta, porque o senhor que estava no ônibus disse que o poeta escreve livros. Pedi: – eu quero um livro de poeta – o livreiro deu-me: Primaveras, de Casimiro de Abreu. E assim, fiquei sabendo o que era ser poetisa. Cheguei em casa com o espírito mais tranquilo. Fiquei sabendo que as palavras cadenciadas eram as rimas (IMS, CMJ_Pi_Um Brasil para os brasileiros_p57).

O conhecimento desse encontro de Carolina com os poemas de Casimiro de Abreu, justamente nesse momento no qual a autora estava buscando maneiras de conhecer sobre a profissão de poeta e o exercício da atividade literária, revela um ponto relevante sobre o processo de formação poética: a maneira como ela construiu a sua imagem de poeta e poesia. Conclui-se que a ideia de um poeta como um ser humano "engajado politicamente, nacionalista, possuidor de uma missão social, que luta assumidamente ao lado dos fracos e oprimidos" (PERPÉTUA, 2014, p. 223-224), foi construída por meio de um modelo romântico estabelecido em suas leituras:

> 1 de junho de 1958:
> Tudo que escrevo aqui não é para engrandecer-me, porque eu não tenho vaidade. É que eu sou poetisa. E o poeta gosta da sua gente, gosta da sua pátria. E se revoltam quando veem o seu povo infausto. E o ódio do poeta, recai unicamente no governo. Que se for letárgico será criticado. E se for dinâmico será enaltecido (FBN, 47, GAV 01, 02, p. 238).

Por encontrar nas poesias românticas um sujeito lírico patriota, como o de Gonçalves Dias, saudosista, como o de Casimiro de Abreu, desajustado, como o de Álvares de Azevedo e como o de Castro Alves, defensor dos oprimidos, Carolina acreditava que essas eram as qualidades de um poeta. Além disso, entendia o poeta como uma pessoa sábia, sensível e, principalmente, triste, marcada pela dor, pois, em suas leituras, deparou-se com temas sombrios, relacionados à morte, e poemas marcados pela melancolia, pelo sentimentalismo, pelo pessimismo, pelo egocentrismo, pelo exagero e pela negatividade. Essa imagem de poeta aparece em seus poemas, como no exemplo a seguir:

Riso de poeta[30]

Poeta, porque chora?
Que triste melancolia.
É que minh'alma ignora
O esplendor da alegria.
Êste sorriso que em mim emana,
A minha propria alma engana.

Passei a vida a idealizar
Sem concretizar
Um sonho sequer.
Pretendia me casar
E ter um lar

Com os meus filhos e a mulher!

Mas nem sempre se realiza
O que a mente idealiza.

Vim ao mundo predestinado
A viver só e abandonado
Como coisas abjetas.
Hoje sou desiludido:
Amei e não fui correspondido.
Deus não protege o poeta.

    O poema aponta que o sofrimento do poeta lhe era vital, pois estava predestinado. Era a sina de todo versejador. Mais do que uma infelicidade constante, a autora via o poeta como um ser humano amaldiçoado, maldito, distante da proteção divina, pois "Deus não protege o poeta". A estética romântica novamente visita a escritura da autora, que apresenta marcas da segunda fase, mais conhecida como "mal do século", um estado de espírito decadente e melancólico que levava ao desejo de morte como único modo de o indivíduo libertar-se do "fardo de viver". Tal sentimento é percebido pelo caráter melancólico, egocêntrico e pessimista do desabafo do eu lírico ao responder ao questionamento do interlocutor no primeiro verso: "poeta, por que chora?". A resposta, que perpassa os versos seguintes, traduz a imagem do poeta como um ser solitário, isolado e triste. É um sujeito da falta, desiludido com o mundo e desencantado com a vida por não ter conseguido realizar seu desejo de ter um lar e um amor, embora ele disfarce esses sentimentos em seus textos: "Este sorriso que em mim emana, / A minha

---

[30] Transcrição o manuscrito localizado em: FBN, rolo 5 - MS-565 (5), FTG 27[22].

própria alma engana." Esses segmentos confirmam a ideia do título, "Riso de poeta", de que a alegria do poeta é fingida, pois aquele que escolhe o caminho da literatura não tem alegria, não importa o que ele faça.

Aprofundando-se nessa discussão, percebemos que há momentos em que a autora confunde o poeta, sujeito empírico, com a voz poética, sujeito lírico. Isso fica claro na observação dos seus escritos, como, por exemplo, a forma como a escritora construiu o texto da sua autobiografia. Nele, aparece como uma pessoa honesta, destemida, corajosa, valente, vítima de injustiças, sofredora, mas também superando limites, tentando estabelecer conexões entre a sua vida e a sua visão sobre o poeta. Percebe-se que, ao reconhecer-se poetisa, ela encontra justificativa para características do seu caráter, como ser uma pessoa honrada, e para vários acontecimentos de sua vida, como as situações desfavoráveis que vivenciou, pois, entendendo que o poeta é uma pessoa virtuosa, justiceira e marcada pela dor, associa a sua índole, as suas misérias e os seus sofrimentos ao fato de ser escritora. "Sentindo-se poetisa, Carolina assumia a noção de que poeta seria sinônimo de ser triste" (MEIHY, 1996a, p. 294); "Para ela, poeta é um pensador que nasceu para ser infeliz porque vê criticamente o mundo" (MEIHY, 1996a, p. 304).

Sobre isso, consideremos os fragmentos a seguir:

> 29 de julho de 1958:
> Deixei o leito as 6 e meia. Estava preocupada porque não tinha nada em casa. O dinheiro que se ganha não dá para mais nada. Dizem que os poetas acabam loucos. E eu, estou na iminência de enlouquecer (JESUS *apud* PERPÉTUA, 2014, p. 227).

> 9 de julho de 1958
> Começo a achar a minha vida insipida e longa demais. Casemiro de Abreu deixou este mundo no verdor dos anos. Não conheceu a taça de fel que a existência nos reserva (JESUS *apud* PERPÉTUA, 2014, p. 227).

> 14 de novembro de 1958:
> [...] Ela (Vera Eunice) entrou no Frigorífico para pedir a salsicha. Ganhou 2, ficou sorrindo. Quem é que não sorri quando consegue o que deseja? Talvez seja por isso que o poeta não sabe sorrir, porque não consegue o que deseja (JESUS, 1996a, p. 67).

> 20 de novembro de 1958:
> [...] Quando percebi que era poetisa fiquei tão triste. O dia que o Sr. Vili

Aureli disse-me: Carolina, você é poetisa, naquele dia eu sepultei minha alegria que acompanhava-se igual minha sombra. Até aquela data o meu coração trajava-se com as cores alegres. Depois, passou a usar a cor roxa. E agora... usa a preta. Acho que sou preta interiormente e exteriormente. [...] A portuguesa que deu-me os papeis disse-me que me conhece faz muitos anos. Disse-me que todos os poetas ficam loucos. Eu disse-lhe que quando percebi que eu era poetisa fiquei triste porque o excesso de imaginação era demasiado. Que examinei o cérebro no Hospital das Clínicas, que o exame deu que sou calma. Que eu eduquei imensamente o meu cérebro. Que não deixei as ideias dominar-me (JESUS, 1996a, p. 83).

10 de dezembro de 1959:
Tem pessôas que me olham com cara de nojo, falam que está mal empregada a minha capacidade. Esquecendo êles, que só as pessôas despidas de ambição, é que são agraciadas com dóns da Natureza. Eu já escrevi que o poeta está desalojado no mundo. Pórque não tem coragem de expoliar o próximo (JESUS *apud* PERPÉTUA, 2014, p. 308).

Observemos o poema "O exilado", a seguir, para compreendermos como essa visão aparece em sua poética:

O exilado[31]

Eu não esqueço aquele dia:
A vez primeira que li
Era uma linda poesia
E a emoção que senti

O meu autor predileto
O imortal Gonçalves Dias
Eu lia com muito afeto
Os seus livros de poesias

Pobre poeta exilado
Nas terras que não é sua

Sente saudades dos prados
Das nossas noites de lua.

Minha terra tem brilhante
Nosso céu é côr de anil
O poeta lá mui distante
Tem saudades do Brasil.

O que fez o Gonçalves Dias
Para ser um exilado?
Será que escrever poesias
É pecado?

---

[31] Transcrição do manuscrito localizado em: FBN, rolo 5 - MS-565 (5), FTG [n.p.].

Assim como no poema anterior, "Riso de poeta", nesse texto o poeta também é apresentado como ser incompreendido e condenado ao sofrimento apenas pelo fato de se expressar através da arte: "Será que escrever poesias / É pecado?". Todavia, a ideia do sofrimento do poeta se intensifica, apresentando consequências mais drásticas do que a não realização de seus projetos. Expõe o poeta como uma pessoa que pode ser perseguida e, até mesmo, punida pela sociedade com o exílio. Entende-se que, ao finalizar o texto com o questionamento sobre o pecado de Gonçalves Dias, referia-se também a ela, que acabou exilada da sociedade por querer se aventurar na atividade poética.

O poema também apresenta outra característica que a autora acredita ser do poeta, o patriotismo, apresentando as belezas naturais do país: "Minha terra tem brilhante / Nosso céu é cor de anil / O poeta lá mui distante / Tem saudades do Brasil". Ademais, ao relatar a experiência de ter lido um poema de Gonçalves Dias, trazer o tema do exílio e apresentar versos como "Minha terra tem...", "Nosso céu...", a autora estabelece um diálogo com o famoso "Canção do exílio", texto nacionalista, representativo da primeira geração romântica brasileira. Revela, também, suas experiências com os textos alheios, expondo seu conhecimento/acervo literário como se quisesse provar aos leitores que teve acesso àqueles textos e, assim, validar sua produção.

A partir dos poemas, corrobora-se a ideia de que Carolina acreditava experimentar sentimentos próximos aos que sentiam os poetas que lia, pois queria também se adequar ao mesmo lugar que eles, o lugar de poeta. Era uma maneira de justificar todas as adversidades que enfrentou, todo sentimento de inadaptação ao mundo, toda falta, já que, para ela, todos os grandes poetas foram infelizes. "Era alguém que almejava a fatia possível no mundo dos letrados" (MEIHY, 1996b, p. 21).

Entretanto, é necessário compreendermos que essa dificuldade em conceber o conceito de sujeito lírico não é uma questão só de Carolina, mas incomodou poetas e críticos durante muitos anos e, até hoje, não está bem resolvida. Dominique Combe, em seu artigo "A referência desdobrada: o sujeito lírico entre a ficção e a autobiografia" (2009), debruça-se sobre essa complexidade, buscando compreender a gênese do conceito, seus desdobramentos e impasses, sobretudo na tradição teórica alemã. Aponta que, por muitos anos, a concepção de sujeito lírico, na visão de alguns românticos, era entendida como o próprio poeta:

> O Romantismo pressupõe a transparência do sujeito, o que permite ao exegeta ler o poema como a "expressão" (Ausdruck) do "eu" criador. É,

ainda, necessário que a linguagem seja adequada ao ser e à pessoa, e por isso, que se possa conhecer a pessoa "em si", indepen-dentemente de sua obra. Para que o crítico possa abordar a questão da autenticidade da obra, isto é, de sua "verdade", ele deve poder confrontá-la com o conhecimento irrefutável da identidade do poeta, de seu caráter, de sua personalidade etc. Mas, para atingir o verdadeiro, a concepção "biografizante" deve postular a "sinceridade" do poeta, que para tanto surge ainda como "sujeito ético", pois esse postulado remete não apenas à psicologia, mas também e, sobretudo, à "moral", ao colocar uma atitude voluntária e responsável do escritor frente à linguagem: o poeta não poderia "mentir", ou seja, ter a intenção de enganar seu leitor. Assim, o sujeito poético, que é igualmente o sujeito "real", é também e, sobretudo, um sujeito "ético", plenamente responsável por seus atos e palavras, e, por isso mesmo, um sujeito de direito. É em nome dessa concepção que Baudelaire será condenado por *As Flores do Mal*, obra em que os juízes poderão ler a expressão direta e imediata do "eu" de Charles Baudelaire. A ideia romântica do poema como "confissão" do artista atesta a dimensão moral – se não mesmo religiosa – da definição autobiográfica (COMBE, 2009, p. 115-116).

Esse entendimento de que "o sujeito lírico é a expressão do poeta na sua autenticidade" (COMBE, 2009, p. 115) fundamentou-se na ideia de que a poesia lírica é a manifestação do "eu", é uma expressão subjetiva e individual, que exprime os sentimentos do sujeito, amplamente difundida, que fez com que a poesia lírica fosse entendida como uma poesia pessoal. Todavia, Combe (2009) coloca que, por meio de simbolistas como Baudelaire, Rimbaud e Mallarmé, iniciou-se um processo de "dissolução do eu", propondo uma separação entre poesia e vida, pois, segundo eles, compreender o poema como uma confissão acabava por comprometer a própria qualidade do texto, que ficava esvaziado de seu caráter artístico, criativo, imaginativo, para se submeter ao memorialístico, à autobiografia.

> Nós que consideramos o artista subjetivo um mau artista, e que exigimos que, na arte, em qualquer gênero e em todos os níveis, a princípio e, sobretudo, se supere o subjetivo, que se realize a libertação do 'eu' e que se imponha o silêncio a todas as formas individuais da vontade e do desejo – sim, nós consideramos que, sem objetividade, sem contemplação pura e desinteressada, não nos será jamais possível acreditar em um mínimo de criação artística verdadeira (NIETZSCHE *apud* COMBE, 2009, p. 116).

Diante desse conflito de concepções, entre o sujeito lírico "autobiográfico" e o um "desumanizado", o artigo conclui que a discussão sobre a problemática do sujeito lírico não termina, pelo contrário, continua até hoje, visto que realmente é um tema complexo, pois é instável e movente, como a literatura: "Não há, a rigor, uma identidade do sujeito lírico. O sujeito lírico não poderia ser categorizado de forma estável, uma vez que ele consiste precisamente em um incessante duplo movimento do empírico em direção ao transcendental" (COMBE, 2009, p. 128). Desse modo, o autor finaliza o artigo propondo uma reflexão em torno de uma relativização na oposição pretendida pelos críticos entre verdade e ficção, entendendo que, mesmo que a experiência seja ficcional, ela parte de um sujeito real. Em outras palavras, embora descolado do sujeito empírico, o sujeito lírico é fruto de um sentimento do poeta, que, no texto, assume um valor universal.

Diante disso, entendemos que o sujeito lírico de Carolina dialoga com essa perspectiva de movência, pois não é um mero biografismo, como nos românticos, e também não é impessoal, como nos simbolistas, mas tenciona entre os dois, entre o individual e o universal. Podemos dizer que se trata do que Conceição Evaristo nomeou de *escrevivência*, conceito que mencionamos anteriormente, ou seja, é construído a partir de uma experiência, uma vivência individual, que, ao ser partilhada com seus leitores, torna-se universal. É o que vimos no poema "Minha filha", por exemplo, quando a dor real de perder uma filha tornou-se um sentimento universal ao ser transposta para o texto.

Carolina colhia nas histórias do avô, nos acontecimentos familiares, nas conversas ouvidas nas ruas, nas situações vistas nas casas das patroas, nos livros que leu e nas experiências vivenciadas todo material para o seu texto: "O meu cérebro anotava tudo que eu ouvia, sem esforço" (JESUS, 2007b, p. 36); "Eu sou poetisa, senhor Osvaldo, e o cérebro do poeta é um arquivo. Por isso, o senhor deveria considerar as minhas impressões" (JESUS *apud* PERPÉTUA, 2014, p. 306).

Sendo assim, concluímos que a inserção nesse contexto familiar e social permitiu que Carolina construísse sua poética, que não surgiu do nada, num barraco no Canindé, mas é resultado de tudo que ela herdou, viveu, leu e recolheu durante sua trajetória, como veremos ao longo do livro.

1.2 O processo de escrita carolineano

> *Os pássaros cantam na linguagem certa, na linguagem correta e sincera que a própria Mãe Natureza lhes deu. Falar é bonito quando se fala certo. A linguagem só tem valor quando se trata de nominações estranhas. Digo estranhas*

para vocês, mas não para nós. Esquecer os dissabores é o nosso dever, pois se nós considerarmos isto como uma estrada em que viajamos e se estamos chegando ao local designado, não vejo motivo para lembrar e comentar o trecho da estrada ruim.

(Carolina Maria de Jesus)

A observação do prólogo nos revelou não só o processo de descoberta poética da autora, mas também sobre seu processo criativo, que é permeado pelas ideias de inspiração e *escrevivência*, e como se deu sua formação. Essa formação, diferentemente da maioria dos escritores da sua época, que puderam estudar fora do país ou frequentar saraus ou eventos de discussão literária, aconteceu, principalmente, de maneira não escolarizada, por meio da tradição oral, de outras formas de letramento e de maneira autodidata, ou seja, sem a mediação de um professor. Sua entrada e seu desenvolvimento no mundo das letras aconteceram de maneira "infiltrante", transgressora, persistente e resistente, pois, a partir do momento em que acreditou ser uma escritora, passou a buscar maneiras de aprimorar o seu texto, ser publicada e reconhecida como tal, pressionando as portas que, até o momento, estavam completamente fechadas a ela. Peregrinava em editoras e redações de jornais, sempre com um caderno de poemas na mão, lutando por oportunidades.

Por meio da narrativa da primeira experiência de Carolina como escritora, pudemos perceber que ela não tinha conhecimento técnico a respeito da atividade poética. Não sabia, num primeiro momento, que as linhas do poema eram chamadas de versos, por exemplo. Provavelmente, não sabia que, ao criar "Nas minhas orações peço! / Á Jesus, com muita fé / para ter breve regresso / A irmã, Maria José", tinha escrito uma quadra, forma poética popular, constituída de quatro versos. Também se acredita que, naquele instante, não compreendia que a métrica utilizada, provavelmente por facilitar o ritmo e a memorização do texto, fora uma redondilha maior, verso de sete sílabas poéticas, bem presente nos poemas românticos, que a autora trouxe para a sua obra. Entretanto, apesar de não saber o que era um verso, Carolina distribuiu as frases nas linhas e organizou o poema obedecendo a um esquema rimático, de acordo com o que via em seus modelos. A autora estudava e lia muito, e foi a partir dessas leituras que aprendeu a empregar todos esses recursos, não nos dois anos em que frequentou a escola:

> 11 de dezembro de 1959:
> Contei-lhes que custei descobrir que era poetisa. Que pensei que era enfermidade. Que o meu pensamento é clássico e eu fui obrigada a ler o clássico para compreender os derivados das frases. Que não posso sentar. Quando sento os versos emana-se.[...]
> – Onde estudou?
> – Tenho só dôis anos de grupo.
> – A senhora tem dom natural.
> Eu reconheço que sou agraciada com o êxesso de imaginação. Mas, eu estudei para aprender a escrever. Dêsde que aprendi a ler, lêio todos os dias [...] (JESUS *apud* PERPÉTUA, 2014, p. 310).

Como se sabe, estudar fora de uma educação institucional faz parte do processo de aprendizagem de todos, já que temos a oportunidade de aprender a todo momento, e não só na escola. Contudo, o autodidatismo não é só um método de estudo, mas também tem sido encarado como um movimento de resistência, uma objeção às imposições do ensino tradicional e uma proposta de educação libertária, como pontuou Romera Valverde (1996, p. 09):

> A bandeira do autodidatismo é a recuperação do indivíduo, enquanto sujeito de sua aprendizagem, em confronto com a massificação promovida pelas escolas e meios de comunicação com a proverbial avalanche de informações incompletas, fracionadas e politicamente comprometidas.

Além disso, tem sido considerado uma reação a um sistema de desigualdades de uma sociedade que, como vimos, por muitos anos impediu homens e mulheres negras de terem acesso à educação formal. Nesse caso, o autodidatismo não era um meio de acesso ao conhecimento, mas a única opção, e esse foi o caso de Carolina, que quis não só aprender a ler e escrever, mas ser poeta, uma dupla resistência, por meio da educação e da arte.

O autodidatismo de Carolina pode ser comprovado pela leitura e observação dos seus escritos, quando, a todo momento, a autora faz referências aos autores que leu, mas, principalmente, por meio do prólogo em questão, que pode ser observado de duas maneiras. A primeira, sob o ponto de vista do seu conteúdo, já que a autora narra desde sua iniciação no mundo da leitura e da escrita até a sua descoberta poética, afirmando que "aprendeu" o que era ser poeta e o que era um poema por meio da leitura do livro *As*

Primaveras, de Casimiro de Abreu. A segunda, a partir da sua existência enquanto elemento pré-textual, pois acredita-se que a autora tenha decidido escrever um prefácio para seus livros inspirada na obra do poeta romântico, que também apresentava um preâmbulo.

Ao estudarmos o prefácio de Carolina, podemos observar as semelhanças com o prólogo do escritor, que explica aos seus leitores o processo criativo dos poemas presentes na obra oitocentista e, ao mesmo tempo, narra as lembranças da sua infância e adolescência, utilizando-se do velho tom saudosista, bem característico do poeta. Revela que sua poesia surge da melancolia, das ilusões, das lembranças, dos anseios da juventude, da natureza e da saudade, sobre a qual afirma ter sido sua "primeira musa inspiradora" (ABREU, s.d., p. 01). Faz referências a outros poetas, como Gonçalves Dias e Lamartine, é lírico e autobiográfico:

> Um dia – além dos Órgãos, na poética Friburgo – isolado dos meus companheiros de estudo, tive saudades da casa paterna e chorei. Era de tarde; o crepúsculo descia sobre a crista das montanhas e a natureza como que se recolhia para entoar o cântico da noite; as sombras estendiam-se pelo leito dos vales e o silêncio tornava mais solene a voz melancólica do cair das cachoeiras. Era a hora da merenda em nossa casa e pareceu-me ouvir o eco das risadas infantis de minha mana pequena! As lágrimas correram e fiz os primeiros versos da minha vida, que intitulei – Às Ave-Marias [...] Flores e estrelas, murmúrios da terra e mistérios do céu, sonhos de virgem e risos de criança, tudo o que é belo e tudo o que é grande, veio por seu turno debruçar-se sobre o espelho mágico da minha alma e aí estampar a sua imagem fugitiva. Se nessa coleção de imagens predomina o perfil gracioso duma virgem, facilmente se explica: – era a filha do céu que vinha vibrar o alaúde adormecido do pobre filho do sertão. Rico ou pobre, contraditório ou não, este livro fez-se por si, naturalmente, sem esforço, e os cantos saíram conforme as circunstâncias e os lugares os iam despertando. Um dia a pasta pejada de tanto papel pedia que lhe desse um destino qualquer, e foi então que resolvi a publicação das – Primaveras (ABREU, s.d., p. 01).

Percebe-se que a autora não só se apropria do estilo do poeta, mas também o amplia, criando o seu. Apresenta um texto longo, cheio de detalhes e referências, como se quisesse demonstrar sua habilidade narrativa/literária aos futuros leitores e, também, explicar que, embora não tivesse frequentado a escola por muito tempo, havia tido, durante toda a sua vida, meios de ser tocada pela literatura, que estava nos livros, na contemplação da natureza, nas histórias que ouvia, na convivência com os outros, nas relações sociais, na revolta, nas frustrações, nas alegrias, nos sonhos, na dor, nas angústias, na fartura, na falta, na saudade, nas suas memórias e vivências, tanto em Minas Gerais quanto em São Paulo, enfim, em todos os momentos e sentimentos que experimentara. Expõe também o momento em que foi compreendendo que era poeta e características do seu processo criativo. Observemos um exemplo:

> No ano de 1940, manifestou-se em mim as ideias literárias. Fiquei apreensiva com aquela fusão mental. Às vêzes eu saía vagando sem destino para distrair-me um pouco e descongestionar a mente. Quando escrevia tinha a impressão que meu cérebro nórmalizava-se. Que alívio! Quem me dera ser sempre assim. O meu desejo era escrever, mas eu não lia os meus escritós. Um jovem, o Luiz Catapano, vendo-me escrever diariamente ficou curióso, pensando que eu era louca porque existem váriós tipos de loucura. Para certificar-se quiz ver o que eu escrevia. Entreguei-lhe, assim que êle solicitóu-se. Pórque não gósto de cansar a paciência de ninguém. Êle leu e disse-me:
> – Porque é que você não apresenta isto para um jornalista. E êle te orientará. O Luiz Capriano começóu a dizer que eu tinha uma [inte***[32] para escrever. Várias pessoas começaram a insistir para eu ir apresentar os meus escritos aos intelectuais (IMS, CMJ_Pi_ Um Brasil para os brasileiros_p 52-53).

Ainda sobre a questão estrutural do prólogo, entendemos que, ao apresentar um prefácio para sua obra, a autora não o faz como uma mera "cópia" do texto alheio, mas, aparentemente, consciente de seu significado enquanto um gênero textual, já que prólogo, segundo Massaud Moisés, em seu *Dicionário de termos literários* (1999), é assim definido:

> Do grego *prólogos*, o que se diz antes, pelo latim tardio *prologus*. Designava, na tragédia grega, a parte anterior à entrada do coro e da orquestra, na qual se anunciava o tema da peça. Por extensão, passou-se a denominar prólogo o texto que precede ou introduz uma obra (MOISÉS, 1999, p. 371).

Germana Maria Araújo Sales, em sua tese de doutorado *Palavra e sedução: uma leitura dos prefácios oitocentistas (1826-1881)*, publicada em 2003, complementa a reflexão, referindo-se a um termo sinônimo:

---

[32] Ininteligível.

> O prefácio, quando publicado, toma-se parte essencial do texto que o segue, pois tem por finalidade estabelecer um diálogo entre autor e leitor. É também no prefácio que ocorrem as trocas de cortesias e que o autor orienta o leitor a fim de que este obtenha o maior aproveitamento possível do texto. Através desse intróito o escritor expõe seu produto, o livro, procurando atrair seu desejado interlocutor e consumidor: o leitor (SALES, 2003, p. 15).

Diante disso, ao comparar essas definições com a leitura do preâmbulo de Carolina, pode-se concluir que a autora conheceu e aprendeu a função do gênero, pois apresentou-o sempre no início dos seus livros, a fim de introduzir a obra e de estabelecer um diálogo com seus leitores, dividindo com eles todo seu processo de escrita, partilhando suas experiências, suas "ideias literárias" e "pensamentos poéticos", revelando como "surgiam" seus poemas, contextualizando-os. Enfim, familiarizou e sensibilizou o leitor com a obra a ser apresentada, estimulando-o à sua leitura.

Além do prólogo, a existência, ainda que limitada, de outros elementos pré-textuais, como capas e até contracapas para seus livros, exemplifica e confirma esse conhecimento que a autora adquiriu sobre a estrutura da obra literária, suas partes e a função de cada uma delas, lendo as obras de outros escritores. Para uma das versões do seu livro de poemas, a intitulada *Clíris*, por exemplo, a escritora idealiza uma capa e uma contracapa, tudo feito de maneira artesanal, com os recursos que ela tinha à disposição, ou seja, os cadernos alheios encontrados no lixo, revelando a intencionalidade da realização de um projeto de um livro, que, por sua vez, fazia parte de um projeto literário construído ao longo dos anos. A capa, que contém o título da obra, *Clíris*, o gênero dos textos, "poesias", e o nome da autora, e a contracapa, que possui uma mensagem e apresentaria uma biografia da autora e duas fotos, demonstram o cuidado que Carolina tinha com sua obra e seu desejo de afirmar-se enquanto escritora, apresentando ao público uma obra completa, com todos os seus componentes, assim como as obras dos grandes autores que leu, mesmo diante da sua carência material. Na análise desse material,[33] percebemos, por meio dos registros de um primeiro dono do caderno, que o livro foi construído por meio de materiais alheios, do resto do outro, de que a autora se apropriava para a composição de sua obra. Esse movimento que a autora executava, de escrever uma nova obra em restos alheios, foi entendido como um exemplo de palimpsesto por Fabiana Rodrigues Carrijo e João Bôsco Cabral dos Santos, no artigo

---

[33] O material citado pode ser localizado em: FBN, rolo 4 - MS-565 (4) e FTG 325; FBN, rolo 4 - MS-565 (4), FTG 438.

"Nas fissuras dos cadernos encardidos: o bordado testemunhal de Carolina Maria de Jesus" (2012), e por Raffaella Fernandez, no artigo "Carolina Maria de Jesus: uma breve cartografia de seu espólio literário" (2016). Citamos:

> Não é sem razão que, se tivermos contato com os textos/os manuscritos originais de Carolina, facilmente identificaremos uma escritura que precisa, ininterruptamente, grafar com força, com toda a força possível (necessidade de escrever e reescrever, fortemente, sua história) se materializando em um texto como se ele fosse sempre um palimpsesto, uma escritura em palimpsesto. A escrita em palimpsesto é utilizada aqui com a concepção que era dada pelos gregos, não só no sentido literal, mas na acepção de raspar o texto e reescrever, fortemente, por cima, deixando à mostra aquela versão primeira. Sem contar que Carolina já escrevia em cadernos que eram retirados do lixo e, neste caso, já evidenciavam, já traziam em si uma página amarela, folhas arrancadas, descoladas e (re)aproveitadas – um dizer já alterado/retalhado e outro que seria, intensamente, reescrito nas folhas/nas fissuras dos cadernos encardidos (CARRIJO; SANTOS, 2012, n.p.).

> Gérard Genette, crítico literário francês e teórico da literatura, em "Palimpsestes: la littérature au second degré", observou que o objeto da poética não é o texto em si, mas o que ele denominou a arquitextualidade do texto, definida como o conjunto das categorias gerais ou transcendentes tais como os tipos de discurso, os modos de enunciação, os gêneros literários etc. Nesse conceito de poética, o autor observa a transtextualidade ou transcendência textual do texto, e diz que todo texto coloca-se em relação com outro; por isso, manifesta ou oculta alguma semelhança com outros que o antecederam. [...] É este gesto estrutural, figurado na prática do palimpsesto, que promove a escritura de Carolina de Jesus em seu processo criativo, decodificado por meio de diferentes versões de suas narrativas, algumas manuscritas, e constituídas de diversas variantes discursivas, literárias e não literárias, como um centão, a compor sua poética de resíduos (FERNANDEZ, 2016, p. 11).

Desse modo, essa ideia de palimpsesto manifesta-se não só no suporte, mas também nos poemas, que são profundamente marcados por escritos anteriores, como os de Casimiro de Abreu e demais poetas românticos, tanto na forma quanto no conteúdo. Além dos temas, como "saudades da infância, o amor à natureza, os fogachos de adolescente, a religião sentimental, o patriotismo difuso" (BOSI, 2006, p. 116), a linguagem do poeta, "um ritmo cantante, uma expressão fácil" (BOSI, 2006, p. 116), também marcou a produção da autora. Os textos a seguir são um exemplo:

Saudade de mãe[34]

Oh! meu Deus, quanta saudade
Da minha infancia ridente
Não conhecia a degringolada
Que atinge a vida da gente
Era criança. Não pensava:
Que existia sofrimento
Os brinquêdos me facinava
Tódós momentós.

Quando auróra despontava
Eu rodava o meu pião
Aos meus colegas eu contava
Estórias de assombração.

Hoje é bem triste a minha vida
Pórque não vivo cóntente
Estóu distante esquecida
Longe dós meus parentes

Um dia deixei a minha terra
Minha mãe e o meu irmão
Mas, não sabia que era
Eterna separação.

A desventura me perseguia
Ou, o meu destino era fatal
E eu deixei ela um dia
E a minha terra natal
Todos nós temos saudade
De um lindo trecho de vida
Ou, uma velha amisade
Ou uma aventura perdida

Tenho saudades de alguem
Partiu e não mais voltou
Eu lhe queria tanto bem.
Mamãe. A morte levou!

Saudades de mãe[35]

Oh! Meu Deus quantas saudades
Da minha infancia ridente
Não conhecia a degringolada
Que atinge a vida da gente
Era criança não pensava
Que existia o sofrimento
Os brinquedos me fascinava
Há todos os momentos

Quando a aurora despontava
Eu rodava o meu pião...
Aos meus colegas eu contava
Estórias de assombração.

Hoje, é bem triste a minha vida
Porque não vivo contente
Estou distante esquecida
Longe dos meus parentes.
Um dia deixei minha terra
Minha mãe e o meu irmão.
Mas, não sabia que era
Eterna separação.

A desventura me perseguia
Ou, o meu destino era fatal
Eu deixei ela um dia
E a minha terra natal

---

[34] Transcrição do manuscrito localizado em: FBN, rolo 4 - MS-565 (4), FTG 404.
[35] Transcrição do manuscrito localizado em: FBN, rolo 5 - MS-565 (5), FTG [n.p.].

Todos nós temos saudades
De um lindo trecho de vida
Ou de uma velha amizade
Ou de uma aventura perdida.

Tenho saudades de alguém
Partiu, e não mais voltou.

Eu lhe queria tanto bem.
Mamãe! A morte levou.
Chorei copiosamente
Quando a minha mãe morreu
Mamãe: foi o melhor presente
Que Jesus Cristo me deu

O poema, que trata da brevidade da vida, da dor da separação, das emoções, das desilusões, e que tece metáforas ligadas à morte, estabelece um claro diálogo com o famoso "Meus oito anos" (1859), de Casimiro de Abreu, como podemos observar:

> Oh! que saudades que tenho
> Da aurora da minha vida,
> Da minha infância querida
> Que os anos não trazem mais!
> Que amor, que sonhos, que flores.
> Naquelas tardes fagueiras
> À sombra das bananeiras,
> Debaixo dos laranjais!
> [...]
> (ABREU, s.d., p. 14).

Ainda na primeira e na segunda estrofes, o eu lírico carolineano apresenta, com um tom saudosista, a infância de maneira idealizada, como um tempo sem sofrimentos e saudades, pois vivia ao lado de sua família e amigos, brincando em sua terra natal: "Oh! Meu Deus quantas saudades / Da minha infância ridente / Não conhecia a degringolada / Que atinge a vida da gente". A partir da terceira estrofe, o eu lírico aponta o tempo presente como um momento ruim – "Hoje, é bem triste a minha vida" –, olhando-o com melancolia e pessimismo, pois está longe dos entes queridos e sofre com a saudade, as adversidades e as crises do tempo atual, como a morte da mãe.

Nesse sentido, recordar a infância é uma forma de escapismo, uma maneira de fugir, por meio da fantasia, dos problemas e sentimentos ruins que permeiam a vivência do eu lírico: "Era criança não pensava / Que existia o sofrimento." A religiosidade aparece logo no primeiro verso, quando o eu lírico utiliza-se da expressão "Oh! Meu Deus", dando ao poema um tom de prece e lamento. Ela também está ilustrada no último verso da segunda versão, quando o eu lírico reconhece que a mãe foi um presente divino: "Mamãe: foi o melhor presente / Que Jesus Cristo me deu".

Além disso, os versos do poema nos fazem lembrar de vários outros textos presentes em *As Primaveras*, como "Minha terra", "Saudades", "Minha mãe", "No lar", entre outros, pois são marcados por aspectos como escapismo, saudosismo, melancolia, concretizações de imagens da natureza e idealizações da infância e da família, características do estilo de Casimiro, como apontou Antonio Candido (2007, p. 509): "Ser casimiriano é ser suave e elegíaco, dar impressão de incomparável sinceridade, e, principalmente, nada supor no coração humano além de meia dúzia de sentimentos comuns, mas profundamente vividos". Além da temática, a forma do poema é bem casimiriana: versos simples, permeados por rimas, repetitivos, musicais e singelos, demonstrando que a autora desejava sofisticar seu texto, deixando-o semelhante ao dos seus modelos.

Sobre a métrica, observa-se que a autora também opta pela redondilha maior, versos de sete sílabas poéticas, assim como Casimiro. Além de ser uma forma recuperada e utilizada por grande parte dos poetas românticos, outro possível motivo da preferência da autora por esse estilo é que ela costumava declamar seus poemas, e essa métrica facilita a memorização do texto. Além disso, Carolina também era compositora, e, provavelmente por isso, o heptassílabo era-lhe natural, por estar muito presente nas canções populares, por facilitar o ritmo. Mesmo que, em alguns versos, essa métrica não aconteça plenamente, esteja com o ritmo fraturado, apresentando mais ou menos sílabas, ainda é possível perceber a intenção da autora em apropriar-se dessa forma.

Sobre isso, comenta Candido (2007, p. 511-512):

> Efetivamente, Casimiro desdenha o verso branco e o soneto, prefere a estrofe regular, que melhor transmite a cadência da inspiração "doce e meiga". Os seus versos buscam o ritmo mais cantante, que, mantido invariável quase sempre, transforma as suas peças em melopeias, às quais nos abandonamos sem fazer caso do sentido. É a anestesia da razão pelo feitiço da sensibilidade. Assim a craveira dos sentimentos, os aspectos correlatos da natureza e a melodia poética a ambos ajustada emprestam à sua obra uma beleza comovedora e singela, que nalguns poemas se realiza plenamente.

Desse modo, Carolina demonstra-nos a sua capacidade de criar sobre o material do outro e produzir o palimpsesto, pois, mesmo apresentando referências aos famosos versos românticos, incluiu também as suas experiências ao escrever os seus, visto que perdera sua mãe ainda jovem e, depois que fora para São Paulo, não tivera mais contato com seus familiares, assemelhando-se ao eu lírico do poema.

Quanto à linguagem apresentada no poema, podemos dizer que revela não só o processo de construção do texto citado, mas também o estilo, que mescla linguagem não escolarizada e linguagem culta, que a autora desenvolveu e assumiu, como já pudemos observar neste livro. Esse ponto é interessante porque, por diversas vezes, Carolina não foi considerada escritora devido à sua linguagem, que, aparentemente, não atendia às expectativas da linguagem esperada de um poeta. Todavia, demonstraremos que essa não é a realidade.

A primeira característica do estilo carolineano é a marca da oralidade. Como já vimos, essa peculiaridade é fruto de sua formação, que extrapolou o letramento escolar e agregou o convívio com a tradição oral. Além disso, é importante considerar o fato de que Carolina escrevia as palavras da mesma maneira que as ouvia e que ela produziu sua obra em um período de intensas imigrações[36] e migrações no Brasil, o que possibilitou à autora o contato com diversas culturas, linguagens e sotaques diferentes, os quais foram incorporados à sua poética. Segundo a pesquisadora Raffaella Fernandez (2015, p. 87):

> Carolina de Jesus quase sempre escrevia reproduzindo o som das palavras. Enriquecendo seus escritos através dos mecanismos da oralidade e do registro literal da voz repleta de sotaques do "povo que faltava", tais como a fala dos ciganos, nordestinos, mineiros, portugueses, dentre outros que viviam dentro e fora da favela no percurso de Minas Gerais até a cidade de São Paulo.

Por isso, vemos, por exemplo, no terceiro verso da quarta estrofe, a frase "Eu deixei ela um dia" em vez de "Eu deixei-a um dia". A autora traz para o seu poema uma construção que, embora seja muito comum na língua falada, ainda é condenável pela tradição gramatical, visto que, após verbos causativos ou sensitivos, como "mandar", "deixar" ou "fazer", a orientação é a de que devemos usar pronomes oblíquos átonos – "o", "a", "os", "as" – na função de objeto, e não pronomes pessoais do caso reto, como a autora colocou. Entretanto, o poeta canonizado Fagundes Varela também apresentou em seu poema construções condenadas pela gramática tradicional, como o exemplo do último verso na estrofe a seguir:

---

[36] Segundo Schwarcz (2012, p. 67), de acordo com o quadro apresentado, os imigrantes europeus e asiáticos que entraram no Brasil no período de 1819 a 1930 foram: alemães, austríacos, franceses, espanhóis, ingleses, italianos, iugoslavos, japoneses, poloneses, portugueses, russos, sírios e turcos.

> [...]
> Não, não é na cidade que se formam
> Os fortes corações, as crenças grandes,
> Como também nos charcos das planícies
> Não é que **gera-se** o condor dos Andes!
> (VARELLA, s.d., p. 102).

O fragmento apresentado pertence ao poema "A Cidade", de Fagundes Varela, publicado em *Cantos Meridionais*, em 1869. Ele mostra um caso de transgressão quanto às regras de colocação pronominal, pois o pronome "que", por regra, deve atrair o oblíquo "se" para a posição proclítica, antes do verbo. No primeiro verso, o poeta aplica a regra, mas, no quarto verso, não.

Ademais, na primeira estrofe das duas versões temos exemplos de hipoconcordância, conceito que também permeará toda a obra de Carolina. Tal fenômeno linguístico refere-se à falta de concordância gramatical, atitude que podemos perceber no sétimo verso, quando o verbo não concorda com o sujeito: "Os brinquêdos me fascinava". Embora saibamos que a autora não dominava a norma padrão da língua, esse deslize pode ser interpretado como recurso poético, já que a ausência da concordância permite a rima entre "pensava" e "fascinava".

Tal teoria fortifica-se principalmente quando observamos que a autora utiliza esse artifício em outros poemas, como vimos em "O marginal". Ou quando percebemos que, na segunda versão do poema, a autora faz uma revisão, na qual elimina o acento em "brinquedos" e corrige a ortografia de "fascinava", que, na primeira versão, aparece sem o "s", mas não modifica a concordância. Ou, ainda, quando verificamos que em outros versos a concordância é realizada, como em "Todos nós temos saudades", ou seja, ela sabia que o sujeito deveria concordar com o verbo, mas optou por não fazer naquele verso específico.

Esse poema é um exemplo de como a interferência do editor é prejudicial para o entendimento da poesia de Carolina, visto que, na versão publicada, a concordância gramatical no verso é corrigida, eliminando a rima criada pela autora. Comparemos:

1ª versão:
Oh! Meu Deus, quanta saudade
Da minha infância ridente
Não conhecia a degringolada
Que atinge a vida da gente

Era criança não pensava
Que existia sofrimento
Os brinquêdos me facinava
Tódós momentós
[...]
(FBN, rolo 4 - MS-565 (4), FTG 404).

2ª versão:
Oh! meu Deus quantas saudades
Da minha infância ridente
Não conhecia a degringolada
Que atinge a vida da gente
Era criança não pensava
Que existia o sofrimento
Os brinquedos me fascinava
Há todos os momentos
[...]
(FBN, rolo 5 - MS-565 (5), FTG 16 [7]).

Versão publicada:
Oh! Meu Deus quantas saudades
Da minha infância ridente
Não conhecia a degringolada
Que atinge a vida da gente
Era criança não pensava
Que existia o sofrimento
Os brinquedos me fascinavam
A todos os momentos
(JESUS, 1996b, p. 81).

O recurso da licença poética, ou seja, transgredir as regras gramaticais em nome da expressividade do poema, foi amplamente utilizado por vários poetas do cânone brasileiro e, também, por grandes compositores da música popular brasileira. A estilística, ciência que estuda o estilo, em um dos seus campos de estudo, a estilística da frase ou estilística sintática, aponta que é lícito ao escritor recorrer a certas inovações sintáticas para obter maior efeito estilístico. De acordo com Nilce Sant'Anna Martins (1989, p. 129; 130), "na sintaxe, quem fala ou escreve escolhe entre os tipos de frase, obedecendo a um número mais ou menos restrito de regras rígidas", e "à Estilística sintática interessa a consideração dessa norma – dos tipos de frase que se podem formar – e os desvios dela que constituem traços originais e expressivos". Sobre especificamente a questão da concordância, Martins (1989, p. 181) complementa que, por se tratar de um fato não só gramatical, mas também estilístico, ultrapassa os limites da correção e atende a necessidades expressionais: "A concordância tem na língua portuguesa particular importância [...] além de ser um fato gramatical, é também um fato estilístico, o que quer dizer, mais rebelde à sistematização".

Um exemplo bastante conhecido em nossa tradição literária é a paródia "Meus oito anos", de Oswald de Andrade, do poema de mesmo título, de Casimiro de Abreu, já citado:

> Oh que saudades que eu tenho
> Da aurora de minha vida
> Das horas
> De minha infância
> Que os anos não trazem mais
> Naquele quintal de terra
> Da Rua de Santo Antônio
> Debaixo da bananeira
> Sem nenhum laranjais
>
> Eu tinha doces visões
> Da cocaína da infância
> Nos banhos de astro-rei
> Do quintal de minha ânsia
> A cidade progredia
> Em roda de minha casa
> Que os anos não trazem mais
> Debaixo da bananeira
> Sem nenhum laranjais
> (ANDRADE, 1991, p. 28).

Podemos observar que o poeta, no intuito de parodiar o texto romântico, aproximar a língua escrita do modo de falar brasileiro e criar a rima, renuncia a concordância gramatical "Sem nenhum laranjal" para aderir a uma construção que permite um efeito de maior expressividade no poema. Desse modo, podemos dizer que a prática de Carolina, além de ser aceitável dentro dos estudos da língua e da crítica literária, também foi realizada por outros poetas brasileiros.

Sobre a acentuação gráfica das palavras do poema, dois exemplos da primeira versão nos interessaram: os acentos nas palavras "brinquêdos" e "auróra", que não eram acentuadas. A princípio, pensamos que essa prática fosse comum na época em que o texto foi escrito. Entretanto, pudemos comprovar, por meio da análise de jornais antigos, que essas palavras realmente não recebiam acento no Brasil.

Diante disso, chegamos a pensar que poderia ser um caso de hipercorreção, pois essa prática é muito frequente nos textos carolineanos. Todavia, essa percepção mudou quando descobrimos que tais palavras recebiam acento em Portugal. Na observação do Acordo Ortográfico de 1911, que pretendia uniformizar e simplificar a escrita de algumas formas gráficas, mas que não foi extensivo ao Brasil, encontramos a regra:

> 86. A sílaba tónica, quando se torna necessário indica-la na escrita, assinala-se com acento agudo (´) sobre a vogal dominante dela, se esta é *a, e, o* abertos, *i* ou *u*; com acento circunflexo (^), se é *a, e, o* fechados. O til vale por acento tónico, se outro não está marcando no vocábulo; ex: *fará, maré, portaló, difícil, útil, câmara, mercê, avô, ânsia, indulgência, brônzeo, fímbria, núncio, varão, maça, capitães, órgão, órfã, munícipe* (PORTUGAL, 1911, p. 3851).

Ao consultarmos os textos escritos em português europeu da época, verificamos a aplicação da regra citada. Considerando que, como vimos, Carolina leu várias obras da Literatura Portuguesa, como *Os Lusíadas*, de Camões, e é bem provável que ela tenha tido acesso a textos que seguiam essa regra de acentuação gráfica e acabou transferindo-a, num primeiro momento, para a sua obra. Esse apontamento é interessante porque corrobora a ideia de que um dos métodos de estudo da autora era realmente a leitura de clássicos, além de demonstrar que sua linguagem não era um ponto "descuidado" de sua obra, pelo contrário, era resultado de um intenso exercício de análise linguística a partir dos materiais a que tinha acesso e, também, de um constante aprimoramento de sua obra, pois queria ser publicada, reconhecida e inserir-se no mesmo rol dos escritores que lera. Por isso, depois, a própria autora percebeu o equívoco e eliminou os acentos desnecessários na segunda versão.

Ainda sobre a acentuação de Carolina, é importante ressaltar que nossa língua passou por várias mudanças ortográficas, resultantes de diversos acordos que foram selados entre os países falantes da língua portuguesa ao longo dos anos, a fim de simplificar e uniformizar as grafias das palavras. Essa informação é relevante, pois, no decorrer do livro, veremos palavras escritas com uma grafia diferente nos poemas de

Carolina, as quais, num primeiro momento, podem ser julgadas "erradas", mas que, na época em que a autora escreveu, estavam corretas. Isso acontecerá com diversas palavras, principalmente em relação à acentuação gráfica, que passou por constantes transformações.

O acento grave, por exemplo, que aparece várias vezes nos poemas da autora, hoje só é utilizado para marcar a crase, todavia, até a reforma ortográfica de 1971, marcava a sílaba subtônica em palavras derivadas originalmente com acento agudo. Um exemplo: a palavra "só", ao ter acrescido o sufixo "-mente", não podia manter o acento agudo porque isso transformá-la-ia em proparoxítona. Dessa forma, o acento agudo da agora sílaba subtônica era transformado em acento grave, gerando a grafia "*sòmente*". Outro exemplo é o acento circunflexo, que, até 1971, era utilizado também para diferenciar palavras homógrafas, como "côr" (pigmento) e "cor" (coração), "êsse" (pronome demonstrativo) e "esse" (nome da letra S), "êle" (pronome pessoal) e "ele" (nome da letra L), etc. (SILVA, 2009, p. 61).

Isso não quer dizer, como já foi apontado, que Carolina acentuava todas as palavras corretamente de acordo com as normas vigentes na época, mas nos confirma que ela tinha conhecimento sobre algumas regras ortográficas e, a partir disso, acentuava outras palavras que não precisavam de acento, mas que tinham um comportamento semelhante. Em síntese, podemos dizer que a autora, em alguns casos, não utilizava os acentos de maneira indiscriminada, mas após uma reflexão linguística. Dizemos "alguns casos", pois, segundo Perpétua (2014, p. 148-149):

> A acentuação adotada por Carolina é confusa: ela entende os acentos agudo e circunflexo não como marcadores de tonicidade, mas de abertura e fechamento de vogais. Então, é possível encontrar palavras com dois ou três acentos, dependendo da variação de vogais. Contudo essa regra não é seguida rigidamente, e podemos encontrar a mesma palavra acentuada com um ou mais sinais ou mesmo sem qualquer um deles.

Podemos atribuir a ocorrência desses fenômenos ao seu desconhecimento sobre as regras da norma culta da língua portuguesa, ou, como bem denunciou Conceição Evaristo, norma *oculta*, visto que poucas pessoas têm acesso a ela ou condições de compreendê-la. A ideia de norma *oculta* também representa a prática que Carolina exercia quando, na tentativa de apreender a norma culta, criava expressões. Contudo, os equívocos de Carolina nunca impediram a transmissão/ compreensão de sua mensagem, de sua poética, mas, mesmo assim, é comum, nos meios acadêmicos e na crítica literária, encontrarmos discursos justificando que esse foi o motivo de ela não ter sido reconhecida como poeta. Diante disso, podemos dizer que essa fala não reflete uma discussão pautada em questões literárias, mas, sim, sociais. Sobre isso, comenta Evaristo (*apud* CASTRO, 2019, n.p.):

> Na escola e na sociedade em geral, relaciona-se o ensino do português ao domínio da língua padrão. A construção da chamada norma culta, prestigiada socialmente, não é um processo natural. A definição do que é adequado e do que é erro tem fundamentos sociais e históricos, lembra a escritora. É papel da escola ensinar a norma culta, pois quem apenas se expressa em uma variante popular sofrerá preconceito linguístico e será estigmatizado. No entanto, ensinar a língua vai muito além de apenas apontar erros. "Trata-se de registros diferenciados que devem ser entendidos como fenômenos da diversidade linguística. Os professores e as professoras são muito versáteis para pensar e pôr em prática formas criativas de trabalhar esses fenômenos com os estudantes", afirma. Para além da norma culta, há uma "norma oculta", aponta Conceição. Segundo ela, **Carolina Maria de Jesus** (1914-1977) foi uma das escritoras que incorporaram essa "norma oculta": na tentativa de se apropriar da língua culta, a autora de *Quarto de despejo*, *Diário de Bitita* e *Casa de alvenaria*, além de letrista de sambas, inventou palavras e expressões. Mas, enquanto os termos forjados por João Guimarães Rosa eram louvados como neologismos, responsáveis pela renovação da língua, as criações de Carolina eram tachadas como erro. "Dependendo de sua posição social, o escritor recebe pesos de crítica diferenciada", alerta Conceição.

O que Carolina fez em relação à linguagem de seus poemas nada mais foi do que apropriar-se de recursos que outros poetas também utilizaram, como a oralidade, a licença poética e a criação. Podemos dizer que seu movimento foi até mais inovador, pois, além de incorporar esses elementos em sua obra, construiu sua poética a partir das experiências vivenciadas, que incrementaram seu estilo, tornando seu projeto literário ainda mais vanguardista, precursor e quilombola.

Entretanto, enquanto escritores como Fagundes Varela, Oswald de Andrade e Guimarães Rosa foram aclamados pela crítica, Carolina foi rotulada de "exótica" devido à forma híbrida como construiu sua estética, resultado do forte desejo de aprender a norma culta, mesmo diante do contexto de carência. Em um dado momento de sua trajetória, cansada de ser criticada e resistindo ao empenho da sociedade e da crítica em quererem fixar a sua obra em um lugar de marginalidade, esvaziando todo seu trabalho enunciativo, questiona: "Alguns criticos dizem que sou pernostica quando escrevo – os filhos abluiramse – sera que o preconcêito existe até na literatura? O negro não tem o dirêito de pronunciar o clássico?" (JESUS, 2021a, p. 69).

Com essa fala, demonstra conhecimento a respeito das portas que precisaria arrombar para conseguir "infiltrar-se" na literatura, como Carolina mesma colocou: "Quando infiltrei na literatura" (JESUS, 2019, p. 100). Assim, torna-se claro o empenho que ela imprime para aproximar sua linguagem daquela que compreendia "superior", pois entendia que, de posse dessa, poderia também acessar espaços "superiores" e sair, finalmente, da favela e adentrar o espaço literário. A linguagem era a chave que abriria as portas da elevação social, tantas vezes fechadas a ela.

Diante disso, podemos dizer que a autora acreditava que o poema, diferentemente dos diários, era um gênero superior e que, para acessá-lo, era necessário conhecer e se apropriar de uma linguagem igualmente sublime, diferenciada, que ela chamava de "português clássico" ou, simplesmente, "o clássico", o que, segundo suas explicações, correspondia à norma padrão da língua portuguesa (PERPÉTUA, 2014, p. 231). Para isso, a autora iniciou um processo próximo ao do trabalho com a linguagem defendido e idealizado pelos parnasianos, que consiste no resgate aos padrões clássicos e na busca pela beleza da poesia por meio de um trabalho obstinado, árduo com a palavra.

Para conhecer as palavras e ampliar seu vocabulário, Carolina recorria ao dicionário, como podemos observar no registro do dia 5 de maio de 1960: "fui falar com o escritor Paulo Dantas [...] ficamos conversando e perguntou-me qual foi o primeiro Dicionário que eu li. – Dicionário prosódico de João De Deus. – Ele disse-me que eu tenho vocabulário" (JESUS apud PERPÉTUA, 2014, p. 232). Além dos dicionários, outra fonte de conhecimento eram os modelos clássicos que leu durante sua vida, permeados por palavras elaboradas e distantes do contexto onde estava inserida, mas que guiaram a autora na produção de sua obra, como pudemos perceber no poema "Saudades de mãe", por meio das palavras "ridente", "degringolada" e "despontava". Assim, as conquistas dos poucos anos de acesso à educação formal, somadas "às referências das literaturas beletristas, brasileira e portuguesa, lidas pela autora" (FERNANDEZ, 2015, p. 87), permitiram que Carolina produzisse poemas marcados pelo preciosismo, pelo passadismo e pela hipercorreção, resultando numa linguagem híbrida e criativa, já que a autora também criava palavras, as quais revelavam o seu desejo de sofisticar o seu texto a fim de validar seu discurso, aproximando-o dos grandes escritores.

Ainda sobre a linguagem de Carolina, recorremos mais uma vez às conclusões de Conceição Evaristo, que, no prefácio que escreveu para a recente publicação de *Casa de Alvenaria* (2021), explica a decisão do Conselho Editorial[37] de manter, nessa obra, a linguagem de Carolina na íntegra, "sem outra intromissão a não ser a do Acordo ortográfico da língua portuguesa – sem o qual o livro teria circulação restrita" (EVARISTO; JESUS, 2021a, p. 14). Para o Conselho, a escrita de Carolina não revela a ideia de "erro" ou desvios à norma padrão da língua, mas uma escolha por "um registro diferenciado da língua portuguesa" e, desse modo, não faz sentido "corrigí-la", como fizeram outros editores:

> O registro diferenciado da língua portuguesa por Carolina Maria de Jesus em *Quarto de despejo* foi entendido e julgado como um texto mal escrito, dissonante da linguagem permitida. Entretanto, uma leitura cuidadosa — não só de sua primeira obra e de outros escritos, mas também deste *Casa de alvenaria* — mostra um sujeito de criação consciente de que escrever é um exercício de linguagem, motivo pelo qual a autora se empenhava em fazer a escolha das palavras com tanto afinco. Ela arquitetou seu estilo a partir de um material linguístico variado, buscando os registros oferecidos pelos compêndios gramaticais da língua portuguesa, lendo os poetas parnasianos, deixandose seduzir por expressões raras e algumas até arcaicas, como "abluir", "nívea", "promanar", "inciente" e outras. Seu estilo era capturado pelo sotaque mineiro e por termos muito usados nas Gerais — "minino", "ritira", "sugestã", "canseira", "escolado" —, denunciava trazer em si o "pretuguês", trocando o "l" pelo "r" ("imprincante") — marca de línguas africanas aportadas no Brasil nas quais o som da letra "l" não existe —, e ainda incluía a criação de neologismos. Como Carolina mesmo afirmou, "Há lugares que os verbos são insuficientes!" (*CAOsasco*, p. 204). Resulta disso sua escrita em movência, com laivos de clássica, desusada, apurada, adornada, exuberante, simples, direta, esquecida das peias gramaticais, crua, irônica, poética. Tudo em movência, nada fixo, nada que caiba nos contornos de uma classifcação fechada, definida [...] (EVARISTO; JESUS, 2021a, p. 14-15).

Sim, a linguagem, a escrita de Carolina Maria de Jesus está em constante procura do "melhor dizer", como toda pessoa que tem a palavra como ferramenta de trabalho. Seu desejo, seu esforço e sua necessidade de se apropriar

---

[37] O Conselho editorial foi criado em 2020 para conduzir a edição das obras da escritora Carolina Maria de Jesus pela editora Companhia das Letras. É formado pelas pesquisadoras Amanda Crispim, Fernanda Miranda, Fernanda Felisberto e Raffaella Fernandez, sob a coordenação de Conceição Evaristo e Vera Eunice de Jesus.

daquilo que é julgado como o melhor da língua aparecem revelados em seus projetos de voltar ao ensino formal. Anotações em *Casa de alvenaria* demonstram sua intenção de retornar à escola para fazer a terceira e a quarta séries, além de registros de conselhos que recebia para estudar português, sugestões que ela parecia aceitar de bom grado. Há também o relato do que teria sido uma ocasião muito desconcertante — para não dizer humilhante — ao ser criticada por alguém no momento em que dava um autógrafo. Ainda que não tivesse o estudo formal da língua portuguesa, Carolina lia Camões, Euclides da Cunha, *As mil e uma noites*, lendas gregas, jornais e tudo que lhe caía em mãos. Ouvia rádio também — novelas, discursos políticos, o programa *A hora do Brasil*... — e colecionava ditados populares, provérbios, versinhos. Amava poesia. Sua escrita vinha como paz e como tormento. Talvez nenhuma escritora ou escritor no Brasil tenha sido tão ver sátil no uso da linguagem como Carolina Maria de Jesus, na medida em que transitava entre um registro que tendia ao "casto" e ao "puro" e também se entregava ao que a língua pode ter de mais comum: a urgência da fala, o papel de comunicação nas instâncias populares, em que a emissão de voz visa à comunicação, ao "papo reto", sem os volteios das regras gramaticais. Com uma dicção marcada não pela carência, mas sim por uma abundância criativa, a escritora deixa uma obra sui generis, em que uma *gramática do cotidiano* organiza um período ou um sintagma afinado com uma concordância popular, ao lado ou em continuidade a uma organização frasal rara, própria da norma culta da língua [...] (EVARISTO; JESUS, 2021a, p. 16).

Essa análise corrobora com o que propomos neste livro, que é refletir sobre essas construções, não como "erro" ou falta, mas como escolhas, como processo de um exercício criativo da escritora. Sobre o movimento de criar palavras, podemos destacar o título que Carolina escolheu para uma das versões do seu livro de poesias, *Clíris*, termo que não existe no vocabulário brasileiro. Segundo Fernandez (2015, p. 105),

> Como no grego existe a palavra κληρης (kliris), que tanto significa clero como "ministério" no sentido religioso, algo de conotação piedosa ou missão, inferimos que ela certamente ouviu essa palavra nas pregações kardecistas ou católicas, ou ainda pode haver lido/ouvido em algum livro de hinos, e deve de ter feito uma associação do significado da palavra com a finalidade de seu livro de poemas (κληρης: LIDDELL & SCOTT, Greck-English Lexicon. Oxford: Clarendon Press, 1996, p. 959).

Em uma entrevista, quando questionada sobre o título de seu livro,

> Carolina responde que desconhece o significado da palavra e que talvez a tenha escutado em seus momentos de inspiração de caráter psicográfico: "Achei bonita a palavra, mas não encontrei no dicionário. Mas isso não tem importância. Será mais uma contribuição minha à riqueza do nosso vocabulário." (FERNANDEZ, 2019, p. 144).

Ainda sobre o vocabulário utilizado em seus poemas, há o fato de Carolina apropriar-se de palavras da língua francesa, já que era uma língua muito valorizada pela elite brasileira na época, inclusive ensinada nas escolas, desse modo, era comum ouvir e ler o vocabulário francês circulando no país naquele período. Um exemplo é a palavra *peignoir* no poema "Carta de luto", a seguir:

Carta de luto[38]

Ela usava um peignoir azul!
E contemplava o ceu da mêsma côr.
Olhava triste a direção do sul
Lá onde estava o seu grande amôr.

Dizia triste. O que será Deus meu!
Qual é o motivo que êle não regressa
Disse-me um dia meu coração é teu
Era mentira e falsa esta promessa!

pórque não cumpre o homem o que diz
porque Deus meu, o fizeste mau assim?
Reconheço que não mais serei feliz
Se aquêle ingrato não voltar a mim.

O que fazer da vida tão vazia
Se êle não mais voltar o que aconteçeu?
Era o carteiro, e uma carta de luto
Ela chorava. O meu amôr morreu!

Aquêle beijo, calido e sedutor,
Aquêle olhar puro, ingênuo e santo,
Disse-me um dia sois meu grande amor
E de saudades prorrompeu-se em prantós.

porque o destino reserva ironia?
Que nos deixa triste e desiludida
A notícia que a carta lhe dizia
Não penses em mim. Foste substituída.

Ai vem gente. Um ruído escuto.
E ilusão. Ninguém recorda quem sou eu
Era o carteiro. E uma carta de luto
Ela chorava. O nosso amôr, morreu!

---

[38] Transcrição do manuscrito localizado em: FBN, rolo 4 - MS-565 (4), FTG 367-368.

Outro exemplo é a palavra *chauffeur*, presente no poema "Um caipira":

Um caipira[39]

Que visitando a cidade de
São Paulo, não podemos andar
Livremente pelas ruas, disse:

Eu não gosto de São Paulo!
Vou dizer qual é a razão
É que o raio destes *chaufeurs*
Não é firme na direção.
Outro dia quase que fiquei
Por debaixo de um caminhão.
Êles andam pelas vias
Parecendo um furacão.
Eu não posso levar susto
Que eu sofro de coração.
Sem carro que anda no ar
Não pousa a roda no chão.
Os *chaufeurs* quer apostar
Corrida com um avião.
Eu aqui nesta cidade
Não tenho tranquilidade
Corro mais do que um viado
Tenho que tomar cuidado
Para não ser atropelado.
Ao sair da favela, cantei
Sentindo um prazer interno,
– Mas foi depois que eu notei
Não era o céu; era o inferno.

Eu andava toda trapuda
Como juda
Pelas ruas da cidade

Eu estava vasculhando
Procurando
A dona felicidade.

Ela é muito poderosa
E orgulhosa
Tem fobia dos homens pobres
Gosta de bajular
E auxiliar...
– Os nobres.

Como passa os teus dias?
Nêste recanto solitário
Tenho inúmeras alegrias
Como meu esposo imaginário.

Deus disse, paz na terra
Ao homem de boa vontade.
Não mandou fazer guerra-
– Que dizima a humanidade.

Que luta! Que estertor!
Que em vida o homem sente
Quem mais sofre é o escritor
Quando morre interiormente.

Entrei no meio dêste povo.
E fiquei tão desiludida
A única coisa que êles fizeram
Foi: complicar a minha vida.

---

[39] Transcrição do manuscrito localizado em: FBN, rolo 5 - MS-565 (5), FTG 115 [112] - 116 [113].

Outra marca fundamental do seu processo criativo é a reescrita. Esse movimento também pode ser encarado como a ideia de palimpsesto, já apontada, pois "a escritora também faz palimpsesto de sua própria obra, tanto aproveitando ideias e textos alheios quanto reelaborando seus textos anteriores" (FERNANDEZ, 2016, p. 11).

Ademais, ao analisarmos o seu material manuscrito, datiloscrito e publicado, percebemos que ela constantemente o modificava, dava-lhe novos significados, à medida que adquiria mais familiaridade com a atividade poética, substituindo palavras que não combinavam com o seu estilo ou que não apresentavam o significado que desejava dar ao texto, escolhendo outras que melhoravam a rima e a sonoridade do poema. Além disso, recorria às gramáticas para aprender as maneiras "corretas" de utilizar as palavras e, a cada descoberta, reescrevia seus textos a fim de aprimorá-los e torná-los dignos de um texto poético, como vimos nas versões de "Saudades de mãe". Tudo isso, bem ao modo parnasiano de fazer poesia, "Trabalha, e teima, e lima, e sofre, e sua!"[40], corroborando a ideia de que ela desejava ser reconhecida como poeta pelo público, que ela considerava "culto".

Sobre esse movimento, José Carlos Sebe Bom Meihy (2015) comenta:

> Num dado momento da vida familiar, fez com que a filha Vera Eunice aprendesse datilografia e foi ela quem datilografou os versos selecionados na "minha antologia poética". Datilografados os poemas ficaram mais fáceis para que Carolina os corrigisse, mudasse títulos, alterasse pontuação, suprimisse ou acrescentasse estrofes.

Por causa disso, Marisa Lajolo, no prefácio de *Antologia pessoal*, apontou: "Carolina é artesã: diferentes versões de um mesmo texto apontam isso" (1996b, p. 50). Uma análise atenta dos originais nos permitiu encontrar essas versões, não só de um mesmo poema, mas também de uma mesma obra. As versões do poema "Solteirona", a seguir, ilustram esse processo:

---

[40] BILAC, Olavo. *Antologia Poética*. Porto Alegre: L&PM, 2012. p. 68.

Solteiróna (versão manuscrita *Clíris*)[41]

Em que pensas Dona Luiza?
O que a martiriza?
Nem tudo eu posso dizer
Desde quando eu te vi
Não a esqueci
hei de amar-te. Até mórrer.

Como tens teus comprómissós
Por isso:
Oculto os meus sentimentós.
O meu viver tornou-se um inferno
E é eterno:
Não supórto êstes tormentós

Se o teu coração tiver
E tu quizer:
Dá-me um lugar eu acêito
Já não durmo perco o sono:
Ambiciono
Viver oculta no teu pêito.

Levo a vida a meditar
E por te amar.
Com ninguem mais simpatiso.

Para eu viver contente
Somente
Do teu amôr eu preciso.

Se as minhas façes tu as bêijasse
E acariciasse
Tu es tudo para mim!
Minh'alma de ti precisa
Luiza!
O nosso amor não têm fim.

Quantas cartas tenho te escrito
E cito.
Es o dono do meu coração
No sonho tenho nós dôis.
Mas, depois.
Desperto na solidão.

Este meu sonho é tão lindo
E sorrindo
Desperto e penso... toliçe
Triste vida de solteirona
Que ambiciona:
Frases que um homem não disse.

Solteirona (versão datiloscrita *Antologia pessoal*)[42]

Em que pensas Dona Luiza?
O que idealiza!
Nem tudo poderei dizer-lhe.
Desde quando eu a vi
Não lhe esqueci
Hei de amá-la até morrer.

Como teus compromissos
Por isso:
Oculto os meus sentimentos.
Tu estás dentro do meu cérebro
Isto é pior que um érebro,
Não suporto êstes tormentos.

---

[41] Transcrição do manuscrito localizado em: FBN, rolo 4 - MS-565 (4), FTG 349-350.
[42] Transcrição do manuscrito localizado em: FBN, rolo 5 - MS-565 (5), FTG 36 [31] - 37 [32].

Se o teu coração estiver
E tu quiser:
Dá-me um lugar, eu aceito...
Já não durmo, perco o sono,
Ambiciono
Viver oculta no teu peito.

Levo a vida a meditar
E por te amar.
Com ninguem mais simpatizo.
Para eu viver contente
Somente:
Do teu amor eu preciso.

Se as minhas foces tu as beijasse
E acariciasse...
Você es tudo para mim.
Minh'alma de ti precisa
Luíza!
O nosso amor... não tem fim.

Quantas cartas tenho-te escrito
E cito:
Es dono do meu coração.
No sonho tenho nós dois.
Mas depois...
Desperto na solidão.

Este meu sonho é tão lindo
E sorrindo
Desperto e penso... tolice.
Triste vida de solteirona
Que ambiciona
Frases que um homem não disse!

A mulher que não é casada
É revoltada,
Põe a culpa no seu destino.
A mulher não quer morrer
Sem conhecer
Os carinhos masculino.

Solteiróna (versão manuscrita *Um Brasil para os brasileiros*) [43]

Em que pensas Dóna Luiza?
O que idealiza!
Nem tudo poderei dizer-lhe
Dêsde quando eu a vi
Não lhe esqueci
Hei de amá-la até, mórrer.

Como tens teus compromissós
Pôr isso:
Oculto os meus sentimentos.
Tu estás dentro do meu cérebro
Isto é pior que um érebro
Não supórto êstes tórmentos.

Se o teu córação estiver
E tu quizer:
Dá-me um lugar, eu açeito...
Já não durmo, perco o sóno,
Ambicióno
Viver oculta no teu pêito.

Levo a vida a meditar
E pôr te amar.
Com ninguém mais simpatiso.
Para eu viver contente
Somente:
Do teu amór, eu preciso.

---

[43] Transcrição do manuscrito localizado em: IMS, CMJ_Pi_Um Brasil para os brasileiros_p79-81.

Se as minhas faces tú as beijasse	Êste meu sonho é tão lindo
E acariciasse...	E sorrindo
Você é tudo para mim.	Desperto e penso... toliçe
Minh'alma de ti precisa.	Triste vida de solteiróna
Luíza!	Que ambiciona
O nosso amor... não têm fim.	Frases que um homem não disse!
Quantas cartas tenho te escrito	A mulher que não é casada
E cito:	É revoltada.
És, o dóno do meu córação.	Põe a culpa no seu destino.
No sonho vêjo nós dois.	A mulher não quer mórrer
Mas depois...	Sem conhecer
Desperto na solidão.	Os carinhos, masculinos.

Cada versão apresenta diferenças em relação às demais, e elas nos permitem inferir que a versão *Clíris* seja a mais antiga, seguida da versão datiloscrita, que, anos mais tarde, deu origem ao livro *Antologia pessoal* (1996b), e, por fim, da versão *Um Brasil para os brasileiros*. Quanto à estrutura, a versão de *Clíris* possui sete estrofes, enquanto as outras, oito. Uma última estrofe é acrescentada, corroborando a ideia de que a autora continuava trabalhando em seus textos ao longo dos anos. A estrofe inserida dá um novo significado à relação amorosa expressa no poema, um sentido mais utilitário, carnal e prático, que não era tão explícito na versão anterior, que trazia a ideia de um amor puro, sentimental e platônico. Essa revisão nos revela um processo de mudança de estilo da autora, que foi se afastando das idealizações e trazendo à sua poesia uma discussão mais real.

Outra diferença é, na primeira estrofe, a troca do verbo "martiriza", no segundo verso, por "idealiza". Há, ainda, uma mudança no terceiro e no quarto versos da segunda estrofe. Enquanto em *Clíris* há "O meu viver tornou-se um inferno / E é eterno", nas demais versões há "Tu estás dentro do meu cérebro / Isto é pior que um érebro". A modificação traz um refinamento ao texto, pois, mesmo com uma falha ortográfica, apresenta uma palavra da mitologia grega, "érebo", que se refere à personificação das trevas e da escuridão, revelando ao leitor o conhecimento que a autora tinha sobre o vocábulo e, ao mesmo tempo, fortalecendo a ideia de um texto mais realista ao trazer o sofrimento para o campo da razão: "Tu estás no meu cérebro".

Quanto às escolhas ortogramaticais, há muitas divergências entre a versão de *Clíris* e as demais, corroborando a hipótese de que essa é a primeira versão, que passou por diversas modificações. Há a substituição da construção frasal "Nem tudo eu posso dizer" por "Nem tudo poderei dizer-lhe", dando um aspecto mais "limpo" e formal para o terceiro verso; e, ainda, há a troca do pronome "a" pelo "lhe" no quinto verso.

Quanto às versões mais recentes, as diferenças são menores, mais focadas na forma, não interferindo na mensagem do texto. Há a mudança da conjugação do verbo "ser" no terceiro verso da quinta estrofe, que aparece flexionado na segunda pessoa gramatical na versão datiloscrita, "Você es tudo para mim", e na terceira pessoa em *Um Brasil para os brasileiros*, "Você é tudo para mim". Há também a mudança na concordância nominal do último verso do poema em *Um Brasil para os brasileiros*, "Os carinhos masculinos". Essa mudança pode ser observada na inserção do "s" na cor azul, confirmando o movimento de rearranjo que a autora faz em seus escritos.

Vera Eunice de Jesus Lima comenta esse processo da mãe, que sempre gostou de estudar, aprender e aperfeiçoar sua escrita. Isso se tornou mais intenso em Parelheiros, quando a escritora, esquecida e longe da mídia, "preferia passar o tempo lendo e escrevendo" (LIMA, 1994, p. 83).

> No tempo das aulas, ela ia me buscar na escola à noite, e voltávamos conversando sobre os pontos que eu tinha aprendido durante o dia. Ela era interessada e aprendia a lição com rapidez. Em poucos anos, minha mãe acabou estudando tanto, por conta própria ou comigo, que seu português melhorou muito, comparado com os primeiros livros. Ela leu até enciclopédia em Parelheiros. E eu até ouvi de sua boca que tinha vergonha do *Quarto de despejo*, de tantos erros gramaticais que tinha no livro, seu maior sucesso (LIMA, 1994, p. 83).

Além da questão da reescrita, esse poema é interessante porque aborda uma reflexão considerada moderna, a sexualidade da mulher, já que, embora víssemos o tema do erotismo na Literatura Brasileira, essa discussão pautava-se no homem. Carolina traz esse olhar para a mulher, apresentando-a como um ser humano completo, constituído de desejos e vontades, assim como o homem, mas que por muito tempo foram-lhe negados.

Embora Carolina expressasse um pensamento conservador e condenasse, por exemplo, a prostituição, a exposição da nudez, a pornografia, entre outros, o mesmo comportamento raramente acontecia quando o tema era o desejo sexual feminino. A nova publicação de *Casa de Alvenaria* (2021), que apresenta a versão integral do texto da autora, revela esse posicionamento que, curiosamente, foi ocultado, excluído da publicação de 1961. Na nova publicação podemos compreender que a autora defendia que a mulher pudesse ter liberdade para amar e buscar uma realização também na dimensão sexual:

> 5 de dezembro de 1960
> [...] Os beijos do David St Clair despertou tudo que estava adórmecido em mim! Comecei pensar: Que bom se nóis dois pudessemos ficar sosinhos, sem terçêiros para não nos perturbar, num recanto silente, ouvindo valsa vienense tocando subtilmente. Quando as barbas macias do David St Clair encostava no meu rosto, o meu corpo reclama algo que deve ser praticado em dupla, macho e femea (JESUS, 2021a, p. 178).

> 13 de dezembro de 1960
> Eu fiquei almoçando com o David St Clair, bêijando-o. A esposa do Audálio ficou hórrórisada, como se visse um espetaculo fóra do comum. As crianças entraram no avião e o Audálio voltou nervoso e bradou:
> — Quantos beijos!
> O meu côrpo e os meus labios estavam umidos nos labios do David St Clair, como se fôssemos siamês. Pensei: como ha de ser bom eu e o David St. Clair nuzinho numa cama, bem macia igual o ninho de um colibri e acariciados pór uma brisa perfumósa! Apertei o David nos meus braços e separamos. Sai rapidamente e galguei as escadas. Entrando no avião, procurei uma poltrona para sentar e amarrei o cinto, pensando nas palavras do David St. Clair (JESUS, 2021a, p. 193-194).

Observamos que o tema é desenvolvido em todas as versões do poema, mesmo que de maneira implícita. Isso pode ser comprovado por meio da análise do terceiro verso, quando, ao ser indagada sobre o conteúdo dos seus pensamentos, a personagem responde "Nem tudo poderei dizer-lhe". Em outras palavras, o que permeia seus sonhos não é só a ânsia por ouvir frases, promessas de amor de um homem, como se esperava que uma mulher ambicionasse, mas o desejo de viver um relacionamento real, com direito a toque, beijos, carícias e reticências, como aparece na segunda e na terceira versão: "E acariciasse...".

Podemos dizer que essas reticências significam as coisas que ainda não poderiam ser pronunciadas pela boca de uma mulher em um texto literário escrito por uma mulher na sociedade brasileira de 1940 sem ser tachado de promíscuo ou indecente. Em seus devaneios, a personagem imagina viver um relacionamento amoroso completo, com a alma e o corpo. Quer se esconder no coração do amado, mas também ter seu desejo saciado, e, assim, acorda frustrada porque está sozinha na cama, na casa, na caminhada.

A inserção de uma oitava estrofe nas duas últimas versões explicita a discussão quando, na voz de um narrador, a autora fala abertamente do ato conjugal como uma necessidade não só do homem, mas também da mulher. Expõe uma questão social ao sugerir que o problema de uma mulher solteira não é o fato de não viver sob a proteção de um homem, mas de não poder vivenciar uma relação genital tranquilamente, sem ser julgada por uma sociedade que condena a relação sexual fora do casamento e reprime o desejo sexual feminino. Ela também reflete sobre essa questão em seu diário:

> Eu não casei porque poeta tem que casar com um homem inteligentissimo. E eu não encontrei um homem inteligente na quadra matrimonial. Mas a mulher, ou casa ou não...o final é iludir com o homem. E surge os filhos como comprovantes (JESUS, 2021b, p. 294).

A maneira como a autora estrutura o poema também é significativa, pois é constituído por elementos do texto narrativo em prosa, como a inserção de um narrador, de uma personagem e de um possível interlocutor que, ao final do poema, conforme percebemos, não está presente no espaço da narrativa, mas em falas idealizadas nos sonhos da personagem, refletindo a grande narradora que Carolina era. Todos esses sujeitos falam no poema, e isso chega até a confundir o leitor, que precisa ler o texto calmamente para compreender a alternância de vozes e o fluxo de consciência que a personagem desenvolve. Podemos dizer que, dessa maneira, Carolina demonstra não só no plano do conteúdo, mas também no plano da expressão e da estrutura a ideia do delírio da personagem no texto.

Ao apresentar esse modo de construção poética, Carolina revela-nos que seu estilo não se pauta só em modelos clássicos, ou só na literatura oral, mas também nas inovações modernas e nas experimentações vanguardistas. A autora "passeia" por todas essas estéticas e vai construindo seu projeto.

Desse modo, ao mesmo tempo em que autora ilustra e almeja um processo de escrita do tipo "funcionalismo público com livro de ponto expediente / protocolo e manifestações de apreço ao Sr. Diretor" e em que "pára e vai averiguar no dicionário o cunho vernáculo de um vocábulo", como criticou o modernista Manuel Bandeira[44],

---

[44] "Poética". In: BANDEIRA, Manuel. *Poesia completa e prosa.* Rio de janeiro: José Aguilar, 1974.

não há como negar que sua produção também foi marcada pela arte transgressora dos modernos. E isso não só no estilo, mas também no conteúdo, como: o relato do cotidiano, a preferência por apresentar a voz dos marginalizados, a denúncia e a análise social, a influência do contexto no qual estava inserida e a *escrevivência*.

Sobre esse diálogo com estéticas modernas, podemos nos apoiar na discussão de Peter Bürger, em seu *Teoria de Vanguarda* (2008), pois, ao fazer uma reflexão em torno das vanguardas históricas e seus desdobramentos, percebemos alguns pontos importantes para a compreensão da proposta dos movimentos e que podem estar presentes na poética de Carolina.

O primeiro seria o pensamento de "reconduzir a arte à práxis vital" (BÜRGUER, 2008, p. 58), ou seja, reaproximar a arte do processo da vida, visto que, na sociedade burguesa, o processo era contrário. Nela, havia o desejo de separar a arte da vida, de torná-la autônoma, um fim em si mesma. A arte possuía um caráter ideal, pois, ao se desligar do cotidiano, ao evitar essa relação com a sociedade, o autor podia apresentar em suas obras o que quisesse, sem nenhuma intenção de promover reflexão, apenas o deleite.

Os artistas dos movimentos históricos de vanguarda, diferentemente dos que haviam até o momento, entendiam a arte como um instrumento de emancipação, de questionamento e reflexão. A arte tinha uma finalidade, que se expressava não só no conteúdo de suas obras, mas também na sua função dentro da sociedade.

> Os movimentos europeus de vanguarda podem ser definidos como um ataque ao status da arte na sociedade burguesa. É negada não uma forma anterior de manifestação da arte (um estilo), mas a instituição arte como instituição descolada da práxis vital das pessoas. Quando os vanguardistas colocam a exigência de que a arte novamente devesse se tornar prática, tal exigência não diz que o conteúdo das obras de arte devesse ser socialmente significativo. Articulando-se num outro plano que não o dos conteúdos das obras individuais, ela se direciona para o modo de função da arte dentro da sociedade, que determina o efeito das obras da mesma forma como o faz o conteúdo particular (BÜRGUER, 2008, p. 105).

Podemos dizer que, ao propor uma aproximação da arte com a vida, os vanguardistas desejavam tornar a arte alcançável. Para isso, tentam "tirar" a aura que existia em torno dela e inseri-la no contexto do qual é fruto. Debocham das instituições, provando que tudo pode virar arte: o urinol, a roda de bicicleta, o fato cotidiano e, também, conforme acreditamos, os versos quilombolas de Carolina, surgidos em meio à revolta, à dor, às lembranças, aos sonhos e à falta cotidiana, tão criticados pela crítica e pela academia. Esses mesmos versos, desenhados nos restos alheios junto com um esboço de capa e contracapa, perdiam-se em meio às anotações de um outro, um "primeiro" dono daquele caderno, que, uma vez considerado sem utilidade e jogado no lixo, tornou-se suporte artístico, poético, nas mãos de Carolina.

Além das ideias de práxis vital e generalização de suportes, outra proposta vanguardista que podemos aproximar da obra carolineana é o engajamento da arte. Segundo Compagnon (1996), esse engajamento foi compreendido de formas diferentes entre os artistas vanguardistas, pois havia os que queriam transformar o mundo, apostando no conteúdo de suas obras, e os que queriam transformar a arte, apostando na revolução da forma:

> Consequentemente deve distinguir duas vanguardas: uma política e outra estética, ou mais exatamente, a dos artistas, a serviço da revolução política [...], e a dos artistas satisfeitos com um projeto de revolução estética. Dessas duas vanguardas, uma quer, em suma, utilizar a arte para mudar o mundo e a outra quer mudar a arte, estimando que o mundo a seguirá (COMPAGNON, 1996, p. 41).

Carolina, provavelmente, fazia parte do primeiro grupo, pois queria mudar o mundo por meio da arte, mas podemos dizer que, ao contrário, conseguiu mudar a arte, visto que inaugurou um movimento de escrita periférica que foi ganhando força ao longo dos anos. A escritura de Carolina é perpassada pela reflexão, pela crença do poder revolucionário e transformador da arte. Ela sabia e acreditava na força das palavras, por isso incomodou. Denunciou a situação na qual viviam os favelados, os negros e as mulheres e apontou o desprezo da sociedade e do poder público. Registrou tudo isso porque sabia que sua luta não era só pelo direito ao pão e à moradia, mas principalmente pelo direito à voz, à palavra, à poesia e ao amor:

> Aqui na favela quase todos lutam com dificuldades para viver. Mas quem manifesta o que sofre é só eu. E faço isto em prol dos outros (JESUS, 2007a, p. 37).
> Duro é o pão que comemos. Dura é a cama que dormimos. Dura é a vida do favelado (JESUS, 2007a, p. 42).
> Hoje eu não lavo as roupas porque não tenho dinheiro para comprar sabão. Vou ler e escrever (JESUS, 2007a, p. 96).

> 19 de abril de 1961
> Atualmente levo uma existência humana. Mas préocupo com os que não podem comprar o que comêr. Sei que existe pessôas que estão comendo com dias alternados. Existe crianças que não sabe o que é carne. Sou poetisa. Podia escrever poesias. Mas, a época é de agruras, sofrimento e suicidas neuróticos por causa do custo de vida. Ja que os governos olvida o povo o poeta deve reelembralos nos seus escritos. Depôis que eu ver o meu povo filiz vou escrever poesias. Mas é preciso que os governos cooperam comigo (JESUS, 2021b, p. 290).

Por fim, temos a ideia do paradoxo, pois, de todas as pretensões vanguardistas, fora desestabilizar a herança dos classicismos e dos romantismos, o que conseguiram foi ter suas obras absorvidas pelos mesmos museus que eles queriam destruir. Tornaram-se patrimônio, membros de uma instituição que eles negavam, e, se considerarmos tudo o que foi apontado sobre a produção de Carolina, que mistura Romantismo, Parnasianismo e Modernismo, concluiremos que sua poética também é marcada por contrários. Carolina dialoga com a tradição ao inserir em sua obra marcas da estética romântica e parnasiana, mas ao mesmo tempo está fora dela. É um paradoxo.

Pode-se dizer que é uma poética que não se pode classificar nos moldes acadêmicos, canônicos, pois é resultado de um processo complexo, marcado pela junção das diversas estéticas, muitas vezes antagônicas, devido ao grande desejo de Carolina de colocar no papel tudo que leu, tudo a que ela teve acesso: lirismo e aspereza, idealização e denúncia social, sentimentalismo e rigor formal, matéria lida e matéria vivida, palácio e despejo, tradição e vanguarda.

Além do preconceito, acredita-se que seja esse um dos motivos pelos quais a autora não foi muito aceita entre os escritores da época, já que, no auge do Modernismo, ela produzia uma poética que, apesar de apresentar características vanguardistas, também resgatava elementos de movimentos anteriores, na maioria das vezes negados por eles, como idealizações e preciosismos. Sobre isso, comentou Marisa Lajolo, em seu artigo "Poesia no Quarto de despejo, ou um ramo de rosas para Carolina" (1996). Para a pesquisadora, a autora não aderiu à estética modernista por ignorância, desinformação, ou seja, por não saber que o estilo de época não era mais o clássico ou o romântico:

> Os modelos são equivocados? O caso é que ninguém teve a fineza de informar a Carolina que a poesia brasileira (maiusculizar a expressão e falar da Poesia Brasileira talvez seja mais adequado...) desde os arredores dos anos

vinte estava *farta do lirismo que ia averiguar no dicionário o cunho vernáculo de um vocábulo*. E, como não tinha sido informada, Carolina ia ao dicionário apesar dos tropeços e do peso do cartapácio. E o resultado são poemas salpicados de lantejoulas do quilate de *abscondado, desídias, estentóreo, recluída, cafua, infausto, cílicios, ósculos, agro, olvida-me*, érebo, e similares ourivesarias falsas, que dão a seu livro um indesejado tom de pastiche involuntário. E que, por ser involuntário, não conta ponto. Mas também – e isto é mais grave – ninguém contou a Carolina que a poesia que se queria Poesia tinha rompido com o *lirismo-bem-comportado-com-livro-de-ponto-expediente-protocolo-e-manifestações-de-apreço-ao-senhor-diretor*. E, porque ninguém lhe tinha contado, não podia saber. E, porque não sabia, perpetrou borbotões de tais raquíticos espécimens líricos (LAJOLO, 1996, p. 53).

Apesar de distante do estilo da época, Carolina estava próxima do que acreditava ser uma poesia "verdadeira", já que a estética conservadora era a única que a autora conhecia e acreditava ser a senha de acesso ao mundo letrado. O historiador Elias Thomé Saliba (2012) aponta que os textos literários mais acessíveis no início do século XX, no Brasil, eram aqueles romances e crônicas publicados em jornais e revistas por grandes nomes da literatura conservadora e consagrada, como José de Alencar, Coelho Neto, Olavo Bilac e Machado de Assis. Além disso, "proliferavam ainda centenas de manuais, brochuras, cordéis e folhetos que contavam histórias que podiam ser cantadas ou letras de modinhas e marchinhas de carnaval (El-Far, 2004)" (SALIBA, 2012, p. 249). Casimiro de Abreu, por exemplo, foi um poeta muito popular por afastar-se do erotismo e da sensualidade próprios do estilo de época romântico e por apresentar uma linguagem simples, tornando-se muito frequente nas cabeceiras do público feminino (CANDIDO, 2007, p. 509) tanto no século XIX quanto no XX. Talvez seja por isso que o livreiro tenha o escolhido para oferecer a Carolina quando ela pediu-lhe um livro de poeta, já que os livros dos poetas da primeira fase modernista não caíram muito nas graças do público na época: "O grande público sentiu as novas tendências com incompreensão" (PROENÇA FILHO, 2012, p. 336).

Mas, como a poética de Carolina poderia não ser de extração parnasiana e de feição conservadora? Como fugir a uma poética na qual as palavras raras e as inversões para preservar a rima são consideradas senha de ingresso no universo letrado? Como poderia não aderir aos valores dominantes, que, aliás, são chamados dominantes exatamente porque invadem corações e mentes? Como escapar da incorreção poética e política quem só teve

> acesso – quando teve – às *franjas* desses universos, que se mostram pelo que *não* são, mas que talvez acabam sendo o que apregoam não ser? (LAJOLO, 1996, p. 58).

Para a pesquisadora Zilá Bernd (1988), não só Carolina, mas também outros poetas negros da época não aderiram totalmente à estética moderna. Para ela, a razão era o fato de os modernos proporem um rompimento com padrões estéticos, a que os negros ainda não tinham tido acesso. Enquanto escritores brancos estavam afastando-se dessas estéticas, os negros ainda estavam brigando para acessá-las:

> A extraordinária consistência dessas duas ideologias, *o branqueamento e a democracia racial*, explica a não adesão dos artistas negros à iconoclastia modernista. Os artífices do movimento iniciado com a Semana de Arte Moderna de 1922, ao proporem o rompimento com padrões estéticos "autorizados" e legitimados como o Parnasianismo e o Simbolismo, rumavam no sentido oposto ao das comunidades negras, convencidas de que o caminho de sua aceitação definitiva no corpo social brasileiro deveria passar justamente pela assimilação dos modelos que os modernistas queriam destruir. Efetivamente torna-se impossível ao negro rejeitar o que ele ainda não havia adquirido (BERND, 1988, p. 63, grifo nosso).

Isso explica o fato de, mesmo com tantos elementos disponíveis para a construção de uma Literatura Negra modernista, termos tido poetas negros ainda "presos" às outras estéticas, como o Parnasianismo ou o Romantismo. Não era desinformação ou falta de opção, mas escolha. Era um forte desejo por querer fazer parte desse grupo: "É certo que ser poeta lhe evocava mobilidade e nobreza e isto era tudo o que se fazia necessário para se distinguir do grupo de outros negros analfabetos" (MEIHY, 1996b, p. 18-19). Desse modo, compreendemos o processo criativo e de escrita de Carolina, que, longe de ser algo meramente espontâneo ou uma poética da fome, é resultado de um trabalho inovador, que mescla uma intensa reflexão existencial, política e social, as experiências vivenciadas, uma análise linguística e um constante diálogo com o cânone.

2. O poema na literatura negro-brasileira e os versos de Carolina

> *"Catei metais e voltei para a favela. Que pêso!*
> *Tinha a impressão que era São Cristovam carregando o menino Jesus.*
> *Quando cheguei estava exausta e transpirando.*
> *Eu sempre ouvi dizer que os poetas viviam na ociosidade.*
> *Eram os poetas brancos.*
> *Será que a sorte do poeta negro é negra igual a sua pele?"*
>
> (Carolina Maria de Jesus)

Uma das grandes angústias que motivaram o nascimento desta pesquisa, além de questionar o pensamento de que Carolina não era escritora, era a necessidade de contestar a ideia de que Carolina não produziu uma poética negra. Identificamos a existência desse entendimento ao pesquisarmos sobre a obra de Carolina entre os materiais disponíveis sobre poesia negra e percebermos a ausência da discussão sobre a poética da escritora. Materiais de referência, como o livro *O negro escrito* (1987), de Oswaldo de Camargo, que, inclusive, conheceu Carolina, ou *Introdução à literatura negra* (1988), de Zilá Bernd, ou *Poesia negra no Modernismo brasileiro* (2003), de Benedita Gouveia Damasceno, ou ainda *Literatura negro-brasileira* (2010), de Luiz da Silva Cuti, ao apresentarem os escritores negros da década de 1960, ignoram a produção de Carolina. A poeta só começa a aparecer em antologias de escritores negros a partir de 2006, em *Literatura afro-brasileira*, organizada por Florentina Souza e Maria Nazaré Lima, e em 2011, em *Literatura e afrodescendência no Brasil: antologia crítica*, organizada por Eduardo de Assis Duarte e Maria Nazareth Soares Fonseca. Entretanto, a discussão apresentada nessas obras ainda pouco evidencia sua produção poética.

A ausência da obra de Carolina nas primeiras reflexões sobre poesia negra causou-nos grande incômodo, principalmente quando identificamos que tanto Carolina quanto a imprensa da época já a entendiam enquanto poeta negra. Diante disso, por que a crítica não a via assim?

Acredita-se que a primeira aparição de Carolina como escritora tenha sido na reportagem do jornalista Willy Aureli, em 1940, para a *Folha da Manhã*, com o título: "Carolina Maria, poetiza preta", como vimos no capítulo anterior. Dizemos "acredita-se" porque a autora frequentemente visitava as redações de jornais para submeter sua obra à apreciação dos jornalistas, era uma figura conhecida nesse meio e, inclusive, escreveu textos para o jornal *O Defensor* na campanha de Getúlio Vargas, em 1950, em que publicou poemas enaltecendo a figura do político. Sobre isso, comenta seu filho José Carlos: "Mesmo antes do grande sucesso, vários foram os artigos contundentes que ela publicou nos jornais. Poemas, peças de teatro, romances, ela escrevia de tudo um pouco" (JESUS, 1994, p. 92).

Todavia, muitos documentos a respeito da autora foram perdidos. Desse modo, é provável que Carolina tenha participado de mais publicações do que essas a que tivemos acesso. Segundo a autora, foi no dia da entrevista com Aureli que ela se identificou como poeta.

A segunda aparição, provavelmente, foi em 1952, quando a autora procurou a redação do jornal Última *Hora*, de São Paulo, e deixou cadernos manuscritos com suas poesias e seu endereço. Dias depois, os repórteres foram procurá-la na favela do Canindé e, desse encontro, saiu uma reportagem de página inteira, sob o título de "Carolina Maria, poetisa negra do Canindé". Na matéria, a escritora demonstra consciência sobre a sua condição de poeta e as dificuldades que teria que enfrentar para seguir nessa profissão: "Sempre fui pobre, mas sempre procurei estudar. O meu sonho era viver do meu trabalho, dos meus escritos. Gostaria de escrever para o teatro. Ou para o rádio. Tenho várias novelas prontas. Mas há uma barreira que eu jamais pude transpor..." (JESUS *apud* PERES, 2016, p. 95).

Podemos dizer que a barreira mencionada por Carolina não é a sua condição de pobreza, nem seus poucos anos de acesso à educação formal, pois, para ela, esses pontos estavam superados, já que, mesmo pobre, conseguiu estudar e produzir sua obra. Nesse caso, acreditamos que a autora se refere ao fato de ser uma mulher negra. Gênero e etnia seriam os principais obstáculos para que ela conseguisse alcançar o reconhecimento como escritora. Não só Carolina, mas é provável que os próprios jornalistas tinham essa consciência, porque, nas duas reportagens, elucidam a cor de sua pele. Assim, após entender-se poetisa, Carolina iniciou um processo de compreender-se "poetisa negra", algo que, como veremos neste capítulo, não se restringe à cor da sua pele, mas se estende à cor do seu texto.

2.1 Características da poesia negro-brasileira

> *"É a poesia o veículo privilegiado de expressão da negritude."*
>
> (Zilá Bernd)

Fernanda Rodrigues de Miranda, em sua pesquisa sobre o gênero romance na Literatura Negro-Feminina, declarou: "Na literatura de autoria negra o poema é majoritário, o romance é marginal" (2019, p. 29). Para comprovar sua afirmativa e exemplificar a condição minoritária do romance, a pesquisadora citou um levantamento realizado na obra *Literatura e Afrodescendência no Brasil* (2011), organizada por Eduardo de Assis Duarte, até hoje a antologia que elenca o maior número de autores negros: do total de 100 autores ali reunidos, apenas 24 publicaram romances.

A afirmação de Miranda (2019) confirmou uma realidade que já havia sido apresentada por outros teóricos na década de 1980, como o escritor Oswaldo de Camargo, que, em seu livro *O negro escrito*, afirmou que "o negro foi e é poeta, quase só poeta" (1987, p. 74). Além da professora e pesquisadora Zilá Bernd, que aponta as possíveis razões para esse fenômeno, as quais se encontram

> [...] tanto a nível pragmático – escrever poesia não exige tanto tempo nem tanto domínio técnico, aspecto que se torna importante se considerarmos que a maioria dos autores que se dedicam à literatura negra pertencem a estratos socioeconômicos mais baixos – quanto a nível histórico – o romance é uma forma que só surge tardiamente nas literaturas por exigir a pré-existência de uma tradição, de uma mitologia, em suma, de feitos a serem narrados (BERND, 1987, p. 21).

Realmente, a produção de um romance exige maior dedicação que a de um poema. Necessita-se de uma profissionalização que a maioria dos escritores e escritoras negras, como Carolina, não consegue ter, pelo contrário, a grande parte desses autores precisa ter outras profissões para se manter e, inclusive, para poder custear seus livros, pois não consegue viver de suas obras. A epígrafe do capítulo comprova essa afirmação porque Carolina denuncia o abismo social que existia (e ainda existe) entre poetas brancos e negros. Enquanto aqueles viviam na "ociosidade", ou seja, apenas para a sua arte, sem terem que se preocupar com a sua subsistência porque possuíam contratos editoriais ou tinham quem os sustentasse, estes precisavam escolher entre "o feijão e o sonho", como narrou Orígines Lessa em seu romance publicado em 1938. Embora Lessa (1938) não fale especificamente dos escritores negros, apresenta uma realidade que é vivenciada principalmente por eles.

Além disso, como bem apontou Bernd (1987), o romance pressupõe uma tradição, uma memória histórica, que demorou a ser conhecida entre o povo negro devido ao processo de escravização, que, como vimos, entre suas estratégias de subalternização, levava ao apagamento das memórias do escravizado.

O poema, por ser um gênero curto, permite uma variedade de suportes e ferramentas para sua divulgação mais acessíveis que as necessárias para um romance, como uma simples folha de papel sulfite ou jornal, um mimeógrafo, uma mensagem de texto no celular e, até mesmo, as redes sociais, como Twitter e Facebook. Atualmente, temos os famosos *Slams*, os campeonatos de poema, nos quais os participantes declamam versos de sua autoria e "duelam" entre si, e o poeta que ganhar a maior nota vence. Os campeonatos têm contribuído para a popularização da poesia, pois acontecem, na maioria das vezes, nas periferias e os participantes não precisam ter livros publicados, o que tem permitido o acesso de diversas pessoas às batalhas, mostrando que a poesia é para todos.

Outro ponto a ser considerado é que, no poema, o impacto é imediato e, assim, atende melhor às urgências de um povo que, por séculos, teve sua voz silenciada. Junto a isso, cabe dizer que o poema simboliza manifesto, e essa é uma das principais marcas da poesia negro-brasileira. David Brookshaw, um dos pioneiros nas reflexões acerca do negro na literatura, aponta em *Raça e cor da Literatura Brasileira* (1983):

> [...] a expressão de uma conscientização nacional ou racial tem sido invariavelmente manifestada através da poesia, cujo impacto é mais imediato que o da prosa. Na verdade, os movimentos literários baseados na poesia frequentemente prenunciaram movimentos de mudanças políticas, não apenas no Brasil, mas em todos aqueles países em que a atividade política aberta tem sido limitada. A obra dos poetas da Inconfidência Mineira no século XVIII constituiria a primeira expressão literária de uma separação política de Portugal, visando à independência do Brasil. No século XX, a poesia nativista do Modernismo prenunciou a revolução nacionalista de 1930 (BROKSHAW, 1983, p. 201).

O poema foi, historicamente, requisitado para o protesto, e na Literatura Negro-Brasileira isso não foi diferente. Reivindica-se o direito à literatura, reivindica-se uma tradição africana, reivindica-se a construção de uma imagem positiva do negro, enfim, é uma escritura caracterizada pela contestação, pela denúncia. Sendo o poema o gênero do protesto, e a literatura de autoria negra um espaço de reivindicações, compreende-se a preferência dos autores negros pelos versos.

A poeta Conceição Evaristo complementa essa análise apontando que a poesia é também lugar de transgressão:

> A palavra poética é um modo de narração do mundo. Não só de narração, mas talvez, antes de tudo, de revelação do utópico desejo de construir um outro mundo. Pela poesia, inscreve-se, então, o que o mundo poderia ser. E, ao almejar um mundo outro, a poesia revela o seu descontentamento com uma ordem previamente estabelecida. Para determinados povos, principalmente aqueles que foram colonizados, a poesia torna-se um dos lugares de criação, de manutenção e de difusão de memória, de identidade. Torna-se um lugar de transgressão ao apresentar fatos e interpretações novas a uma história que antes só trazia a marca, o selo do colonizador. É também transgressora ao optar por uma estética que destoa daquela apresentada pelo colonizador. Pela poesia o colonizado, segundo Homi Bhaba, não só encena "o direito de significar" como também questiona o direito de nomeação que é exercido pelo colonizador sobre o próprio colonizado e seu mundo. (BHABA, 1999:321). Viver a poesia em tais circunstâncias, de certa forma, é assegurar o direito à fala, pois pela criação poética pode-se ocupar um lugar vazio apresentando uma contrafala ao discurso oficial, ao discurso de poder (EVARISTO, 2010, p. 133-134).

Assim, podemos concluir que poesia negra é, também, arma, é instrumento de luta, é resistência, é quilombo. Ademais, outro argumento que pode explicar o desenvolvimento do poema dentro da Literatura Negra é o de que, segundo Brookshaw (1983), na poesia a inserção da musicalidade, uma das mais populares formas culturais de resistência do povo negro, é mais provável que na prosa. Ou seja, as qualidades rítmicas e de percussão presentes na cultura afro-brasileira são muito mais fáceis de serem captadas no poema do que no romance (BROOKSHAW, 1983, p. 201), fazendo com que os autores que queiram incorporar tal material às suas obras optem pelo verso. Lobo (2007) corrobora Brookshaw (1983):

> Fruto da resistência negra desde o período da casa-grande, nos cultos de umbanda e candomblé e na tradição ágrafa oral africana, a música está presente em toda produção afro, no sentido mais amplo do termo grego, a *poiesis* – ou produção poética em geral: no samba, no jazz, na bossa nova, no "folclore", atualmente no *reggae*, na poesia oral do cantador, por vezes registrada sob forma de cordel, bem como na produção poética literária. Essa vertente forte e diretamente ligada à comunicação oral e de massa explica por que a poesia é o gênero mais atuante nessa nova produção literária, em detrimento do conto e, principalmente, do romance (LOBO, 2007, p. 333-334).

Compreendidas as razões pelas quais o escritor negro é considerado primeiramente poeta, e não prosador, passamos para as principais características dessa poesia e o seu desenvolvimento. Primeiramente, é importante ressaltar que o conceito de Literatura Negra ainda está em construção, sendo que não há, nem entre os críticos, nem entre os autores, um consenso acerca do seu significado. Como bem destacou a escritora e intelectual negra Miriam Alves, "é um território de polêmicas conceituais" (ALVES, 2010, p. 42). O que há são critérios encontrados a partir do estudo de textos de autoria negra, nos quais nos baseamos para tecer nossas reflexões.

É comum, entre vários teóricos da Literatura Negra, como Roger Bastide (1943), David Brookshaw (1983), Oswaldo de Camargo (1987), Zilá Bernd (1988), Benedita Gouveia Damasceno (2003), Florentina Souza (2006), Luiza Lobo (2007), Domício Proença Filho (2010), Eduardo de Assis Duarte (2010b), Edimilson de Almeida Pereira (2010), Miriam Alves (2010) e Luiz Silva Cuti (2010), a percepção de que a primeira constante que caracteriza a poesia negra é a presença de um eu lírico negro, ou ponto de vista negro, ou, ainda, eu-enunciador-que-se-quer-negro. Mais do que a cor da pele do autor, a cor da voz que enuncia no texto deve ser preta: "[...] o conceito de Literatura Negra não se atrela nem à cor da pele do autor nem apenas à temática por ele utilizada, mas emerge da própria evidência textual cuja consistência é dada pelo surgimento de um eu enunciador que se quer negro" (BERND, 1988, p. 22). Em outras palavras, não são todos os escritores negros que produzem Literatura Negra, mas somente aqueles que "assumem ideologicamente a sua identidade" (LOBO, 2007, p. 340).

Esse quesito é o que difere um poema negro de um poema que fala sobre o negro, é o que faz Luiz Gama ser considerado um poeta negro e Castro Alves não, mesmo os dois falando do povo negro em seus textos. A diferença é que o primeiro, ao abordar a questão do navio negreiro, fala a partir do porão do navio, sob o olhar do escravizado. Já o segundo versa do convés, distante, paternalista e até reforçando estereótipos, como o do "negro vítima". É isso que faz "Nega fulô", de Jorge de Lima, ser um poema racista, e não uma homenagem à mulher negra, como muitos imaginam, pois a apresenta como objeto sexual do homem branco, e "Diamante", de Lepê Correia, que exalta a beleza do corpo da mulher negra, não ser racista.

Outro ponto relevante na poesia negra é a linguagem. O escritor ou a escritora pode inserir vocábulos pertencentes às culturas africanas: "[...] a utilização de uma linguagem marcada, tanto no nível do vocabulário quanto no dos símbolos, pelo empenho em resgatar uma memória negra esquecida, legitima uma escritura negra" (BERND, 1988, p. 22). Todavia, há de se ter cuidado ao utilizar tal recurso. Muitos autores, na ânsia por apresentar uma identidade negra no texto, acabam se excedendo nas expressões e termos de origem africana, folclorizando as religiões de matriz africana, tornando o texto um simples adereço, e não um meio de fortalecimento da cultura negra. Provoca-se um efeito contrário e, ao invés de promover a identificação do leitor, gera o afastamento. Deve-se ter em mente que não são comuns, para a maioria dos negros brasileiros, os traços culturais de matriz africana, pois foi-lhes negada essa convivência. Por muitos anos, a capoeira, o candomblé e o samba, por exemplo, foram manifestações reprimidas no país, enquanto as manifestações de origem europeia foram aculturadas no povo negro. Por isso, é tão comum ver os negros brasileiros vivenciando o Cristianismo, sem conhecerem o Candomblé. Nesse sentido:

> Traços culturais de origem africana no texto literário não são recursos suficientes para se caracterizá-lo como negro-brasileiro, uma vez que parcela significativa da população negra não está identificada com eles. Continuam essas pessoas, no entanto, com seus enfrentamentos diários, dentro e fora delas, com o racismo, o preconceito, e a discriminação. Cultura sem experiência subjetiva e coletiva resume-se apenas à forma vazia ou preenchida com conteúdo falso (CUTI, 2010, p. 92).

Essa explanação é importante pois traz para a Literatura Negro-Brasileira textos e autores antes acusados de não serem negros simplesmente por não apresentarem tal vocabulário. A obra de Carolina é um exemplo. Ela, apesar de ter sido criada em uma comunidade de cultura negra, não pertenceu ao Candomblé, não pertenceu efetivamente ao Movimento Negro e, por diversas vezes, utilizou-se da palavra "negra" com um tom pejorativo, como no exemplo da epígrafe do capítulo, quando a autora aponta: "Será que a sorte do poeta negro é negra igual a sua pele?". Acreditamos que, devido a esses fatores, por muitos anos, Carolina não foi considerada pertencente ao grupo de escritores da Literatura Negro-Brasileira, mesmo apresentando um texto que tinha um eu lírico negro e comunicando-se com o público negro. Um exemplo é o conto "O escravo", no qual a escritora utiliza-se de palavras pertencentes à cultura afro-brasileira: "[...] o preto chorava e pensava na sua mãe, que devia estar amarrada no tronco. Recordava da África, onde ele era feliz e podia cantar ao som da cuíca e da canjarra" (JESUS, 2018, p. 93).

Aqueles que a julgam se esquecem de considerar o contexto e as condições em que a obra de Carolina foi produzida, visto que a autora não teve acesso a uma formação que fosse capaz de dar-lhe o suporte para tais reflexões linguísticas e simbólicas. Todavia, mesmo distante dessas discussões, assim como grande parte dos negros da época, já que, provavelmente, esses debates circulavam apenas dentro de um pequeno grupo, da chamada "elite negra", Carolina conseguiu produzir um texto negro. Observemos:

> [...] Eu escrevia peças e apresentava aos diretores de circos. Eles respondiam-me:
> – É pena você ser preta.
> Esquecendo eles que eu adoro a minha pele negra, e o meu cabelo rústico. Eu até acho o cabelo de negro mais iducado do que o cabelo de branco. Porque o cabelo de preto onde põe, fica. É obediente. E o cabelo de branco, é só dar um movimento na cabeça ele sai do lugar. É indisciplinado. Se é que existe reencarnações, eu quero voltar sempre preta (JESUS, 2007a, p. 65).

Assim, a seu modo, com ironia e humor, Carolina dá novos significados a esses termos, corroborando uma das propostas da linguagem da estética negra, que é estabelecer uma nova ordem simbólica, tomando como positivo não só palavras, mas tudo que está relacionado à história do povo negro ou às suas características biológicas, às quais anteriormente eram atribuídos valores negativos.

É importante refletir sobre o que seria essa "linguagem negra", que deveria ser incorporada nos textos literários, pois, quando Lélia Gonzalez abordou essa questão, demonstrando que no Brasil falamos "pretoguês" ou "pretuguês" em vez de "português", já que nossa língua é marcada por línguas africanas, aponta que as características dessa linguagem são, justamente, alguns dos elementos que pudemos encontrar na obra de

Carolina, principalmente nos diários, como a oralidade, a ausência do "r" nos infinitivos e a troca do "l" pelo "r". Observemos:

> [...] aquilo que chamo de 'pretoguês' e que nada mais é do que marca de africanização do português falado no Brasil [...], é facilmente constatável sobretudo no espanhol da região caribenha. O caráter tonal e rítmico das línguas africanas trazidas para o Novo Mundo, além da ausência de certas consoantes (como o l ou o r, por exemplo), apontam para um aspecto pouco explorado da influência negra na formação histórico-cultural do continente como um todo (e isto sem falar nos dialetos 'crioulos' do Caribe) (GONZALEZ, 1988, p. 70).

> É engraçado como eles [sociedade branca elitista] gozam a gente quando a gente diz que é Framengo. Chamam a gente de ignorante dizendo que a gente fala errado. E de repente ignoram que a presença desse r no lugar do l nada mais é do que a marca linguística de um idioma africano, no qual o l inexiste. Afinal quem é o ignorante? Ao mesmo tempo acham o maior barato a fala dita brasileira que corta os erres dos infinitivos verbais, que condensa você em cê, o está em tá e por aí afora. Não sacam que tão falando pretuguês (GONZALEZ, 1983, p. 238).

Comparemos com os trechos da obra de Carolina:

> 17 de julho de 1955 [...] Hoje é a Nair Mathias quem começou *impricar* com os meus filhos [...] (JESUS, 2007a, p. 14).

> 3 de julho de 1958 [...] Ele anda dizendo que vai bater no menino. Se fosse uma repensão justa, mas a dele é *impricancia*. Onde é que já se viu um homem de 48 anos desafiar uma criança de 9 anos para brigar? [...] (JESUS, 2007a, p. 79).

Assim, como dizer que a obra de Carolina não era negra? Tal situação é o que faz o tema da linguagem ser uma questão complexa, visto que o escritor negro tenta apresentar ao leitor um texto que denuncia o processo de colonização e seus desdobramentos por meio de um sistema linguístico imposto pelo colonizador, a língua portuguesa, o único que ele conhece. Em outras palavras, "apropriar-se de sua história e de sua cultura, reescrevê-la segundo a sua vivência, numa linguagem que possa ser libertadora, é o grande desafio para o escritor afro-brasileiro" (EVARISTO, 2010, p. 136). Sendo assim,

Evaristo (2010) corrobora a proposta de Gonzalez (1988), apontando a oralidade como o elo entre a comunidade negro-brasileira e a sua herança africana:

> Apesar da comunidade negra brasileira ter perdido quase toda a referência das línguas africanas, com exceção de adeptos do candomblé, a produção literária negro-brasileira se aproxima ora mais, ora menos de uma expressividade oral, herança das culturas africanas no solo brasileiro. Oralidade que garantiu a nossa memória e se presentifica na escrita afro-brasileira (EVARISTO, 2010, p. 137).

Além desses, os temas escolhidos pelo poeta negro e pela poetisa negra também revelam a intenção do sujeito lírico de ressignificar questões que foram colocadas de maneira estereotipada na literatura canônica. Um exemplo é o "lirismo voltado para exaltar o negro como fator afetividade" (CUTI, 2010, p. 97). Tal tema permite uma positivação do homem e da mulher negra, apresentando-os como pessoas que amam e são amadas. Liberta as personagens negras da coisificação, de uma visão caolha, incompleta, apresentada na literatura canônica, em que não expressavam emoções, apenas agiam instintivamente, como animais. Humaniza-os. Um exemplo é o poema "Meus amores", do poeta Luiz Gama, a seguir:

> Meus amores são lindos, cor da noite
> Recamada de estrelas rutilantes;
> Tão formosa creoula, ou Tétis negra,
> Tem por olhos dois astros cintilantes.
>
> Em rubentes granadas embutidas
> Tem por dentes as pérolas mimosas,
> Gotas de orvalho que o universo gela
> Nas breves pétalas de carmínea rosa.
>
> Os braços torneados que alucinam,
> Quando os move perluxa com langor.
> A boca é roxo lírio abrindo a medo,
> Dos lábios se destila o grato olor.
>
> O colo de veludo Vênus bela
> Trocara pelo seu, de inveja morta;

>Da cintura nos quebros há luxúria
>Que a filha de Cineras não suporta.
>
>A cabeça envolvida em núbia trunfa,
>Os seios são dois globos a saltar;
>A voz traduz lascívia que arrebata,
>– É coisa de sentir, não de contar.
>
>Quando a brisa veloz, por entre anáguas
>Espaneja as cambraias escondidas,
>Deixando ver os olhos cobiçosos
>As lisas pernas de ébano luzidas [...]
>(GAMA, 2000, p. 243).

O texto apresentado pode ser considerado um dos mais belos poemas do Romantismo Brasileiro. Com um tom suave, carregado de lirismo, o poeta exalta a beleza da mulher negra e descreve a paixão que por ela é inspirada, propondo uma nova estética, na qual a mulher negra, pela primeira vez, aparece como musa inspiradora e o homem, como um sujeito apaixonado, algo novo e transgressor para os padrões da época. Carolina também escreveu muitos poemas com a temática do amor, subvertendo essa tradição que aponta que o poeta negro não consegue falar de amor. A autora, assim como Gama, apresenta poemas perpassados pelo lirismo, pelo sentimentalismo e pela exaltação do amor e da mulher brasileira:

Inspiração[45]

Meu anjo venha ao meu lado
Comtempla as flores no prado
Como é lindo o arrebol
Ouve-se a ave cantar
Tão fagueira pelos ares
Aquecendo-se ao sol.

Se eu fosse um passarinho
Arquitetava o nosso ninho

No topo de um carvalho.
Adornava-o com brilhantes
Estas jóias cintilantes
As puras gotas d'orvalho

Se nos meus braços eu a embalasse
E depois eu cantasse
A tua canção preferida.
Percorríamos as florestas

---

[45] Transcrição do manuscrito localizado em: FBN, rolo 5 - MS-565 (5), FTG [n.p.].

Dizia-lhes frases como estas
Amo-a, és minha querida.

Amá-la sempre foi meu desejo
De acariciá-la e dar-lhe um beijo
Ao ve-la sabe, pensei
Quero premi-la nos meus braços
Vamos residir num lindo paço
Somente teu eu serei

Beijo quase tão doce e puro
É o que os meus lábios murmuram
Quando estou perto de ti.
És como a flor que vegeta
Que é a musa de uma poeta
Sou feliz, desde que a vi.

Contemplo-a, és bela e fagueira
Tens um qu'de brasileira
Genuina do meu serão,
Ao vê-la nem mesmo eu sei
Porque foi que te amei
E lhe dei meu coração.

Amar, eu sei não é crime.
É um sentimento sublime
E você tão bonita!
Ao seu lado, vivo contente
Pretendo lhe dar um presente
Um lindo laço de fita.

O meu receio é perde-la
Porque eu gosto de te-la
Unida ao meu coração.
Eu nasci, para amá-la
Você é minha inspiração.

O meu amor é ardente
Penso em você, constantemente
Você proporciona minha alegria
Você é musa. Você é lira
É a Deusa que me inspira
A compor esta poesia.

Ademais, há o ponto da coletividade, que marca a identidade negro-brasileira nos textos. Os verbos no plural apontam a existência de lutas e reivindicações que não são individuais, mas coletivas, aumentando ainda mais a responsabilidade do eu lírico, que fala em nome de grupo. A escritora e pesquisadora Conceição Evaristo reflete sobre esse tema:

> Quando falamos de sujeito na literatura negra, não estamos falando de um sujeito particular, de um sujeito construído segundo a visão romântico-burguesa, mas de um sujeito que está abraçado ao coletivo. O sujeito da literatura negra tem a sua existência marcada por sua relação, e por sua cumplicidade com outros sujeitos. Temos um sujeito que, ao falar de si, fala dos outros e, ao falar dos outros, fala de si (ORLANDI, 1988). A voz do poeta não é uma fala única, solitária, mas a ressonância de vozes plurais.

> Realiza a fusão Eu/Nós, apresentando uma das características da literatura menor, apontada por Deleuze e Guatari: "Tudo adquire um valor coletivo" (EVARISTO, 2010, p. 136).

Dessa forma, compreendemos que identidade textual negra ou eu lírico negro é um ponto complexo. Não basta desejar escrever um poema negro, há de se ter consciência, experiência. Para Cuti (2010, p. 87), "os sentimentos mais profundos vividos pelos indivíduos negros são o aporte para a verossimilhança da Literatura Negro-Brasileira". Acreditamos que a coletividade tenha sido o ponto mais "explorado" na obra de Carolina, pois, embora a autora não tenha levantado nenhuma "bandeira" específica em sua obra, sua poética traz uma reflexão individual, que se tornou coletiva, sobre a realidade na qual viviam os negros e pobres deste país. O lançamento de seu livro representou a esperança de transformações sociais, pois, pela primeira vez, uma mulher negra e pobre falava e era ouvida. Provavelmente tenha sido por isso que ela foi "usada" por diversas organizações sociais, as quais, aproveitando seu sucesso e visibilidade, moldavam o discurso da autora de acordo com suas "bandeiras".

Cuti, em *Literatura negro-brasileira* (2010), alerta para a necessidade de os escritores negros e as escritoras negras estudarem sobre sua história e cultura para que não caiam na armadilha racista de reproduzir estereótipos a respeito da identidade negra:

> A literatura, além de técnica, exige energia vivencial. No elenco citado anteriormente, o acesso à educação aparece em duas vias necessárias, a formal e a informal. O racismo e seus dois grandes ramos, o preconceito e a discriminação, bem como o combate a eles, constituíram no Brasil um saber de grandes dimensões. Como a escola falha por não ministrar esse saber, escritores negros-brasileiros, se quiserem falar de si em profundidade, precisam se aventurar pelas complexas searas desse saber. A bibliografia infindável, que sempre se renova, demonstra que, se o escritor não se assenhorar daquele conteúdo, ficará refém, da ingenuidade e da força da ideologia racista que ele introjetou, predominante que é nas relações sociais brasileiras. Desprovido daquele saber, tenderá a fazer como com os que, ao produzirem literatura, acabam por cristalizar preconceitos antinegros (CUTI, 2010, p. 94).

Um exemplo disso é o vício de representar os negros apenas em condição de subalternidade, sob a desculpa da verossimilhança. Sabe-se que os negros estão presentes em todas as classes sociais, e não apresentar isso na literatura é, de certa maneira, contribuir para a ideologia racista que deseja invisibilizar o seu processo de ascensão social.

Dentre os temas mais comuns na poesia negro-brasileira estão a recuperação de uma tradição africana, a releitura de um passado histórico, a busca e a valorização da identidade negra, a denúncia do racismo, da discriminação e do preconceito, da violência e da condição na qual vive o povo negro no Brasil. Diante disso, percorreremos o percurso da formação, consolidação e divulgação da poesia negro-brasileira e observaremos como os poemas de Carolina se inserem nessa trajetória.

2.2 Marcas do eu lírico negro na produção de Carolina

Roger Bastide, no pioneiro *A poesia afro-brasileira* (1943), apoiado nas reflexões de Silvio Romero, aponta o mestiço Domingos Caldas Barbosa (1738-1800) como o primeiro poeta afro-brasileiro. "Célebre improvisador de modinhas" (BASTIDE, 1943, p. 21). Como foi intitulado por Bastide, Caldas Barbosa era um poeta popular, pertencente ao movimento árcade, que teve sua poesia fortemente influenciada pela música e cujas cantigas circularam muito pela boca do povo. Acredita-se que nasceu no litoral do Rio de Janeiro e em 1763 tenha ido a Lisboa para concluir os estudos, onde ficou durante um bom tempo. Por lá, suas trovas de improviso fizeram sucesso, "cantadas ao som da viola, e sua presença será disputada nos palacetes de Lisboa e quintas de veraneio em Sintra" (MARQUES, 2011, p. 51). Despertou a inveja dos contemporâneos Filinto Elísio e Bocage, este "o alcunhava de 'Caldas de Cobre' para distingui-lo de Pe. Antônio Pereira de Souza Caldas, o 'Caldas de Prata'" (MARQUES, 2011, p. 52).

Segundo o pesquisador Reinaldo Martiniano Marques (2011), a obra do escritor é vasta e foi toda publicada em Portugal. É composta não só por poemas, mas também por episódios da Bíblia versificados, algumas traduções e peças teatrais, que mesclavam elementos da cultura oral com a erudita, agradando a um público diverso. Todavia, foram as cantigas que marcaram sua produção, reunidas no livro *Viola de Lereno*, que teve dois volumes, o primeiro publicado em vida (1798) e o segundo, após sua morte (1826) (MARQUES, 2011, p. 52).

Assim como Caldas Barbosa, Carolina, como vimos, também teve a influência da música em sua escritura, tanto que, além de poemas profundamente marcados por esses elementos, também produziu sambas, chegando a gravá-los em um disco intitulado *Quarto de despejo: Carolina Maria de Jesus canta suas composições*, em 1961. Em seus relatos, a autora sempre destacava as memórias que tinha das cantorias do avô, das congadas, e o papel do rádio como meio de sobrevivência ao caos da favela, pois, por meio dele, ouvia suas valsas vienenses (JESUS, 2007a, p. 17), as radionovelas e canções. Além da música, a autora também recebeu, por meio da convivência com seu avô, a influência da cultura popular e africana, como podemos observar no poema "Meu avô", a seguir:

Meu avô[46]

Quando estava contente, cantava:

Cuidado com esta negra!
Que esta negra vai contá.
Cuidado com que esta negra
É pucha-saco da sinhá.

Cuidado com esta negra.
Que esta negra já contô.
Cuidado que esta negra
É pucha-saco do sinhô.

Esta negra é caçambeira.
Gosta só de espioná.
Esta negra é faladeira
E conta tudo pra sinhá.

Esta negra é perigosa!
Tudo o que vê ela fala,
E a sinhá fica nervosa
E nos prendem na senzala.

O poema é um exemplo de combinação entre poesia popular, criação poética e escritura negra, pois narra, por meio de uma canção, um comportamento costumeiro do avô do eu lírico, que era cantar quando estava contente. A canção apresenta palavras que nos remetem ao período da escravização, como "sinhá", "sinhô" e "senzala", e expõe uma das estratégias de sobrevivência de alguns escravizados: trocar informações a respeito de outros negros e negras por uma convivência menos difícil com os escravizadores. Ou seja, "entregavam", "traíam" seus iguais em troca de não irem para o tronco, não dormirem na senzala, conseguirem comida, etc. No texto, percebe-se que o sujeito lírico condena essa prática, advertindo as pessoas em relação à presença da delatora por meio da repetição do verso "Cuidado com esta negra" e atribuindo a ela adjetivos negativos, como "caçambeira", "faladeira" e "perigosa".

---

[46] Transcrição do manuscrito localizado em: FBN, rolo 5 - MS-565 (5), FTG 68 [62].

Além disso, o poema apresenta outro elemento forte da cultura popular e africana: a tradição oral, ou seja, a transmissão de uma cantiga ou de uma história, de geração em geração, por meio da oralidade. O eu lírico transmite aos leitores uma cantiga que lhe foi ensinada por seu avô, que provavelmente aprendeu de seus antepassados. Assim, o poema é marcado por uma memória individual, que se torna histórica e coletiva, pois várias pessoas negras podem se identificar com a experiência rememorada pelo eu lírico, fortalecendo esse eu lírico negro no poema.

O título do poema, "Meu avô", juntamente com o primeiro verso, "Quando estava contente, cantava", corrobora a ideia da *escrevivência* que perpassa a poesia de Carolina. Isso pois a vivência do eu lírico corresponde à experiência que a poeta teve com seu avô, um escravizado recém-liberto que lhe contava histórias sobre a escravização e transmitia-lhe costumes e ensinamentos sobre o continente africano.

Além disso, analisamos a musicalidade, que pode ser percebida pelas repetições, métrica, ritmo e rimas. Quanto à métrica, o poema estrutura-se da seguinte maneira: o primeiro verso apresenta nove sílabas, e as quatro estrofes da canção obedecem a uma regularidade por meio de quadras, nas quais os primeiros três versos são heptassílabos e os últimos versos, octossílabos. Quanto às rimas, são alternadas, ou seja, quando o primeiro verso rima com o terceiro, e o segundo rima com o quarto. Por fim, quanto às repetições, elas acontecem em versos inteiros, como "Cuidado com essa negra", ou quase inteiros, como "Que esta negra..." e "Esta negra é...". O poema também é marcado pela oralidade, que contribui para a construção das rimas, como em "contá/sinhá", "contô/sinhô", "espioná/sinhá". Apresenta também palavras de origem africana, como "caçambeira", que vem do quimbundo *kisambu*.

Continuando as reflexões, Bastide (1943) apresenta Silva Alvarenga como o segundo poeta afro-brasileiro. Todavia, diferentemente de Caldas Barbosa, depois de uma profunda análise de seus textos e apesar da sua origem, o teórico conclui que a produção do árcade é tão branca como a de qualquer outro poeta branco "puro", atribuindo esse branqueamento à educação que recebeu de seu pai, que era branco:

> A Arcádia de Manuel Inácio da Silva Alvarenga poderia ter sido descrita por qualquer poeta branco de raça pura. E não seria de estranhar-se. Educado por seu pai, branco, e por seus protetores brancos, Manuel Inácio escapou à influência de sua mãe e recebeu no Rio e em Coimbra a mesma instrução que seus companheiros brancos. Vê-se que ele não teria podido sofrer, em semelhantes circunstâncias, outras influências culturais (BASTIDE, 1943, p. 30).

Como Silva Alvarenga, grande parte dos poetas negros na Literatura Brasileira aparece assim: branqueada. Isso ocorre pela formação europeia que receberam, excluindo a contribuição africana na construção da Literatura Brasileira, como é o caso do poeta árcade, ou por não terem recebido da crítica o olhar que mereciam, sendo incompreendidos em suas obras, como foi o caso de Cruz e Souza, que, mesmo apresentando um texto negro, foi acusado de omitir sua cor em seus escritos.

No Romantismo, por exemplo, apesar da presença de vários poetas negros, Bastide concluiu: "O Romantismo retardou a eclosão da poesia afro-brasileira" (BASTIDE, 1943, p. 80). Para chegar a essa percepção, o teórico analisou a produção de Teixeira e Souza (1812-1861), Silva Rabelo (1826-1864), Tobias Barreto (1839-1889), Gonçalves Dias (1823-1864) e Gonçalves Crespo (1846-1883), escritor brasileiro que viveu em Portugal. Em cada análise, entendeu que, apesar de ser um período no qual as classes inferiores tiveram mais acesso à cultura, incluindo nesse grupo os negros, elas não conseguiram desenvolver a sua estética. Nas leituras dos textos, observou que, apesar da inserção do negro em algumas obras, o branqueamento continua e as produções permanecem marcadas pela influência da cultura europeia. Bastide (1943) apontava como os valores românticos, dentre os quais a construção de uma consciência nacional, o saudosismo, a idealização e o lirismo exacerbado, atrapalharam o desenvolvimento de uma literatura crítica:

> O patriotismo, o amor e a arte são os três grandes temas da poesia romântica. Ora, nós vimos que eles não serviram para o afro-brasileiro tomar consciência da sua originalidade, mas pelo contrário a sincronizar a sua poesia com a do branco, e, ao invés de fundar uma nova espécie de lirismo, impediu o nascimento deste novo lirismo (BASTIDE, 1943, p. 49-50).

A esperança do teórico ressurge com a publicação de *Primeiras Trovas Burlescas de Getulino* (1859), do poeta Luiz Gama, considerado pelos teóricos da área o fundador de uma verdadeira poesia negro-brasileira, "voltada não apenas para celebração da cor e dos elementos culturais oriundos de África, mas, sobretudo, para a crítica feroz ao branqueamento e aos valores sociais impostos aos remanescentes escravos" (DUARTE, 2010b, p. 81). Para Bastide (1943), o que diferencia Gama dos demais poetas negros da sua época é a experiência de estar do outro lado, visto que ele fora escravizado, vendido pelo próprio pai, que era branco, enquanto os demais escritores nasceram livres e, por isso, tinham dificuldades em entender que, embora livres, não faziam parte do grupo dos brancos.

> É que os poetas antigos, de que nós falávamos até aqui, pertenciam à classe dos homens livres, e a ideia de liberdade estava tão profundamente arraigada em seus corações que pensavam que, sob a sua asa, todos os brasileiros livres seriam unidos. [...] Mas, Luiz Gama era filho de escravo, sua mãe. Seu pai vendeu-o. Ele mesmo foi escravo, sabe então que a independência não impediu a segregação das duas castas superpostas, e toma assim consciência dos valores próprios do africano. Daqui por adiante, as condições de existência de uma poesia afro-brasileira estão realizadas (BASTIDE, 1943, p. 50-51).

Brookshaw (1983, p. 164) referiu-se a Gama como "o primeiro escritor negro a lutar, em favor de seu povo, contra os ideais de branqueamento da sociedade". Bernd (1988, p. 56), por sua vez, como "um divisor de águas para a literatura negra", pois estabeleceu o trânsito de uma literatura de uma consciência ingênua para uma consciência crítica da realidade. Apesar de ter alcançado a notoriedade por meio de sua produção satírica, a poesia lírica do "Orfeu de carapinha" não pode ser ignorada, especialmente porque foi, segundo Domício Proença Filho (2010, p. 56), "o primeiro a falar em versos de amor por uma negra".

Nesse sentido, faz-se comum entre os teóricos da área que o poeta marcou a Literatura Brasileira ao reconhecer-se abertamente como negro, fundando um movimento de busca pela identidade negra, e ao criticar os outros descendentes afro-brasileiros que não se assumiam. Utilizando-se do recurso da ironia, tornou-se famoso pelos seus poemas satíricos, dentre os quais se destaca o "Quem sou eu?", popularmente conhecido como "Bodarrada", porque o escritor brinca com o termo "bode", utilizado pelos brancos para depreciar o mulato. No texto, Gama rejeita o termo, preferindo chamar-se negro, e sugere que muitos deveriam fazer o mesmo, já que no Brasil a maioria da população é negra, inclusive homens e mulheres situados nas classes mais altas. Assim, revoga, pelo menos no campo poético, "o sistema de hierarquia social que exigia respeito e reverência à nobreza e a outros representantes da classe dominante" (BERND, 1988, p. 53), diminuindo as distâncias, destronando elites, abolindo desigualdades:

> [...]
> Se negro sou, ou sou bode
> Pouco importa. O que isto pode?
> Bodes há de toda a casta,
> Pois que a espécie é muito vasta.
> Há cinzentos, há rajados,
> Baios, pampas e malhados,

Bodes negros, bodes brancos,
E, sejamos todos francos,
Uns plebeus, e outros nobres,
Bodes ricos, bodes pobres,
Bodes sábios, importantes,
E também alguns tratantes...
Aqui, nesta boa terra
Marram todos, tudo berra;
Nobres Condes e Duquesas,
Ricas Damas e Marquesas,
Deputados, senadores,
Gentis-homens, veadores;
Belas Damas emproadas,
De nobreza empantufadas;
Repimpados principotes,
Orgulhosos fidalgotes,
Frades, Bispos, Cardeais,
Fanfarrões imperiais,
Gentes pobres, nobres gentes
Em todos há meus parentes.
Entre a brava militança
Fulge e brilha alta bodança;
Guardas, Cabos, Furriéis,
Brigadeiros, Coronéis,
Destemidos Marechais,
Rutilantes Generais,
Capitães de mar-e-guerra,
— Tudo marra, tudo berra —
Na suprema eternidade,
Onde habita a Divindade,
Bodes há santificados,
Que por nós são adorados.
Entre o coro dos Anjinhos
Também há muitos bodinhos. —
O amante de Syiringa
Tinha pêlo e má catinga;
O deus Mendes, pelas contas,
Na cabeça tinha pontas;
Jove quando foi menino,

> Chupitou leite caprino;
> E, segundo o antigo mito,
> Também Fauno foi cabrito.
> Nos domínios de Plutão,
> Guarda um bode o Alcorão;
> Nos lundus e nas modinhas
> São cantadas as bodinhas:
> Pois se todos têm rabicho,
> Para que tanto capricho?
> Haja paz, haja alegria,
> Folgue e brinque a bodaria;
> Cesse pois a matinada,
> Porque tudo é bodarrada!
> (GAMA, 2000, p. 116-118).

Por meio de uma paródia, o poeta nivela brancos e negros de diferentes classes sociais ao negar o discurso racista que associa o negro ao bode e, ao mesmo tempo, ao chamar a todos de bode. O poeta utiliza-se de astúcia para subverter o termo e fazer uma crítica. Encontramos o mesmo recurso em Carolina, em uma famosa passagem de seu diário: "A noite está tépida. O céu está salpicado de estrelas. Eu que sou exótica gostaria de recortar um pedaço do céu para fazer um vestido" (JESUS, 2007a, p. 32). A autora assume o termo que lhe foi colocado, "exótica", acata esse olhar de "surpresa", que tanto o público quanto a crítica lhe imputaram ao sugerirem que uma mulher nas suas condições não poderia ser escritora, e reverte-o, transfigura-o a uma qualidade que lhe permitiria compor uma obra artística diferenciada e inovadora. Já que é "exótica", "pode" vestir-se de céu, apresentando sua capacidade de trabalhar com as palavras por meio de uma linguagem lírica e autêntica (NASCIMENTO, 2006a, p. 84).

Ademais, o humor, que é próprio da paródia, nesse caso, é estratégia essencial para a publicação dos poemas transgressores de Gama, que pode tecer críticas ao sistema da época sob essa "camuflagem" de cômico. A "camuflagem" será utilizada por vários outros autores negros para poderem subverter o sistema e publicar suas obras, como foi o caso de Maria Firmina dos Reis, que utilizou um pseudônimo; Machado de Assis, que ficou conhecido como o "escritor caramujo" por aproveitar-se das entrelinhas para transmitir sua mensagem; e Carolina Maria de Jesus, que, por diversas vezes, refez sua antologia poética, omitindo poemas que falavam abertamente sobre a condição do negro no Brasil, na esperança de ser publicada. Trata-se de uma espécie de autocensura, na qual a autora refletia sobre maneiras de se manter viva no mundo seleto e racista das editoras e dos escritores da época. Sobre a autocensura, comenta Cuti (2010, p. 51):

> Quando o escritor negro, pela primeira vez, quis dizer-se negro em seu texto, deve ter pensado muito na repercussão, no que poderia atingi-lo como reação ao seu texto. Dizer-se implica revelar-se e, também, revelar o outro na relação com o que se revela. O branco, como recepção do texto de um negro, historicamente foi hostil. Vencer essa hostilidade lastreada na postura de quem não se dispõe a dividir o poder com alguém que, por quatro séculos, teve o mínimo de poder é a grande aventura do escritor negro que se quer negro em sua escrita.

Diante disso, percebemos que Carolina "desliza" entre a denúncia e a "adaptação", "camufla-se" pelos meios literários, mobilizando diversas estratégias para inserir-se em um espaço que, embora tivesse plena consciência disso, não foi reservado para ela. Entretanto, é deslizante, é precursora e abre caminhos para que outros autores e autoras negras não tenham que se autocensurar.

Um exemplo dessa "camuflagem" ou autocensura aconteceu com uma das versões do seu livro de poemas, publicada em 1996, aproximadamente 20 anos após sua morte, sob o título de *Antologia pessoal*, pelo professor José Sebe Bom Meihy. No conjunto de 87 poemas, não há nenhum que discuta a questão da negritude. Quando o questionamos sobre a ausência de tais poemas na antologia, Meihy afirmou a existência de várias versões do livro de poemas de Carolina e que apenas publicou uma dessas versões, um conjunto de textos datilografados entre o material manuscrito a que teve acesso, sendo que os poemas aos quais nos referíamos não estavam lá:

> Como vc reconhece, Carolina queria muito publicar os poemas e ela mesmo fez a seleção. Aliás, existe outra seleção, também feita por ela, mas com outra introdução e título (veja os originais na Biblioteca Nacional, Rio). Optei por esta por ser a primeira e mais organizada. As decisões de edição e "correção" foram feitas por Heloisa Buarque de Holanda, então editora da UFRJ, casa que publicou o livro. Sim, há outros poemas que não estão contidos naquela (primeira) seleção, mas eles não estavam na escolha da primeira série (MEIHY, 2015).

Realmente, quando tivemos acesso ao material manuscrito da autora, observamos a existência dessas versões e constatamos que os poemas que abordavam o tema do racismo no Brasil, como "Os feijões", só estavam nas versões intituladas

Um Brasil para os brasileiros e *Clíris*, todavia elas estavam fora do alcance do público até pouco tempo. Somente em 2014, a versão de *Um Brasil para os brasileiros* foi publicada na revista *O menelink* 2º ato (2014) e, em 2019, no livro *Clíris*, apresentando esse poema ao grande público. Observemos o texto:

Os fêijôes[47] (versão manuscrita *Clíris*)

Será que entre os fêijões
Existem as seléções?
Existem os preconcéitos
Será que o fêijão branco?
- Não gosta do feijão prêto

Será que o fêijão preto é revoltado?
Com o seu predóminadôr.
Nota que é subjugado.
Será fêijão branco ditadôr?

Será que existem rivalidades?
Cada um no seu lugar?

O fèijão branco é da alta sociedade.
Na sua casa o preto não pode entrar.

O feijão preto diz: sóu africano.
Seus antepassados, foi me buscar.
Os meus algózes, fôram tiranós
Apenas para me escravizar.

Será que existem desigualdade?
Que deixam o feijão preto lamentar:..
Nas grandes universidades.
Ele não pode ingressar?

Os feijões[48] (versão manuscrita *Um Brasil para os brasileiros*)

Será que entre os feijões
Exîstem o preconçéito.
Será que o feijão branco.
Não gosta do feijão prêto?
Será que o feijão preto é revoltado?
Com o seu predominador
Perçebe que é subjugado
O feijão branco será um ditador.

Será que existem rivalidades?
Cada um no seu lugar

O feijão branco é da alta sociedade.
Ná sua casa o feijão prêto não pode entrar
Será que existem desigualdades
Que deixa o feijão prêto lamentar
Nas grandes universidades
O feijão prêto não pode ingressar
Será que existem as seleções
Prêto prá cá e branco prá lá
E nas grandes reuniões
O feijão prêto é vedado entrar?
Créio que no nucleo dos feijões
Não existem segregações.

---

[47] Transcrição do manuscrito localizado em: FBN, rolo 4 - MS-565 (4), FTG 431
[48] Transcrição do manuscrito localizado em: IMS, CMJ_Pi_Um Brasil para os brasileiros_p136

Carolina, que mencionou por diversas vezes em seus diários e sua autobiografia ter lido Luiz Gama, utiliza-se também do recurso da ironia, da astúcia e da metáfora para refletir sobre um tema espinhoso na sociedade e na Literatura Brasileira: as relações raciais no Brasil. Recorrendo ao feijão, elemento familiar na cultura brasileira, nas duas versões, estabelece uma comparação entre o povo brasileiro e o alimento, apresentando uma hipotética sociedade dividida entre feijões pretos e feijões brancos, e pondera sobre as desigualdades raciais, levando seus leitores a pensarem em questões como o racismo e seus desdobramentos na sociedade.

Um exemplo é o caso da dificuldade de acesso e permanência nas universidades, apresentada nos dois textos, e o acesso aos altos cargos em empresas, apontado somente na segunda versão, agravando a questão das desigualdades sociais, fazendo com que a maioria das pessoas "da alta sociedade" seja branca e os pobres sejam negros. A primeira versão ainda apresenta uma estrofe na qual a autora traz a questão da escravização, lembrando que foram os brancos que escravizaram os negros. Assim, sugere que, embora essa geração não tenha ido ao continente africano sequestrar ninguém, precisa compreender que a luta contra o racismo é responsabilidade de todos, e não só dos negros.

A autora aposta na repetição do verbo "será" e na inserção de pontos de interrogação em todo o poema a fim de nos conduzir ao questionamento e à reflexão: será que em outras sociedades, além da brasileira, existem segregações motivadas pela cor da pele? Ou isso acontece só na nossa?

Avançando no tempo, no final do século XIX encontramos o poeta Cruz e Sousa, que, diferentemente de Luiz Gama, não foi escravizado, todavia seus pais, apesar de alforriados, permaneciam vivendo nos porões da casa do senhor, o coronel Guilherme Xavier de Sousa. Como era de costume na sociedade escravocrata, o menino João da Cruz recebeu o sobrenome do coronel e, também, sua proteção, inserindo-se num entre-lugar social: o filho de ex-escravizados que se tornou o filho de criação da casa-grande, mas que não é igual aos brancos por causa da sua origem, nem está mais na mesma posição dos negros por causa do acolhimento senhorial, que lhe proporcionaria acesso a coisas e a lugares que outros negros não teriam.

Essa condição dual atormentou o poeta por toda a sua vida, que viveu no limiar entre ser branco e ser negro, dentro e fora dos textos. Em seus poemas, utilizava-se da linguagem da elite porque sabia que só assim seria ouvido por ela. Todavia, no conteúdo, buscou rompimento, transgressão aos moldes canônicos, nos quais foi formado. Entre os brancos, tinha sempre que provar ser capaz, pleiteando cargos importantes, e, entre os negros, buscava mostrar que era negro, engajando-se nas campanhas abolicionistas, escrevendo discursos e poemas em favor da libertação dos escravos. "O temperamento entortava muito para o lado da África: — era necessário fazê-lo endireitar inteiramente para o lado Regra, até que o temperamento regulasse certo como um termômetro!" (SOUSA, 2011, p. 237).

O apadrinhamento proporcionou-lhe acesso à educação de qualidade, entretanto, o racismo o impediu de ter oportunidades e alcançar empregos e posições que correspondessem à sua brilhante formação escolar e ao seu elevado nível cultural. Assim, trilhou um caminho de muitas frustrações e "portas-fechadas" apesar do seu talento literário e importância de sua obra para o Simbolismo brasileiro. Sentiu-se "emparedado" e manifestou esse sentimento em um dos seus poemas, que foi publicado postumamente no livro *Evocações* (1898):

> – Tu és dos de Cam, maldito, réprobo, anatematizado! Falas em abstrações, em Formas, em Espiritualidades, em Requintes, em Sonhos! Como se tu fosses das raças de ouro e da aurora, se viesses dos arianos, depurado por todas as civilizações, célula por célula, tecido por tecido, cristalizado o teu ser num verdadeiro cadinho de idéias, de sentimentos — direito, perfeito, das perfeições oficiais dos meios convencionalmente ilustres! Como se viesses do Oriente, rei!, em galeras, dentre opulências, ou tivesses a aventura magna de ficar perdido em Tebas, desoladamente cismando através de ruínas; ou a iriada, peregrina e fidalga fantasia dos Medievos, ou a lenda colorida e bizarra por haveres adormecido e sonhado, sob o ritmo claro dos astros, junto às priscas margens venerandas do Mar Vermelho!
> Artista! Pode lá isso ser se tu és d'África, tórrida e bárbara, devorada insaciavelmente pelo deserto, tumultuando de matas bravias, arrastada sangrando no lodo das Civilizações despóticas, tornamente amamentada com o leite amargo e venenoso da Angústia! A África arrebatada nos ciclones torvelinhantes das Impiedades supremas, das Blasfêmias absolutas, gemendo, rugindo, bramando no caos feroz, hórrido, das profundas selvas brutas, a sua formidável Dilaceração humana! A África laocoôntica, alma de trevas e de chamas, fecundada no Sol e na Noite, errantemente tempestuosa como a alma espiritualizada e tantálica da Rússia, gerada no Degredo e na Neve — pólo branco e pólo negro da Dor! [...]
> Não! Não! Não! Não transporás os pórticos milenários da vasta edificação

do Mundo, porque atrás de ti e adiante de ti não sei quantas gerações foram acumulando, acumulando pedra sobre pedra, pedra sobre pedra, que para aí estás agora o verdadeiro emparedado de uma raça.

Se caminhares para a direita baterás e esbarrarás ansioso, aflito, numa parede horrendamente incomensurável de Egoísmos e Preconceitos! Se caminhares para a esquerda, outra parede, de Ciências e Críticas, mais alta do que a primeira, te mergulhará profundamente no espanto! Se caminhares para a frente, ainda nova parede, feita de Despeitos e Impotências, tremenda, de granito, broncamente se elevará ao alto! Se caminhares, enfim, para trás, ah! ainda, uma derradeira parede, fechando tudo, fechando tudo — horrível! — parede de Imbecilidade e Ignorância, te deixará num frio espasmo de terror absoluto...

E, mais pedras, mais pedras se sobreporão às pedras já acumuladas, mais pedras, mais pedras... Pedras destas odiosas, caricatas e fatigantes Civilizações e Sociedades... Mais pedras, mais pedras! E as estranhas paredes hão de subir, — longas, negras, terríficas! Hão de subir, subir, subir mudas, silenciosas, até às Estrelas, deixando-te para sempre perdidamente alucinado e emparedado dentro do teu Sonho... (SOUSA, 2011, p. 249-250).

O poema em prosa, intitulado "O emparedado", denuncia a condição à qual estava submetido o poeta negro na busca por inserir-se na sociedade brasileira do século XIX. Angústia, dor e melancolia são alguns dos sentimentos que perpassam o enunciador e foram narrados no texto por meio de uma linguagem subjetiva, intuitiva, fluida e musical, em letras maiúsculas e em versos permeados de assonâncias e aliterações, estratégias criadas pelo poeta para levar o leitor a sentir aquela tensão causada pelo sentimento de exclusão que o eu lírico estava vivenciando. Mesmo assim, o poeta foi acusado por teóricos como Bastide (1943) e Brookshaw (1983) de não ter apresentado um eu enunciador negro em sua obra, tornando-se conhecido na crítica canônica como um simbolista "obsessivo" pela cor branca.

Faleceu aos 37 anos, vítima de uma tuberculose, e, apesar de ser um dos maiores escritores do país, morreu como Carolina, em absoluta pobreza, dependendo da generosidade de estranhos para custear até o seu velório:

> Seu enterro [...] é custeado por José do Patrocínio e por uma lista de contribuições, devido à absoluta falta de condições financeiras da família: corpo do grande poeta simbolista brasileiro fora transladado de Minas Gerais

>para ser sepultado no Rio de Janeiro num vagão destinado ao transporte de animais... (CAMPOS, 2011, p. 225).

Podemos dizer que Cruz e Sousa foi um poeta incompreendido no seu tempo e ainda hoje, mas essa incompreensão se dá na leitura superficial e incompleta de sua obra. Incompleta porque os seus textos negros permaneceram por muito tempo esquecidos e isso fez com que se construísse em torno dele uma imagem de um escritor que se omitiu diante das causas do povo negro. Como um bom autodidata, leitor de Paul Verlaine e Charles Baudalaire, era natural que utilizasse em sua obra diversas referências à cor branca, já que era próprio do simbolista a busca por atingir o inconsciente por meio de expressões metafísicas e espirituais. Aproveitar esse fato para acusá-lo de negar suas origens é resultado de uma leitura rasa de seus poemas e de um desconhecimento das características do movimento Simbolista, do qual foi o principal representante no Brasil. Logo ele, que nasceu e cresceu em um ambiente dominado pelo racismo, na região sul do país, em plena vigência das políticas de branqueamento, em meados do século XIX, e ousou, apesar de todos os "emparedamentos", acessar um espaço que não estava aberto para os negros e produzir uma literatura inovadora e de qualidade.

Incompreensão e superficialidade também são palavras que podemos atribuir à Carolina e à sua obra. Como o poeta catarinense, a autora também viveu por muitos anos em um não-lugar, principalmente após o lançamento de *Quarto de despejo* (1960), por não se enquadrar entre os favelados e, também, por não ser aceita no grupo dos escritores brasileiros. Apesar do sucesso e da fama, continuava sendo uma mulher negra, mãe-solo e pobre, então não se adaptou à elite artística paulista. Todavia, os favelados também não gostavam dela por tudo que ela escreveu sobre eles nos diários. Assim, vivia no limiar entre ser favelada e ser escritora. Em vários trechos do seu diário, *Meu estranho diário* (1996a), a autora relata:

>A portuguesa que deu-me os papéis disse-me que me conhece faz muitos anos. [...] Eu disse-lhe [...] que eu experimentei vários serviços. [...] que quiz incluir-me no núcleo artístico brasileiro. Mas que não suportei a jatancia dos semi-astros do Brasil. Que eu digo semi-astro porque eu acho que um artista precisa ter cultura. E saber lidar com o povo para ter público. Um artista que tem público dá lucro ao empresário. Que prefiro conversar com um operário do que conversar com um artista do Brasil. Operário agrada

quando fala e artistas são imponentes. Querem ser bajulados pelo povo [...] (JESUS, 1996a, p. 84-85).

Dia 19 fui na festa da escritora Clarice Lespector, que ganhou o prêmio de melhor escritora do ano com o seu romance "Maçã no escuro." A recepção foi na residência de Dona Carmem Dolores Barbosa. Tive a impressão de que dona Carmem não apreciou minha presença. E eu fiquei sem ação. Sentei em uma poltrona e ali fiquei. As madames da alta sociedade iam chegando e se cumprimentavam. A Ruth de Souza quando chegou não me cumprimentou. Coisa que foi notado por todos. Há os que dizem que a Ruth não gosta de pretos. Ridículo um preto não apreciar seus irmãos de côr. Eu gosto de ser preta. Tenho orgulho. [...] Não compareci na sala onde a Clarice Lespector estava. Não a vi. Não lhe cumprimentei. Serviram refrescos e comestíveis as 23 horas. Retornei para casa pensando no dinheiro que gastei pintando unhas e pagando conduções. Dinheiro que poderia guardar para comprar pão e feijão para os meus filhos (JESUS, 1996a, p. 201-203).

Outro ponto de conexão entre as trajetórias de Carolina e Cruz e Souza é a acusação de não apresentar um sujeito lírico negro em sua obra. Isso aconteceu porque, assim como os de seu antecessor, os poemas de Carolina foram lidos de maneira superficial, e aqueles que apresentavam uma crítica mais explícita ao racismo ficaram muito tempo "escondidos" do público e da academia. Além disso, a poética da autora é multifacetada, ou seja, abrange diversas questões da realidade na qual estava inserida, como o direito ao afeto, as más condições nas quais viviam os favelados, a falência do sistema prisional brasileiro, os problemas causados devido ao alcoolismo, a violência doméstica, a inserção precoce de adolescentes na criminalidade, a corrupção na política, a ineficiência da assistência social, a inflação, a fome, a má distribuição de renda, a dificuldade de acesso à educação e à cultura por parte da população brasileira, a exploração do trabalhado do colono e das empregadas domésticas, entre outros, o que, no entendimento de alguns críticos, acabava por "abafar" a questão racial, gerando essa ideia de que a escritora foi omissa em sua obra.

As memórias de José Correia Leite, um dos líderes do Movimento Negro em São Paulo na década de 1930, que Carolina mencionou diversas vezes em seus diários, expõem o pensamento que a "elite negra" tinha a respeito da obra de Carolina:

[...] Paralisado o Movimento Negro na cidade, a minha casa passou a ser

> uma espécie de quartel-general dos assuntos de negro. Qualquer coisa que acontecia no meio negro estourava na Rua Augusta. [...] Um dia [por volta de 1937/38] apareceu em casa [na rua Augusta] um poeta negro, com o nome de Emílio Silva Araújo. Era um poeta baixinho e muito esperto, mas a preocupação da poesia dele era a miscigenação. Ele fazia poesia sobre a mulata. Ele tinha um poema muito bonito chamado "Eufrosina", que ele gostava de declamar. Era um sujeito meio desajustado e gostava de ser chamado de "Garouche", em referência a um personagem dos "Miseráveis" do Victor Hugo. [...] Um dia ele apareceu de braços dados com uma negra - Está aqui uma poetisa que descobri. Eu encontrei com ela na porta da Igreja da Consolação e trouxe pra cá, para vocês ficarem conhecendo o trabalho dela. - disse o Emílio. E ela abriu um caderninho e mostrou umas poesias. [...] Nós tínhamos lá sempre uns grandes almoços. Aos domingos, se reuniam o Góis e aquela moçada toda para bater papo, já que não se podia fazer nada. E nós ficamos, naquele dia, ouvindo a declamadora, a poetisa que o Silva Araújo tinha levado. Quando perguntamos o nome dela, ela respondeu que se chamava Carolina de Jesus, a mesma que mais tarde escreveu o *Quarto de Despejo*. Ela já era nossa conhecida desde aquela época. Só que ela não fazia poesia que falasse de negro, ela nem tinha essa consciência, nem mesmo quando fez o *Quarto de Despejo*. Nunca teve consciência de negra. A poesia dela, na época, era muito colorida, mas sem nenhuma conotação de origem, de raça (LEITE *apud* SILVA, 2011, p. 229-230).

A ideia de que a poesia "era muito colorida, mas sem nenhuma conotação de origem, de raça" é algo questionável, já que o racismo em nosso país é estrutural, sendo assim, ao denunciar a inserção precoce de adolescentes no crime ou a dificuldade de acesso à educação por uma parcela da população brasileira, por exemplo, Carolina também está falando de racismo. Afinal, qual é a cor dos adolescentes em conflito com a lei? Ou qual é a cor das crianças que não têm sucesso escolar ou dos jovens que não conseguem ingressar no Ensino Superior?

Questionamos, também, a postura do militante veterano, que cobrou de Carolina uma consciência político-social, como se só existisse uma única consciência ou uma única maneira de expressar a negritude na obra literária. Sobre isso, citamos Silva (2011, p. 230):

> Que tipo de consciência serviria ao meio negro naquele momento? Aquela

já *pronta*, experimentada e cônscia dos desafios correntes? Mas não a de uma recém-chegada poetisa que nem mesmo sabia o que o termo poetisa significava. Contudo, *como nasce uma consciência?* Da condição do explorado, subalterno e menorizado? Trata-se de um processo, por vezes, de longa duração ou fruto de um evento de impacto marcante e trágico. De Jesus poderia não ter expresso sua visão de mundo ainda sob esta ótica, no grau de maturidade que lhe cobraria alguém, à ocasião, com quase duas décadas de militância diuturna. Entretanto, se acreditarmos na racionalização de sua memória infantojuvenil, pode-se dizer que os dados já estavam lançados, desde os primeiros momentos de entendimento das condições sociais adversas suas e de sua família.

Além disso, é importante destacar que a chegada de Carolina a São Paulo coincidiu com a implementação do golpe do Estado Novo, período que impediu a organização de movimentos sociais e a divulgação de ideias que possibilitassem aos negros, chegando à capital, a formação de uma "consciência" político-cultural. Pelo contrário, o departamento de imprensa (DIP), da ditadura getulista, tratou de difundir fortemente a ideia de uma democracia racial (GOMES, 2013, p. 52). Carolina, que estava longe dessas associações culturais negras e começou a escrever nesse período, sabia que o racismo existia, todavia, ao mesmo tempo, absorveu essa ideia de "raça brasileira" por consumir muito a cultura do período, seja pelo rádio, pelo cinema, pelos jornais, pelos circos, pelos carnavais e pelos livros. A realidade na qual estava inserida era, a todo momento, confrontada pela cultura que ela consumia. Sua poética era perpassada por todas essas informações.

Acreditamos que, na casa de alvenaria, Carolina tenha começado a ter acesso a uma cultura e às discussões que se chocavam com aquelas consumidas até o momento. Entretanto, também foi nesse período que a autora passou a ser censurada. Desse modo, no momento em que seus olhos se abrem, sua boca se cala.

Assim, a dificuldade de acesso à obra completa e à incompreensão das circunstâncias nas quais a autora desenvolveu o seu lugar de fala levaram à superficialidade na análise e à negação da contribuição de Carolina à Literatura Negro-Brasileira. Apesar disso, a autora continuava sendo uma poetisa negra e, assim como outros escritores negros, também se sentiu "emparedada". Esse sentimento é expresso no poema "Quando eu morrer", que apresenta duas versões. Vejamos:

Quando eu mórrer![49] (versão manuscrita *Miscelânea Caderno 1.*)

Não diga que fui rebôtalho
Que vivia à margem da vida
Digam que procurava trabalho
E fui sempre preterida.
Diga ao meu povo brasileiro
Que o meu sonho era ser escritôra
Mas eu não tinha dinheiro
pra pagar uma editôra.

Diga que foi agro o meu viver
Que ninguém deu-me valôr
Não sei se fói por eu ser.
De côr

Diga que eu tinha bôa vontade.
E demónstrava a minha aptidão
E que vivia na dengringolada
Sempre de rastro no chão.
Diga que na multidão eu sórria
Recluida, sempre eu chórava
Que em todos os lugares que eu ia
– O povo me desprezava

Muitos fugiam ao me ver
Pensando que eu não percebia
Outros pediam para ler
Os versós que eu escrevia

Era papel que eu catava
Para custear o meu viver.
E no lixo eu encontrava.
– Livrós para eu lêr
Quantas cóisas eu quiz fazer
Fui tolhida pelo preconçêito
Se eu extinguir quero renascer
Num país em que predomina o preto

Adeus! Adeus, eu vou partir! Morrer!
E dêixo êsses versos ao meu país
Se e que temos o direito de renascer
Quero um lugar, onde o preto é feliz

Quando eu mórrer[50] (versão manuscrita *Clíris*)

Não diga que fui rebotalho.
Que vivia a margem da vida.
Diga: que procurava trabalho
E fui sempre preterida.
Diga ao meu povo brasileiro
O meu sonho era ser escritora
Mas eu não tinha dinheiro.
para pagar uma editora

Diga: que eu tinha bôa vontade
E demonstrava a minha aptidão
E que vivia na degringolada.
Sempre de rastro no chão
Diga: que na multidão eu sórria
Recluida sempre eu chórava
que em todos os lugares que eu ía
O povo me desprezava.

---

[49] Transcrição do manuscrito localizado em: FBN, rolo 4 - MS-565 (04), FTG 41
[50] Transcrição do manuscrito localizado em: FBN, rolo 4 - MS-565 (04), FTG 411

Diga: que foi agro o meu viver
Que ninguém deu-me valôr
– Não sei se foi pôr eu ser,
– De côr.

Muitos fugiam ao me ver
Pensando que eu não percebia
Outros solicitava para eu ler
– Os versos que eu escrevia

Era papel que eu catava
para custear o meu viver.

E no lixo eu encontrava
Bons livrós para eu lêr.

Quantas cóisas eu quiz fazer!
Fui tolhida pelo preconcêito
Se eu extinguir quero renasçer
Num país em que predomina o preto.

A humanidade ainda é ignórante
Não predomina no mundo o amôr
Ha quem escravisa o semêlhante
Com alusão, a côr

Nas duas versões, o eu lírico atribui ao racismo e à desigualdade social as razões por não ter realizado o sonho de ser escritora, ou seja, a cor de sua pele e a sua condição social foram os empecilhos para que não tenha tido êxito no meio literário. Denuncia que, apesar de "ter boa vontade", "ter se esforçado muito" e "ter aptidão", não foi reconhecida e valorizada por "não ter dinheiro para pagar uma editora" e "ser de côr". Além disso, tem consciência dos limites impostos pelo racismo ("fui tolhida pelo preconceito") e pela pobreza, apontando que foi discriminada pelo fato de ser também catadora de papel. Une-se, assim, ao eu lírico de Cruz e Souza.

O poema apresenta uma ideia de manifesto, que pode ser corroborada pela repetição da forma verbal "diga" nas cinco primeiras estrofes das duas versões, apontando a ideia de intenções, recomendações que o eu lírico deixa com o objetivo de construir uma imagem positiva sobre si. Podemos dizer que, aos moldes da carta testamento de Getúlio Vargas, a que Carolina provavelmente teve acesso, a autora aponta seus "últimos pedidos ou desejos" e preocupa-se em se justificar para os leitores, "o meu povo brasileiro", afirmando que o fato de ela não ter sido publicada não se deu por não ter se empenhado ou por não ter talento, mas por não atender aos requisitos de uma boa escritora na época: ser branca e pertencer à elite. Assim como Getúlio, Carolina entende que foi impedida de divulgar seus pensamentos por aqueles que estavam contra o povo, contra os poetas. Por meio desses versos, a poeta também desconstrói a ideia de meritocracia e escancara o racismo nada velado, que faz com que as oportunidades para brancos e para negros não sejam iguais.

Na sexta estrofe, o eu lírico se descreve como uma figura contraditória, que, ao mesmo tempo, causava repulsa, pela sua aparência de catadora de lixo, e atração, por causa de sua habilidade na escrita: Como uma mulher com essa aparência pode ser escritora? Podemos dizer que essa descrição representa a própria poeta, que, por diversas vezes, relatou sofrer essa discriminação:

> 22 de julho de 1958
> Um homem que passava de carro, vendo-me com o saco de papel nas costas parou o carro e disse: Olha a escritora! O outro que lhe acompanhava perguntou-lhe:
> – Aquilo escreve? Um escritor tem noção de igiene e ela está tão suja! Que até dá nojo!
> [...] Eles continuaram falando e eu segui pensando [...]. Os escritores marginaes não tem valor no Brasil (JESUS *apud* PERPÉTUA, 2014, p. 234).
>
> 13 de junho: eu saí. Fui catar um pouco de papel. Ouço várias pessoas dizer: – É aquela que está no O cruzeiro! – Mas como está suja! [...] (JESUS, 2007a, p. 175).

Ainda no poema, a autora manifesta a esperança de reconhecimento após sua morte, algo que aconteceu com muitos poetas lidos e admirados por ela, os quais só se tornaram conhecidos depois de falecidos. Isso também aconteceu com Getúlio Vargas, por quem ela nutria grande admiração e que, no suicídio, saiu da vida para "entrar na História" (VARGAS, 1954, n.p.).

As últimas estrofes são completamente distintas entre uma versão e outra. Na primeira versão, o eu lírico conclui a ideia de despedida e, desiludido com o contexto presente, vê na reencarnação a única forma de vencer o racismo e poder, finalmente, realizar as tantas "coisas que quis fazer", renascendo em "um lugar onde o preto é feliz". Já na segunda versão, o eu lírico resgata o tema da escravidão, atribuindo-a à falta de amor entre os homens.

É importante observar a marcação existente no canto superior do poema na versão do Caderno 1. O símbolo X aparece nos originais de Carolina, fortalecendo a teoria de que a autora oscilava na decisão de divulgar ou não os poemas sobre a temática do racismo. Essa versão do poema, por exemplo, não estava incluída nas antologias *Clíris, Um Brasil para os brasileiros* ou *Antologia pessoal*, mas, sim, em um outro caderno da miscelânea, que a equipe da FBN intitulou Caderno 1. O caderno inicia-se com uma das versões do prólogo; depois, expõe uma versão do poema "Negros"; há também algumas quadras que constituem o poema "Quadros", inclusive a que diz "Eu disse: meu sonho é escrever! / Responde o branco: ela é louca / O que as negras devem fazer: / é ir pro tanque lavar roupas"; e, por fim, o poema "Quando eu morrer". Depois, não há mais poemas. Podemos dizer que esse caderno se refere a uma das tentativas da autora de produzir uma obra mais voltada para a temática do racismo de maneira explícita, todavia foi abandonada, provavelmente por medo de ser colocada no limbo, como seus antecessores Maria Firmina dos Reis e Lima Barreto.

Esse poema também não está inserido na versão publicada de *Antologia pessoal* (1996b), nem na versão que foi enviada para a França, *Um Brasil para os brasileiros*, que ainda se encontra manuscrita. Tal poema aparece somente em meio aos relatos cotidianos de *Meu estranho diário* (1996a, p. 33) e no livro de poemas *Clíris* (2019).

Apesar da contribuição dos poetas negros apresentados, acredita-se que foi no Modernismo que a poesia negra encontrou terreno fértil para poder germinar a semente plantada por seus precursores, pois, diferentemente do que aconteceu nos outros estilos, havia nos jovens da Semana de 22 o desejo de redescobrir o Brasil. Para isso, era necessário negar antigos padrões estéticos e abrir-se a uma nova maneira de fazer literatura, uma que estivesse voltada ao homem comum, aos problemas sociais do país, às suas tradições, permitindo "uma abertura maior para a afirmação de setores marginais, dentre os quais se colocava a poesia negra" (DAMASCENO, 2003, p. 55).

Na tentativa de criar uma literatura genuinamente brasileira, os escritores modernos trouxeram "uma maior liberdade para o autor de basear-se em seus próprios sentimentos e experiências como fontes de inspiração em vez de usar moldes e temas estabelecidos a priori" (DAMASCENO, 2003, p. 55). Ademais, promoveram a expansão da temática, do assunto que deveria ser apresentado na poesia, ampliando para todos os temas, "mesmo os antes considerados anti-poéticos" (DAMASCENO, 2003, p. 55). Nesse contexto, citamos Mário de Andrade (1925, p. 24):

> O assunto poético é a conclusão mais antipsicológica que existe. A impulsão lírica é livre, independente de nós: independente de nossa inteligência. Pode nascer de uma réstia de cebolas como de um amor perdido... todos os assuntos são vitais, não há temas poéticos. Não há épocas poéticas.

Além dos temas, o Modernismo também trouxe para a poesia a linguagem cotidiana. Termos e construções frasais pertencentes à linguagem popular, antes considerados impróprios para a poesia, agora constituem os poemas, pois "desejava-se a formação de uma linguagem tipicamente brasileira, cada vez mais distanciada dos padrões luso tradicionais" (DAMASCENO, 2003, p. 56). Sobre esse tema, escreveu o poeta modernista Manuel Bandeira (1974, p. 213):

> A vida não me chegava pelos jornais nem pelos livros
> Vinha da boca do povo na língua errada do povo
> Língua certa do povo
> Porque ele é que fala gostoso o português do Brasil
> Ao passo que nós
> O que fazemos
> É maquear
> A sintaxe lusíada

Tudo deveria ser permitido em termos de linguagem, ritmo e sintaxe nos poemas modernistas. Foi também no período do Modernismo que se iniciou uma série de estudos sobre o negro brasileiro e sua cultura, algo inédito no Brasil, que até o momento só se preocupara em conhecer o indígena e pouco sabia sobre o negro. Nomes como Nina Rodrigues, Artur Ramos, Gilberto Freyre, Florestan Fernandes e Roger Bastide contribuíram para as pesquisas sobre o negro e a formação da sociedade brasileira, as quais possibilitaram o desenvolvimento não só da literatura, mas de outras manifestações artísticas negras, como a pintura, o samba e o frevo. Além desses estudos, podem ser citados os jornais, como o *Leite Crioulo*, que teve sua primeira publicação em 13 de maio de 1929, sob o formato de suplemento literário do jornal *Estado de Minas*; os eventos, como o *Congresso do Negro Brasileiro*, organizado por Guerreiro Ramos, Edson Carneiro e Abdias do Nascimento, em 1940, no Rio de Janeiro; e as organizações, que serviram como porta-voz do povo negro brasileiro, como o Teatro Experimental do Negro (TEN), fundado em 1944 por Abdias do Nascimento, e a Frente Negra Brasileira, fundada por intelectuais negros em 1939.

O conjunto de todos esses fatores possibilitou não só a introdução de temas negros à Literatura Brasileira, mas o desenvolvimento de uma poética negra que se consolidou ao longo dos anos. Todavia, é importante ressaltar que esse avanço não aconteceu de maneira rápida, pois, embora juridicamente liberta, a população negra vivia sob um processo de marginalização, o que a impossibilitou de ser integrada à sociedade brasileira após a Lei Aurea.

Segundo Bernd (1988), duas forças ideológicas surgiram nesse período e imobilizaram (e até hoje imobilizam) a população negra: o branqueamento, que consiste no desejo de se igualar ao branco, imitando-o tanto nas características físicas quanto nas morais e culturais; e a democracia racial, que pregava às outras nações que no Brasil havia uma igualdade entre as etnias, que éramos um povo livre de preconceitos e discriminações, onde todos tinham oportunidades iguais. Isso explica o fato de algumas produções desse período, embora sejam sobre o negro ou tenham um ponto de vista negro, ainda não serem revestidas por uma "verdadeira estética negra", tão almejada por Bastide (1943).

Um exemplo é Lino Guedes, autor das obras poéticas *O Canto do Cisne Negro* (1927) e *Negro Preto Cor da Noite* (1932). Diferentemente de Jorge de Lima, que escreve na mesma época, Guedes assumiu um discurso poético negro, em primeira pessoa, como Luís Gama fizera anos antes. Contudo, não se pode dizer que ele é símbolo de uma "renascença negra", pois sua obra propunha "promover a regeneração da raça, o que, dentro da ideologia da época, consistia em reconstruir uma sociedade à imagem e semelhança da sociedade branca" (BERND, 1988, p. 69). Para o poeta, uma das alternativas para a solução dos problemas da população negra era a moralidade individual segundo os padrões burgueses, ou seja, o negro deveria se adequar aos valores morais e culturais brancos para ser aceito na sociedade brasileira, afastando-se de valores culturais africanos:

> Em toda casa de preto
> Com alguma exceção
> Atrás da porta se vê
> Um signo de Salomão
> Que é bom para coisa feia
> E afugenta assombração.
>
> Essa crendice da gente
> É coisa de tradição
> Vinda para nossas terras
> Da africana região
> Mas já é tempo de sobra
> De lhe dar um safanão!
> (GUEDES, 1932).

Como se pode ler, apesar de denunciar as condições do negro na época, de reproduzir seu esforço em ascender socialmente e de se utilizar de uma linguagem direta e consciente, Guedes (1932) acaba por reproduzir discursos brancos sobre o negro. Ao invés de criticar as instituições brasileiras que não criaram condições para que o negro fosse absorvido na sociedade pós-escravidão, por exemplo, ele condena o negro por seu analfabetismo, entendendo que, por sua própria vontade, o negro prefere ficar tocando violão a ir à escola:

> Há quanto tempo sou liberto?
> Eu nem mesmo sei ao certo...
> E o que fizemos, irmão,
> Nesse tempo precioso?
> Oh, como isto é vergonhoso:
> Nós fugimos da instrução...
>
> O neto de pai João
> Vai deixar o violão
> E vai entrar numa escola
> Para não sofrer a dor
> De ver um homem de cor
> Um negro, pedindo esmola
> (GUEDES, 1932, n.p.).

Esses posicionamentos do poeta, que "mistura humor e resignação, a falta de revolta social ou cultural em seus poemas, eram apreciados pelos críticos brancos porque correspondiam ao estereótipo do negro despretensioso e modesto que o homem branco estava condicionado a aceitar" (BROOKSHAW, 1983, p. 182). Por outro lado, foi criticado por muitos de seus contemporâneos negros, "que o consideravam muito afastado, sem um objetivo ou sentimento por sua gente" (BROOKSHAW, 1983, p. 182).

Entretanto, Oswaldo de Camargo, em *O negro escrito* (1987), aponta Lino Guedes como "o primeiro poeta negro que, neste século, como escritor, se aceitou negro e publicou as 'consequências'" (p. 75). Assim, era um poeta contraditório, que caminhava entre "os anseios de uma justiça social, afirmação apaixonada da dignidade ultrajada de todo um povo e uma ideologia racial ainda atada aos modelos e padrões propostos pela sociedade abrangente" (GOMES, 2011, p. 356). Em outras palavras, não se pode negar que aspirava à liberdade do seu povo, todavia de um jeito mais "aceito" pela burguesia branca: por meio de educação, trabalho duro, economia e modéstia, "a favor de uma revolução dentro de uma classe étnica, mas não contra um *status quo*" (BROOKSHAW, 1983, p. 183).

Enfim, o modo que o poeta encontrou de se expressar não anula sua consciência étnica e a importância da sua obra para o desenvolvimento e fortalecimento de uma poesia negro-brasileira, visto que seu posicionamento reflete o pensamento que o negro tinha sobre ele mesmo e sobre seu povo na época. Por pertencer a um grupo considerado socialmente inferior, era natural que ele acreditasse nos estereótipos que lhe foram atribuídos e entendesse que a única maneira de ascender socialmente era assimilando os valores brancos, e não os negando:

> Por tudo isso é que a luta do negro pela ascensão social, nessa época, só podia ser feita pela adoção e aceitação dos valores da sociedade dominante. Os poemas de Lino Guedes fixam essa situação e são importantes para o estudo da evolução do pensamento social do negro e documentam uma das formas usadas na procura de sua identidade dentro dessa sociedade (DAMASCENO, 2003, p. 74).

Sendo assim, é necessário analisar a *escrevivência* de Lino Guedes considerando o seu contexto de produção e recepção. Podemos dizer que a experiência literária do autor se assemelha à de Carolina, visto que os dois lutaram contra o racismo, acreditaram no poder transformador da educação, assumiram uma voz negra e, em seus poemas, deram voz àqueles que não a tinham. Todavia, a forma como manifestavam esse eu lírico negro em seus textos, contaminados pelo conservadorismo e moralismo, na maioria das vezes, afastava-se de um tom mais combativo, apreciado pela coletividade, para assumir o lamento.

Um exemplo é o poema "Negros", apresentado a seguir:

Negros[51] (versão manuscrita *Clíris*)

Negro tem tódós defeitós
Sofre sempre humilhação
Se reclama o seu direito
Nunca o negro tem razão.

O negro não tem defeito
Tem qualidade e valôr
O Judas não era prêto
E vendeu nósso Senhór.

Tua existência é um estertor
Teu sofrimento é profundo
Pór causa de sua côr
Es infeliz nêste mundo.

Sufocam os nóssós clamóres
Quando somós perseguidós.
Só Jesus Nossó Senhór
É quem ouve os nossós gemidós.

---

[51] Transcrição do manuscrito localizado em: FBN, rolo 4 - MS-565 (4), FTG 356.

Jesus Nósso Senhór
Não implantou a desigualdade

Não condenóu o homem de côr
Não lhe baniu da comunidade.

Negrós[52] (versão manuscrita *Um Brasil para os brasileiros*)

Dizem que os negros têm defeitos
E sofrem sempre humilhações
E se reclamam os seus direitos
Nunca os negros tem razões

O negro não tem defeito
Tem qualidade e valôr
O Judas não era prêto
E vendeu nóssó Senhór

Tua existência e um estertór
Teu sofrimento, é profundo

Pôr causa de tua côr
Es infeliz nêste mundo!..

Sufocam os nóssós clamôres
Quando sómos perseguidós.
Só Jesus Nosso Senhor
É quem ouve os nossós gemidós.

Jesus Nosso Senhór.
Não implantóu a desigualdade
Não condenóu o homem de côr
Não lhe baniu da comunidade

Assim como em "Os feijões", observa-se que a desigualdade racial e o racismo são os temas do poema apresentado, em suas duas versões. Todavia, o estilo mudou. A poeta troca o tom irônico, sarcástico e questionador de outrora para apresentar um texto cheio de afirmativas, lamento e religiosidade. Para defender o negro das humilhações racistas, o eu lírico apoia-se na moral cristã, apontando fatos religiosos, como, por exemplo, o de Judas ser um traidor e não ser negro, demonstrado na segunda estrofe, para provar que a cor da pele não define o caráter das pessoas. Depois, explica que Jesus não era racista, sendo assim, os cristãos, que deveriam seguir o seu exemplo, também não deveriam ser. Por fim, coloca sua esperança de dias melhores na misericórdia de Deus. Assim, ao invés de combater o racismo por meio da reflexão, tenta fazê-lo por meio da catequese, da doutrinação. Além disso, descreve os negros como pessoas tementes a Deus, de qualidade e valor, como se a poeta quisesse, por meio do poema, mostrar o caminho da dignidade ao povo negro oprimido. O mesmo movimento é observado nos

---

[52] Transcrição do manuscrito localizado em: IMS, CMJ_Pi_Um Brasil para os brasileiros_p103.

poemas de Guedes, que "procuravam incutir em seus os ideais necessários à escalada social, no combate ao desemprego e à instabilidade econômica: poupança, modéstia, casamento e família – esta, não orientada pela paixão, mas por escolhas sensatas" (GOMES, 2011, p. 352).

Percebemos, por meio do estudo de seus poemas, a complexidade de Carolina, que "muda o tom" e apresenta vários perfis, como religiosa e moralista; reflexiva e questionadora; irônica; oprimida; individual; coletiva. Assim, consegue ser conservadora e moderna ao mesmo tempo, pois, mesmo expressando ideias tradicionalistas, incorporadas ao discurso dominante, o fato de ela, sabendo-se mulher, negra, favelada e mãe solo, desejar aventurar-se na atividade da escrita prova sua subversão, transgressão ao sistema. Por essa questão, percebemos que, no contexto em que Carolina viveu, leu e produziu, o conservadorismo era também uma estratégia para inserir-se nesse mundo poético, masculino e branco. Desse modo, essa multiplicidade não é considerada contradição, mas resultado de uma poesia que é marcada tanto pelos poemas que leu e nos quais se inspirou quanto pelo contexto no qual foi escrita.

O mesmo movimento se vê na poesia de Guedes, que, tido como um poeta versátil, foi considerado:

> Figura de transição entre o conservadorismo e a modernidade, Lino Guedes carregou em si as marcas do passado de escravismo ainda próximo, voltando-se, certas vezes com esperança, outras com desalento, para o futuro do novo século e para as possibilidades que os tempos vindouros poderiam reservar para a comunidade negra. Sua poesia pretendia-se individual e coletiva, reminiscente do passado e analítica do presente, perscrutadora de formas literárias herdadas do cânone literário oficial, e também espontânea, marcada pela oralidade inerente à expressão cultural herdada de África e transmitida pelo povo negro (GOMES, 2011, p. 356-357).

E é dessa tensão e versatilidade que irrompe sua importância na poética negra brasileira. Na contramão de Guedes, contudo, com o mesmo desejo de libertação do povo negro, encontramos Solano Trindade, que entendia a liberdade por meio da militância política e cultural, não buscando uma guerra entre as raças, mas a integração pelo desenvolvimento cultural:

> Não faremos lutas de raças, porém ensinaremos aos nossos irmãos negros que não há raça superior ou inferior, e o que faz distinguir uns dos outros é

o desenvolvimento cultural. São anseios legítimos, a que ninguém de boa-fé poderá recusar cooperação (SOLANO apud MARTINS, 2011, p. 392).

Intitulado "poeta do povo" e "poeta negro", Trindade reafirma em toda sua obra um eu lírico popular e negro, cruzando protestos e denúncias das injustiças e dos preconceitos raciais com os sociais. Sua obra de estreia foi o livro *Poemas negros* (1936), publicado com recursos próprios. Depois, lançou *Poemas d'uma vida simples* (1944), também com recursos próprios. Os poemas dessa obra foram reproduzidos na obra *Cantares ao meu povo* (1961), publicada pela editora Fulgor, de São Paulo, no intuito de fazer um exercício de análise de sua produção, revisando alguns textos e reiterando ideias a fim de ampliar sua produção e evoluir esteticamente. Nas suas obras, o poeta abrange vários temas, como a preservação da cultura negra por meio da religião e da exaltação das heranças culturais africanas e o enaltecimento do papel do escravo na construção do país. Além das reivindicações de etnia, apresenta também as de classe, por meio do protesto contra as injustiças do sistema capitalista.

Todavia, não se pode esquecer que, mesmo produzindo uma poesia engajada, acreditando na função social da poesia e que "o papel do poeta deva ser a defesa das tradições culturais do seu povo e a luta por um mundo melhor" (TRINDADE, 1961, p. 25), o poeta apresenta uma posição estética "ligada às ideias dos modernistas da primeira fase, o que possibilitou tornar-se um poeta popular, usando frases e expressões retiradas da linguagem coloquial. [...] Como os modernistas dessa fase, era a favor da liberdade estética" (DAMASCENO, 2003, p. 79). Assim, pôde dar poeticidade a expressões que fazem parte do imaginário popular, como ditados populares e cantigas infantis. Também inseriu em seus textos palavras de origem africana, geralmente ligadas à religião, que marcaram o ritmo de seus poemas. Além desses, outros processos criativos modernistas utilizados por Trindade foram a enumeração e a onomatopeia, na busca por combinar os recursos literários mais adequados à sua mensagem de denúncia social:

> Solano sonhava uma arte de comunicação espontânea com o seu leitor, fosse ele intelectual ou operário, e via no artista uma função aurática, mediadora entre a sociedade e o Estado, desejoso de uma arte-reportagem, porta-voz dos sujeitos anônimos do cotidiano subjugados pelas tensões econômicas, étnicas e raciais. Nesse sentido, o eu enunciador da poesia de Solano se desdobra no eu-negro, no eu-operário, no eu-oprimido, no eu-americano que idealiza uma sociedade mais justa e que se coloca como uma voz pedagogicamente resistente à opressão que incansavelmente denuncia (MARTINS, 2011, p. 399).

É o que acontece com o famoso poema "Tem gente com fome":

Tem gente com fome

Trem sujo da Leopoldina
correndo correndo
parece dizer
tem gente com fome
tem gente com fome
tem gente com fome

Piiiiii

Estação de Caxias
de novo a dizer
de novo a correr
tem gente com fome
tem gente com fome
tem gente com fome

Vigário Geral
Lucas
Cordovil
Brás de Pina
Penha Circular
Estação da Penha
Olaria
Ramos
Bom Sucesso
Carlos Chagas
Triagem, Mauá
trem sujo da Leopoldina
correndo correndo
parece dizer
tem gente com fome
tem gente com fome
tem gente com fome

Tantas caras tristes
querendo chegar
em algum destino
em algum lugar

Trem sujo da Leopoldina
correndo correndo
parece dizer
tem gente com fome
tem gente com fome
tem gente com fome

Só nas estações
quando vai parando
lentamente começa a dizer
se tem gente com fome
dá de comer
se tem gente com fome
dá de comer
se tem gente com fome
dá de comer

Mas o freio de ar
todo autoritário
manda o trem calar
Pisiuuuuuuuuu
(TRINDADE, 1961, p. 65-66).

No poema citado, o eu poético narra a trajetória de um trem que sai da estação Leopoldina até Mauá, no Rio de Janeiro. Parodiando o poema "Trem de ferro", do também modernista Manuel Bandeira, que apresentou ao público uma gorda Maria Fumaça que perpassa paisagens bucólicas num ritmo lento e alegre, num gingado gostoso e quase infantil, Trindade apresenta ao público um trem faminto e cansado. No lugar do "café com pão", há o "tem gente com fome" e, ao invés do ambiente rural e acolhedor, existe o ambiente urbano, ou melhor, suburbano, que evoca, a cada estação, sujeira, fome e tristeza. Esse poema encontrou espaço na mente e no coração do povo e passou a ser declamado em eventos culturais e, também, políticos, o que acabou levando à prisão do poeta, considerado um agitador, e à apreensão do livro em 1944.

No retorno às ruas, o poeta pernambucano continuou sua luta para a democratização da arte em todo o país, participando de movimentos e ações voltados para a divulgação e a consolidação da cultura negra, como o TEN (Teatro Experimental do Negro) e o TPB (Teatro Popular Brasileiro), que tinha no elenco domésticas, operários, estudantes, enfim, era arte do povo para o povo. O poeta se apresentava com sua trupe em diversos espaços, como teatros, praças e estações de metrô, com grande sucesso de público. Suas peças, que incluíam "batuques, lundus, caboclinhas, jongos, moçambiques, congadas, caxambus, cocos, capoeiras, maracatus, sambas de umbigada, samba baiano, guerreiros, folia de reis, candomblé, dança da fitas" (FARIA, 1981, p. 16), receberam até prêmios internacionais, como uma medalha de ouro em 1955, em Varsóvia. O desejo de Trindade era "transcriar nos palcos o extraordinário repertório cênico-dramático das matrizes culturais brasileiras" (MARTINS, 2011, p. 397):

> A variedade de manifestações performáticas da cultura brasileira transcriadas nos palcos por Solano demonstra o caráter inovador para a época de suas propostas e metas cênicas. Com ousadia, o TPB, na contracorrente do teatro brasileiro de então, àquela época ainda preso às tradições dramatúrgica e cênica europeias, garimpa no repertório da cultura popular não apenas conteúdos, mas todo um aparato formal e estilístico como fonte de sua criação estética (MARTINS, 2011, p. 394).

Nesse sentido, compreende-se a importância da produção do não só poeta, mas dramaturgo, ator, pintor e diretor Solano Trindade para a Literatura Negra e também para a Literatura Brasileira. Já que, aclamado por poetas e intelectuais de renome nacional, como Graciliano Ramos, Sergio Milliet, Abílio Machado e Otto Maria Carpeaux, "foi apontado como o legítimo e maior poeta negro da época" (DAMASCENO, 2003, p. 74).

Diferentemente dos demais poeta apresentados, Carolina conheceu Solano Trindade. Segundo a autora, o poeta foi um dos primeiros grandes escritores negros que ela conheceu, no período de pré-lançamento de *Quarto de despejo*, quando Audálio Dantas começou a tentar incluir Carolina no meio literário e artístico negro. O encontro aconteceu no dia 13 de maio de 1960, no Teatro da Escola de Medicina, quando Carolina foi assistir ao espetáculo *Rapsódia afro-brasileira*, estrelado pelo Teatro Popular Brasileiro e dirigido por Solano:

> 13 de maio de 1960 [...] O poeta Solano Trindade, apareceu no palco para falar sobre o preconceito racial na África do Sul, e da condição dos pretos

nos Estados Unidos. E disse que tinha uma visita para ser apresentada. E bradou:
– Carolina!
Galguei o palco e fui aplaudida. Depois do espetáculo fui apresentada para algumas pessoas que estavam na plateia e pediram autógrafos (JESUS, 1961, p. 20).

Podemos dizer que a ligação entre a produção de Carolina e a de Solano Trindade encontra-se na imagem de poeta como um porta-voz dos oprimidos e na denúncia não só das desigualdades raciais, mas também das sociais: "Tem dia que eu penso: não adianta nada, eu escrever o desajuste social se ninguem conserta o mundo. O povo ainda está no plano B." (JESUS, 2021b, p. 431). Assim como o "poeta do povo", que refletia sobre os problemas dos marginalizados, Carolina também trouxe para os seus poemas os sofrimentos do operário, da empregada doméstica, do mendigo, do carcerário, do menino de rua, do colono, da mãe-solo, entre outros excluídos da sociedade, e, em alguns momentos, foi reconhecida como a poeta que falava em defesa dos que não tinham voz. Vejamos um exemplo:

Atualidades[53]

Encontrei-me com uma senhora
De fisionomia abatida
Perguntei-lhe por que chora?
Já estou exausta e vencida.

Não mais dá gosto em viver
Que luta! Que aflição
Oh! Deus que hei de fazer
Da-me a tua proteção

Trabalho o ano inteiro
Nem um dia posso perder
Luto e não tenho dinheiro
E nem pão para comer

Tenho mêdo de enlouquecer
Oh! Existencia oprimida
Não sei quem é que vai deter
O alto custo da vida.

Não sei porque estou vivendo
Se me falta até a ilusão
É uma forma de ir morrendo
Lentamente, a prestação.

Vivo falando sozinha
Extravasando a minha dor
Recordando a epoca que eu tinha
Tranquilidade interior.

---

[53] Transcrição de manuscrito localizado em: FBN, rolo 5 - MS-565 (5), FTG 74 [70] - 75 [71].

Não mais posso trabalhar
Pungente é minha condição
E se eu fôr mendigar?
Ameaçam-me com prisão.

Não percebem as autoridades
Que já estou aprisionada
Com estas dificuldades
Que sou uma desgraçada?

A velha rôta e revoltada
Tudo o que sofreu narou-se.
Vivo ao léu sem ter morada
O mundo do pobre acabpu-se.

Deus! É a única esperança
Desta classe sem apoio certo
Luta e sofre por fim se cansa
Igual ao viajante no deserto.

O poema denuncia, por meio de uma linguagem clara, direta e objetiva, problemas sociais, como o alto custo de vida, a inflação e a fome. A partir do título "Atualidades", podemos dizer que a autora atribui a responsabilidade por tais adversidades urbanas, principalmente, ao processo de modernização e industrialização das cidades e a uma ideia excludente de "ordem e progresso" do país. Sobre esse contexto, citamos Schwarcz (2012, p. 39):

> Em uma economia ainda aferrada aos serviços e negócios de exportação agrária e uma industrialização incipiente, o resultado foi uma vida urbana marcada pela instabilidade, com crises cíclicas de carestia e aumentos constantes nos preços dos gêneros alimentícios ou nos custos de moradia, transporte e aluguel. E os efeitos, rapidamente sentidos diante do crescente processo inflacionário, foram a multiplicação da pobreza e um grande rebaixamento social e das condições de vida. A entrada irregular de populações vindas do campo – expulsas pela seca, pela crise agrária ou fisgadas pelas oportunidades da cidade – e de um contingente elevado de imigrantes europeus e asiáticos ajudou a conferir aos novos aglomerados urbanos uma imagem de desarranjo e desordem [...]

Assim como no trem de Solano, no poema de Carolina há pessoas com fome. A mulher idosa, anônima, derrotada, abatida e revoltada representa toda uma população que trabalha sem cessar, luta e, mesmo assim, não consegue garantir o mínimo para o seu sustento e o sustento dos seus. É um povo que tem fome. Fome de pão, de esperança, de dignidade, de cidadania, de estabilidade emocional, de afeto, de vida.

O texto também aponta outro problema social, a mendicância, que, na época, era considerada crime, acarretando a pena de prisão por um período de 15 dias a 3 meses[54]: "E se eu for mendigar? / Ameaçam-me com a prisão". Tal fato evidencia a ineficiência do poder público, pois não garante a subsistência dos cidadãos, não controla a inflação, não valoriza o salário do trabalhador, não propõe políticas sociais e, também, impede o cidadão de mendigar, aprisionando-o em uma condição de extrema falta e opressão. É importante destacar que leis como essa estavam atreladas a uma ideia de civilidade e ordem, responsável por um grande processo de higienização e "embelezamento" dos centros urbanos, que consistia em expulsar a população pobre para os subúrbios (SCHWARCZ, 2012, p. 43-44) ou, simplesmente, encarcerá-la, como expôs Carolina.

Ademais, Carolina também sinaliza e antecipa uma discussão muito importante, que demorou a ser considerada, que é a saúde mental da população negra e/ou em situação de vulnerabilidade, constantemente afetada devido ao racismo e às instabilidades sociais, econômicas e políticas às quais é submetida. O tema também permeou a obra e a vida do escritor negro Lima Barreto e os diários de Carolina:

> [...] Este ano de 1961 pode ser denominado, o ano do suicídio. O causadôr de tantos suicidos... O custo de vida. As classes prolétarias não podem comprar outra coisa a não ser — comida. Se comprar um par de sapatos tem, que passar fome uns dias. Que vergonha para o nosso país, tantos suicidos por dificuldades de vida! Uns dizem: quem suicida é porque não tem fé em Deus! Mas, quem suicida é porque não pode suportar a fome! (JESUS, 2021b, p. 198).

Tal assunto foi negligenciado por anos pela Psicologia e demais Ciências da Saúde, fazendo com que essa população sofresse com a estigmatização e com a falta de tratamento e políticas públicas adequados. Em vez de propor uma discussão sobre os efeitos do racismo e maneiras de combatê-lo, tentava-se "a psicopatologização da população negra, comprovando uma falaciosa ideia de inferioridade e periculosidade" (DAVID, 2018, p. 47).

A autora termina o poema reforçando, na última estrofe, o descaso dos governantes, trazendo o elemento religioso, e também político, ao concluir que Deus é a única esperança do povo. O poema é todo construído por quadras, com rimas alternadas

---

[54] Decreto-Lei n.º 3.688, de 3 de outubro de 1941, Lei das Contravenções penais, Art. 60: "Mendigar, por ociosidade ou cupidez" (BRASIL, 1941) – artigo revogado em 2009.

e uma linguagem permeada de imagens do jargão econômico, como "morrendo lentamente, à prestação", ou do marxismo, como "oprimida" e "classe".

Podemos dizer que foi a partir do Modernismo e da produção desses poetas, não só de Solano Trindade e Lino Guedes, mas também Eduardo Oliveira, Oswaldo de Camargo e Carolina Maria de Jesus, que a Literatura Negro-Brasileira passou a ganhar forma. Embora alguns estudiosos de Literatura Negra não citem a produção de Carolina, os poemas aqui demonstrados nos levam a reconhecer sua importância.

Além disso, apesar de não ter sido uma membra efetiva do Movimento Negro, a autora chegou a manter uma relação com escritores e intelectuais negros da época. Porém, vale ressaltar que, no início da sua trajetória, não quiseram acolhê-la, alegando que seus textos não eram negros, depois, no entanto, quiseram incorporá-la a essa "elite negra", motivados pelo estrondoso sucesso de *Quarto de despejo* (1960). Afinal, nenhum artista negro brasileiro, mesmo reconhecido dentro do campo da literatura hegemônica, como era o caso de Lino Guedes, Solano Trindade e Eduardo de Oliveira, havia realizado o que Carolina acabara de realizar: vender mais de 10 mil cópias de seu livro em uma semana. Assim, a escritora foi convidada a participar de reuniões e eventos organizados pela e para a comunidade negra no período. Apareceu com destaque em uma foto, autografando *Quarto de despejo* (1960), na capa da revista *Niger* (n.º 3, 1960), órgão da Associação Cultural do Negro, e o poeta Eduardo de Oliveira escreveu o prefácio de seu livro *Pedaços da fome* (1963).

Além da questão artística, outro ponto que aproximou a autora de outros artistas negros do período foram as questões políticas. Eduardo de Oliveira, por exemplo, era reconhecido como uma grande liderança negra e desejava trazer para o Movimento Negro políticos alinhados ao populismo, mais precisamente, Jânio Quadros, e utilizou-se da influência de Carolina para isso, já que ela também revelava preferência por essa ideologia em seus escritos:

> 7 de outubro de 1962 [...] Hoje é dia de êleição para governador. Vou votar no Janio Quadros. [...] A dona Eva Vastari fotografou-me colocando o meu voto na urna. Eu disse ao juiz que o Janio ia almoçar com os pretos e eu era uma das convidadas. [...] Findo o almoço, que foi fotografado, o professor Eduardo de Oliveira saudou o senhor Janio Quadros. Um discurso classico. Mencionou o meu livro que denunciou a desigualdade social, que isto não é mais possível no Brasil, que necessitamos de melhorar a vida do nosso povo (JESUS, 1996a, p. 242-243).

Já Oswaldo de Camargo pensava que a contribuição de Carolina poderia ser para angariar recursos para os projetos da imprensa negra, por meio da sua popularidade e influência na mídia (SILVA, 2008, p. 73-74):

> O Osvaldo veio procurar-me, dizendo-me que eu devo vender o meu nome para o sabão A para a propaganda e com o lucro da venda êle manda imprimir o jornal. Disse-me que o Pelé vai ceder o seu nome para qualquer produto que queira usá-lo como propaganda. Que a raça precisa unir-se (JESUS, 1961, p. 154).

Nesse sentido,

> Fica patente que os intelectuais e artistas negros desejavam tê-la como aliada nas lutas anti-racistas. Mas esta adesão nunca se efetivou plenamente. No entanto, seja em função das experiências pessoais, ou do contato mais estreito com o movimento negro, Carolina passou posteriormente a abordar as relações raciais de maneira mais incisiva. O viés da democracia racial e mesmo as referências contrárias aos negros, que em diversos momentos, aparecem em *Quarto de despejo*, começaram a dar lugar a um discurso engajado (SILVA, 2008, p. 75-76).

As diversas organizações culturais que foram propostas por esses precursores, como o TEN, cresceram e desenvolveram-se, gerando novos movimentos e ações, influenciando e conscientizando as futuras gerações sobre a importância do desenvolvimento cultural para as conquistas sociais e políticas. Dessa forma, começaram a surgir novas vozes que, influenciadas pela geração dos modernistas, passaram a construir uma poesia negra contemporânea. Nomes como Oliveira Silveira, Cuti, Abelardo Rodrigues, Adão Ventura, Esmeralda Ribeiro, Miriam Alves, Éle Semog, Márcio Barbosa, Sônia Fátima Conceição, Oubi Inaê Kibuko, Jamu Minka, José Abílio Ferreira e Veral Alves despontaram no cenário literário em meados da década de 1970 e início de 1980. Apesar de apresentarem estilos diferentes, sendo que uns optaram por uma linguagem mais direta, outros por uma poesia mais lírica e emotiva, outros por poemas curtos e enumerativos, produziram uma literatura com um objetivo comum, a construção de uma identidade negra:

> Assim é a poesia desses novos autores: consciente, eficaz, esteticamente funcional, comprovando que não há padrões para a poesia negra, pelo menos

não os padrões tradicionalmente adotados. Ela não se rotula dentro dessa ou daquela escola, mas dentro do sentimento global de uma raça. Ela muda e evolui de acordo com o crescimento social e intelectual de seus autores, embora sempre tenha como suporte a procura da sua identidade, a procura da felicidade de ser negro (DAMASCENO, 2003, p. 116).

Afastando-se de imitações europeias, transcendendo as inovações do poetas brancos, a poesia negra foi encontrando seu próprio caminho, sua própria voz, seu lugar, e começou a se organizar enquanto grupo, enquanto corpo. Assim, no final da década de 1970, surgiu um dos mais importantes grupos de escritores negros, o Quilombhoje. De acordo com seu site, o objetivo do grupo, fundado por Cuti, Oswaldo de Camargo, Paulo Colina, Abelardo Rodrigues e outros, é discutir e aprofundar a experiência do negro brasileiro na literatura. Nessa linha, criaram, em 1978, os *Cadernos Negros*, uma publicação coletiva cujo objetivo é visibilizar a produção de autores negros:

> A proposta do Quilombhoje é incentivar a produção literária afro em todo o Brasil e mostrar ao leitor (independente de sua etnia ou credo) o que essa produção tem de melhor. [...] A poesia contida neste novo livro mostra-se ativa na desconstrução e reelaboração de paradigmas. Poesia guerreira, alada, entregue a vôos que nos levam ao âmago de questões universais. Poesia que emerge para se fazer ouvir (VÁRIOS AUTORES, 1996, p. 10).

Há mais de 40 anos, a série publica anualmente poemas e contos de escritores e escritoras negras de todo país e é hoje, provavelmente, o maior veículo de divulgação daqueles que resolveram resistir por meio da literatura. O nome, *Cadernos Negros*, segundo a pesquisadora Aline Costa (2008), foi inventado pelo historiador Hugo Ferreira, que se inspirou em Carolina:

> Em 1977 tinha morrido a Carolina (Maria de Jesus), e ela escrevia em cadernos; a gente também escrevia nossas poesias em cadernos, somos da geração anterior ao computador e muita gente não tinha máquina. Uma coisa muito simples se tornou uma coisa muito forte, os cadernos eram algo nosso (COSTA, 2008, p. 25).

Segundo o pesquisador Edimilson de Almeida Pereira (2010), dois traços marcam a poesia negra contemporânea expressa nos *Cadernos Negros*: a historicidade crítica e a recriação do imaginário nacional. Para Pereira (2010), os poetas negros da atualidade desejam construir essa identidade negra por meio de um regresso crítico ao passado, analisando fatos históricos e reivindicando novos olhares, simbologias e narrativas para a história do povo negro. Assim, valorizam a resistência dos antepassados, desconstroem estereótipos impostos e inscrevem na História e nas memórias nacionais uma nova representação.

Percorrer esse trajeto em torno da história da poesia negro-brasileira faz-se importante para o estudo dos poemas de Carolina porque, no decorrer desse movimento, percebemos que a produção da autora caminhava ao lado dos principais poetas negros e constatamos o quanto ela e sua obra dialogaram com os pensamentos de todos esses autores. A análise desses poemas permitiu-nos refutar as acusações de que Carolina era racista, assim, pudemos reivindicar e estabelecer o seu lugar de direito na Literatura Negro-Brasileira.

É fato que a poética de Carolina passou por momentos de assimilação de valores hegemônicos, pois, distante das organizações político-culturais negras e "semianalfabeta, seria injusto cobrar dela conteúdos ideológicos plenos e consciência de sua condição" (MEIHY, 1996c, p. 311). Contudo, mesmo distante dessas reflexões, ela tinha clareza a respeito das desigualdades raciais, como se pode observar nesta passagem, do dia 20 de novembro de 1958, coincidentemente a data que seria escolhida para marcar o dia da consciência negra anos depois:

> [...] eu disse-lhe que os brancos do Brasil continuam escravizando os pretos. Uma escravidão moral-intimidando o preto com a prisão. Sobretudo quando o preto erra e perde a força moral. Que eu procuro não errar para não ser dominada pelos brancos (JESUS, 1996a, p. 84).

Também tinha consciência das dificuldades vivenciadas pelo escritor negro, decorrentes do racismo, como evidencia a passagem a seguir, quando fica revoltada com os promotores de sua publicação por julgar que eles não lhe dão autonomia para administrar o dinheiro dos direitos autorais:

> Escrevi o *Quarto de despejo*, para ter dinheiro e não tenho dinheiro porque o senhor Dantas deu ordem aos editores internacionais para não me dar dinheiro. Porque é que eles não fazem assim com os escritores brancos? (JESUS, 1996a, p. 275).
> Eu necessitava ir na cidade mas não tinha dinheiro. Fui a pé. Nas ruas ia encontrando as pessoas que me perguntavam se estou rico. Afirmo que

não. Que estou desiludida com o senhor Dantas que retirou-me da favela para espoliar a minha inteligência. [...] A tia da Dona Elza disse: porque é que eles não fazem assim com a Raquel de Queiroz, Ligia Fagundes Teles, Dinah Silveira de Queiroz, Helena Silveira. Mas estas são brancas (JESUS, 1996a, p. 277).

Além do mais, entendia a necessidade de os negros unirem-se, principalmente aqueles que se colocavam como porta-voz, como os poetas e jornalistas, a fim de conseguirem transformar a realidade:

> 29 de setembro de 1962 [...] Devo ir na festa do ventre livre. Fui preparar-me. [...] O Eduardo de Oliveira recebeu-me e disse: Fico contente com a tua presença.
> É claro que eu devo aparecer nas festas dos pretos. Luiz Gama não desprezava os pretos. Henrique Oras, José do Patrocínio e Ataulfo Alves. Quando o preto é intelectual, procura proteger a classe (JESUS, 1996a, p. 218).

Desse modo, sobre a poesia de Carolina, percebe-se que há a mescla de gêneros e a musicalidade que havia em Caldas Barbosa, a astúcia e o lirismo de Luiz Gama, a autocensura e o sentimento de sufocamento também vivido por Cruz e Souza, a tensão de Lino Guedes e a denúncia das injustiças sociais de Solano Trindade. Esse diálogo se dá por meio da condição que marca o escritor negro independentemente da época na qual produz sua obra: a de herdeiro de um povo cuja história é circunscrita por lutas e resistências. Assim, o escritor negro e a escritora negra, apesar de estarem inseridos em uma literatura que está em construção, modificando-se, reformulando-se e aperfeiçoando-se a todo momento, de serem diversos em seus estilos, possuem algo que os une: o sonho de igualdade, a conquista de uma "dupla liberdade, que se expressa através do usufruto de seus direitos sociais como cidadão e de sua capacidade criativa como sujeito de sua arte" (PEREIRA, 2010, p. 333).

Diante disso, pode-se dizer que a obra de Carolina também influenciou outros escritores negros que vieram depois dela. Assim, mesmo não tento participado ativamente da elite artística negra da época, apresentou, a seu modo, um enunciador negro em seus poemas, contribuindo para a construção e a divulgação de uma poesia negro-brasileira.

Porém, por que Carolina demorou tanto para ser reconhecida como membra precursora dessa linhagem artística negro-brasileira e não aparece em antologias organizadas pelos próprios escritores negros, como Oswaldo de Camargo (1987) e Cuti (2010)?

José Carlos Gomes da Silva, em seu artigo "Carolina Maria de Jesus e os discursos da negritude: literatura afro-brasileira, jornais negros e vozes marginalizadas" (2008), aponta que a provável razão para o limbo de Carolina tenha sido o fato de a autora ferir a norma padrão, alegando que isso a colocava à margem da produção negra da época. O autor complementa observando que até Lino Guedes, que tinha uma proposta estética bem semelhante à de Carolina, entendia que era preciso render-se à norma padrão para acessar o mundo poético. Além disso, Eduardo de Oliveira, apesar de tentar integrar Carolina ao Movimento Negro, no texto de apresentação que escreveu para o romance da autora, *Pedaços da fome*, expõe que ela teria desafios ao tentar inserir-se na literatura canônica por não ter domínio da norma padrão:

> [...] ainda que não traga a moldura portentosa e fulgurante da estilística machadiana, nem o apuro de linguagem exigível pelos estetas da literatura "Pedaços da Fome", quando mais não seja, é uma autêntica afirmação reveladora dos incomensuráveis prodígios da alma humana (OLIVEIRA, 1963, p. 12).

Entretanto, esse motivo é frágil, visto que, na época em que Carolina produziu, o rigor formal já era algo questionado no meio literário devido às experimentações modernistas. Junto a isso, como vimos, logo depois do fenômeno Carolina já se discutia no Movimento Negro a ideia do "pretuguês", de Lélia Gonzalez. Além disso, é importante lembrar que, em sua produção poética, diferentemente do que acontecia com a prosa, Carolina era extremamente cuidadosa com a linguagem. Objetivando aproximar sua produção à dos poemas dos grandes poetas da nossa tradição literária, a autora aprimorava constantemente seus textos, reescrevendo-os, fazendo frequentes modificações e análises linguísticas. Apesar disso, a crítica recente, como a obra *Literatura negro-brasileira*, de Cuti, publicada em 2010, continua ignorando a produção de Carolina.

É importante refletir que essa chamada "elite literária negra", como vimos, era formada majoritariamente por homens. Ademais, entre esses homens, raramente havia favelados. Desse modo, entendemos que seja esse o ponto de tensão entre a escritora e o Movimento Negro da época: Carolina era uma mulher, moradora da favela, em um ambiente que ainda era administrado por homens, considerados a "alta sociedade político-cultural negra". Há, então, dois pontos que separam Carolina da Literatura Negra da época: o gênero e a classe. Sobre isso, comenta Silva (2011, p. 249-250):

> Em 13 de maio de 1958, a ACN lançou em São Paulo seu manifesto pelo Ano 70 da Abolição. Era o ato mais importante da associação desde que foi criada, motivada pela exclusão das comemorações de 1954. Servia para chamar atenção à causa negra, agregando alguns intelectuais e diferentes sujeitos sociais para o tema da Segunda Abolição, que viria a se desenvolver com mais intensidade em suas próximas atividades. Às margens do Tietê, depois de quase três anos sem redigir seus diários, De Jesus retoma a escrita. O septuagésimo aniversário do fim da escravidão para ela, mãe negra e vista como marginal, traz um novo tema e uma reflexão mais aguda sobre o seu contexto. No diário, nesta etapa, ela não convida mais seu leitor idealizado para ver as cenas íntimas do barracão e de seus dias na favela; aos poucos ela lhe cobra as razões sociais para se encontrar em tal situação, fazendo vir à tona outros personagens na narrativa, para além dos quatro membros da família. No dia 13 de maio, ela escreveu o que se segue:
> *Hoje amanheceu chovendo. É um dia simpático para mim. É o dia da Abolição. Dia que comemoramos a libertação dos escravos. [...] Nas prisões os negros eram os bodes espiatórios. Mas os brancos agora são mais cultos. E não nos trata com desprêso. Que Deus ilumine os brancos para que os pretos sejam feliz. [...] Choveu, esfriou. É o inverno que chega. E no inverno a gente come mais. A Vera começou a pedir comida. E eu não tinha. Era a reprise do espetáculo. Eu estava com dois cruzeiros. Pretendia comprar um pouco de farinha para fazer um virado. Fui pedir um pouco de banha a Dona Alice. Ela deu-me banha e arroz. Era 9 horas da noite quando comemos. [...] E assim no dia 13 de maio de 1958 eu lutava contra a escravatura atual – a fome! (p. 32)*
> Tem-se, assim, duas miradas distintas dentro do mesmo grupo social acerca dos significados do mesmo evento. Se para a ACN ele é estratégico para projetar uma série de ações que lhe conferirão visibilidade a aspectos de sua causa, culminando em graus de conscientização semelhantes ao expresso em "Protesto", de Carlos Assumpção, ligando o passado à então situação do negro, em De Jesus, a atualização do problema da nova Abolição se dá numa outra ordem: duas ideias contraditórias se expressam no mesmo registro: "Que Deus ilumine os brancos para que os pretos sejam feliz" [sic] e "E assim no dia 13 de maio eu lutava contra a escravatura atual – a fome!". Se o primeiro fragmento é frontalmente contrário ao que as expressões mais aguerridas do meio negro organizado paulistano vinha defendendo até então – lembre-se uma estrofe de

Assumpção: "Não quero piedade" – o segundo vem ao seu encontro e o ultrapassa, no momento em que dá materialidade à situação de pauperização e marginalidade de parcela significativa do negro em São Paulo. Dos escritores citados até o momento da década de 1960, nenhum havia dado esse passo, sem metáforas ou rebusco. A fome, em Carolina Maria de Jesus, ganha corpo, o seu corpo, de seus filhos e companheiros de infortúnio. Ela tem cheiro, cor e é dotada de sentido. Em Quarto de Despejo, ela não é um trem da Leopoldina que se parece dizer, como no poema de Solano Trindade: ela se afirma o tempo todo. Na mesma medida em que nenhum daqueles escritores dava o passo atrás do primeiro fragmento extraído. É necessário, portanto, ressaltar a ambiguidade do pensamento de De Jesus, que pode ser justificada pelos mais diversos motivos, quase todos já elencados aqui no que diz respeito à sua trajetória pessoal. No entanto, se levado a um patamar supra individual, o ambíguo revela oscilações, de diferentes graus, do próprio pós-abolição. Se os intelectuais e ativistas negros rejeitavam – especialmente na ACN – qualquer atitude condescendente e paternalista semelhante à que De Jesus roga aos céus, não é menos verdadeira a sua dificuldade de aproximação com a parcela mais pobre de seu grupo social.

Desse modo, eles não conseguiam compreender o projeto multifacetado da autora, que não se restringia à questão racial, mas incluía a observância de diversas questões político-sociais e, também, existenciais. Carolina queria, antes de tudo, ser considerada uma pessoa, já que as condições nas quais viviam os favelados eram subumanas; também queria ser uma escritora, e não uma ativista, como os autores e a crítica negra da década de 1960 esperavam dela. Eles não conseguiam apreender que Carolina, enquanto uma poetisa negra e periférica, tinha outras questões para colocar no papel, as quais iam além da questão racial, refletindo também discussões de gênero e de classe. Nesse sentido, acreditamos que é na Literatura Negro-Feminina que Carolina encontrará espaço, que sua escritura será legitimada, como veremos no próximo capítulo.

3. "Nossos passos vêm de longe...": a produção negro-feminina na literatura brasileira e o lugar de Carolina

> *"Eu disse: o meu sonho é escrever!*
> *Responde o branco: ela é louca.*
> *O que as negras devem fazer...*
> *É ir pro tanque lavar roupa."*
>
> (Carolina Maria de Jesus)

> *"Os meus sonhos eram altos.*
> *Não estavam ao alcançe de uma mulher de pele negra!"*
>
> (Carolina Maria de Jesus)

Há quem argumente que não existe uma escritura negro-feminina no Brasil, que o que temos é uma única literatura, a Literatura Brasileira. Todavia, o que se conhece, o que se divulga da produção literária brasileira é um conjunto de obras de caráter eurocêntrico, escritas por homens brancos e heterossexuais. É mesmo uma literatura única, tão única que exclui as vozes dos que não se encaixam nesse padrão homogêneo de literatura, do cânone brasileiro.

A Academia Brasileira de Letras, por exemplo, demorou 80 anos para admitir a candidatura e a eleição de uma mulher a uma de suas cadeiras, sendo Rachel de Queiroz a primeira mulher a se tornar "imortal", em 1977. Há quem diga que a escritora só alcançou tal espaço devido às suas relações com os demais membros da Academia que fizeram sua campanha, além de ser prima do presidente Castelo Branco: "A Academia Brasileira de Letras não aceitou qualquer mulher: aceitou uma escritora incrível, com obras notáveis, mas também a prima de um Presidente da República" (ROMANELLI, 2014, p. 21).

Depois de Rachel de Queiroz, outras oito mulheres conseguiram adentrar o grupo seleto dos imortais: Dinah Silveira de Queiroz, em 1980, que já tinha sido candidata anteriormente; Lygia Fagundes Telles, em 1985; em seguida, Nélida Piñon, em 1989; Zélia Gattai, em 2001; Ana Maria Machado, em 2003; Cleonice Berardinelli, em 2009; Rosiska Darcy, em 2013; e, por fim, Fernanda Montenegro, em 2022. Todavia, entre os 40 membros efetivos e perpétuos, não há nenhuma mulher negra. A razão para tamanha exclusão, com certeza, não é a falta de escritoras negras, nem de obras, mas, sim, o racismo ainda tão fortemente presente em nosso país. Sobre isso, citamos Lívia Maria Natália Souza Santos (2018, n.p.):

> A acintosa ausência de mulheres negras no cânone literário brasileiro pode ser justificada mais pelos processos de invisibilização e minoração do valor estético de seus textos que por qualquer questão relativa à sua potência criadora. A intensa produção de literatura por escritoras como Maria Firmina dos Reis, Auta de Souza, Carolina Maria de Jesus até as contemporâneas: Conceição Evaristo, Miriam Alves, Geni Guimarães, Lia Vieira, Esmeralda Ribeiro e as mais jovens Cristiane Sobral e Mel Adún confirma que a escrita afro-feminina foi freqüente. Estas mulheres que são jornalistas, como Mel Aún e Esmeralda Ribeiro; doutoras em Literatura como Conceição Evaristo e Míriam Alves; Pedagogas como Lia Vieira; atrizes como Cristiane Sobral e, ainda, escritoras nacionalmente premiadas como o caso de Geni Guimarães com o Jabuti/1990 com o livro "A cor da ternura" têm seus escritos apenas muito recentemente estudados, mas ainda há uma grande lacuna nos estudos no que diz respeito à dimensão estética que estes escritos propõem.

Recentemente, em abril de 2018, a escritora Conceição Evaristo candidatou-se à vaga da cadeira número 7 após a morte do cineasta Nelson Pereira dos Santos. A autora decidiu se candidatar depois de tomar conhecimento do grande apelo popular que se iniciou em torno da sua candidatura: duas petições on-line com mais de 40 mil assinaturas; uma provocação da jornalista carioca Flávia Oliveira por meio de uma declaração ao colunista Ancelmo Gois no jornal *O Globo*, em 25 de abril de 2018 ("Eu voto em Nei Lopes ou Martinho da Vila. Sem falar na Conceição Evaristo. 'Tá' faltando preto na Casa de Machado de Assis"); uma carta-manifesto da pesquisadora Juliana Borges, publicada em 30 de abril de 2018; e até uma *hashtag* em prol da sua candidatura (#ConceicaoEvaristonaABL).

No dia 18 de junho de 2018, a autora entregou sua candidatura. Sem padrinho, mas com seis livros publicados e um prêmio Jabuti, a autora só teve 1 voto, perdendo a eleição para o cineasta Cacá Diegues, que recebeu 22, e Pedro Corrêa do Lago, neto de Oswaldo Aranha, que obteve outros 11 votos. Vale ressaltar que a nossa intenção não é desqualificar Cacá Diegues para a vaga, mas, sim, apontar a distância entre o cânone e o público leitor brasileiro, além de evidenciar que existem ainda muitas barreiras para que a mulher negra consiga acessá-lo e possa ser reconhecida por sua voz.

Em uma entrevista concedida à Revista *Carta Capital*, em 13 de maio de 2017, Conceição Evaristo (*apud* RIBEIRO, 2017b, n.p.) denunciou:

> Tudo para as mulheres negras chega de uma forma mais tardia, no sentido de alcançar tudo o que nos é de direito. É difícil para nós chegar nesses lugares. E eu fiquei pensando esses dias, quando foi que Clementina de Jesus aparece? Com mais de 60 anos. E a Jovelina Pérola Negra? A própria Ivone de Lara, quando ela vai ter mais visibilidade na mídia? E olha que estamos falando de produtos culturais que, entre aspas, "são mais democráticos". E a literatura, que é uma área mais do homem branco, apesar do primeiro romance ser de Maria Firmina dos Reis, uma mulher negra, as mulheres negras vão chegar muito mais tarde. Essa longa espera tem muito a ver com esse imaginário que se faz da mulher negra, que a mulher negra samba muito bem, dança, canta, cozinha, faz o sexo gostoso, cuida do corpo do outro, da casa da madame, dos filhos da madame. Mas reconhecer que as mulheres negras são intelectuais em vários campos do pensamento, produzem artes em várias modalidades, o imaginário brasileiro pelo racismo não concebe. Para uma mulher negra ser escritora, é preciso fazer muito carnaval primeiro.

Em outro momento, a autora complementa: "Se eu fosse uma mulher branca, será que não teria sido mais fácil?" (EVARISTO, 2019). Diante disso, pensar a Literatura Negro-Feminina é refletir sobre um movimento de insubordinação. Um ato de resistência que esteve presente no Brasil desde a chegada do primeiro navio negreiro até os dias atuais. Os versos de Carolina, que ilustram a epígrafe, confirmam esse raciocínio, pois o eu lírico da quadra denuncia a situação à qual estavam (e até hoje estão) submetidas as mulheres negras: inferioridade e servidão. O sonho de escrever é abafado por seu interlocutor, que aponta seu lugar na sociedade brasileira: o tanque.

Para compreendermos essa produção e, consequentemente, sua importância para a Literatura Brasileira, é necessária uma discussão sobre quem é essa mulher negra dentro da nossa sociedade, suas lutas, seus desejos, enfim, o seu lugar de fala.

3.1 "Vozes-mulheres": sobre um feminismo negro e a busca pelo direito à fala

> *"Aquele homem ali diz que é preciso ajudar as mulheres a subir numa carruagem, é preciso carregar elas quando atravessam um lamaçal e elas devem sempre ocupar os melhores lugares. Nunca ninguém me ajuda a subir numa carruagem, a passar por cima da lama ou me cede o melhor lugar! E eu não sou mulher?"*
>
> (Sojouner Truth, 1851)

Gayatri Chakravorty Spivak, pensadora indiana radicada nos Estados Unidos, em sua obra *Pode o subalterno falar?* (2010), apresenta uma discussão sobre o direito à voz, ou seja, o direito à expressão, ao posicionamento, à opinião. Esse direito, segundo a autora, na maioria das vezes, é negado ao subalterno, que não fala, mas alguém fala por ele, tornando-o cada vez mais inferiorizado. Observando o raciocínio da pensadora, o subalterno é aquele

> pertencente às camadas mais baixas da sociedade constituídas pelos modos específicos de exclusão dos mercados, da representação política e legal, e da possibilidade de se tornarem membros plenos no estrato social dominante (SPIVAK, 2010, p. 12).

A partir dessa definição, e observando nossa sociedade, podemos dizer que a mulher é um ser subalterno, que, por muitos anos, teve seus direitos negados, dentre eles, o direito à voz. Seguindo esse mesmo raciocínio, se pensarmos na mulher negra, podemos dizer que ela é duplamente subalternizada, por ser mulher e por ser negra, afinal, nossa sociedade, além de patriarcal e machista, é racista. Nesse caso, pesa à mulher negra não somente a questão de gênero, mas também a étnica, que amplia a desigualdade, fazendo com que ela esteja na base da nossa pirâmide social, abaixo do homem branco, da mulher branca e do homem negro. Por isso, se para a mulher branca é difícil falar, para a mulher negra a situação é muito mais complexa. Carolina expõe essa condição em seus diários ao denunciar que foi enganada pelos seus editores e pelos administradores dos seus direitos autorais, que eram todos homens. Para ela, se tivesse um esposo que administrasse sua carreira, não teria sido explorada. Acreditava que o fato de ser uma mulher e solteira foi a razão de tamanho desrespeito. O machismo a silenciou. O machismo a roubou:

> 9 de dezembro de 1963 [...] Eu já estou desiludindo com a literatura. Cansa-se muito. E é tanta confusão que meu ideal já esta atrofiando-se. Se eu tivesse marido capacitado para tomar conta dos meus livros, eu escrevia, mas escrever com os outros não dá certo (JESUS, 1996a, p. 266).

Spivak (2010) continua a reflexão e, ao abordar a condição da mulher como um ser subalterno, aponta que, para pensar-se a questão feminina, é necessário considerar que há uma heterogeneidade de visões e experiências histórico-sociais, ou seja, que suas lutas não são iguais, pois as mulheres também não são. Como exemplo, cita que as reivindicações das mulheres de Primeiro Mundo não servem para as mulheres de Terceiro Mundo. Assim, não ponderar esse viés pode fazer com que a mulher de Primeiro Mundo acabe por reproduzir discursos imperialistas, tornando-se, na verdade, cúmplice de ideologias racistas e imperialistas.

Angela Davis, filósofa norte-americana e professora emérita do Departamento de Estudos Feministas da Universidade da Califórnia, é um ícone da luta pelos direitos civis. Sua obra é marcada por um pensamento que visa romper com as assimetrias sociais. Corroborando Spivak (2010), em seu livro *Mulheres, raça e classe* (2016), a autora apresenta, por meio de 13 artigos, uma reflexão sobre as várias faces das reivindicações das mulheres e como a intersecção entre os marcadores de classe, etnia e gênero é fundamental para entendermos essas lutas.

No artigo "O significado de emancipação para mulheres negras", Davis (2016) aponta a situação a que estavam condenadas as mulheres negras nos EUA no período pós-abolição: trabalhar nos campos ou em casas de família, executando serviços domésticos. Em qualquer uma das ocupações, estavam submetidas a humilhações, salários menores do que o das imigrantes brancas, que realizavam a mesma tarefa, e maus tratos causados, na maioria das vezes, por suas patroas, as mulheres brancas. Tais patroas, geralmente, eram feministas, que saíam às ruas para lutar pelo direito das mulheres, mas que não enxergavam o direito da mulher negra que estava dentro da sua casa, limpando suas sujeiras, criando seus filhos, cozinhando sua comida:

> Em 1902, a autora de um artigo intitulado "A Nine-Hour Day for Domestic Servants" [Jornada de nove horas diárias para serviçais domésticas] relata uma conversa que teve com uma amiga feminista que lhe pediu que assi-

nasse uma petição destinada a pressionar empregadores a fornecer cadeiras para as balconistas. "As moças", ela disse, "têm de ficar de pé dez horas por dia, e me dói o coração ver o cansaço no rosto delas." "Sra. Jones", eu disse, "quantas horas por dia sua empregada fica de pé?" "Por quê? Eu não sei", ela ofegou, "cinco ou seis, creio eu." "A que horas ela se levanta?" "Às seis." "E a que horas ela termina o trabalho, à noite?" "Por volta das oito, acho, normalmente." "São catorze horas..." "Ela pode se sentar durante o trabalho." "Durante qual trabalho? Lavando? Passando? Varrendo? Arrumando as camas? Cozinhando? Lavando a louça? [...] Talvez ela se sente por duas horas, nas refeições e quando prepara os vegetais, e quatro dias por semana ela tem uma hora livre à tarde. Sendo assim, sua empregada fica de pé pelo menos onze horas por dia, incluindo o agravante de ter de subir escadas. O caso dela me parece mais digno de compaixão do que o da balconista da loja." Minha visitante se levantou, corada e com faíscas nos olhos. "Minha empregada sempre tem livres os domingos depois do jantar", ela disse. "Sim, mas a balconista tem todo o domingo livre. Por favor, não vá antes que eu assine a petição. Ninguém ficaria mais grata do que eu em ver que as balconistas têm a possibilidade de se sentar (DAVIS, 2016, p. 38-39).

A narrativa apresentada é um exemplo de como as feministas brancas acabavam por reproduzir as mesmas opressões contra as quais protestavam, por se recusarem a considerar que, embora o machismo oprima as mulheres, essa não era a única violência à qual estavam submetidas, dependendo do seu lugar social, e que elas, apesar do machismo, pertenciam a um lugar privilegiado por serem brancas em um país que escravizou e ainda explorava mulheres negras. Por que o movimento feminista se solidarizou com as balconistas, mas não com as empregadas domésticas? Porque as balconistas, ainda que pobres, eram brancas, e as domésticas, negras, e havia ainda, no imaginário da população norte-americana, uma ideia cultivada no período da escravidão de que as pessoas negras não eram pessoas.

No Brasil, a pesquisadora e filósofa negra Sueli Carneiro, em seu artigo "Enegrecer o feminismo: a situação da mulher negra na América Latina a partir de uma perspectiva de gênero" (2011), aponta-nos a mesma situação e questiona as reivindicações do movimento feminista na busca por compreender para quem serviam tais pautas, ou seja, para quais mulheres lutava o feminismo:

> Quando falamos do mito da fragilidade feminina, que justificou historicamente a proteção paternalista dos homens sobre as mulheres, de que

mulheres estamos falando? Nós, mulheres negras, fazemos parte de um contingente de mulheres, provavelmente majoritário, que nunca reconheceram em si mesmas esse mito, porque nunca fomos tratadas como frágeis. Fazemos parte de um contingente de mulheres que trabalharam durante séculos como escravas nas lavouras ou nas ruas, como vendedoras, quituteiras, prostitutas... Mulheres que não entenderam nada quando as feministas disseram que as mulheres deveriam ganhar as ruas e trabalhar! Fazemos parte de um contingente de mulheres com identidade de objeto. Ontem, a serviço de frágeis sinhazinhas e de senhores de engenho tarados. Hoje, empregadas domésticas de mulheres liberadas e dondocas, ou de mulatas tipo exportação. Quando falamos em romper com o mito da rainha do lar, da musa idolatrada dos poetas, de que mulheres estamos falando? As mulheres negras fazem parte de um contingente de mulheres que não são rainhas de nada, que são retratadas como anti-musas da sociedade brasileira, porque o modelo estético de mulher é a mulher branca. Quando falamos em garantir as mesmas oportunidades para homens e mulheres no mercado de trabalho, estamos garantindo emprego para que tipo de mulher? Fazemos parte de um contingente de mulheres para as quais os anúncios de emprego destacam a frase: "Exige-se boa aparência" (CARNEIRO, 2011, n.p.).

Os apontamentos de Spivak (2010), Davis (2016) e Carneiro (2011) mostram que, ao negar as diferentes realidades nas quais estavam inseridas as mulheres, o movimento feminista, gerado no seio europeu e burguês, parecia não conseguir reconhecer a existência de uma mulher nas mulheres não brancas, impondo-lhes uma pauta de luta "única", que só beneficiava um grupo de mulheres, as brancas. Sendo assim, para que pudessem falar e fossem ouvidas, as mulheres não brancas precisariam fortalecer, dentro do feminismo, a discussão sobre o racismo. Contudo, isso não seria fácil, pois tal proposta implicaria o fato de as mulheres brancas "abrirem mão" de privilégios.

Nessa direção, encontramos as reflexões de bell hooks, intelectual negra norte-americana que assumiu o nome da bisavó materna, Bell Blair Hooks, como uma homenagem ao legado de mulheres fortes e optou pela grafia em letras minúsculas para deslocar o foco da figura autoral para suas ideias. Em sua obra *O feminismo é para todo o mundo: políticas arrebatadoras* (2018), a autora reforça, no artigo "Raça e gênero", a importância de o feminismo reconhecer a realidade do racismo e como ele intervém na luta das mulheres, pois só assim o movimento feminista se fortalecerá, acolherá todas as mulheres e entenderá o que é a verdadeira sororidade:

> Naquele tempo, mulheres brancas que não queriam encarar a realidade do racismo e da diferença racial nos acusaram de ser traidoras por termos introduzido a questão da raça. Equivocadamente, viram-nos desviando o foco de gênero. Na realidade, exigíamos um olhar objetivo para o status das mulheres e que a compreensão realista servisse como fundamentação para uma política realmente feminista. Nossa intenção não era diminuir a visão de sororidade. Procurávamos estabelecer políticas concretas de solidariedade que possibilitassem uma sororidade genuína. Sabíamos que não poderia haver verdadeira sororidade entre mulheres brancas e não brancas se as brancas não fossem capazes de abrir mão da supremacia branca, se o movimento feminista não fosse fundamentalmente antirracista (HOOKS, 2018, p. 92).

Essa sororidade, manca e prejudicial, apontada por hooks (2018) é observada por Lélia Gonzalez nas primeiras ações do movimento feminista brasileiro. Sendo pioneira nas críticas ao feminismo hegemônico, a intelectual atuou, na década de 1980, analisando a condição excludente à qual estavam submetidas as mulheres negras e indígenas no Brasil e, principalmente, o lugar dessas mulheres no movimento:

> Apesar dos aspectos positivos em nossos contatos com o movimento de mulheres, as contradições e ambiguidades permanecem, uma vez que, enquanto originário do movimento de mulheres ocidental, o movimento de mulheres brasileiro não deixa de reproduzir o "imperialismo cultural" daquele. Nesse sentido, não podemos esquecer que alguns setores do movimento de mulheres não têm o menor escrúpulo em manipular o que chama de "mulheres de base" ou "populares" como simples manobra para a aprovação de suas propostas (determinadas pela direção masculina de certos partidos políticos). Por outro lado, muitas "feministas" adotam posturas elitistas e discriminatórias em relação a essas mesmas mulheres populares. De acordo com o relato de companheiras do Nzinga, por ocasião da reunião em que seria nomeada a representante do movimento de mulheres no Comício das Diretas do dia 21 de março de 1984 no Rio, uma militante feminista branca, não aceitando a indicação de uma mulher negra e favelada, declarou com todas as letras que "mulher de bica d'água não pode representar mulheres" (GONZALEZ, 2008, p. 40).

Assim, a mulher negra, por não ser nem branca nem homem, acaba por não encontrar um lugar no movimento feminista, que, de modo geral, apresenta-se racista, nem no Movimento Negro, que pode mostrar-se machista. Diante dessa dupla carência, confirmou-se a necessidade de um novo movimento, um feminismo negro. Ainda, ao contrário do que se argumenta, o objetivo do movimento não é fragmentar o feminismo ou o Movimento Negro para colocar mulheres contra mulheres, ou negras contra negros, mas romper com essa universalização que, até agora, só excluiu e abafou as vozes das mulheres negras. A trajetória de Carolina é um exemplo da ineficiência dessa homogeneização, pois, como vimos, encontrou dificuldades para inserir-se na Literatura Negro-Brasileira devido ao machismo e também não foi acolhida pela literatura de autoria feminina-brasileira da época, que, embora fosse um grupo pequeno, já existia e não quis estar associada ao nome de Carolina. Sobre isso, citamos Miranda (2011, p. 20):

> Embora no Brasil a literatura tenha sido (e permaneça sendo) historicamente um privilégio masculino, havia já escritoras que ousaram invadir a sala de estar das belas letras, mas estas estavam numa margem e Carolina estava em outra, visto que ela trazia à superfície do texto aspectos da vivência da cidade, da modernidade, da sociabilidade e da subjetividade pautados na experiência de um sujeito, até aqui, silenciado, pois o acesso legítimo ao discurso literário não se estendia às mulheres negras.

A filósofa Djamila Ribeiro, em sua obra *O que é lugar de fala?* (2017a), reflete sobre esse lugar "vazio" no qual se encontra a mulher negra, reforçando a importância de se transpor a homogeneização da categoria de mulher e análises simplistas, nomear, marcar diferenças, para, assim, possibilitar que todas as mulheres sejam vistas:

> [...] ainda é muito comum a gente ouvir a seguinte afirmação: "mulheres ganham 30% a menos do que homens no Brasil", quando a discussão é desigualdade salarial. Essa afirmação está incorreta? Logicamente, não, mas sim do ponto de vista ético. Explico: mulheres brancas ganham 30% a menos do que homens brancos. Homens negros ganham menos do que mulheres brancas e mulheres negras ganham menos do que todos. [...] Quando, muitas vezes, é apresentada a importância de se pensar políticas públicas para mulheres, comumente ouvimos que as políticas devem ser para todos. Mas quem são esses "todos" ou quantos cabem nesses "todos"? Se mulheres, sobretudo as negras, estão no lugar de maior vulnerabilidade, social justamente porque essa sociedade produz essas desigualdades, se não se olhar atentamente para elas, se impossibilita o avanço de modo mais profundo (RIBEIRO, 2017a, p. 40-41).

Nesse sentido, o feminismo negro se caracteriza como um movimento que luta contra o machismo e o racismo de maneira integrada, pois não há como separar as duas opressões. É um movimento político e intelectual de mulheres que não estão preocupadas só com os jugos que lhes atingem, mas com um combate de desigualdades, uma mudança social real, de fato. Ele surge na busca por romper com a invisibilidade existente tanto no feminismo quanto no Movimento Negro. É a busca por um lugar próprio, por políticas públicas próprias, porque a ideia de "todos" não as inclui, pelo contrário, as silencia.

Portanto, pensar sobre um discurso feminino e negro é transcender a ideia de Spivak (2010) de que o subalterno não fala. É entender que, apesar de impedida de diversas maneiras de se posicionar, ela resiste, rompe com o silêncio instituído e reivindica o direito à voz, reivindica a própria vida (RIBEIRO, 2017a, p. 43). Em outras palavras, a mulher negra fala, e fala muito, mas não é ouvida. Carolina, por exemplo, escreveu por, pelo menos, 20 anos antes do encontro com Audálio Dantas, em 1958. Nesse tempo, procurou redações de diversos jornais para apresentar aos jornalistas seus poemas. Também enviou seus manuscritos a editoras, inclusive internacionais, na esperança de ser publicada. Todavia, foi necessário que um homem branco dissesse que era relevante o que ela tinha para falar para que ela pudesse ser ouvida, legitimada:

> 8 de maio de 1960 [...] pensei no repórter, o homem que emparelhou-se comigo na hora mais crítica da minha vida. Agora eu falo eu sou ouvida. Não sou mais a negra suja da favela (JESUS, 1961, p. 17).

Entretanto, essa fala ainda não era a que Carolina almejava. Ela queria ser poetisa, mas o que lhe foi "permitido" era ser diarista, era denunciar as mazelas da sociedade, nada além disso. Seria Audálio quem iria delimitar o seu lugar de fala, como expôs no prefácio de *Casa de alvenaria: diário de uma ex-favelada* (1961):

> [...] você contribuiu poderosamente para a gente ver melhor a desarrumação do Quarto de Despejo. Agora você está na sala de visitas e continua a contribuir com este novo livro, com o qual você pode dar por encerrada a sua missão. Conserve aquela humildade, ou melhor, recupere aquela humildade que você perdeu um pouco – não por sua culpa – no deslumbramento das luzes da cidade. Guarde aquelas "poesias", aqueles "contos" e aqueles "romances" que você escreveu. A verdade que você gritou é muito forte, mais forte do que você imagina, Carolina (DANTAS, 1961, n.p.).

Enquanto os autores negros queriam que ela abordasse a questão racial, seus editores claramente restringiram seu discurso à denúncia social:

> 21 de março de 1961
> Estou confusa. Não tenho ideias para escrever. Porque chorei. Quando o poeta chora as ideias literarias ausentamse. Que confusão naminha vida. Percibi que o Dr. Lelio fcou ressentido comigo por dizerlhe umas verdades. Eles impõe que eu escreva a verdade. Mas, não posso dizerlhes as verdades. Eu escrevia ficção. Porque a verdade tem o sabôr acre. Impuzeramme... Tem que escrever Diário. E eu, relutei para não escrever este tipo de literatura. Mas a vontade do preto não prevaleçe. Branco diz: vae! o negro tem que obedeçer. E assim vamos vivendo neste mundo onde as fusôes de raças convivemse. Uns predominando os outros (JESUS, 2021b, p. 244).

Toda a sua obra ficcional deveria ser guardada, esquecida, pois a literatura não era um lugar reservado para ela.

> No caso de Carolina Maria de Jesus, a ordem de silêncio é um fato concreto, **impresso na própria obra** e explicitado no verbo "guardar" usado pelo editor: *"Guarde aquelas "poesias", aqueles "contos" e aqueles "romances" que você escreveu"*. Essa ordem se mantém ainda hoje como realidade objetiva – o que referenda a autoridade da palavra do editor – posto que a imensa maior parte da produção escrita da autora não está publicada, ao contrário, permanece (mal)guardada em arquivos e caixas à espera de se tornar pública e visível. A dimensão do silenciamento, contudo, não é só material – isto é, não se restringe às quase cinco mil páginas escritas de Carolina que, "guardadas", ainda não vieram a público. O silenciamento também se faz num âmbito sub-reptício, profundo, que diz respeito à dimensão da escuta, à maneira como Carolina Maria de Jesus é "capturada" enquanto autora: *incluída* na literatura como margem, ela sempre esteve na periferia do centro, inclusive do centro da ideia de literário. Essa perceptiva está interposta nas aspas que Audálio Dantas usa para relativizar *aquelas* "poesias", aqueles "contos" e aqueles "romances", suspendendo o próprio fundamento que sustenta estes gêneros: a literariedade, um princípio ficção. Fica estabelecida assim uma oposição entre **literariedade** da escrita e **literalidade** do discurso. A valoração que a obra recebeu (e ainda está) relacionada a um campo delimitado e fixo de expressão, que circunscreve sua escrita a um lugar enunciativo emparedado à imagem da escritora favelada, que retrata "a realidade" – silenciando sua vitalidade autoral em um lugar *discriminado*: quarto de despejo da cidade,

quarto de despejo da palavra. [...] Carolina poderia falar, desde que falasse do lugar do subalterno. O problema é que, como aprendemos com Spivak (2010), o subalterno não pode falar, porque quando fala, rompe com a condição de subalternidade – o silêncio é o (não)lugar epistêmico que funda e sustenta o sujeito subalterno. Eis o ponto. A insistência numa via única de enunciação para Carolina a mantém circunscrita ao lugar de subalternidade que ela rompeu exatamente através da palavra escrita. A imagem da escritora-favelada criou um horizonte de expectativas homogêneo sobre sua escrita, salientando a não existência de um horizonte representativo para além do estereótipo, silenciando seu universo ficcional às custas da celebração do rótulo que favoreceu os seus promotores, e não a própria autora (MIRANDA, 2019, p. 165-167).

Sabemos que o projeto literário de Carolina estava além do testemunho, do documental, do diário. Carolina queria falar de tudo que ansiava o seu coração. Por isso, acabou rompendo com Audálio e buscou, por meio de recursos próprios, publicar sua obra ficcional e tentar ser realmente ouvida. É esse direito de poder falar por si e romper silenciamentos que a Literatura Negro-Feminina vai reivindicar.

3.2 Escrevivências negro-femininas

> *"...Aquela imagem da escrava Anastácia, eu tenho dito muito, que a gente sabe falar pelos orifícios da máscara e às vezes a gente fala com tanta potência que a máscara é estilhaçada. E eu acho que o estilhaçamento é um símbolo nosso, porque nossa fala força a máscara."*
>
> (Conceição Evaristo)

Contam que "escrava Anastácia" era uma bela mulher que foi condenada a usar a máscara de Flandres por toda a sua vida. As razões para esse castigo variam. Há quem relate que ela não se submeteu às investidas do escravizador. Há, também, os que atribuem a sua pena ao seu ativismo político, no auxílio em fugas de outros escravizados. Há outros que transferem a culpa para o ciúme de uma sinhá que temia a beleza de Anastácia (KILOMBA, 2019, p. 36). Feita com chapas de aço, a máscara possuía orifícios para olhos e nariz, permitindo à escravizada enxergar e respirar, mas impedindo totalmente o acesso à boca. Dizem que Anastácia tinha poderes de cura, que chegou a realizar milagres e, por isso, era vista como santa entre os escravizados. Narram ainda que, mesmo diante de terríveis castigos, continuou resistindo até sua morte, causada por tétano devido à ação do colar de ferro ao redor do seu pescoço (KILOMBA, 2019, p. 36).

A máscara de Flandres era um castigo comum na época da escravização, aplicado aos escravizados como uma maneira de impedi-los de comerem terra e ficarem doentes, prejudicando economicamente o escravizador; ou de ingerirem ouro ou diamantes enquanto trabalhavam nas minas; ou, ainda, de ingerirem álcool, visto que a embriaguez era algo comum entre os escravizados, como uma forma de fugir da realidade desumana à qual estavam submetidos. Contudo, a máscara também impedia a pessoa de falar. No fundo, o castigo era mais uma estratégia do colonizador para silenciar o colonizado:

> A máscara, portanto, suscita muitas questões: por que a boca do sujeito negro deve ser presa? Por que ela ou ele deve ser silenciado? O que poderia dizer o sujeito negro se sua boca não fosse selada? E o que o sujeito branco deveria ouvir? Há um medo apreensivo de que, se o sujeito colonial falar, o colonizador terá que escutar. Ele/ela seria forçado a um confronto desconfortável com as verdades dos "Outros". Verdades que foram negadas, reprimidas e mantidas em silêncio, como segredos. Eu gosto dessa frase "quieto na medida em que é forçado a". Essa é uma expressão das pessoas da Diáspora africana que anuncia como alguém está prestes a revelar o que se supõe ser um segredo. Segredos como a escravidão. Segredos como o colonialismo. Segredos como o racismo (KILOMBA, 2019, p. 41).

Quando observamos a Literatura Brasileira, percebemos esse projeto de maneira nítida e real. Há, sim, uma máscara que impediu e ainda impede que, principalmente, mulheres negras possam falar e ser ouvidas. Podemos dizer que tal máscara é todo o sistema literário, não o leitor, nem o texto, mas todo o complexo formado por editoras, críticos, mídia, prêmios, que organiza e elege quem deve estar em destaque e quem não deve, quem merece ser lido e quem não merece. Esse sistema é masculino e branco e tem, de alguma maneira, interditado as vozes de mulheres negras para evitar o confronto, para evitar o enfrentamento tão necessário.

> [...] feministas brancas usam uma máxima quando elas falam que escrever é um ato político. Para nós mulheres negras, escrever e publicar é um ato político. Por causa da minha primeira publicação, *Ponciá Vivencio*, fiquei um ano no vermelho para pagar a editora Mazza, em 2003. Eu paguei a primeira

e a segunda edição e, anos depois, esse livro foi para o vestibular da Universidade Federal de Minas Gerais. A partir daí a editora assumiu sozinha. *Becos da Memória*, outro livro meu, a editora assumiu sozinha. Com outros livros, eu dividi os custos. Então esse processo de publicação infelizmente ainda hoje é necessário. Eu tenho dito para as mulheres negras que a gente precisa encontrar formas coletivas de publicar. Publicar é um ato político para nós e precisamos jogar isso na cara de quem está aí para confrontar (EVARISTO *apud* RIBEIRO, 2017b, n.p.).

Carolina, anos antes de Evaristo, já denunciava a questão do racismo e das desigualdades sociais no sistema literário por meio de seus escritos:

> 4 de junho de 1958 [...] crêio que o jovem que quer escrever não vae encóntrar obstaculo igual a eu que sou pobre, preta e fêia. Ele tem um tratôr que lhe alinhe as estradas – o dinheiro! Mas eu tenho lido tantas banalidades que os ricos escrevem. Quem é rico pensa e concretisa o seu sonho. Para os escritôres ricos que pagam nossós editores, não há falta de papel. Só há falta de papel para o pobre e para o preto. Negro não deve ter vocação. Vocação de negro, é beber pinga e lavar as roupas da sinhá. Eu gosto muito de livros e quando alguem me diz que vae escrever, o futuro escritor fica morando no meu cerebro. Se eu fôra rica eu já teria escrito muitos livros porque o dinheiro afasta as agruras e uma droga que perfura o rio para dar curso a agua que gosta de deslisar. Devido os pobres encontrar obstaculos na vida estão odiando o dinheiro. Graças as Fôlhas, o meu ideal pela literatura esta ressucitando. Quando vou nas Fôlhas na Alamêda Barão de Limeira 425 sou tão bem recebida que tenho a impressão que estou entre os dicípulos de Socrates que dizia que as sociedades sem preconçeito as inteligências medem. Posso afirmar que as Fôlhas sempre esteve e esta do lado do povo (FBN, 47, GAV 01,02, p. 263-264).

Assim, sem poder ser sujeito de sua escritura, sem poder falar por si, a mulher negra tornou-se objeto e foi representada nos textos literários brasileiros sob uma visão estereotipada e zoomorfizada, nunca humanizada. De Gregório de Matos à atualidade, passamos por vários exemplos dessa representação que, somada a uma falsa ideia de democracia racial, gerou "negras Jelu", "Ritas Baiana", "Bertolezas", "Chicas da Silva", "Negas Fulô", "Gabrielas" e tantas outras personagens que fortaleceram o preconceito contra a mulher negra na Literatura Brasileira.

Dentre as estereotipias mais frequentes, há a da sexualidade negra, segundo a qual "morenas ardentes", sensuais e permissivas obtêm favores e se tornam objetos sexuais de homens brancos, fomentando a ideia da negra "boa de cama", "fogosa", "mulata tipo exportação". Há, também, o estereótipo das escravas dóceis e manipuláveis, que aparecem na figura amorosa e resignada da "Mãe Preta", que cria o filho do senhor enquanto o seu morre de fome, "e o beneficiário, que em princípio não tem consciência do dano que causa, quando cresce revela-se grato e reconhecido, cultivando uma devoção, perene à ama de sua infância, devoção essa que funciona como penitência às próprias faltas" (MUSSA, 1989, p. 79).

Por fim, há a imagem das negras estéreis, não porque não geram, mas porque seus filhos não eram seus. Eram propriedade do senhor e seus corpos funcionavam como uma espécie de "máquina de fabricação de outros escravizados", arrancados de seus braços logo após o nascimento e vendidos como mercadoria. Por isso, é tão frequente a presença de personagens negras que não exercem a maternidade, ou seja, "mulheres marcadas" de nossa literatura, como apontou Eduardo de Assis Duarte (2010a), com narrativas construídas por meio do olhar de brancos, uma história única, conveniente.

Entretanto, conforme Gizêlda Melo do Nascimento apontou, em seu artigo "Poéticas afro-femininas", "toda História tem avesso e reverso" (2006a, p. 74), e nem só como objeto consiste a presença das mulheres negras em nossa literatura. Por meio de estratégias de resistência, acessam o movimento da escrita para questionar e relativizar a História: "As vozes periféricas dos inviáveis já não se acomodam mais aos porões e, hoje, o que se ouve é o coro intermitente e afinado das vozes insatisfeitas com a penumbra dos umbrais que lhes foi reservada" (NASCIMENTO, 2006a, p. 74.). Trata-se daquele estilhaçamento da máscara de Flandres apontado na epígrafe.

Nessa perspectiva, Conceição Evaristo, em seu conhecido poema "Vozes-mulheres" (2008), reflete sobre a busca por uma recuperação das vozes negro-femininas que foram abafadas durante séculos e que hoje lutam para se fazerem ouvir. Essa reflexão também é trazida por Nascimento (2008, p. 85):

> Mulheres tecendo-se na contra-história, seus corpos saindo da impostura da petrificação, ganhando movimento; vozes descongelando as seculares muralhas abrindo vias alternativas para veicular sua palavra, destoando do mando do mestre; e seu corpo não mais reificado, abre-se para a criação recuperando sua identidade e inteireza.

Assim, utilizando-se do verbo "ecoar", Evaristo (2008) narra o caminho de resistência percorrido por mulheres de uma mesma linhagem, desde o rapto na África até os dias atuais:

> A voz da minha bisavó ecoou
> criança
> nos porões do navio.
> Ecoou lamentos
> de uma infância perdida.
>
> A voz de minha avó
> ecoou obediência
> aos brancos-donos de tudo.
>
> A voz de minha mãe
> ecoou baixinho revolta
> no fundo das cozinhas alheias
> debaixo das trouxas
> roupagens sujas dos brancos
> pelo caminho empoeirado
> rumo à favela.
>
> A minha voz ainda
> ecoa versos perplexos
> com rimas de sangue
> e
> fome.
>
> A voz de minha filha
> recolhe todas as nossas vozes
> recolhe em si
> as vozes mudas caladas
> engasgadas nas gargantas.
>
> A voz de minha filha
> recolhe em si
> a fala e o ato
> O ontem – o hoje – o agora.
> Na voz de minha filha

>   se fará ouvir a ressonância
>   O eco da vida-liberdade
>   (EVARISTO, 2008, p. 27).

Por meio dessas estrofes, a autora revisita nossa História, traçando momentos importantes pelo viés de quem sofreu a violência. Baseada na ideia de redimir o passado para chegar ao futuro de Glissant[55], ela procura ler o avesso da História, ouvir as vozes abafadas, reivindicar uma revisão histórica.

A primeira voz a ecoar é a da bisavó, que aparece no contexto do processo diaspórico sofrido pelo povo africano, sequestrado de suas terras na África e trazido para o Brasil. O eu lírico denuncia a situação de muitas crianças separadas de seus pais e escravizadas em terras estrangeiras. Ao ecoar lamentos por uma infância perdida, a bisavó é a *griot*, que assume o papel da primeira de uma linhagem e que terá por incumbência a transmissão de uma memória.

Na segunda estrofe, é a avó que ecoa obediência aos brancos, os quais, sendo donos de tudo, eram donos também dela, representando os 400 anos de escravidão. É a menor estrofe do poema, como se a economia de palavras da autora se justificasse pelo fato de que não é preciso dizer muita coisa sobre a escravidão, pois a História disse tudo. A avó nasceu na condição de escravizada, assim como tantos outros homens e mulheres, mas seu ecoar de obediência não é passivo, simbolizando as diversas estratégias de resistência criadas para que se pudesse sobreviver a esse período.

A mãe aparece na terceira estrofe, representando o período pós-abolição, o momento no qual os negros foram expulsos das fazendas, sem dinheiro, sem futuro, sem nenhuma proposta de política pública do governo para sua reinserção na sociedade. Sem ter para onde ir, foram realocados no morro, nas favelas, nas "novas senzalas". Pode-se dizer que a mãe ecoa revolta porque a tal carta de alforria não representou a liberdade. O quadro continua igual. A imagem das "cozinhas alheias" representa, segundo Gizêlda Nascimento, em seu artigo "Grandes mães reais senhoras" (2008), dois rebaixamentos, pois a cozinha é um espaço de fundo e, além de ser um espaço inferior, ainda não é dela.

O tempo do eu lírico vem representando o presente, ecoando versos perplexos, fazendo-nos perceber que, embora o espaço da literatura já exista, é difícil de ser acessado pelas mulheres negras. Isso pode ser corroborado por meio de sua rima, uma vez que "sangue" não rima com "fome".

---

[55] Édouard Glissant em seu livro *Le discours antillais*. Paris: Seuil, 1981.

A voz da filha, representada nas duas últimas estrofes, traduz a ideia de que o eu lírico deposita a esperança num futuro diferente, pois será a filha quem recolherá todas as vozes "engasgadas" de seus antepassados e fará ouvir com ressonância, ou seja, com a voz se ouvirá mais forte, intensa. Pode-se dizer, também, que a força da voz da filha se dá pelo ato da escrita, negado para suas ancestrais, mas que, para ela, começa a se tornar palpável, real. Será a filha quem transformará vozes "mudas" e "engasgadas" em ato redentor, em "vida-liberdade".

Ao analisarmos o poema de Evaristo (2008) e a trajetória das mulheres representadas nos versos, podemos nos remeter à trajetória da voz da mulher negra no Brasil, em suas diversas manifestações, desde os murmúrios do período colonial até a produção literária atual. A imagem da bisavó e o seu ecoar na primeira estrofe, por exemplo, conforme mencionado, assemelha-se à imagem das *griots*, anciãs da comunidade que tinham a função de transmitir aos mais novos a memória e os saberes de um povo, de uma comunidade, para que não se perdessem no tempo. Por isso, eram conhecidas como "ambientes de memória" (MARTINS, 2002a, p. 71).

Em terras brasileiras, durante o período de escravização, ocuparam as casas-grandes, as senzalas, os imaginários e os vocabulários com suas histórias, tornando-se o elo entre Brasil e África e, também, a resistência diante do massacre da memória afro-brasileira. A velha contadora de histórias na África torna-se a mãe preta no Brasil. Ama de leite, conquista a criança branca por meio de suas histórias africanas, e a atitude, aparentemente indefesa, na realidade, é uma estratégia de resistência, pois, ao contá-las, impossibilita seu esquecimento, mantém sua memória sempre viva e perpetua sua cultura por meio da boca do filho do colonizador branco. Cozinheira, insere na culinária do colonizador os pratos africanos, deixando a cozinha europeia com um cheiro da África, não para servir bem o branco, mas para possibilitar o reencontro dos filhos com a mãe distante:

> Fazia deitar as crianças, aproximando-as do sono com as histórias simples, transformadas pelo seu pavor, aumentada na admiração dos heróis míticos da terra negra que não mais havia de ver. [...] Humilde Sheerazada, conquistava, com a moeda maravilhosa, um canto de reminiscência de todos os brasileiros que ela criava. [...] Os ouvidos brasileiros às entonações doces das mães-pretas e sabiam que o mundo resplandecente só abriria suas portas de bronze ao imperativo daquela voz mansa, dizendo o abre-te, sésamo irresistível: era uma vez... (CASCUDO, 1984, p. 153).

Modifica cantigas, lendas, insere palavras, altera sotaques, amacia as falas, adoça a linguagem e, com muita sutileza, traz para a casa-grande a beleza da África, não para agradar o senhor, mas para mostrar-lhe justamente que seu senhorio é manco, ou capenga, no linguajar africano. Insere-se na teia familiar do colonizador, murmura, resiste:

> Sem dúvida, nossas avós e mãe não eram santas, mas artistas, arrastadas para uma loucura entorpecida e sangrenta pelas fontes da criatividade nelas existentes e para as quais não havia escapatória! Sua arte não foi traduzida em poemas, músicas ou danças, mas na arte diária do cozinhar, do costurar, do bordar e de plantar jardins, que enfeitaram nossa infância e embelezaram nossas vidas. No mercado, na cozinha, no barracão, na equipe de costura, na organização de festas e recepções, a mulher negra vem cumprindo os seus papéis. Arquétipos segundo os mitos africanos: nutre, protege, organiza, cria (THEODORO, 1996, p. 119).

Gilberto Freyre, em *Casa-Grande e Senzala* (1933), também fala dessa influência que a presença da mulher negra causou na cultura e na língua portuguesa. Um exemplo é a inserção de histórias cujos personagens são animais que têm capacidades humanas, como falar, e que se relacionam com os humanos como se fossem pessoas, além de histórias de príncipes e princesas, gigantes, madrastas, entre outros personagens. Outro exemplo é a inserção de palavras ao vocabulário português, como caçula, caçamba, dengo, moleque, quindim, cachimbo, mocotó, entre outras, além da "mutação" da estrutura das palavras, como a reduplicação das sílabas tônicas ("dói" torna-se "dodói") e o "amolecimento" dos nomes próprios (Antônias viram Dondons, Toninhas ou Totonhas, e Franciscos tornam-se Chicos, Chiquinhos ou Chicós), influenciando não só o vocabulário infantil, mas o adulto também (FREYRE, 1984, p. 331).

Luiza Bairros (1995), citando a pesquisadora afro-americana Patrícia Hill Collins, corrobora esse pensamento abordando o protagonismo e a importância da contribuição das mulheres negras não reconhecidas pelo conhecimento acadêmico na resistência cultural negra:

> A autora considera como contribuição intelectual ao feminismo não apenas o conhecimento externado por mulheres reconhecidas no mundo acadêmico, mas principalmente aquele produzido por mulheres que pensaram suas experiências diárias como mães, professoras, líderes comunitárias, escritoras, empregadas domésticas, militantes pela abolição da escravidão e pelos direitos civis, cantoras e compositoras de música popular. Assim,

através de depoimentos, documentos, letras de música, autobiografias, novelas e textos acadêmicos de mulheres negras, Collins traça um perfil de uma tradição intelectual subjugada também em função de critérios epistemológicos, que negam a experiência como base legítima para a construção do conhecimento. "O pensamento feminista negro seria então um conjunto de experiências e ideias compartilhadas por mulheres afro-americanas, que oferecem um ângulo particular de visão do eu, da comunidade e da sociedade, ele envolve interpretações teóricas da realidade de mulheres negras por aquelas que a vivem" (BAIRROS, 1995, p. 463).

Carolina foi tomada por essa poética oral matriarcal negra. Principalmente na infância, quando, nas reuniões com as mulheres da sua família, na relação com a professora, Dona Lanita, na convivência com mulheres religiosas da colônia, como Dona Maria Treme-treme, que dizia ter poderes sobrenaturais, ou com as mulheres responsáveis pelas conduções dos terços e das congadas, a autora pôde construir as bases da sua poética.

Retomando o poema, passando para a segunda estrofe, a figura da avó pode ser comparada à produção de Maria Firmina dos Reis, a primeira mulher e, também, a primeira mulher negra[56] a publicar um romance no Brasil, antes mesmo de a Lei Aurea ser proclamada em 1888. Nascida em 11 de outubro de 1825, na Ilha de São Luís, na antiga província do Maranhão, Firmina era uma menina negra e bastarda que vivia em condições de segregação racial e social. Após a morte da mãe, aos cinco anos de idade, mudou-se da capital para viver na casa de uma tia, que, melhor situada economicamente, pôde contribuir para sua educação, "além do apoio que teve de um primo, também por parte de mãe, o jornalista, escritor e gramático Francisco Sotero dos Reis" (ZIN, 2017, p. 144). Não há como afirmar se Firmina teve acesso à educação formal. A partir dos seus registros, conseguimos concluir que teve uma educação domiciliar e desenvolveu sua obra de maneira autodidata, assim como Carolina.

---

[56] É importante ressaltar que, antes de Maria Firmina dos Reis, outras mulheres negras escreveram no Brasil, todavia há pontos em suas biografias que colocam em dúvida seus pioneirismos. Segundo Maria Lucia de Barros Mott, em seu artigo "Escritoras negras: resgatando nossa história" (2010), a primeira mulher negra a escrever no Brasil foi a africana escravizada Rosa Maria Egipcíaca da Vera Cruz. Contudo, além de ela não ter nascido no Brasil, não tivemos acesso ao seu livro, pois o manuscrito foi quase totalmente "destruído por seu confessor quando a ex-escrava foi acusada em 1763 de heresia e falsa santidade. Segundo seu biógrafo Luiz Mott o livro possuía mais de 200 páginas, versava sobre visões e pensamentos de Rosa, e tinha o título de *Sagrada teologia do Amor Divino das almas peregrinas*" (MOTT, 2010, p. 426). Em Duarte (2010b, p. 83), há uma divergência sobre o título da obra, que está como *Sagrada Teologia do Amor de Deus, Luz Brilhante das Almas Peregrinas*. Depois de Rosa, outra escritora de que se tem conhecimento é Teresa Margarida da Silva e Orta, que publicou em 1752, "com sucesso, em Lisboa suas *Máximas de virtude e formosura ou As aventuras de Diófanes*" (DUARTE, 2010b, p. 83). A inclusão das duas na Literatura Brasileira é polêmica: Rosa era africana e não tivemos acesso ao seu texto; Teresa, apesar de brasileira, "teve toda a sua formação em Portugal, onde viveu desde os quatro anos de idade, estudou, se casou, teve seus 12 filhos, enviuvou, foi presa e morreu" (MOTT, 2010, p. 246).

Seu romance *Úrsula*, publicado em 1859 sob o pseudônimo de "uma maranhense", inaugurou a presença da mulher negra na Literatura Brasileira enquanto sujeito de sua história, ou seja, acredita-se que seja o primeiro momento em que temos uma mulher negra falando por si, tanto na condição de autora quanto na de personagem. O texto, escrito no estilo ultrarromântico, aborda as questões feminina e negra por fazer uma forte crítica ao patriarcado e, também, uma denúncia do tráfico negreiro. Apresenta, pela primeira vez, uma denúncia dos horrores da escravização pela voz de uma escravizada, revelando a preocupação da autora em expor a situação na qual viviam os escravizados e as mulheres na época. Assim, tal obra é um marco, que se empenhou em "destronar a autoridade do falo-etno-euro-centrismo" (ZOLIN, 2009, p. 329).

Dentre as personagens da obra, temos Preta Suzana e Túlio, que, apesar de terem pouca participação na trama, são personagens centrais no enredo, pois são a imagem do negro africano escravizado humanizado, com sentimentos, incômodos, tristezas, revolta, banzo. Preta Suzana fala no texto no romance, tornando-o inovador e abolicionista: "É por intermédio das reminiscências da personagem Preta Suzana que a escritora faz a tentativa de avisar o despreocupado leitor do século XIX quão brutal e desumana é a forma pela qual o homem livre é transformado em cativo" (MENDES, 2011, p. 29). Dar voz a um escravizado, permitindo que ele denuncie a forma "animalesca" com que os africanos foram retirados do seu continente, inverte os papéis, chamando de bárbaros aqueles que se achavam civilizados, cristãos, cultos, e denuncia uma prática que já era proibida no Brasil quando o livro foi publicado, o tráfico negreiro. Mostra, também, a revolta e a resistência dos negros à escravidão, contrapondo-se à visão apresentada em outras obras literárias antecessoras e pela História oficial, que idealizavam esse processo como algo necessário e a relação entre colonizadores e colonizados como algo harmônico. Além da questão abolicionista, Firmina discute em suas obras o lugar da mulher na sociedade, denunciando os limites a ela impostos, como a impossibilidade de decidir sobre o amor.

Tal movimento foi inédito em nossa literatura e, com certeza, tal aspecto revelou-se como um incômodo para muitos. Isso explica o uso de um pseudônimo por Maria Firmina dos Reis e, também, o limbo ao qual sua obra foi submetida por mais de um século, "chegando ao conhecimento dos estudiosos somente em 1975, por meio de uma edição fac-similar preparada por Horácio de Almeida" (DUARTE, 2004, p. 267).

Além de *Úrsula* (1859), Firmina colaborou em jornais com textos poéticos, crônicas, enigmas e charadas. Atuou como folclorista e até como compositora, sendo responsável pela elaboração do Hino da Libertação dos Escravos (1888) e contribuindo com a criação de algumas canções de caráter folclórico para folguedos populares, como a Pastoral e o Bumba Meu Boi (ZIN, 2017, p. 146). Adicionalmente, publicou o livro de poemas *Cantos a beira-mar* (1871) e os contos *Gupeva* (1861) e *A escrava* (1887) (ZIN, 2017, p. 144-145). Há ainda o Álbum, um diário que Firmina escreveu entre os 28 e os 78 anos, "provavelmente o primeiro diário escrito por uma mulher já publicado no Brasil" (LOBO, 2007, p. 345), incluído em 1975, por José Nascimento Moraes Filho, na biografia da autora, *Maria Firmina: fragmentos de uma vida*. Acredita-se que, provavelmente, tenham sido essas memórias seus últimos escritos, sendo essa a época em que "ela perdeu definitivamente a visão e abandonou a escrita do diário, até a sua morte, aos 92 anos" (LOBO, 2007, p. 353).

Como a *escrevivência* de Firmina ficou muitos anos esquecida, é provável que Carolina não tenha lido essa voz negro-feminina do século XIX. Entretanto, as suas poéticas se comunicam, principalmente na variedade de gêneros e temáticas. Firmina, apesar de abolicionista, não se prendia à luta contra a escravização, mas colocava em seus textos a angústia causada por um amor impossível, a perspectiva intimista, a saudade materna, a idealização da natureza. Assim como Carolina, seus modelos literários eram os românticos, principalmente Gonçalves Dias e Álvares de Azevedo. Estabeleceu diálogos com outros escritores da tradição literária brasileira e estrangeira e com a poética condoreira, além de inserir-se na temática ultrarromântica. Também fazia homenagens a figuras importantes da história do país e aos "voluntários da pátria", da Guerra do Paraguai. Observemos um exemplo:

Desilusão

É sempre assim a vida, – mero engano:
Após o riso, lágrimas, e dor,
Pungentes amarguras...
Um querer que renasce louco, insano
E quebra-se no nada, sem fragor,
Como sombras em ermas sepulturas.

Assim compensa o mundo o amor mais terno,
O doce sentimento de afeição,
O mais fino sentir...
Embora! o amor não é um gozo eterno,

Abrasa o peito, a alma é um vulcão,
Pode tudo n'um'hora consumir.

Pode de cinza, e larvas enastrar
O peito já cansado, – e após a neve
Sobre ele chover:
Depois – da vida a tarde – o encontrar
Em apático existir já morta a seve,
O gérmen, a esperança, ou o querer.

Mas, seja fogo, ou gelo a recompensa
Do amor: – esse extremo não destrói
Outro mimo, outro afeto.
Malgrado tanto azar, mesmo descrença,
Inda resta a amizade – a quanto dói
Consolo, refrigério, asilo certo.

Assim sonhei eu triste! em meu cismar,
Depois que o amor, que amei roubou-me a morte,
E em vão carpi!
Engano! Quem desfez o meu sonhar?
Fatal desilusão!... mesquinha sorte!
Como o amor também fugir a vi...

Tudo... tudo esvaiu-se, amor que amei;
Afetos melindrosos como a **flor**,
Que nasce entre a geada:
Extremos tão ignotos que eu sonhei,
Singelas afeições, mimoso amor.
Tudo varreu-me a tempestade irada.

Agora ao mundo presa na aparência,
Sôfrega sorvendo o cálix do prazer.
Só nele encontro fel!...
Da dor calou-me o peito a acre essência,
Resumo inexplicável do sofrer!
O mundo me acenou, – chamou-lhe – mel.

Escárnio! Quanto dói demais na vida.
De amor o esquecimento – da amizade

> A fria recompensa.
> Tudo hei provado na afanosa lida,
> De uma louca, e cansada ansiedade –
> Delírio, sonho, engano – árdua sentença!
>
> Sem amor, sem amigos, sem porvir.
> Sem esperanças, ou gozos: – sem sequer
> Quem sinta a minha dor...
> Só no mundo – só... triste existir!
> Que me resta, meu Deus! – que resta a ver,
> Se tudo hei visto neste longo error!!!...
>
> Basta! basta minh'alma ... o teu sofrer
> Infindo – o teu prazer sem esperança.
> Foi só o teu condão!...
> Vai como a roda em solidão gemer:
> Da tempestade após vem a bonança
> Terás na campa a paz do coração
> (REIS, 2018, p. 290-291).

No poema, Firmina apresenta um eu lírico perpassado pela dor de um amor não realizado. Totalmente desiludido, o eu lírico não vê mais razões para continuar vivendo e entende que a morte é o único meio existente para acabar com o sofrimento. De acordo com a sua autobiografia, Firmina também sofreu por um amor impossível e "insinua que ele, apesar de corresponder ao seu amor, jamais a desposaria, por ser mulata e pobre" (LOBO, 2011, p. 115):

> [...] o trecho de 31 de janeiro de 1869, dirigido "ao Senhor Raimundo Marcos Cordeiro", explica todos os sentimentos que Maria Firmina, agora com 44 anos, pressente, mas não ousa chamar de amor, que quase a levaram ao suicídio: "Dou-vos aqui, Senhor, o lugar que mereceis. Aqui neste livro íntimo, onde só tenho estampado os nomes sacros que mais hei amado no mundo (...), aqui estais vós". Deseja felicidades ao casal, despede-se e recolhe-se: "Que resta, pois? Um coração vazio de amor (...) para mim passou já essa quadra da vida, toda cheia de ilusões floridas, e de esperanças mais ou menos enganosas" (REIS, 1975, p. 160). Um poema assinado por Raimundo Marcos Cordeiro, intitulado "Uma Saudade – no Álbum da Exma. D. Maria Firmina dos Reis", revela toda a sua reverência respeitosa por

alguém cujo amor seria impossível, quer pela classe social, quer pela raça, quer pela idade: um amor "saudoso... triste como / Dum filho a separação". Nele Raimundo vê (apenas) a "prova de amizade". Tudo indica, páginas adiante, que seu amado faz um belo casamento com a jovem branca Matilde (LOBO, 2007, p. 358-359).

Carolina também abordou em sua obra a temática do sofrimento amoroso e do amor impossível. Esse assunto era tão presente em seus poemas que, dentre os 107 textos da versão manuscrita *Clíris*, por exemplo, mais de 40 abordam a temática do sofrimento causado por essa quebra de expectativa em relação ao outro, companheiro ou filhos. Todavia, o número de ocorrências do abandono pelo homem é superior em relação ao de abandono pelos filhos. Outro dado interessante é que predomina a mulher como o sujeito lírico frustrado e o homem como aquele que rompe com o relacionamento. Acredita-se que os exemplos de abandono do homem pela mulher devam ser poucos, pois essas situações também eram pouco presenciadas pela autora, que viveu em um contexto no qual a mulher era constantemente abandonada por seus companheiros. Ela, por exemplo, que teve quatro filhos e nenhum marido, viveu esse sofrimento. Observemos um exemplo:

Desilusão[57]

Tive um desgosto profundo
Neste mundo.
E levo a vida a meditar.
Os que me ver sorrindo diz:
Que sou feliz:
Porque eu sei dissimular.

Vivo tristonha sem ilusão
Que provação.
Passo os dias sempre sofrendo.
Que existência sacrificada
E atribulada!
Nem sei porque estou vivendo.

A minh'alma já envelheceu
E eu?
Aos poucos fui entristecendo,
Tenho uma magua interiormente
E atualmente...
Estou morrendo! Estou morrendo!

A causa da minha dor
Foi o amor:
Não fui correspondida.
Por isso eu vivo isolada
E amargurada.
Eis o drama da minha vida.

---

[57] Transcrição do manuscrito localizado em: FBN, rolo 5 - MS-565 (5), FTG 45 [40].

Só quem já foi preterida
Na vida
É quem conhece esta estenção,

É quem pode analizar
E citar:
O que é uma desilusão.

    É importante observar que, diferentemente do que se imagina, quando Firmina ou Carolina falam de sofrimentos amorosos em seus poemas, também discutem sobre uma realidade histórico-social, que é a solidão da mulher negra. Quando apontamos que Carolina sofreu com o término de seus relacionamentos, não estamos falando apenas da questão metafísica, sobre a busca da felicidade e a oportunidade de amar e ser amado, mas também de uma reflexão social sobre a condição das mulheres, principalmente as negras e pobres. Elas, como Carolina, ao serem abandonadas por seus companheiros, sofrem pela falta de acesso a empregos, bem como pelos olhares e preconceitos de uma sociedade machista, patriarcal.

    Desse modo, tal tema parte de uma experiência individual e torna-se coletivo justamente porque é experimentado pela maioria das mulheres negras, que precisam lidar com a solidão desde a infância, quando são excluídas das brincadeiras na escola e humilhadas pelas suas características fenotípicas, como o cabelo crespo. Durante a adolescência, as exclusões continuam, e na fase adulta essas mulheres são abandonadas por seus companheiros e precisam criar sozinhas seus filhos, ou nem chegam a ter um relacionamento amoroso.

    Carolina relatou em sua autobiografia esses momentos de solidão: "Todas as meninas tinham namorados. Nos bailes, eles dançavam. Eu ficava sozinha. Os meninos não dançavam comigo" (JESUS, 2007b, p. 99). Firmina, segundo Lobo (2011), também expõe esse sentimento em seu diário, pois apresenta-se "com a imagem de uma mulher solteira, infeliz, que adotou diversos filhos para dar sentido a uma existência esquecida e sacrificada de professora primária [...] Acompanhada de queixas e de prantos cotidianos, que a levam quase ao suicídio" (LOBO, 2011, p. 114-115).

    A socióloga Ana Cláudia Lemos Pacheco, em seu livro *Mulher negra: afetividade e solidão* (2013), discute esses mecanismos de exclusão, históricos e sociais, que afastam as mulheres negras dos ideais de relação amorosa e afetiva. Dentre vários apontamentos, destaca-se o de que os valores apresentados na célebre frase "branca para casar, mulata para f..., negra para trabalhar" (FREYRE *apud* PACHECO, 2013, p. 51) constituíram elementos estruturantes das práticas sociais e afetivas dos brasileiros, trazendo a mulher branca como ideal de mulher e de beleza e fixando as mulheres negras em um lugar estereotipado de objeto sexual e servidão. Assim, difundiu-se a ideia de que a mulher negra não foi feita para ser amada. Junto a isso, há a questão da mestiçagem, que também é um fator determinante na situação de solidão das mulheres negras.

Entende-se que muitos homens negros, marcados pelo racismo que enfrentam todos os dias, não queiram ver sua cor perpetuada em seus descendentes, pois não querem que também sofram o que eles já sofrem. Sendo assim, optam por casamentos inter-raciais para branquear seus filhos. É claro que essa não é uma realidade de todos os casamentos inter-raciais, pois há, sim, relações motivadas unicamente pelo amor e pelo respeito às diferenças, mas também existem aquelas motivadas por questões sociais (ARAÚJO, 2015).

A historiadora Angela de Castro Gomes (2013) analisou a população brasileira do período de 1930 a 1964, época em que Carolina viveu, e corroborou essa realidade:

> Como os censos do período utilizavam os critérios de cor então disponíveis, eram os brancos e pardos que cresciam em número, havendo declínio dos que eram pretos. Em correlação com tal achado, os números diziam que homens e mulheres negros se casavam mais tarde ou se tornavam celibatários em maior número que os brancos e pardos, sobretudo as mulheres negras. Assim, os homens negros se casavam mais e, em grande parte, na terminologia da época, com mulheres "claras" (GOMES, 2013, p. 55).

Embora a análise seja referente ao período citado, essa situação ainda persiste. De acordo com dados do Instituto Brasileiro de Geografia e Estatística (IBGE) de 2010, 52,52% das mulheres negras que participaram do levantamento não viviam numa união estável, evidenciando a "solidão da mulher negra" (PACHECO, 2013).

Ademais, há ainda o padrão de beleza instituído na nossa sociedade e assimilado por todos, brancos e negros, insistindo em estigmatizar as características físicas das mulheres negras, apontando as brancas como bonitas. Sobre isso, o historiador negro Joel Rufino dos Santos, no livro *Atrás do Muro da Noite - Dinâmica das Culturas Afro-brasileiras*, da Fundação Palmares, ao tentar responder à pergunta "Por que os negros que sobem na vida arranjam logo uma branca e de preferência loira?", comenta: "A parte mais óbvia da explicação é que a branca é mais bonita que a negra [...] Quem me conheceu dirigindo um Fusca e hoje me vê de Monza tem certeza de que já não sou um pé-rapado: o carro, como a mulher, é um signo" (SANTOS *apud* CARNEIRO, 1995, p. 595).

A socióloga Sueli Carneiro respondeu a essa fala de Santos em seu artigo "Gênero, raça e ascensão social", declarando que, na verdade, o que pesa nessas escolhas afetivo-sexuais não é o padrão estético, mas a falsa ideia de que, associando-se a uma mulher branca, o homem negro poderá ascender socialmente:

> [...] Joel Rufino afirmará em relação à mulher branca: "O negro sempre que pode prefere a branca porque ela e mais gostosa. 'Gostosa' é uma categoria sexual socialmente construída: a pele clara, e mais que a pele clara, o cabelo liso prometem mais gozo que outros. A exaltação da beleza da mulher branca tem a mesma função justificadora neste caso da deserção de um determinado tipo de homem negro em relação ao seu grupo racial, sendo a mulher branca, como Joel afirma, mais bonita e mais gostosa, este homem negro encontrar-se "prisioneiro" da sedução das formas brancas, como os senhores de engenho seriam "cativos" da sexualidade transgressora de suas escravas. Mas, por outro lado, ao definir a mulher branca também como um objeto de ostentação social, Joel Rufino explicita o objetivo fundamental do seu texto: reivindicar para este tipo de homem negro, o mesmo estatuto de que desfruta o homem branco nossa sociedade. Para este homem negro, deixar de ser um pé-rapado em e "adquirir" uma mulher branca, significaria libertar-se da condição social de negro e colocar-se em igualdade em relação ao homem branco. É por pretender-se neste lugar que Joel Rufino, para sustentar suas bravatas, permite-se olhar para as mulheres do "alto" de sua hipotética supremacia de macho e tomá-las como Fuscas ou Monzas a sua disposição no mercado, tal como um senhor de engenho considerava e usava brancas e negras (CARNEIRO, 1995, p. 546-547).

Entretanto, a poética de Firmina e de Carolina não só expõe essa realidade afetivo-sexual das mulheres negras desde o século XIX até a atualidade, mas também questiona o papel da mulher na sociedade na qual elas estavam inseridas, reivindicando não só o direito ao amor como também o direito à inserção no meio literário. Em outras palavras, não desejam apenas um relacionamento, mas um companheiro. Queriam homens que compreendessem e apoiassem seus ideais. Se não conseguem encontrá-los, preferem a solidão a se submeterem a relacionamentos abusivos. Isso fica demonstrado nos fragmentos do poema "Não quero amar mais ninguém", de Firmina:

> [...]
> P'ra que amores na terra,
> Se amo ao meu ideal?

Amores que cavam prantos,
Amores que fazem mal!...

E teço-lhe grinalda de poesia,
Singela, e odorosa;
E dos anjos escuto a melodia
A voz harmoniosa.

E um doce ambiente se respira,
E mais doce langor;
Expande-se meu peito – a alma suspira
Ofegante de amor.

E a música celeste recomeça
Ao som de nosso amor:
Mistério! A lua é pura... a flor começa
A vestir-se de odor.

É tudo belo... toda a relva é flor,
Todo o ar poesia!
O prazer é do céu ... aí o amor
É hino de harmonia.

Que importa que sejam sonhos
Os meus amores? Pois bem,
Eu quero amores sonhando,
Não quero amar mais ninguém
(REIS, 2018, p. 287-288).

E na passagem do diário de Carolina:

> 2 de junho de 1958 [...] O senhor Manuel apareceu dizendo que quer se casar comigo. Mas eu não quero porque já estou na maturidade. E depois, um homem não há de gostar de uma mulher que não pode passar sem ler. E levanta para escrever. E que deita com lápis e papel debaixo do travesseiro. Por isso é que eu prefiro viver só para o meu ideal (JESUS, 2007a, p. 50).

Desse modo, entendemos que, diferentemente do que acontecia com os homens negros, quando uma mulher negra conseguia inserir-se na literatura, a sua *escrevivência* não se pautava somente na desigualdade racial, mas também na de gênero. O racismo que a poetisa negra denuncia distingue-se do denunciado pelo poeta negro porque abarca várias questões, como o machismo, o sexismo e os estereótipos desenvolvidos ao longo dos anos em torno do corpo e da imagem da mulher negra, algo que os homens negros não vivenciaram ou até assimilaram, oprimindo também as mulheres negras. Podemos dizer que foi isso o que aconteceu com Carolina e sua trajetória no Movimento Negro da época.

A voz de Maria Firmina dos Reis ecoou não só por meio da literatura, mas também pela educação. Ela era professora primária, "a primeira professora concursada no Maranhão" (LOBO, 2011, p. 112), e dedicou-se a fazer o que ninguém queria fazer: alfabetizar os pobres, as mulheres e também aqueles na condição de escravizados no período noturno, em uma época em que, como vimos, a educação era negada a esses grupos sociais. Em 1881, aposentou-se e fundou, na região de Maçaricó, a primeira escola mista e gratuita do Estado (LOBO, 2011, p. 112).

Ainda nesse recorte temporal, é possível observar a poética de Auta de Souza. Nascida em 12 de setembro de 1876, na cidade de Macaíba-RN, a poeta publicou um único livro, *Horto* (1900), que foi muito bem aceito, tanto pela crítica quanto pelo público. Diferentemente de Firmina, Auta alcançou sucesso em vida, tendo sua obra apreciada por poetas canônicos, como Olavo Bilac, que escreveu o prefácio da primeira edição do seu livro. Sobre a visibilidade da poetisa, Zahidé L. Muzart (1991, p. 149) declara: "Das mulheres século XIX, no Brasil, Auta de Souza não integrou o bloco das esquecidas. E até eu diria que esteve entre as mais lembradas".

As razões atribuídas ao seu enorme sucesso vão além da qualidade de sua poética, pois também se relacionam com a imagem social favorecedora de aceitação pública, construída em torno de Auta. Ao contrário de Firmina, a jovem poeta emoldurou-se dentro dos limites impostos para que sua *escrevivência*, duplamente segregada por ser mulher e negra, pudesse ser aceita. Apresentava-se como uma moça católica, bem instruída, sensível, recatada, piedosa, mística, órfã, sofredora, doente e virgem, conduta impecável diante dos valores morais conservadores da época. Em vários poemas, a autora assinava apenas como "filha de Maria". Além disso, segundo Diva Cunha (2011, p. 257), Henrique, irmão de Auta, chegou a declarar "*Horto* é o livro de uma santa", e, de acordo com Palhano (2014, p. 11), Francisco Palma a nomeou "a cotovia mística das rimas". Desse modo, tornou-se um modelo de feminilidade e um exemplo de como deveria orientar-se o talento feminino e negro na época, ou seja, "ocultando" questões raciais e femininas e abordando temas religiosos e pastoris.

Auta também teve o apoio de seus irmãos, Eloy de Souza e Henrique Castriciano, que eram figuras influentes na política e no meio intelectual da época e que promoveram sua inserção no meio literário. Mesmo assim, Auta também teve que, por um tempo, publicar seus poemas em jornais e revistas com os pseudônimos de Hilário das Neves e Ida Salúcio.

Embora tenha frequentado a escola, sua formação foi majoritariamente não escolar, por meio de estudos domiciliares, com sua avó, e do autodidatismo, como Firmina e Carolina. Recolhida e isolada por causa do tratamento para tuberculose, a poeta lia muito e, assim, construiu sua obra. Seus modelos também foram os românticos, além de livros católicos, como *A imitação de Cristo*, e da poesia popular. Junto a isso, Auta incorpora em sua poética toda a dor física e psicológica que sentira durante sua vida devido aos efeitos da doença, a consciência da iminência da morte e o luto ocasionado pelas perdas dos pais, de um irmão e do noivo. Tudo isso caracterizou sua poesia como mística, religiosa, popular e fúnebre. Observemos o exemplo:

Fio Partido

Fugir à mágoa terrena
E ao sonho, que faz sofrer,
Deixar o mundo sem pena
Será morrer?

Fugir neste anseio infindo
À treva do anoitecer,
Buscar a aurora sorrindo
Será morrer?

E ao grito que a dor arranca
E o coração faz tremer,
Voar uma pomba branca
Será morrer?

II

Lá vai a pomba voando
Livre, através dos espaços...
Sacode as asas cantando:
"Quebrei meus laços!"

> Aqui na amplidão liberta,
> Quem pode deter-me os passos?
> Deixei a prisão deserta,
> Quebrei meus laços!
>
> Jesus, este vôo infindo
> Há de amparar-me nos braços
> Enquanto eu direi sorrindo:
> Quebrei meus laços!
> (SOUZA, 2019, n.p.).

Auta, assim como outros escritores negros, foi acusada de não apresentar uma poética negra. Todavia, seu nome é relevante neste livro justamente por revelar e denunciar como a sociedade tratava as mulheres negras escritoras na época, já que, para atingirem o sucesso, precisavam negar a sua condição de mulher e a sua negritude. Podemos dizer que a poética de Carolina passeia entre a estética de Firmina e a de Auta, pois, embora demonstrasse em sua obra um sujeito lírico feminino e negro, para conseguir inserir-se no meio literário, teve que, por muitas vezes, negar-se e, assim, deslizar entre o dito e o não dito.

Segundo Cunha (2011, p. 257), a predileção de Auta pelo tema da morte pode ser explicada como "a única saída à insatisfação duramente sufocada, espaço interdito, onde se talha, a nosso ver, a única possibilidade de identificação da poeta, mesmo que constituída por negações: não mulher [...], não negra [...], não tuberculosa [...]", ou seja, "o sepulcro – buraco negro – é o espaço por onde vaza o reprimido, não dito ou não assumido e onde o inominado encontra seu lugar". Seu *Horto*, assim como o de Jesus, é o lugar onde a poeta sofre, angustia-se, sua sangue, isola-se, sente-se sozinha, suplica a Deus que a livre da morte iminente, torna-se resiliente.

O mesmo sentimento podemos atribuir a Carolina, que, por diversas vezes, falou do tema da morte, não só como um escape ao sofrimento causado pela fome, mas também ao causado pela incompreensão, pelo impedimento de divulgar sua obra, pela impossibilidade de viver um amor:

Suplica de poetisa

Minha vida é inditosa
Sem amor, sem alegria

Quero ser como a rosa
Nascer e morrer num só dia

Mas não é crime se amar
Nem crime se querer bem
Eu vivo sempre a esperar
Por um amor que não vem

Pulsa este meu coração
Como uma flor sobre a brisa
Eu vivo a buscar em vão
Quem compreenda a poesia

Minha Santa Aparecida
Olha quem de ti precisa
Torna feliz minha vida
Tem dó da pobre poetisa
(JESUS, 2019, p. 49).

Além da religiosidade e do lamento, outro diálogo que se pode estabelecer entre as poéticas é o ambiente pastoril, identificado na figura da rosa. A flor será uma constante na poética de Carolina, que, frequentemente, utilizará imagens que remetem à natureza, como flores e aves, para fazer reflexões existenciais. Assim, produz uma poética figurativa, de fácil compreensão, apresentando elementos conhecidos do leitor, que conseguirá apreender a mensagem. Vale ressaltar que, ao comparar-se a uma rosa, que tem vida breve, o eu lírico deseja a liberdade que essa fugacidade traz à flor, de poder viver o tempo suficiente para não sofrer. Ademais, a rosa é uma flor que simboliza o amor, o romance, a paixão, o desejo e a conquista, por isso tornou-se um elemento comumente presente nos poemas líricos do período, aos quais Carolina teve acesso. A poeta refletia-se na flor, desejando ser também musa, ser famosa, ser feliz e morrer antes que o sonho acabasse e as agruras da vida tomassem a sua existência. Todavia, descobriu que não era possível e, nesse momento, descobriu que uma rosa também era feita de espinhos. Diante dessa inspiração, tornou-se resiliente:

A Rosa[58]

Eu sou a flor mais famosa
Disse a rosa
Vaidosa!
Sou a musa de um poeta.

Por todos sou contemplada
E adorada.
A rainha predileta.
Minhas pétalas aveludadas
São perfumadas
E acariciadas.

Que aroma recendente:
Para que me serve esta ecencia,
Se a existência
Não me é concernente...
Quando surgem as rajadas
Sou desfolhadas,
Espalhadas,
Minha vida é um segundo.
Transitivo é o meu viver
De ser...
A flôr rainha do mundo

    A mesma rosa que é adorada e contemplada, também tem suas pétalas arrancadas. Diante disso, questiona-se: para que serve o seu perfume se logo murchará? O que lhe adianta ser "a rainha predileta" se sua "vida é um segundo / Transitivo é meu viver"? Mesmo que a essência seja temporária, a marca deixada pela flor é duradoura. O sentimento simbolizado pela rosa permanece.

    Assim como Auta, que mal teve tempo de contemplar o sucesso, mas cuja obra é lida até a atualidade, sendo que seu único livro já está na sétima edição, o eu lírico carolineano entende que a dinâmica da rosa, "a flôr rainha do mundo", é justamente esta: o misto de efêmero e eterno. Saindo do regime escravocrata e adentrando o período pós-escravidão, encontramos a terceira estrofe do poema de Evaristo (2008), na qual podemos situar a produção de Carolina, que nasceu, como vimos, provavelmente em 1914, em Sacramento-MG.

    Podemos dizer que Carolina foi a principal voz feminina e negra do Brasil no início do século XX. Distinguiu-se de suas antecessoras porque conseguiu, mesmo que por um tempo, alcançar o sucesso e, também, expor as condições subumanas reservadas aos negros após a abolição da escravatura. Sua obra mais conhecida, *Quarto de despejo*, apresentou uma escritura marcada por profunda revolta, dor e agonia, "evidência do desespero e sensação de aprisionamento que, às duras penas, a narradora procura

---

[58] Transcrição do manuscrito localizado em: FBN, rolo 5 - MS-565 (5), FTG 42 [37].

descrever. Trata-se de uma literatura de realismo social que se inspira na paisagem local da favela, da fome rural, dos espaços urbanos de privação e crime" (DUKE, 2016, p. 19).

O contexto de extrema falta vivido por Carolina justificava um discurso duro, brutal, revelando e denunciando as situações precárias da população que vivia às margens, como os favelados, as crianças e as mulheres negras. Todavia, sua escritura não se restringiu ao relato do cotidiano, mas também funcionava como um modo de sobrevivência psíquica por meio da arte:

> 12 de junho de 1958 eu deixei o leito as 3 da manhã porque quando a gente perde o sono começa pensar nas misérias que nos rodeia. [...] Deixei o leito para escrever. Enquanto escrevo vou pensando que resido num castelo cor de ouro que reluz na luz do sol. Que as janelas são de prata e as luzes de brilhantes. Que a minha vista circula no jardim e eu contemplo as flores de todas as qualidades. [...] Fiz café e fui carregar agua. Olhei o céu, a estrela Dalva já estava no céu. Como é horrível pisar na lama. As horas que sou feliz é quando estou residindo nos castelos imaginários (JESUS, 2007a, p. 60-61).

Nesse sentido, a escrita negro-feminina desse período, além de continuar as reflexões existenciais iniciadas por Firmina e Auta, é uma escritura de reivindicações, já que, apesar de juridicamente livres, as mulheres negras continuavam presas aos lugares impostos a elas desde o período da escravização. Reivindicavam o alimento, o exercício da cidadania, o direito à voz, a liberdade de amar e serem amadas, a alegria do carnaval, a beleza da literatura.

Observemos alguns exemplos a seguir:

Maria Rosa[59]

Maria Rosa
Uma cabrocha formosa
Era alegria do sertão
Nas noites de São João
Olhei pra ela.
Nunca vi coisa mais bela
Era faceira e dengosa
Casei com a Maria Rosa.

Nada faltava
Na casinha que eu morava
Tudo lá era alegria
Com os encantos de Maria.
Apareceu
Um moço lá da cidade
A ingrata esqueceu
A nossa velha amizade.

---

[59] Transcrição do manuscrito localizado em: FBN, rolo 5 - MS-565 (5), FTG 93 [91].

Dêsde êste dia
Nunca mais tivi alegria
Tudo para mim se acabou
Porque a Maria me deixou

Eu cantava
Um samba canção
Da cabocla eu recordava,
Sem ela é triste o meu sertão
Ela voltou.
O meu perdão implorou
O caboclo sabe amar
Mas é difícil perdoar.

Me deixa em paz,
Porque eu não te quero mais
A cidade é o teu prazer
É lá que tu deves viver.
Não posso te amar.
Tudo entre nós morreu.
Você nunca ha de encontrar
Um amor sincero igual ao meu.

Roguei-he praga!
Pela sua ingratidão.

Ela deixou uma chaga
Dentro do meu coração.

Ela voltou!
Disse que sentiu saudade
E que não se habituou.
Com os rumores da cidade.
Pediu perdão,
Pelo mal que cometeu
Destruiste aquela afeição
E o nosso amor morreu.

Ela disse: tenho fome.
Quero viver só contigo.
A mulher que engana um homem
Merece êste castigo!
Deu-me um beijo. E me abraçou
Querendo me convencer.
Mas o mal que praticou
Eu não consigo esquecer.

Dizem que ela está maguada.
Chora. E nada mais lhe consola.
Está sempre embriagada.
Não trabalha. Pede esmola

    O poema apresentado revela não só a capacidade narrativa e criativa de Carolina, mas também apresenta uma crítica histórico-social ao contar a história de uma jovem sertaneja que um dia decidiu escolher seu próprio caminho e foi castigada por isso. A personagem, que se chama "Maria", nome comum às mulheres brasileiras, não é qualquer mulher, pois tem o composto "Rosa", que, como vimos, é "a flôr rainha do mundo", extremamente significativa para a poeta, que, diversas vezes, comparou-se à flor. Desse modo, podemos dizer que a protagonista desse poema representa, ao mesmo tempo, todas as mulheres e a própria autora, que vivem em busca da liberdade e da felicidade.

    Já na primeira estrofe, por meio de uma construção sonora semelhante à da música caipira, temos a descrição de Maria Rosa, uma mestiça jovem, feliz, charmosa, jeitosa, dengosa e bela, a qual, por apresentar todas essas qualidades, acaba por se tornar objeto de desejo do eu lírico: "Casei com a Maria Rosa". Na segunda estrofe, o eu lírico explica que, apesar de morar em uma "casinha", nada lhe falta, e que vive cada dia mais feliz com os encantos de Maria, ou seja, o enunciador do texto nos revela que, para um homem ser feliz, não precisa de muito, apenas uma casinha e uma mulher que lhe sirva. É interessante pensar que, até o momento, o poema não nos dá indícios de que Maria também esteja feliz; o que predomina é a visão e as sensações do homem a respeito dessa união, dessa condição à qual os dois estão submetidos.

Contudo, a partir do quinto verso da estrofe em questão, o poema muda de tom, anunciando que algo irá acontecer. Um moço da cidade chega ao sertão e Maria Rosa foge com ele: "A ingrata esqueceu / a nossa velha amizade". Isso prova, portanto, que aquela relação não era confortável para ela. Também nessa estrofe, apresenta-se a ideia de um antagonismo entre o campo e a cidade, apontando o primeiro como um lugar bom, de pessoas honestas e simples, e o segundo como um lugar ruim, capaz de corromper as pessoas.

Na terceira estrofe, a tristeza gerada pelo abandono, por um amor não correspondido, aparece não só pela fala do eu lírico, mas também de maneira figurativa. Um exemplo é a imagem do marido abandonado cantando samba-canção, um gênero musical cujo conteúdo é melancólico, centrado em temáticas de solidão ou "dor-de-cotovelo". Tal imagem enfatiza a ideia de sofrimento amoroso que o enunciador deseja transmitir e marca a construção do próprio texto, que abandona a estética caipira para assemelhar-se aos sambas de Cartola, Lupicínio Rodrigues e Ângela Maria.

Porém, ainda na terceira estrofe, aquela que tinha ido embora resolve retornar. O texto não revela claramente como foi a vida de Maria Rosa desde o dia em que fugira com o moço da cidade, mas podemos imaginar que não tenha sido boa, caso contrário ela não teria voltado para o sertão, submetendo-se a todas as humilhações que uma sociedade machista impõe a uma mulher adúltera.

Maria Rosa implora perdão ao ex-marido, mas ele se defende, dizendo que o homem do sertão sabe amar e que, mesmo entendendo que o amor nos leva ao perdão, não está preparado para tamanha generosidade. A decepção que sentiu nos versos anteriores já se tornou amargura e, nesse momento, é difícil esquecer tudo o que ele passou e confiar no amor novamente: "Não posso te amar / Tudo entre nós morreu". Maria resigna-se, aceita seu destino e seu castigo e passa a mendigar pelas ruas.

Apesar de Carolina apresentar um eu lírico masculino, a história desse poema é sobre uma mulher, uma linda jovem que, um dia, ousou violar as regras da sociedade no início do século XX. Maria Rosa, a única personagem que tem nome no texto, é castigada porque quis decidir sobre seu destino, já que, até o momento da fuga, sua vida fora determinada pelos outros. Foi o marido que a desejou, o marido que se casou com ela e o marido que era feliz com os encantos dela. Ela, no entanto, não fala no poema, a não ser para emitir uma única frase, de extrema importância para a compreensão do texto: "tenho fome". Quando Maria Rosa verbaliza, em uma das tentativas de manipular o ex-marido, figurativiza o seu desespero ao revelar que tem fome, exibindo o verdadeiro motivo do seu retorno: fome. Não há saudade do marido ou o desejo de ficar casada para sempre, apenas a fome existe. Por meio dessa revelação, podemos compreender vários outros pontos do texto, como, por exemplo, a sua fuga.

A partir desse novo olhar, podemos dizer que só o marido desejava e queria estar com Rosa. Ela, provavelmente, só tinha fome. Fome de pão, fome de liberdade, fome de viver e, principalmente, fome de felicidade. Seu desejo era sair de casa, mas não da casinha dos pais, e sim da casa do sertão, que a aprisionava com suas leis e preconceitos. O casamento e, depois, o moço da cidade, provavelmente, foram os meios que ela encontrou de tentar saciar essa fome, pois a sociedade não lhe permitia alcançar seus desejos sem o intermédio de um homem. Por isso, ela teve que se submeter a relações sem amor e, consequentemente, arcar com o preço da sua tentativa frustrada de insubordinação.

A história de Maria Rosa é narrada por meio de uma linguagem simples e marcada pela oralidade, como podemos observar nas palavras "tivi" e "maguada", e reflete o desejo da autora de se comunicar com todas as mulheres, principalmente com aquelas que não tinham acesso ao significado das palavras difíceis que Carolina costumava utilizar em seus poemas, pois todas têm fome. Queria que todos compreendessem a sua mensagem e se sentissem representados por ela na luta pela igualdade de direitos entre homens e mulheres, inclusive o direito à felicidade.

Por meio dessa narrativa, Carolina faz também uma crítica ao casamento, que funcionava mais como um instrumento de dominação masculina do que um meio para a realização de ambos. Essa realização não se trata apenas de uma estabilidade no relacionamento, mas também de uma harmonia conjugal. Ao refletir acerca desse assunto, a poeta aponta para a questão do desejo sexual feminino, tema presente em vários poemas de Carolina e que aparece no poema citado por meio da fuga de Maria

Rosa. A personagem foge movida por uma atração pelo "moço lá da cidade". A escritora revela que aquela mulher, estereotipada como "sertaneja ingênua", também tem vontades, ignoradas pelo seu esposo e pela sociedade.

Ao contrário do que se fixou no imaginário social e literário brasileiro, Carolina era uma mulher que acreditava no amor. Contudo, analisando seus escritos, podemos dizer que sua desconfiança era em relação à instituição do casamento, e não aos relacionamentos amorosos.

A autora, que cresceu vendo a mãe, a madrinha e as demais mulheres do seu convívio serem humilhadas e agredidas por seus esposos, na infância, acreditava que a vida das prostitutas era melhor que a das mulheres casadas, pois as primeiras amavam, mas sem perder a liberdade:

> É melhor ser meretriz, ela canta vai aos bailes, viaja, sorri. Pode beijar os homens. Veste vestidos de seda, pode cortar os cabelos, pintar o rosto, andar nos carros de praça e não precisa obedecer a ninguém (JESUS, 2007b, p. 97).

No Canindé, observava as mulheres casadas, constantemente submetidas às violências praticadas por seus maridos, e confirmava que era melhor ser solteira que casada:

> 18 de julho de 1955 [...] As mulheres saíram, deixou-me em paz por hoje. [...] elas alude que eu não sou casada. Mas eu sou mais feliz do que elas. Elas tem marido, mas são obrigadas a pedir esmolas. São sustentadas por associações de caridade. Os meus filhos não são sustentados com pão de Igreja. Eu enfrento qualquer espécie de trabalho para mantê-los. E elas, tem que mendigar e ainda apanhar. Parece tambor. A noite, enquanto elas pede socorro eu tranquilamente no meu barracão ouço valsas vienenses. Enquanto os esposos quebra as tabuas do barracão eu e meus filhos dormimos sossegados. Não invejo as mulheres casadas da favela que levam vida de escravas indianas (JESUS, 2007a, p. 16-17).

Carolina queria a liberdade para amar e ser amada em sua completude, ou seja, como mulher, como poeta, como mãe, como cidadã, como intelectual. Queria ao seu lado alguém com quem pudesse compartilhar o amor pelos livros, que ela admirasse intelectualmente, que respeitasse suas escolhas... Entretanto, sabia que não encontraria isso em um casamento, que, por muitos anos, foi a causa de sofrimento e "sufocamento" de muitas mulheres:

> 10 de fevereiro de 1961
> Eu posso gostar muito de um homem, mas não ao ponto final, que é o casamento. Eu sei ganhar dinheiro para viver. Não preciso de homem dominandome Gosto de ler. O livro preenche o lugar destinado ao homem. Os livros não proíbe os meus caprichos (JESUS, 2021b, p. 147-148).

Podemos dizer que tenha sido esse o motivo de a autora ter tido vários relacionamentos, mas nenhum casamento. Acreditamos que Carolina fazia constantes tentativas, abria-se ao amor, namorava:

> 14 de janeiro de 1961
> Os momentos sublimes da atualidade são as caricias do David St Clair, quando êle abraça-me e beija-me. E eu, não gostava d'êle. E agora... êle esta hospedado no meu pensamento. Sonhei que beijava o David St clair. Despertei com a voz da Vera:
> — Eh, mamãe! Deixa-me em paz! Eu não sou o David.
> Achei graça. Acendi a luz para escrever. É sublime escrever a nôite. O silêncio é um auxiliar surpreendente para os que escrevem (JESUS, 2021b, p. 83).

> 10 de fevereiro de 1961
> [...] eu admiro-o êle é tão inteligente! É um homem culto e agradavel. E um tipo que a gente não enjôa de sua presença. [...] Eu fiz a fantasia com todo carinho para dançar com êle. Eu já beijei o David St Clair é um homem que desperta tudo que esta adórmecido numa mulher! Nos braços daquêle homem uma mulher tem sempre dessôito anós (JESUS, 2021b, p. 148).

Todavia, não prosseguia por não querer abdicar da tranquilidade de viver com seus filhos sem ser agredida por um alcoolista ou renunciar à dedicação ao seu projeto literário, à sua liberdade. Pois, de acordo com as experiências que teve na infância e no Canindé, em um casamento teria que desistir de tudo isso para unir-se a alguém que a via não como uma companheira, mas como uma submissa:

> 31 de janeiro de 1961
> Mas se eu me casasse, eu não conseguiria nada na vida porque eu gósto de ler. Passo noites e noites escrevendo. O livro é tudo para mim. Os homens que passaram na minha vida não toléraram o meu amôr aos livros. Os hómens abandonoume. Mas, os livros não. Eu olho um livro com simpatia porque eu sei que o livro é um amigo, que nos instrue (JESUS, 2021b, p. 116).

No poema "Lua de mel", por exemplo, a poeta expõe esse pensamento, ilustrando a mudança de comportamento de um homem logo após o casamento. Apontando os sentimentos da mulher que, de repente, viu seus sonhos desmoronarem, passando de um estado de alegria para tristeza e angústia devido à transformação ocorrida em seu relacionamento, a autora faz sua crítica à instituição, ao patriarcado e ao machismo:

Lua de Mel[60]

Reclinado na janela
Tristonho pensando nela
Olhos verdes. Linda cor.
Dentro do peito eu sentia
E o meu coração que batia
Era o desejo do amor

Eu sempre fui apressado
Pus-me a caminho a seu lado
De vez em quando, um suspiro
Ela, fitou-me sorridente:
– Se sou inconveniente
Com licença me retiro

Ela fitou-me sorrindo
E disse-me: como és lindo!
Qual é o seu nome senhor
Sou uma pessoa sincera
Que a ama e a venera
Que por você morre de amor.

És linda como a primavera
Eu anseio e vivo a espera
Ao seu meigo e doce amor.
O meu nome é Ismael
Vamos passar a lua de mel
Lá em São Salvador.

Há muito tempo que a vejo
E o meu único desejo,
É beijar seus lábios de mel.
Mas eu hei de insistir
Juro que hei de conseguir
O teu amor, Isabel.

E com toda a reverencia
A jovem sem experiência
Entregou-lhe o coração
Um romance assim começa
Amor, beijos e promessas
E depois a união.

Há um mes que estou cansada
Vivo em casa desprezada
Será ... que o nosso amor morreu?
Quem sabe por onde andou,
Outra mulher encontrou
Mais bonita do que eu...

Cada frase que eu dizia
Ele ao meu lado sorria
E beijava a minha boca.
Não mais diz que sou bonita
Quando falo êle se irrita
Ficaste feia... e louca.

---

[60] Transcrição do manuscrito localizado em: FBN, rolo 5 - MS-565 (5), FTG [n.p.].

Agora não sei porque
Ele finge que não me ve
E esqueceu o juramento!...
Tudo isto é obscuro
Ele dizia: juro!
Amo-a em todos os momentos.

Vivo em casa recluída
Sem alegria na vida
Como haste que não dá flor
Outrora ele a mim dizia
Que só a mim pertencia
E arrefeceu-se o seu amor...

E eu lhe tenho amizade
Com toda a sinceridade
Com a profunda dedicação
Se este afeto arrefecer
Que será de meu viver?
– Fenece o meu coração.

Amo-o com imenso ardor
Com carinho e devoção
No mundo
É meu único amor
E hóspede do meu coração.

Diante disso, quando analisamos o movimento de Carolina em escrever e divulgar intensamente um poema como "Noivas de maio", podemos dizer que se trata de um texto irônico, sarcástico. A poeta, utilizando-se justamente de um epitalâmio, poema composto para exaltar o casamento, num jogo de enunciação e enunciado, faz uma crítica a essa instituição ao expor o que a sociedade "espera" da mulher casada.

Esse poema apresenta várias versões, que diferem entre si na ausência ou presença de estrofes, dando a entender que ele foi sendo construído ao longo dos anos. Diferentemente do que aconteceu com outros poemas, esse já foi publicado, no mínimo, três vezes: uma no jornal *O defensor*; outra no livro *Antologia pessoal* (1996b); e outra no *Clíris* (2019). Ele aparece também nas antologias manuscritas e datiloscritas.

Na primeira publicação, Carolina estava viva[61] e divulgou-o em um dos artigos que escrevia para o jornal *O defensor*, dirigido pelo jornalista Jorge Corrêa, no qual havia se oferecido para escrever textos apoiando a candidatura de Getúlio Vargas. Na época, estava grávida de seu segundo filho, José Carlos, e em breve pararia de escrever para o jornal, pois não conseguia mais andar. Seu último artigo foi publicado no dia 23 de junho de 1950. Inspirada pela esposa de Jorge Correa, a quem admirava muito, pois D. Luzia, mesmo cansada, fazia de tudo pela campanha de Getúlio, e também inspirada pelo amor com que outro jornalista e compositor, Luiz Brasil (Peter Pan), falava de sua esposa, Carolina escreveu os seguintes versos (FBN, 47, GAV 01, 01):

---

[61] FBN, 47, GAV 01, 01.

O minha filha querida
parabens, pôis vaes casar!
Queres ser feliz na vida
Ouça-me o que vòu citar

Dizem que é a mulher
Que faz feliz o seu lar.
É feliz se ela souber
– Viver, e pensar.

Trate bem o seu marido
Com tôda dedicação.
Não o deixes aborrecido
Não lhe faças ingratidão.

Se o teu marido falar
Não te custa obedeçer.
O que se passa no lar
Ninguém precisa saber.

Se tens filhos, da-lhes prazer.
Enquanto são meninos
Pórque depois de crescêr
Ninguém sabe seus destinos.

Cónfórma-te e não protesta
As agruras de pobresa
Ser pobre e honesta
É uma grande riquêsa.

Sêja muito carinhosa!
E agradável no falar
Uma mulher nervósa
Não prende o esposo no lar.

Seu espôso deves honrar
O matrimônio, é ato sério.
A vaidade faz a mulher transviar
A sociedade, reprova o adultério.

Na versão manuscrita *Clíris*, o poema aparece sem a oitava estrofe, que diz: "Seu espôso deves honrar / O matrimônio, é ato sério. / A vaidade faz a mulher transviar / A sociedade, reprova o adultério". Isso demonstra seu exercício de criação ou até como se a autora ainda hesitasse sobre o que dizer a respeito de tal tema. Observemos:

Noivas de maio[62]

Ó minha filha querida
Parabéns. pois vais casar!
Queres ser feliz na vida
Ouça-me, o que vóu citar.

Dizem que é a mulher
Que faz feliz o seu lar

É feliz, se ela sóuber
– Viver, e pensar.

Trate bem o teu marido
Com tôda dedicação.
Não deixes aborrecido
Não lhe faças ingratidão.

---

[62] Transcrição do manuscrito localizado em: FBN, rolo 4 - MS-565 (4), FTG 353

Se teu marido falar
Não te custa obedecer.
O que se passa no lar
Ninguem precisa saber

Se tens filhós, d´alhes prazer
Enquanto são meninós
Porque depóis de crescer
Ninguem sabe os destinós.

Confórma-te, e não protesta
As contingencias de pobrêza
Ser pobre, e honesta
É uma grande riqueza.

Sêja uma mulher carinhósa.
E agradável no falar
Uma mulher nervosa
Não prende o espôso no lar.

Já na versão datiloscrita, o poema aparece maior, com onze estrofes. Todavia, a estrofe ocultada na versão manuscrita *Clíris* também não aparece aqui. Essa versão é igual às versões encontradas na manuscrita *Um Brasil para brasileiros* e na publicação *Antologia pessoal*:

Noivas de maio[63]

Ó minha filha querida
Parabéns. Pois vais casar:
Queres ser feliz na vida,
Ouça-me o que vou citar.

Dizem que é a mulher
Que faz feliz o seu lar,
É feliz se ela souber
Viver e pensar.

Trate bem o teu marido
Com toda dedicação.
Não o deixes aborrecido
Não lhes faças ingratidão.

Se teu marido falar
Não lhe custa: obedecer.

O que se passa no lar
Ninguém precisa saber.

Se tens filhos da-lhes prazer
Enquanto são meninos,
Porque, depois de crescer,
Ninguém sabe os destinos.

Conforma-te e não protesta
As contingências da pobreza
Ser pobre e honesta
É uma grande riqueza.

Seja muito carinhosa.
E agradável no falar,
Uma mulher nervosa
Não prende o esposo no lar.

---

[63] Transcrição do manuscrito localizado em: FBN, rolo 5 - MS-565 (5), FTG 46 [41] - 47[42].

Seja uma mulher decente
Quando o teu esposo ausentar-se
Ele há de ficar contente
Encontrando-lhe no lar.

Como é bonito um lar
Onde reina paz e amor.
O casal que divorciar
Perdem todo o valor.

A mulher que quer predominar
Como se fosse uma imperatriz,
Estas desfazem o seu lar:
Não deixa o homem ser feliz

A mulher que é prepotente
E quer ver o seu desejo realizado:
O amor que o homem sente
Vai esfriando, vai esfriando.

Há ainda outra versão, publicada em *Clíris* (2019), na qual as duas primeiras estrofes se repetem no final do poema:

Noivas de maio

Ó minha filha querida
Parabéns pois vais se casar:
Queres ser feliz na vida,
Ouça-me o que vou citar.

Dizem que é a mulher
Que faz feliz o seu lar
É feliz se ela souber
Viver e pensar.

Trate bem o teu marido
Com toda dedicação.
Não deixes aborrecido
Não lhes faça ingratidão.

Se teu marido falar
Não lhe custa: obedecer.
O que se passa no seu lar
Ninguém precisa saber

Se tens filhos, dá-lhes prazer
Enquanto são meninos

Porque, depois de crescer,
Ninguém sabe os destinos.

Conforma-te e não protesta
As contingências da pobreza
Ser pobre e honesta
É uma grande riqueza.

Seja uma mulher carinhosa.
E agradável no falar
Uma mulher nervosa
Não prende o esposo no lar.

Seja uma mulher decente
Quando o teu esposo ausentar-se
Ele há de ficar contente
Encontrando-te no lar.

Como é bonito um lar
Onde reina paz e amor.
O casal que divorciar
Perde todo o valor.

A mulher que quer predominar
Como se fosse uma imperatriz,
Estas desfazem o seu lar:
Não deixam o homem ser feliz

A mulher que é prepotente
E quer ver o seu desejo realizado:
O amor que o homem sente
Vai esfriando, vai esfriando.

Ó minha filha querida
Parabéns, pois vais se casar.
Queres ser feliz na vida:
Ouça-me o que vou citar.

Dizem que é a mulher
Que faz feliz o seu lar,
É feliz se ela souber
Viver e pensar
(JESUS, 2019, p. 64-66).

O poema assemelha-se a uma cartilha, na qual o eu lírico dá conselhos para a filha sobre como ser uma boa esposa, os quais, basicamente, consistem em: obedecer ao esposo, dedicar-se ao esposo, alegrar o esposo, ser carinhosa com o esposo e silenciar-se.

É construído por meio de um caráter didático, que é demonstrado na utilização de verbos no imperativo, como "ouça-me", "trate", "seja", "dá-lhes", "conforma-te", "não lhe faças"; na apresentação de exemplos nos quais aponta as causas de um fracasso conjugal; e nas repetições, como acontece nas duas primeiras e nas duas últimas estrofes da versão de *Clíris* (2019). Assim, mostrando um reforço na ideia de que, se desejas um casamento feliz, é necessário saber viver e pensar, ou seja, aprender a arte da submissão, de saber e aceitar o "seu lugar", jogar o jogo das relações sociais impostas no período.

Durante todo o texto, o eu lírico instrui a filha a absorver ideias conservadoras e valores hegemônicos para que assim tenha a chance de inserir-se nesse meio, casar-se, ascender socialmente e ter uma vida digna. A concepção de ascensão apresentada no poema não passa, necessariamente, pela ideia de ter dinheiro, mas, sim, de ter respeito, visto que o casamento ainda era, ao mesmo tempo, uma das únicas maneiras de a mulher ser respeitada na sociedade e um estado ainda negado às mulheres negras.

Carolina, como vimos, não se casou. Não quis se submeter a ser a boa esposa apresentada no poema. Entretanto, pagou um alto preço por querer sua liberdade em uma sociedade regida por valores patriarcais. Era constantemente atacada por ser uma "mulher sozinha":

> 23 de abril de 1961
> Passei o dia reparando as roupas dos flhos, pregando botões e pas sandoas. Fiz docê. Pedi Aparecida para auxiliarme passar umas roupas para

mim. Mas a dona Elza não permite que ela fque na minha casa porque eu não sou casada... Eu vêjo casal infelizes. Que não invejo a vida dos casados (JESUS, 2021b, p. 294).

Além disso, acreditava que o fato de não ter um esposo foi um dos motivos de ter sido enganada pela imprensa, por seus editores e pelos responsáveis por administrar os direitos autorais. Como boa leitora de nossa sociedade, Carolina sabia que a vida era mais cruel com as mulheres negras solteiras, mães-solo, e entendia que aquelas que conseguiam se casar tinham melhores chances na vida: "Minha mãe dizia que as exigências da vida nos obrigam a não escolher os pólos. Quem nasce no pólo norte, se puder viver melhor no pólo sul, então deve viajar para os locais onde a vida seja mais amena" (JESUS, 2007b, p. 123).

Assim, da mesma forma que sua mãe a aconselhou, ela aconselhou sua filha por meio do eu lírico do poema, pois não queria que sofresse tudo o que ela sofreu. Ademais, Carolina queria ser publicada e sabia que esse tipo de texto agradaria àqueles que detinham o poder editorial no Brasil.

Outro ponto que aparece na obra de Carolina e que se pode inferir nos versos de Evaristo (2008) é a questão da mãe-solo. Vejamos:

Pobre inocente[64]

Pobre mãe perambulava
Com os olhos fixos no chão
Como poderei viver
Nesta negra condição...

Percorria com o olhar o espaço
E volvia-o novamente ao solo
Com mêiguice acariciava
O filho que tinha no colo.

Pobre mulher, onde vai?
Que triste destino é o teu
Estou procurando o papai
O bom amiguinho meu.

Como é triste meu destino
Oh! Existencia lacrimosa
Sou semelhante ao peregrino
Só no mundo e tão inditosa.

Vivo errante e descontente
Minha existencia é uma luta
Eu imploro a Deus clemente
Só ele é bom e me escuta.

Quem ouve os nossos clamores
Nossas lutas e as aflições
É Jesus Cristo Nosso Senhor
Por que não faz seleções.

---

[64] Transcrição do manuscrito localizado em: FBN, rolo 5 - MS-565 (5), FTG [n.p.].

Para onde vamos, filho meu!
Não temos teto, nem pão
Vosso pai desapareceu
Deixou-lhe na solidão.

Vamos, vamos filho meu
No campa do teu nobre avô
Aquele foi o nosso amigo
E a morte ingrata o levou.

Meu filho! Porque sofre assim
Se ainda não tens pecado

Se a morte lembrar-se de mim
Ficarás desamparado.

Sem ter quem vele os teus passos
Com carinho e sacrificios
Tu cairas nos laços
Que é os pessimos vicios.

A mãe perambulando
Tudo isso lhe vem na mente
Comtempla o filho e chorando
Exclama – pobre inocente!

    O texto é construído por meio da alternância de vozes entre o eu lírico e a personagem do poema. Ele descreve o desespero de uma mulher que teme pela existência do seu filho recém-nascido, pois sabe que sua criança já nasceu condenada a um futuro incerto e triste.

    As causas dessa constatação são apresentadas ao longo do poema e ilustram problemas sociais que permeavam a vivência das mulheres naquela época, e ainda hoje: a pobreza, a ausência de oportunidades, o preconceito e o abandono. Devido a essas questões, a mãe teme não ter condições de suprir necessidades básicas do seu filho: "Não temos teto, nem pão". Isso acontecia não só porque ela já era pobre, mas porque, com uma criança pequena, era ainda mais difícil conseguir um trabalho e, como não tinham ninguém que os sustentasse, seria difícil ter acesso ao alimento e à moradia.

    Ela também se angustia com a possibilidade de morrer e não ter ninguém que eduque e oriente seu filho, visto que não tem família, já que seu pai morreu e o pai da criança sumiu: "vosso pai desapareceu / deixou-lhe na solidão". Diante disso, a criança está sujeita a crescer sem nenhuma estrutura familiar, social e econômica, o que pode levá-la "aos vícios" e a uma vida sem nenhuma perspectiva, sem ter feito nada para merecer aquele destino, "não tens pecado", apenas por ter nascido em uma sociedade regida por um sistema excludente, ou seja, era um "pobre inocente".

    O poema é permeado pelo lamento e pela religiosidade, apontando que a mãe, abandonada pelo pai da criança e excluída pela sociedade, na sexta estrofe, deposita toda a sua esperança numa intervenção divina, pois Jesus, ao contrário das pessoas, não discrimina ninguém. Para ela, ele ajuda a todos, inclusive as mães-solo e seus rebentos.

Embora escrito há mais de 50 anos, o poema é extremamente atual, pois reflete uma realidade social vivida por muitas mulheres negras que são obrigadas a assumir sozinhas a criação dos filhos, visto que nossa sociedade condena o aborto materno ao mesmo tempo em que absolve o aborto paterno. Assim, as crianças são submetidas a uma vida de ausência de oportunidades e referências, já que a mãe precisa se desdobrar para tentar lhes garantir o pão, o lar, a educação e o afeto, sem que possa dividir essa responsabilidade com o pai da criança.

Além disso, esse poema também denuncia o racismo estrutural que existe na sociedade brasileira, que impede essa mãe negra de ter acesso a melhores salários, obrigando-a, por isso, a ter que trabalhar mais para garantir o sustento do filho. Trabalhando mais, tem menos tempo para estar com esse filho, que vai crescendo entregue à sua própria sorte. Como exemplo, é possível citarmos o fatídico caso da morte do menino negro Miguel Otávio, de cinco anos, que caiu do nono andar de um prédio de luxo porque a patroa da sua mãe o abandonou no elevador. O menino, que estava no local de trabalho da mãe porque a creche estava fechada devido à crise provocada pela pandemia do novo coronavírus, queria ir ao encontro dela, que tinha descido para passear com o cachorro da patroa. A patroa, então, deixou que o menino descesse sozinho. Ele acabou se perdendo e caindo de uma altura de 35 metros. O caso, que foi amplamente noticiado, gerou comoção e revelou as situações desiguais em que vivem as mulheres e crianças negras deste país.

Ademais, devido à baixa renda das mulheres negras, as mães-solo acabam morando com seus filhos nas periferias, onde estão sujeitos a todo tipo de violência, como, por exemplo, a violência policial, que tem dizimado a vida de muitas crianças negras no Brasil. Desse modo, a sociedade vai gerando novos "pobres inocentes". Isso não quer dizer que as mães não cuidam de seus filhos, pelo contrário, esses exemplos revelam que, por mais que essas mulheres se esforcem para cuidar de suas crianças, estas continuam vulneráveis por causa da cor de suas peles.

Essas ponderações nos levam à questão do projeto de extermínio da população negra, o qual teve início no período pós-escravidão, quando havia o desejo de apagar qualquer resquício da presença da população negra no país a fim de torná-lo um país de brancos, e que até hoje perdura em nossa sociedade. Basta olharmos os dados do IBGE para confirmarmos que, no Brasil, a juventude que mais morre no país, as crianças que têm menos acesso à educação, as mulheres que mais sofrem violência doméstica e sexual, a população que tem menos rendimentos, a população que está mais exposta à criminalidade e a população que mais está privada de liberdade têm cor, e essa cor é negra.

Ainda refletindo sobre o tema da maternidade, observamos que Carolina escreveu vários poemas acerca desse assunto. Os poemas ora homenageiam a sua mãe, Dona Cota, continuando uma tradição iniciada por suas antecessoras, ora refletem sobre o ser mãe, iniciando um movimento que será consolidado pela geração seguinte de escritoras negras. Ao escrever sobre o exercício da maternidade, Carolina se apresenta, tanto na prosa quanto no poema, como uma mãe extremamente zelosa e cuidadosa, que raramente deixava os filhos sozinhos, refutando a ideia divulgada no imaginário social e literário brasileiro de que as mães negras e pobres se eximem dos cuidados com seus filhos. Carolina lhes dedica momentos de afeto: "Cheguei no depósito pensando nas palavras de Dona Irene. Que disse-me: Se você morrer, teus filhos vae sofrer. Com você eles sofrem, mas tem carinho" (JESUS, 1996a, p. 83).

Em seus textos, expõe as angústias sentidas por ver seus filhos passarem fome: "Esquentei a comida. Estava com tanta fome. Mas, eu não comi para deixar para os filhos" (JESUS, 1996a, p. 45). Expõe, também, a revolta por vê-los humilhados por serem negros e pobres, o receio por estarem expostos às diversas formas de violência, como a sexual e a física, e a preocupação com as formações morais, intelectuais e culturais.

A educação sempre foi um ponto importante para Carolina, que, mesmo diante da fome, das enchentes e todo descaso do poder público para com os favelados, sempre fez de tudo para que seus filhos tivessem uma boa educação e pudessem sair da favela: "Hoje não tem aula porque é dia de reunião das professoras com os pais. Eu pretendo ir" (JESUS, 2007a, p. 117); "Eu estou contente com meus filhos alfabetizados. Compreendem tudo. O José Carlos disse-me que vai ser um homem distinto e que eu vou trata-lo de Seu José" (JESUS, 2007a, p. 141).

Por diversas vezes, narrou que catava papel para conseguir dinheiro para os filhos irem ao cinema, para terem acesso à arte e, também, para ficarem longe da favela. Carolina entendia que as condições subumanas da favela interferiam no caráter das pessoas e temia por seus filhos, que tinham que crescer naquele espaço: "Tenho dó destas crianças que vivem no quarto de despêjo mais imundo que há no mundo e tem uns professores incultos, pessôas que praticando êstes atos imundos concorrem para a ma formação das crianças" (JESUS, 1996a, p. 78). Ainda sobre isso, conta Vera Eunice:

> Minha mãe fazia o possível para a gente ficar fora da favela a maior parte do dia. Escola, cinema, parque, ela nos mandava para qualquer lugar, contando que fosse longe da favela. O dinheiro? O dinheiro não dava nem para comprar comida direito, mas minha mãe queria que a gente ficasse fora.

[...] Enquanto o João e o Zé Carlos eram pequenos, eles iam com ela catar papel; depois, minha mãe dava dinheiro para que passeassem o dia inteiro. Só voltavam para casa de noite, para dormir. A despesa do cinema acabava com o pouco dinheiro para a comida, mas ela preferia assim e pronto. Preferia sair de madrugada com o saco nas costas, andar, andar, andar e até dormir com fome, que deixar a gente no Canindé (LIMA, 1994, p. 71-72).

Em um dado momento, desesperada por não conseguir proporcionar-lhes uma vida digna, a autora confessa a possibilidade de entregá-los aos cuidados do Estado:

Meus filhos[65]

Vou internar os meus filhos
Meus tesouros prediletos
Ficam lá sem os meus carinhos
Sem osculos e sem afetos

Será que eu vou resistir?
À dor da separação
Despertar e não ouvir
Mamãe eu quero pão
Como é agro o meu viver
Só Deus sabe o meu estado

Não sei como hei de fazer
Sem os meus filhos ao meu lado

Meu Deus vou sucumbir
Quando meus filhos zarpar-se
A saudade vai interferir-me
Mas hei de resignar-me
Sou uma misera poetisa
As vezes falta-me o pão
Por isso fico indecisa
Sem saber se os interno ou não.

Ao trazer esse tema, Carolina expõe um sentimento individual, mas que se tornou universal, pois a realidade vivenciada pela autora era (e ainda é) compartilhada por outras mães negras pobres, que compreendiam que a maternidade era um desafio, mas agravado pela sua cor e sua condição social. No poema, a poeta denuncia essa prática de entregar os filhos para o Estado, que se iniciou nos tempos da escravização, quando, após a Lei do Ventre Livre (1871), as mães escravizadas eram obrigadas a entregar seus filhos aos cuidados do governo. Após a Lei Aurea, a situação se agravou, quando muitas crianças e adolescentes foram expulsos das fazendas e começaram a viver nas ruas, sobrevivendo de esmolas ou pequenos delitos. Tudo isso fez com que o

---

[65] Transcrição do manuscrito localizado em: FBN, rolo 5 - MS-565 (5), FTG [n.p.].

governo começasse a refletir sobre essa situação e tentasse encontrar alternativas para conter o "problema" da criança abandonada ou infratora.

Desde então, várias estratégias foram criadas, como uma legislação voltada para esse público e instituições de acolhimento, com o objetivo de "garantir o bem-estar de todas as crianças brasileiras". Ao mesmo tempo, vários relatos de ex-acolhidos, funcionários e estudiosos dessa área comprovaram que essa ideia de que o Estado "cuida" das crianças negras e pobres é uma falácia e que tais leis foram pensadas mais para "higienizar" as cidades, tirando essas crianças das ruas, do que para assegurar-lhes um futuro. Nesse sentido, a realidade dessas mães, que, anos depois da homologação da Lei do Ventre Livre, ainda viam na entrega dos filhos para o Estado o único meio para que eles pudessem seguir vivos neste país, acreditando que eles estariam mais seguros sob os cuidados do governo do que ao lado delas, é ainda mais complexa e triste, visto que seus filhos continuavam vulneráveis, presos a um ciclo de exclusões que está longe do fim. Sobre esse ciclo, escreve Carolina:

O pequenino[66] (versão manuscrita *Clíris*)

Encontrei um pequenino
Vagando ao léo sem destino.
Sem ter onde descansar
Talvez lhe falte um amigo
Tem aspecto de um mendigo
O infeliz não tem um lar!

Quando soube meditar
Entristece e vai chorar
Tudo é sombrio ao teu redor
É uma haste abandonada
E por não ser cultivada
Não têm viço. Não dá flôr.

O pequenino[67] (versão manuscrita *Um Brasil para os brasileiros*)

Encontrei um pequenino
Vagando ao léu sem destino
Sem ter onde descansar
Talvez lhe falte um amigo
Tem o aspecto de um mendigo
O infeliz, não têm lar.

Quando sóuber meditar
Entristece e vai chórar
Tudo é sombrio ao teu redor.
É uma haste abandonada
E por não ser cultivada
Não têm viço. Não dá flor.

---

[66] Transcrição do manuscrito localizado em: FBN, rolo 4 - MS-565 (4), FTG 377.
[67] Transcrição do manuscrito localizado em: IMS, CMJ_Pi_Um Brasil para os brasileiros_p144

O infeliz não vai à escola
Passa os dias pedindo esmola
E não aprende uma profissão

Quando êste infausto crescer
– O que vai ser?
Um candidato para a prizão

O pequenino[68] (versão datiloscrita *Antologia pessoal*)

Encontrei um pequenino
Vagando ao léu sem destino
Sem ter onde descansar
Talves lhe falte um amigo
Tem o aspecto de um mendigo
O infeliz não tem lar.

Quando souber meditar
Entristece e vai chorar
Tudo é sombrio ao teu redor

E uma haste abandonada
E por não ser cultivada
Não tem viço. Não dá flor.

O infeliz não vai à escola
Passa os dias pedindo esmola
E não aprende uma profissão
Quando êste infausto crescer
– O que vai ser?
****
Um hóspede da prisão.

 O poema explica esse ciclo ao qual estão submetidas as crianças negras, que, abandonadas nas ruas, sem cuidados, sem acesso à educação, acabam envolvendo-se em crimes e terminando nas prisões. A comparação das versões nos revela marcas do processo de criação de Carolina, como o palimpsesto, já discutido nos capítulos anteriores, quando, na versão *Um Brasil para os brasileiros* e na versão datiloscrita, o poema apresenta três estrofes, sendo a última finalizada, no primeiro caso, por uma linha pontilhada e, no segundo, por uma sequência de asteriscos, seguidas de um último verso manuscrito. Na versão *Um Brasil para os brasileiros*, esse verso é "um candidato para a prizão"; e, na datiloscrita, o verso é "um hóspede da prisão". Acreditamos que a versão datiloscrita seja a última pela correção da palavra "prisão". Assim, podemos dizer que ela troca o vocábulo "candidato" por "hóspede", saindo da ideia de possibilidade para adentrar a certeza.

 É interessante essa escolha lexical de Carolina, porque tanto a primeira quanto a segunda versão revelam o viés sarcástico com o qual a poeta faz a sua denúncia sobre

---

[68] Transcrição do manuscrito localizado em: FBN, rolo 5 - MS-565 (5), FTG [n.p.].

o descaso do Estado em relação às crianças pobres. Ao mesmo tempo, as modificações nas versões podem ser interpretadas como se a autora estivesse buscando maneiras de encerrar uma discussão que, no fundo, está distante do fim. Ao penetrar esse tema das crianças abandonadas, vai sendo tomada por essa angústia ao compreender que a única rima possível para a conclusão do poema é "prisão". O verso demora para se manifestar, pois Carolina pensa nos seus filhos, pensa em todas as crianças negras que, já no início da vida, precisam conviver com a certeza da ausência de um futuro.

O poema a seguir, "A empregada", aborda outra problemática da mulher negra, tanto no período pós-abolição quanto na atualidade, marcada pelas relações de trabalho. Carolina, como sabemos, trabalhou como empregada doméstica, contudo não gostava, porque queria ser escritora. Sempre que era demitida das casas, não saía sem antes deixar sua marca. Escrevia versos nas paredes a fim de ofender as patroas: "Quando trabalhava como empregada doméstica, se o patrão me despedia eu deixava um verso escrito na parede para exasperar as patroas. Eis alguns" (FBN, rolo 4 - MS-565 (4), FTG 511):

A empregada

Quando era empregada
Sofri tanta humilhação.
Às vezes, eu tinha vontade
De dar uma surra no meu patrão.

Era um patrão malcriado
Não deixava eu parar um segundo
E o diabo anda falava
De mim para todo mundo.
A uma da madrugada
E ainda andava dizendo
Esta malandra não faz nada.

Se a gente dá um passo,
O diabo está sempre atrás.

Vive sempre pondo defeito
Em todo o serviço que a gente faz.

Não gostei de trabalhar
Foi para as donas da pensão
Que quer tudo muito limpo
Mas não quer comprar sabão.

Se a gente dá um passo,
A diaba está sempre junto.
Vive sempre observando
Se a empregada come muito.

Vive sempre pondo defeito
Em todo serviço que a gente faz

(JESUS, 2019, p. 39-40).

Por meio de uma voz em primeira pessoa, a autora denuncia as péssimas condições de trabalho ("Que quer tudo muito limpo / Mas não quer comprar sabão") e as humilhações ("Vive sempre observando / Se a empregada come muito / Vive sempre pondo defeito / Em todo serviço que a gente faz") a que estavam submetidas as empregadas domésticas, que, em sua maioria, eram mulheres negras. Afinal, como vimos, as ocupações sem grande prestígio social foram as únicas reservadas a elas, que, após receberem a carta de alforria, foram expulsas das fazendas e, sozinhas, tiveram que se reinserir na sociedade brasileira pós-abolição.

Assim como o eu lírico do texto, a autora e as demais mulheres da sua família tiveram que executar esses trabalhos. Contudo, Carolina não aguentou os desrespeitos e preferiu catar papel a continuar servindo aos "brancos-donos de tudo".

Acreditamos que a ordem que Carolina mais rebatia era a ideia de que o patrão tinha de ser dono do empregado. Em se tratando de empregadas domésticas, o sentimento de posse era ainda maior. As senhoras controlavam todos os passos, falas e, até mesmo, a afetividade de suas empregadas como se fossem donas, como se a escravidão não tivesse acabado, apenas se atualizado. As velhas senzalas tinham sido substituídas pelos quartinhos das criadas. A lógica escravagista permanecia nos imaginários e as mulheres negras eram as mais prejudicadas.

> [...] A sujeição, a subordinação e a desumanização, que davam inteligibilidade à experiência do cativeiro, foram requalificadas num contexto posterior ao término formal da escravidão, no qual relações de trabalho, de hierarquias e de poder abrigaram identidades sociais se não idênticas, similares àquelas que determinada historiografia qualificou como exclusivas ou características das relações senhor - escravo (CUNHA; GOMES, 2007, p. 11).

Diferentemente dos demais poemas citados, "A empregada" não aparece nas antologias organizadas pela autora. Fragmentos dele podem ser encontrados em *Meu estranho diário* (1996a), e o texto completo aparece em meio a outras narrativas. Esse movimento de autocensura revela que a autora tinha consciência de que, embora quisesse se comunicar com as mulheres que eram empregadas domésticas como ela e quisesse fazer uma denúncia das humilhações a que estavam submetidas, ela sabia que quem leria o seu texto eram as patroas, pois eram essas que detinham o conhecimento da leitura e o acesso aos livros, eram elas que promoviam ou rebaixavam um escritor.

Desse modo, diante dos poemas apresentados, percebe-se que os versos dessa geração ecoam revolta, ecoam denúncia, ecoam revisão histórica, ecoam a falta, ecoam luta pelo direito à literatura, ao amor, a um emprego digno, a uma descendência, ao prazer, a uma vida plena. Ao apresentar sujeitos líricos femininos, pobres, mães-solo, empregadas domésticas, mulheres abandonadas por seus companheiros, faz uma crítica ao patriarcado, ao machismo e ao racismo, revelando a voz de uma mulher que está em busca de estratégias para transgredir os papéis sociais determinados a ela, não só no texto, mas também na vida. A respeito disso, citamos Martins (2002b, p. 227):

> Na prosa e nos versos da escritora negra brasileira, a própria memória de nosso país se reescreve, pontilhada nas frestas e nos retalhos de uma escritura que se insubordina contra o lugar-comum da repetição estereotípica, almejando uma edição nova não apenas no discurso literário, mas, sim, da própria história social e cultural ali caligrafada. Esses textos nos convidam a fruí-los, num exercício de pensamento e de degustação consoantes, pousados numa poiesis que busca provocar, em sua recepção uma transformação da própria experiência estética que se almeja mobilizante e mobilizadora.

Diante disso, podemos dizer que a obra de Carolina inova tanto nos aspectos linguísticos quanto nos temáticos. No ponto da linguagem, como vimos, apresenta um estilo híbrido. No campo temático, é vanguardista no exercício de dar voz aos silenciados, evidenciar o tema da maternidade negra e discutir sobre o erotismo feminino. Esses pontos nortearão a produção de outras mulheres da época e serão consolidados na escritura das novas gerações de mulheres negras. Assim, Carolina cria uma tradição literária, pois ela inspirou e encorajou outras mulheres a acessarem o mundo por meio da escrita. É porta-voz, falando por essas mulheres, e, nesse exercício, comunica que a literatura era para elas também.

Audálio Dantas, o jornalista que auxiliou Carolina na publicação do seu diário, revelou recentemente, em uma palestra, que, na época da divulgação de *Quarto de despejo* (1960), chegou a receber cartas contendo manuscritos de várias mulheres que se inspiraram em Carolina. A escritora negra Esmeralda Ribeiro, em seu artigo "A narrativa feminina publicada nos *Cadernos Negros* sai do quarto de despejo" (2002), corrobora esse pensamento apontando que a escritura negro-feminina contemporânea se inspirou na *escrevivência* de Carolina, pois "expressam através do texto a real vontade de superar o 'frio interior e exterior', no desejo explícito de romper nos seus contos com o chamado 'lugar de negro'" (RIBEIRO, 2002, p. 230). A autora complementa essa percepção por meio dos versos do seu poema "Bitita", em que diz:

> Quando escrevo com meu jeito de mulher
> Um jeito de ser negra com raízes africanas
> Estou escrevendo sob o olhar de Carolina
> [...]
> Quando escrevo do meu jeito de mulher
> Negra com raízes africanas
> Herdo de você a "ginga" mineira de tentar,
> Tentar até conseguir com que o
> Universo conspire ao meu favor
> E nos dê a plenitude de sermos reis e rainhas
> Na terra da literatura brasileira
> [...]
> (RIBEIRO, 2002, p. 233).

Nesse mesmo entendimento, a escritora Conceição Evaristo, que também cresceu em uma favela, na cidade de Belo Horizonte, Minas Gerais, apontou que a chegada do texto de Carolina em sua casa iniciou um processo de transformação não só nela, mas em todas as mulheres de sua família, porque, ao lerem o diário, era como se estivessem lendo as suas próprias histórias. Evaristo (2007), inclusive, narra que sua mãe iniciou também um diário[69]. Para a autora, Carolina era esperança de dias melhores para mulheres como ela, um exemplo de mudança real, concreta, em uma época em que isso não era possível: "Escrever pode ser uma espécie de vingança, talvez desafio, um modo de ferir o silêncio imposto, ou ainda, executar um gesto de teimosa esperança" (EVARISTO, 2005, p. 202).

Gilmar Penteado, em seu artigo "A árvore Carolina Maria de Jesus" (2016), elenca os vários frutos da escritora:

> Ainda na década de 1960, Vera Tereza de Jesus consegue publicar *Ela e a reclusão: o condenado poderia ser você* (1965), livro no qual narra sua vida de criança de rua, suas passagens pelo juizado de menores, pelo manicômio, seu passado de roubos e prostituição na capital paulista. Em 1970, no Rio de Janeiro, Dora de Oliveira publica *Confissões de uma doméstica*. Na década

---

[69] É possível ler fragmentos do diário de Dona Joana Evaristo no site da Ocupação Conceição Evaristo, idealizada pelo Itaú Cultural em 2017. Disponível em: <https://www.itaucultural.org.br/ocupacao/conceicao-evaristo/maternidade/>. Acesso em: 28 jul. 2020.

de 1980, os casos aumentam. Francisca Souza da Silva consegue publicar *Ai de vós!: diário de uma doméstica* (1983), com apoio da mulher para a qual trabalhava. Foi ela quem lhe deu "caneta e papel, incentivando-a escrever" (Perpétua, 2011, p. 2). Sandra Mara Herzer, transexual que mudou seu nome para Anderson Herzer, órfã de pai assassinado e filha de prostituta, escreve *A queda para o alto* (1982), no qual relata seu passado de preconceito, drogas, álcool e internações na Febem. Suicida-se antes de o livro ser lançado. Em 1997, surge outro *best-seller, Cidade de Deus*, de Paulo Lins [...] O livro chegou ao cinema, e o filme chegou ao maior prêmio da indústria do cinema de Hollywood: o Oscar. [...] Na década de 1990 também surgem as primeiras publicações independentes de escritores da periferia urbana de São Paulo. Aparece o poeta Sérgio Vaz, fundador da Cooperifa (Cooperativa Cultural da Periferia). Ferréz também publica poesia de forma independente, antes de lançar *Capão pecado* (2000). No mesmo ano, Esmeralda Carmo Ortiz publica *Esmeralda. Por que não dancei?*, no qual relembra período de sua vida, dos 8 aos 19 anos, em que viveu na praça da Sé, centro de São Paulo, e suas dezenas de internações na Febem. Ainda em 2000, Alessandro Buzo publica *O trem: baseado em fatos reais*, no qual denuncia o descaso do transporte público que liga o centro ao extremo da zona leste da capital paulista, onde mora (PENTEADO, 2016, p. 27-28).

Nesse sentido, podemos dizer que Carolina deixou um legado, que possibilitou não só a desenvolvimento de uma Literatura Negro-Feminina, mas também a chamada Literatura Periférica. Nesta, homens e mulheres, moradores das periferias brasileiras, inspirados pela atitude e pela escrita da moradora do Canindé, desejaram também escrever e publicar seus livros.

Assim, adentrando a quarta estrofe do poema de Evaristo (2008), temos o tempo e o espaço preenchidos pelo eu lírico. Tal período pode ser caracterizado pela produção do final do século XX, que marca o momento de consolidação dessa escritura negro-feminina, pois começa a surgir um grupo organizado, marcado pelas conquistas do movimento feminista negro, que passa a ganhar visibilidade na época e cuja escritura pode ser representada pela *escrevivência* de Conceição Evaristo.

Filha de lavadeira, encontrava a poesia nas tinas de roupas da mãe. Assim como Carolina, cresceu em uma casa pobre e marcada pela cultura oral, ou seja, "vazia de móveis, de coisas e muitas vezes de alimentos e agasalhos, mas era habitada de palavras" (EVARISTO, 2005, p. 201). Atenta a tudo à sua volta, afirmou que sua literatura é fruto de tudo que viu, viveu e ouviu: "Tudo era narrado. Tudo era motivo de prosa-poesia" (EVARISTO, 2005, p. 201). Assim, é gerado o conceito de *escrevivência*, a escrita da vivência, que, embora recente, já caracterizava a obra de Carolina:

> Mas digo sempre: creio que a gênese de minha escrita está no acumulo de tudo que ouvi desde a infância. O acumulo das palavras, das histórias que habitavam em nossa casa e adjacências. Dos fatos contados a meia-voz, dos relatos da noite, segredos, histórias que as crianças não podiam ouvir. Eu fechava os olhos fingindo dormir e acordava todos os meus sentidos. O meu corpo por inteiro recebia palavras, sons, murmúrios, vozes entrecortadas de gozo ou dor dependendo do enredo das histórias. De olhos cerrados eu construía as faces de minhas personagens reais e falantes. Era um jogo de escrever no escuro. No corpo da noite. Na origem da minha escrita ouço os gritos, os chamados das vizinhas debruçadas sobre as janelas, ou nos vãos das portas contando em voz alta uma para outras as suas mazelas, assim como as suas alegrias. Como ouvi conversas de mulheres! Falar e ouvir entre nós, era a talvez a única defesa, o único remédio que possuíamos. Venho de uma família em que as mulheres, mesmo não estando totalmente livres de uma dominação machista, primeira a dos patrões, depois a dos homens seus familiares, raramente se permitiam fragilizar. Como "cabeça" da família, elas construíam um mundo próprio, muitas vezes distantes e independentes de seus homens e mormente para apoiá-los depois. Talvez por isso tantas personagens femininas em meus poemas e em minhas narrativas? Pergunto sobre isto, não afirmo. [...] E se inconscientemente desde pequena, nas redações escolares eu inventava outro mundo, pois dentro dos meus limites de compreensão, eu já havia entendido a precariedade da vida que nos era oferecida, aos poucos fui ganhando uma consciência. Consciência que compromete a minha escrita como um lugar de auto-afirmação de minhas particularidades, de minhas especificidades como sujeito-mulher--negra (EVARISTO, 2007, p. 19-20).

Trabalhou como empregada doméstica até concluir os estudos secundários no Instituto de Educação de Minas Gerais, em 1971. Mudou-se para o Rio de Janeiro, onde fez o magistério, formou-se em Letras pela UFRJ, defendeu sua dissertação de mestrado em 1996, pela PUC/RJ, e defendeu sua tese de doutoramento em 2011, pela UFF. Estreou na literatura em 1990, na série *Cadernos Negros*, uma publicação coletiva do grupo Quilombhoje, financiada pelos próprios autores, que, como já mencionado, tinha por objetivo dar visibilidade à produção de autores negros, algo que, na maioria das vezes, era negado em outras editoras.

Diferentemente de suas precursoras, que estavam sozinhas nesse processo insubordinado de se fazer ouvir, a voz de Evaristo ecoa juntamente com um grupo de autoras que assumem em sua obra esse lugar de fala feminino e negro. Nomes como Ana Cruz, Elisa Lucinda, Alzira Rufino, Esmeralda Ribeiro, Geni Guimarães, Lia Vieira, Miriam Alves, Celinha, Ruth Souza Saleme e Sônia Fátima Conceição uniram-se para continuar a luta pelos direitos das mulheres negras, dentre eles, o direito à fala. Elas enfrentaram, no Movimento Negro, um processo semelhante ao que Carolina viveu. Entretanto, como estavam juntas, em um grupo organizado, e impulsionadas pela porta que tinha sido "arrombada" por Carolina, o resultado foi outro. Sobre esse processo, citamos Miriam Alves (2010, p. 69-70):

> Nos encontros e nos debates internos dos grupos de literatura, as mulheres escritoras, em proporção numérica menor que a dos colegas escritores, incluíam a questão da literatura feminina na pauta dos debates como uma das preocupações literárias a serem consideradas. No entanto, o assunto não era tratado com devida atenção e acabava relegado ao segundo plano das prioridades, mas, nem por isto deixou de fazer parte das inquietações das escritoras afrodescendentes. Na oportunidade da realização do 1º Encontro Nacional de Poetas e Ficcionistas Negros Brasileiros em São Paulo, em 1985, as escritoras Esmeralda Ribeiro e Roseli Nascimento apresentaram textos que ponteavam alguns aspectos da escrita negra feminina. Questionavam não só o ato de escrever, abordagem de conteúdo e forma, como também a maneira pela qual a mulher negra era representada tanto nos trabalhos de autores brancos como de autores negros. No 2º Encontro em Petrópolis, em 1986, notava-se, entre as escritoras, o interesse de fazer valer as questões relativas à escrita feminina na pauta oficial das discussões, o que gerou a proposta de um dos escritores participantes de que fosse designada apenas uma mulher para falar pelas demais, como representante (ALVES, 1995, p. 11-12). Provocando revolta na ala feminina, a proposta foi considerada uma estratégia de afunilar as manifestações das mulheres, visto que os escritores homens tinham direitos iguais e as mulheres teriam uma representante apenas, o que as impediria de ver suas experiências de escrita serem analisadas de forma igual. Como fruto dessa experiência, eu organizei dois livros bilíngues, inglês/português: um de poemas [...] e outro de contos [...] Mulheres de diversas regiões do país, das mais diferentes origens e formação,

com seus poemas e contos que falam de amor e da vida, do ser e do não ser, de sexismo, de erotismo, da autoprocura e da própria identidade, da miséria, do racismo e da discriminação, das relações e reafirmações de um corpo negro segregado, abusado, desapropriado e a consequente retomada autoidentitária, tendo em vista padrões autorreferentes.

Assim, consolidaram os pontos levantados outrora por Carolina e estabeleceram o que ficaria conhecido por Literatura Negro-Feminina:

> Sendo as mulheres invisibilizadas, não só pelas páginas da história oficial, mas também pela literatura, e quando se tornam objetos da segunda, na maioria das vezes, surgem ficcionalizadas a partir de estereótipos vários, para as escritoras negras cabem vários cuidados. Assenhorando-se "da pena", objeto representativo do poder falo-cêntrico branco, as escritoras negras buscam inscrever no corpus literário brasileiro imagens de uma auto-representação. Surge a fala de um corpo que não é apenas descrito mas antes de tudo vivido. A escre(vivência) das mulheres negras explicita as aventuras e as desventuras de quem conhece uma dupla condição, que a sociedade teima em querer inferiorizada, mulher e negra (EVARISTO, 2005, p. 205).

A escrita dessas mulheres procura ressignificar palavras e valores distorcidos pela literatura canônica. Utilizando-se de simbologias, como a presença de signos da religiosidade e da cultura africanas em suas produções, intertextualidades e metalinguagens, desconstrói estereótipos, renuncia a todas as verdades que lhes foram impostas e "liberta" as novas gerações por meio do questionamento e da reconstrução da autoestima. Recupera o seu passado, lambuza-se em mares negros e assume o seu reinado em Benguela[70] e em terras brasileiras. Rompe com as Ritas Bahianas e Gabrielas, e, assumindo o movimento da escrita, apresenta à sociedade quem é essa mulher negra, seus sentimentos, suas lutas, paixões, conquistas e reivindicações. Sobre essa estética, comenta Lívia Maria Natália de Souza Santos (2018, n.p.):

> Na poesia, espaço onde se construiu tradicionalmente uma representação do feminino pelo masculino na imagem da santa, da puta, da amada, desejada, desprezada ou inalcançável mulher, insere-se a rasura fundante de outro *modus fasciende* que passa, conforme apontou Florentina Santos, por uma proposta estética diferenciada que é insubmissa ao cânone do que se

---

[70] Referência ao poema "Coração tição", de Ana Cruz (1997, p. 31).

convencionou chamar de belo em literatura. A proposta estética oferecida pro estes textos tem algumas similaridades. Uma das marcas mais fortes é o abrandamento das alegorias, figuras de imagem calcadas na comparação complexa, em favor das metáforas, símiles, catacreses, assonâncias, aliterações e ironia. As imagens construídas se propõem a construir uma leitura possível do mundo, tornando-o condizente com o olhar diferenciado que sobre ele se lança. Desta forma, há um progressivo abandono das formas de representação já desgastadas pelo uso em favor de pessoalisar, pela diferença mesmo, pela *differ* (DERRIDA), a dicção da escrita. As mensagens engendram um sentimento de limite, de exaustão, de alcance do limite do tolerável e da inviabilidade da manutenção das relações entre os arquétipos femininos e masculinos. Os textos trazem a reivindicação do reconhecimento de sua completude pela negação da castração e rechaçamento da idéia rebaixadora de inveja do falo, o que se faz acompanhar de uma assunção libertadora do gozo e do prazer sexual. Não obstante, temas que percorrem o discurso poético de inúmeros escritores também comparecerão revisitados nestes poemas, a exemplo do recorrente tema do fazer poético[...] Esta produção poética, desta forma, instaura como demanda a capacidade de acionar leituras diferenciais que busquem perceber, na recorrência de elementos como a substituição da alegoria ou da metáfora pela comparação simples; nas ironias; no privilégio de versos livros e brancos; na construção de desenhos poéticos na página e nas outras formas de reescritas das histórias de si, a construção de uma personalidade poética não submissa ao cânone que jamais se interessou por abrigá-las.

A partir desse período, a ideia de uma Literatura Negro-Feminina começa a ganhar forma, estrutura, características específicas, um corpo organizado de mulheres que, apresentando a consciência desse "eu" coletivo, colocaram-se como porta-vozes de outras que não têm acesso à palavra.

Chegando aos últimos versos da poesia de Evaristo (2008), temos a voz da filha, essa nova geração de escritoras negras, que pode ser representada pela *escrevivência* de Cristiane Sobral. A atriz, escritora e professora nasceu na década de 1970, num bairro da periferia do Rio de Janeiro. Criada sob influências da cultura afro-brasileira, que recebera por meio de seus pais e demais familiares, a autora foi, aos poucos, tornando-se negra, não apenas pela cor da sua pele, mas aderindo à cultura negra como um todo por meio de um processo de autoidentificação. Encontrou no teatro o lugar para a reflexão sobre a identidade negra, para o questionamento dos padrões eurocêntricos e para o fortalecimento de sua identidade. Em 1990, mudou-se para Brasília, cidade onde encontrou diversas possibilidades de atuação e onde, por isso, decidiu fixar residência. Em 1998, formou-se como a primeira aluna negra graduada em Interpretação Teatral pela UNB. Escreveu as peças *Uma boneca no lixo* (s.d.), com a qual ganhou o prêmio de montagem GDF em 1998, e *Dra. Sida* (s.d.), que lhe rendeu o prêmio do Ministério da Saúde em 2000. Ademais, desde 2000, publica poemas e contos na Antologia *Cadernos Negros*, além de publicações individuais, como *Não vou mais lavar os pratos* (2010), *Espelhos, miradouros, dialéticas da percepção* (2011), *Só por hoje vou deixar o meu cabelo em paz* (2014), *O tapete voador* (2016), *Terra negra* (2017), *Dona dos ventos* (2019) e *Amar antes que amanheça* (2021).

Sobral é, hoje, uma das representantes da, se assim podemos nomear, "nova era da escrita negro-feminina", composta por nomes como Ana Maria Gonçalves, Elizandra Batista de Souza, Dinha, Mel Adún, Raquel Almeida, Jenyffer Nascimento, Neide Almeida, Tatiana Nascimento, Ryane Leão, Zainne Lima da Silva, Nana Martins, Cidinha da Silva, Jarrid Arraes, Carmem Faustino, Priscila Obaci, Mel Duarte, Ana Paula Maia, Eliana Alves Cruz, Lívia Natália, Lubi Prates, Luciene Nascimento, entre outras. Essas escritoras, apesar de retomarem o projeto literário histórico-filosófico de suas ancestrais, ampliam suas discussões para temas atuais, como a sexualidade, o autocuidado, o relacionamento homoafetivo, a identidade, o fazer poético e o lugar da mulher negra na sociedade contemporânea. Além disso, transitam em diferentes suportes, que hoje não se restringem mais ao papel, mas vão do palco à tela do computador, *tablets* e celulares, incluindo espaços de divulgação, como os *Slams*. Sobre isso, citamos Duke (2016, p. 13):

> As escritoras mais jovens não procuram esquecer o propósito maior de alinhar-se com uma estética negra do Brasil. De fato, cada nova geração se inspira nas anteriores. Ao mesmo tempo, as escritoras mais jovens podem testemunhar os logros ao observar que, com cada palavra e com o passar do tempo, conseguem empurrar mais para trás aquela herança dolorosa original, num grande esforço grande de fazê-la desaparecer por completo, abrindo espaço para novas visões e atuações na história e cultura brasileiras. O valor, no seu discurso, está na sua capacidade constante de reescrever a história da nação e da mulher, ao seu modo.

Nesse sentido, quando lemos os textos das jovens autoras, podemos enxergar em seus escritos um misto de passado e presente, ou seja, sabemos que o contexto atual é diferente do antigo, que foi marcado por seus ativismos negros e feministas, mas, apesar disso, a literatura atual "expressa algumas das mesmas preocupações e questionamentos de justiça, direitos iguais, desigualdade econômica e cidadania daquela época formativa de conscientização" (DUKE, 2016, p. 25). No texto de Sobral, enxergamos Carolina. Entretanto, ela atualiza a escritura ancestral, adaptando-a aos anseios que esse novo contexto revela.

Sobral, por exemplo, que provavelmente não morou na favela nem passou fome, apresenta em seus escritos outras fomes. Seu lugar de fala é outro, não é o mesmo de suas precursoras, contudo parte dele. A voz de Sobral revela outro tipo de luta, não mais contra a fome ou por uma moradia digna ou pelo direito de ser mulher e mãe, mas pelo direito a uma profissão, ao reconhecimento, ao cuidado, a assumir a sua identidade negra ou a não mais lavar os pratos, como denunciou em seu poema "Não vou mais lavar os pratos":

Não vou mais lavar os pratos

Nem vou limpar a poeira dos móveis
Sinto muito. Comecei a ler
Abri outro dia um livro e uma semana depois decidi
Não levo mais o lixo para a lixeira
Nem arrumo a bagunça das folhas que caem no quintal
Sinto muito. Depois de ler percebi a estética dos pratos
a estética dos traços, a ética
A estática
Olho minhas mãos quando mudam a página dos livros
mãos bem mais macias que antes
e sinto que posso começar a ser a todo instante
Sinto
Qualquer coisa
Não vou mais lavar
Nem levar
Seus tapetes para lavar a seco
Tenho os olhos rasos d'água
Sinto muito
Agora que comecei a ler, quero entender
O porquê, por quê? E o porquê
Existem coisas

Eu li, e li, e li
Eu até sorri
E deixei o feijão queimar...
Olha que o feijão sempre demora a ficar pronto
Considere que os tempos agora são outros...
Ah,
Esqueci de dizer. Não vou mais
Resolvi ficar um tempo comigo
Resolvi ler sobre o que se passa conosco
Você nem me espere. Você nem me chame. Não vou
De tudo o que jamais li, de tudo o que jamais entendi
você foi o que passou
Passou do limite, passou da medida, passou do alfabeto
Desalfabetizou
Não vou mais lavar as coisas e encobrir a verdadeira sujeira
Nem limpar a poeira e espalhar o pó daqui para lá e de lá para cá
Desinfetarei as minhas mãos e não tocarei suas partes móveis
Não tocarei no álcool
Depois de tantos anos alfabetizada, aprendi a ler
Depois de tanto tempo juntos, aprendi a separar
Meu tênis do seu sapato
Minha gaveta das suas gravatas
Meu perfume do seu cheiro
Minha tela da sua moldura
Sendo assim, não lavo mais nada
e olho a sujeira no fundo do copo
Sempre chega o momento
De sacudir, de investir, de traduzir
Não lavo mais pratos
Li a assinatura da minha lei áurea escrita em negro maiúsculo
Em letras tamanho 18, espaço duplo
Aboli
Não lavo mais os pratos
Quero travessas de prata, cozinhas de luxo
E jóias de ouro
Legítimas
Está decretada a lei áurea
(SOBRAL, 2010, p. 23).

O poema, além de continuar a denúncia social iniciada anteriormente, aprofunda-se em outra questão, que, embora já denunciada por Carolina, tornou-se um dos temas centrais dessa nova geração: os relacionamentos abusivos aos quais se submetem as mulheres, na maioria das vezes, negras. Podemos dizer que isso acontece devido à persistência dos modelos de relações herdadas no período da escravização, quando as mulheres negras não eram consideradas "boas para casar", ideia que permeia a nossa sociedade e comanda os relacionamentos até hoje. O resultado é a continuidade de um grande número de mulheres negras sozinhas ou que, quando não estão sozinhas, "contentam-se" com relacionamentos extremamente violentos em todos os sentidos. O eu lírico, ao acessar a leitura e a escrita, liberta-se não somente da obrigação do serviço doméstico, mas do relacionamento, que não a satisfaz. A literatura, a leitura, abriu-lhe os olhos e ele percebeu que poderia ser bem mais feliz, separando o tênis do outro do seu sapato.

Cristiane atualiza versos que Carolina escreveu anos atrás, contudo essa discussão ficou abafada no contexto de 1960, quando a pauta principal era o direito à vida. Já na geração de Conceição, o tema mais urgente era a luta por espaço, pelo direito à voz. Agora, na geração de Cristiane, esse tema ganha força. Assim, inspiradas por Carolina, as *escrevivências* negras contemporâneas reivindicam não só um marido, um homem que ajude a manter a casa e os filhos, mas que, acima de tudo, ofereça respeito, amor, compreensão, atenção, orgasmo e "joias de ouro legítimas". Ademais, nesse tempo, há um movimento de fortalecimento das identidades negro-femininas, como a busca por conhecimento a respeito de suas origens e a ressignificação de características fenotípicas do corpo negro a fim de empoderar e fortalecer o povo negro desde a infância. Por isso, há uma preocupação com poéticas voltadas para as crianças e os adolescentes.

Sobral, em 2010, publica um poema intitulado "Voz", contemplando um tema abordado por Carolina, em 1960, e por Conceição, em 1990, e retomado na atualidade, evidenciando que o direito à fala é ainda pauta das lutas das mulheres negras. Contudo, diferentemente de suas antecessoras, a rima não é tão dura:

> Ao escrever procuro palavras
> Como quem monta um quebra-cabeça,
> Num exercício de imaginação e sensibilidade
> Escrever é meu grito de liberdade
> (SOBRAL, 2010, p. 123).

Por meio dos caminhos abertos pelas precursoras, o eu lírico de Sobral (2010) não ecoa infância perdida, mas monta um quebra-cabeça, exercita a imaginação, não ecoa baixinho, mas grita. Enquanto Firmina escreveu sob pseudônimo e ficou no limbo por anos e Carolina não pôde publicar sua poesia, Conceição ganhou prêmios e Cristiane tem milhares de seguidores na internet. Todavia, apesar do longo caminho já percorrido e das muitas conquistas, muitas reivindicações ainda se fazem presentes, desde aqueles direitos considerados os mais básicos, como o direito ao pão, à moradia, ao trabalho, até aqueles considerados mais "complexos", como o direito à maternidade, ao corpo, à sexualidade, ao estudo, à afro-brasilidade, à ancestralidade, à religiosidade, à memória, à poesia, à família, ao amor e à vida:

> O que levaria determinadas mulheres, nascidas e criadas em ambientes não letrados, e quando muito, semi-alfabetizados, a romperem com a passividade da leitura e buscarem o movimento da escrita?
> Tento responder. Talvez, estas mulheres (como eu) tenham percebido que se o ato de ler oferece a apreensão do mundo, o de escrever ultrapassa os limites de uma percepção da vida. Escrever pressupõe um dinamismo próprio do sujeito da escrita, proporcionando-lhe a sua auto-inscrição no interior do mundo. E, em se tratando de um ato empreendido por mulheres negras, que historicamente transitam por espaços culturais diferenciados dos lugares ocupados pela cultura das elites, escrever adquire um sentido de insubordinação. Insubordinação que pode se evidenciar, muitas vezes, desde uma escrita que fere "as normas cultas" da língua, caso exemplar o de Carolina Maria de Jesus, como também pela escolha da matéria narrada.
> A nossa escrevivência não pode ser lida como histórias para "ninar os da casa grande" e sim para incomodá-los em seus sonos injustos (EVARISTO, 2007, p. 20-21).

Fazer esse caminho em busca do conhecimento sobre a trajetória das poéticas das mulheres negras é importante para este estudo, pois situa nossa autora, Carolina, e sua obra no tempo e no espaço, mostrando a relevância de sua produção como uma das precursoras da Literatura Negro-Feminina. Assim como no poema de Evaristo (2008), tal pesquisa ambienta-nos no campo da produção de mulheres negras brasileiras e mostra-nos que a escritura de Carolina não surgiu "do nada", em um barraco no Canindé, na década de 1960, mas pertence a uma linhagem, a um grupo de mulheres insubordinadas que ousaram resistir por meio da palavra, afinal, como bem colocou Jurema Werneck (2010), "nossos passos vêm de longe!".

4. Qual era a fome de Carolina?: fases e temáticas

"Não tenho força física, mas as minhas palavras ferem mais do que a espada. E as feridas são incicatrizáveis."

(Carolina Maria de Jesus)

"Não deixo de escrever porque o escrever para mim é tão escencial devido a fusão de ideia que promanam no meu cerebro. Quando eu vêjo uma cachoeira desprendendo água em abundancia e o céu super lotado de estrelas penso: tudo que é da natureza é em profusão e assim são os versos que povoa o meu cérebro."

(Carolina Maria de Jesus)

Joel Rufino dos Santos (2009, p. 25) definiu Carolina como "grafomaníaca: pessoa com tendência compulsiva, doentia, de fazer registros gráficos, rabiscos e, especialmente, escrever em qualquer superfície ou material imediatamente acessível. Vício de escrevinhar, ser infeliz se passar um dia sem escrever". As biógrafas Eliana de Moura Castro e Marília Novais de Mata Machado (2007, p. 108) declararam:

> Escrever para Carolina era uma necessidade vital. Não uma fuga da realidade, cujo lado mais cru ela descreve e enfrenta com galhardia, mas um refúgio, um amparo. Como se pudesse, por um momento tronar-se independente da favela. Escrever é, ainda, meio de se conciliar consigo mesma e talvez entender melhor o que lhe vai na alma. Manter emoções à distância e melhor dominá-las. Para afrontar a discriminação e a fome, a escrita, salto criativo, oferecia um bálsamo. [...] Escrever para superar a fome, escrever para suportar a opressão e a indignidade. Escrever para tentar sair da imobilidade. [...] No registro puramente psicológico, escrever era para Carolina uma fonte de prazer, da ordem da sublimação. Canalizando sua energia para essa

atividade tão criativa e valorizada socialmente, estruturava-se psiquicamente, reelaborava a experiência traumática e talvez superasse. Daí o caráter vital dessa atividade.

Desse modo, entendemos que a fome de Carolina era de escrita. A autora escrevia a todo momento. Uma das marcas da escritora era andar pelas ruas de São Paulo com o saco de papel nas costas e um caderninho na mão, no qual ia anotando os versos que a cidade lhe inspirava. Esse constante exercício de escrita fez com que a escritora produzisse uma obra diversificada, tanto na temática quanto nos gêneros.

Um exemplo dessa prática é o poema "Quadros"[71], no qual a autora apresenta 85 estrofes, todas de quatro versos, quase todos heptassílabos e rimados. As quadras apresentam temas variados, como exaltação da cidade de São Paulo, sofrimento amoroso, denúncia das misérias, religiosidade, crítica aos políticos, dificuldades referentes à profissão de escritora, reflexão existencial, entre outros. Algumas dessas quadras sugerem "inícios" de poemas ou ideias de poemas que a escritora desenvolveu em outros textos presentes em suas antologias. A impressão que se tem é a de que, em alguns casos, ela ia escrevendo o que sentia no momento para não esquecer e depois desenvolvia com mais calma.

A multiplicidade temática reunida no poema revela essa necessidade que Carolina tinha de falar sobre tudo, de escrever a todo momento e de dar vazão aos sentimentos, libertar o fluxo descontrolado de "pensamentos poéticos" que perturbavam sua mente e seu coração:

Quadros[72]

Meu São Paulo enigmático
Ora é frio, ora é calor
Mesmo assim te quero bem
Mesmo assim tenho-lhe amor.

São Paulo é o coração
Dêste grande nobre país

Os que deixam o seu torrão
Em São Paulo há de ser feliz.

Choro: não sei o que faço
Que luta! Que aflição!
Tenho um homem nos braços
E outro no coração.

---

[71] Esse poema apresenta diversos títulos. Na versão manuscrita *Clíris* é intitulado "Quadrinhas" e na versão manuscrita *Um Brasil para brasileiros* é denominado "Quadras".
[72] Transcrição do manuscrito localizado em: FBN, rolo 5 - MS-565 (5), FTG [n.p.].

É a verdade o que digo:
E que sirva de lição,
Não confia no teu amigo
Guarda a tua provisão.

Gosto de olhar a cruz
Ela é símbolo da fé
Onde morreu Jesus
O filho de São José.

Passei pelo mundo sofrendo
Não realizei as minhas vocações
E pouco a pouco fui perdendo
Ideal e todas ilusões.

Aos teus pés chorando venho
Implorar o teu perdão
Sem ti querido não tenho
Nem prazer nem ilusão

Sois belo igual aurora
Que espalha o seu esplendor
Desde quando foste embora
Multiplicou a minha dor.

Querido! Você é um santo
Quero ver-te em um altar
Peço-te que não deixes
Outra mulher te beijar.

Reconheço que te amo
E o meu amor é profundo
É por isso que eu penso
Que sou feliz neste mundo.

A vida ensinou a suportar
Todas as consequências
A não reclamar
A ter fé e paciência.

Querido! Amo-te tanto
Sempre hei de te venerar
Imploro-lhe que não deixes
Outra mulher te acariciar.

Ninguém gosta de perder
As pessoas que adora
O meu amor me faz sofrer
Quando diz: vou-me embora.

Dormi uma noite na areia
Na linda praia de Guarujá
Despertei as seis e meia
Com gorjeio de um sabiá.

Meu Deus! Quem é que não sente?
Jesus quem é que não chora?
Ao ver sofrer neste mundo
Pessoas que a gente adora?

Es tudo para mim no mundo!
Amo-te com imenso ardor
Os teus beijos são tão doces
Deixou-lhe louca de amor.

O nosso viver coincide
Pobre canarinho amigo
Tu vives numa gaiola
Eu na prisão por castigo.

Ha uma diferença entre nós
Eu sou mau, tu es carinhoso
Você está preso por causa da tua vóz
E eu:... porque sou um criminoso.

Jesus tem dó de mim
Creio que sou vossa filha
Não me deixes viver assim
Faminta e mal trapilha.

Quando eu morrer, meu Deus!
Aos teus braços me conduz
Porque a glória da terra
É falsa e não me seduz.

Todos a mim tratam bem
Mesmo assim não sou feliz
Tenho saudades de alguém
Que eu amei. E não quis.

Há quem pensa que eu te amo,
Mas eu afirmo que não
Sabe, eu sou feita de pedra:
Pedra não tem coração.

Regressaste desiludida,
Dizendo-me: não sou feliz!
Deturpaste a minha vida
Como eu ninguém lhe quis.

Quero propor-lhe um negócio
De sociedade contigo,
Eu sobe que tu tens dinheiro
Porque não te casas comigo?

Eu disse: o meu sonho é escrever!
Responde o branco: ela é louca.
O que as negras devem fazer...
É ir pro tanque lavar roupa.

Que vontade de chorar!
Que tristeza interior!
Não posso me conformar
Com a ausencia do meu amor.

Todos a mim tratam bem
Mesmo assim não estou contente
Eu queria que alguém
Voltasse a mim novamente.

Tenho muita conciência,
Tenho senso e tenho noção,
Tenho dentro do meu peito
Nobre e bom coração.

O sol ama a lua
E deu-lhe uma flôr.
Eu quero dar um beijo
No homem, que lhe tenho amor.

O meu amor brigou comigo
Veja só que ingratidão
Devolveu o meu retrato
Magoou o meu coração

Sou no mundo um peregrino.
Não sei o que seja prazer,
Para que lutar contra o destino
Se eu nasci para sofrer?

Saio de casa não deixo nada
Nem pedacinho de pão,
Deixo minhas roupas molhadas
Não as lavo por não ter sabão.

Que luta para viver.
Quantas dificuldades
Um pobre quando morrer
Não pode levar saudades.

A solidão me entristece
Vivo ocultando uma dor
Como é triste viver só
Sem carinho e sem amor.

Eu disse que te amava
Mas tudo foi brincadeira
Nos negócios eu sou sincera

No amor sou tropeceira.[73]

Em que vives a meditar?
Es triste e desiludida
Se eu pudesse modificar
O curso da minha vida!

Ha pessoas que no auge do sofrer
Diz: sou bom, sempre pratiquei o bem.
Somente Cristo é que pode dizer:
Eu nunca fiz mal a ninguém.

Vivo aqui abandonada
Como é triste a solidão,
O teu desprezo é como espada
A perfurar-me o coração.

Quem revela ser amigo de verdade
- É aquele que nos procura na aflição
Quando atingimos pela enfermidade
Quando estamos sosinhos na prisão.

Quem assim me vê cantando
Transbordando tanta alegria
É que eu vivo pensando
No meu amor noite e dia.

Os poetas que passaram
Construíram castelos no ar
E quase todos idealizaram
Somente os sonhos para sonhar.

A morte quando vem
Não passa telegrama
Morre quem está de pé
Morre quem está na cama.

Quem assim me ver cantando
Creio que vão me invejar
Só por dentro estou chorando
Mas, não compensa lamentar

Quem assim me ver sorrindo
Transbordando tanta alegria
Não sabe o que estou sentindo
Desconhecem a minha agonia.

O pobre não deve revoltar-se
Por ser pobre deve até dizer:
Com orgulho: foi entre os pobres
Que Jesus preferiu nascer.

As vezes tenho saudades
Da minha quadra inocente
Desconhecia adversidade
Que atinge a vida da gente

Ha lagrima para surgir
Deriva de uma emoção
Das agruras que vem ferir
A alma e o coração.

A tristeza veio visitar
O meu misero coração
E disse que vai ficar
Sem pedir-me permissão.

O enquanto viver
Não deve errar na vida
Quem erra não pode ter
A cabeça erguida.

Eu sempre fui vaidosa
Mas o destino foi cruel comigo

---

[73] Acreditamos ser "trapaceira".

Obrigando-me andar andrajoso
Pelas ruas catando papel.

Num país subdesenvolvido
Onde o povo não vai a escola
Por não ser bem esclarecido
O que aprende é pedir esmola.

O mundo inteiro
Pensa em algo qualquer
Ha quem pensa no dinheiro
Ha quem pensa na mulher.

Agora que estou na maturidade
Arrependo-me do mal que te fiz
Fui um esbulho na tua vida
Não deixando-te ser feliz.

Eu era triste, queria morrer!
Mas restituiste-me o sorriso
É que Deus vendo-me sofrer
Enviou-te l-a do paraiso.

Jesus cristo ficou famoso
Porque as suas ações eram nobres
Angaroou muitos inimigos
Porque é o líder dos pobres.

O sofrimento de Cristo foi demais
Tudo êle suportou e venceu
Horrorizado disse-lhe o satanás
Tu ... es maior do que eu.

Estou exausta. Esmareço
Deus! Tenha de mim piedade
Peço-te da-me o endereço
Da felicidade.

Seguia um pobre indigente
Sua vida infausta era uma cruz
E pedia diariamente
A proteção de Jesus.

O empregado tem o dever
De bem servir o patrão
Porque o serviço bem feito
É uma recomendação.

Gosto de conservar com os pobres
Que não cursaram universidade
Eles são simples e sinceros
E não dizem banalidades.

Nunca desprezem as pessoas
Por estarem esfarrapadas
Há os que vestem roupas boas
E praticam as coisas erradas.

Velhice é coisa maldita
Quando não se tem saude
Quando o velho necessita
Do auxilio da juventude.

Quando a fatalidade nos atingem
Temos que enfrenta-la com tenacidade
Tem certos tipos que por ter dinheiro
Querem viver como se fossem majestade.

Peço-te para não chorar
Quando me veres morta na mesa
Pois não soubeste me tratar
Com carinho e delicadeza.

O homem tem que lutar
É feio ser vagabundo
O que não gosta de trabalhar
É pessimo hospede do mundo.

Tu não deves ser um homem pueril
Sem nenhuma utilidade
Tipos que causa ao Brasil
Vergonha e infelicidade.

Não deves negociar
Com o medíocre e tropeçeiro[74]
Devemos nos separar
Cada porco no seu chiqueiro.

Foi tão triste a minha vida
Sofri, chorei, que desventura
O meu sofrimento não vai caber
Dentro da minha sepultura.

O homem deve ter elegância
Não praticar atos pueril
Os atos com ignorancia
Empobrece o nosso Brasil.

Deus não faz omissão
No seu justo pedido
Peça-lhe com devoção
E has de ser atendido.

Abrãao Lincoln não deveria morrer
De um modo trágico e brutal
Vieste ao mundo para fazer
O bem e não o mal.

Quando eu era menina
Tinha pensar esquisito
Via doces na vitrina
Desejava ser mosquito.

Ninguem amou a poesia
Certamente mais do que eu

Nem mesmo Gonçalves Dias
Nem Casimiro de Abreu.

De mim não sentes saudades?
Não. É porque não tens amor
Percebi que a nossa amizade
É haste que não dá floôr.

Não mais tenho alegria
O que devo fazer agora
Aquele que eu mais queria
Sem motivos foi-se embora.

A tua ausência me escraviza
Eu sofro constantemente
Tua presença é que leniza
Esta tortura pungente.

Descobri a minha infermidade
É tão grave essa doença
Ela chama-se saudade
E surgiu com a tua ausencia.

Minha existencia é sombria
Vivo tão só neste mundo
Minha amiga é a poesia
Que não me deixa um segundo.

Coisa que não tenho inveja
É de mulher casada
Quando ela pede comida,
O marido quer dar pancada.

Como sofrem os favelados
Da favela do vergueiro
Viveram todos misturados
Como os porcos no chiqueiro.

---

[74] Acreditamos ser "trapaceiro".

Dizem que amor é pecado
Eu, ao amar não me rendo
Eu vejo que os que tem amores
Vivem brigando e sofrendo.

Desejo ter uma casa com jardim
Feita só para nós dois
Se você não gostar de mim
O amor virá depois.

Eu te amo. Eu te venero
O meu afeto é profundo

Você é uma das coisas que quero
– neste mundo.

Minha renda é tão precária
Que as vezes passo privação
Com a fama de milionária
E sem tustão.

Quem me dera enlouquecer!
Era um ponto final, na tribulação
Como é agro o meu viver
Ganho unidade, gasto um milhão.

Para além dessas 85 estrofes, há uma série de quadras "perdidas" em seus diários, corroborando a ideia de que Carolina escrevia sempre. O sociólogo e pesquisador da obra de Carolina, Mário Medeiros da Silva (2018, n.p.), complementa esse pensamento definindo-a como "uma autora multifacetada e deslizante". Segundo ele, essa multiplicidade temática deve-se à "necessidade incontrolável de deambular, da impossibilidade em ficar no mesmo lugar. Do espaço geográfico ao literário, Carolina de Jesus é inquieta naturalmente" (SILVA, 2018, n.p.). Assim, devido a esses constantes deslocamentos geográficos, à incessante busca por liberdade e compreensão e ao forte desejo de se comunicar, Carolina foi reunindo matéria para sua poética ampla e versátil.

Diante disso, neste capítulo abordaremos as fases e as demais temáticas exploradas por Carolina em seus poemas, demonstrando a pluralidade de sua poética, que foi mudando ao longo da sua trajetória, à medida que suas vivências também mudavam, que ia adquirindo mais conhecimento sobre a arte literária, que ia adentrando os espaços poéticos, que ia compreendendo o jogo editorial e que "deslizava" para sobreviver no meio literário. Tudo isso marcou e refletiu-se em sua *escrevivência*.

Para a análise desses poemas, propomos a seguinte divisão: "No quarto de despejo, antes do sucesso"; "Na casa de alvenaria, durante o sucesso"; e "No sítio, após o sucesso". Como os poemas de Carolina não são datados, apoiamo-nos na proposta de José Sebe Bom Meihy, que, nos artigos "A integridade das frações" (1996a) e "Três utopias de uma certa Carolina" (1996c), analisa a escrita da autora em seus diários de 1958 a 1963, ou seja, "do aparecimento de Carolina como figura pública, através de seu livro lançado em agosto de 60, até a fase de caracterização, no Brasil, de sua 'decadência' como escritora e personalidade pública" (MEIHY, 1996a, p. 285), observando seu vocabulário, temas e posturas antes, durante e depois do sucesso.

Nosso objeto, os poemas, surge antes da escrita dos diários analisados por Meihy, contudo suas percepções a respeito do estilo e dos temas caros à autora, em cada um desses períodos, auxiliarão nosso estudo, pois permitirão supor uma cronologia. Entretanto, a divisão proposta não deve ser observada de maneira rígida, visto que há ideias que não mudam e perpassam toda sua trajetória artística, mantêm-se como referenciais de sua visão de mundo, como: "os políticos são maus e culpados"; "os livros são bons educadores"; e "os homens são volúveis". Sendo assim, deve ser considerada como uma sugestão de leitura e análise da poesia da autora.

4.1 No quarto de despejo, antes do sucesso: as primeiras experiências poéticas, o diálogo com seus modelos e o caminho para publicação

> *"Percibi em 1937 que eu tinha uma pequena capacidade poética, fiz poesia. Eu pretendia estudar violão, corte e custura. Dicidi pela literatura. Embora o escritor do Brasil precisa ser rico e eu lixeira, de favela e preta com pretensões a literatura. Eu estou precisando de dôis cadernos e não tenho dinheiro para comprá-los. Um ideal também dá despêsa."*

(Carolina Maria de Jesus)

> *"É preciso criar este ambiente de fantasia, para esquecer que estou na favela."*

(Carolina Maria de Jesus)

Um dos grandes mitos que se criou ao redor da figura de Carolina e sua obra é o de que ela foi descoberta por Audálio Dantas. É fato que o jornalista teve uma participação importante no processo de organização e divulgação de seu livro, todavia a leitura de seus manuscritos nos revela que ela já escrevia antes do encontro com o repórter, em 1958, e que essa parceria fora relevante para os dois. Carolina precisava de um editor e Audálio, de uma grande obra.

Apesar das suas dificuldades para manter-se escritora, como a dificuldade para comprar cadernos e para encontrar meios de dedicar-se somente à sua escritura, Carolina tem, na atividade literária, o seu ideal de vida e, para vivenciar esse ideal, renuncia a diversas outras vivências, como um item de necessidade básica que ela não compra para poder comprar um caderno, um emprego estável que ela não aceita para poder ter tempo para escrever ou um companheiro que ela não assume para poder ter liberdade para continuar produzindo. As pessoas não conseguiam compreender a importância da literatura para Carolina, tanto que, quando a escritora investiu grande parte do dinheiro ganho com a vendagem do diário na publicação do seu livro de romance *Pedaços da fome* e do seu livro de provérbios, foi julgada por Audálio Dantas como irresponsável: "Agora você veja o absurdo de alguém que ganha um dinheirinho fora do esperado e gasta parte do dinheiro na edição de um livro, o que é caro" (DANTAS, 1994, p. 105).

Carolina não só escrevia como também buscava meios para ser publicada. Acreditamos que as redações de jornais foram o seu primeiro caminho, pois, além de serem um meio de comunicação acessível, eram também o principal veículo de divulgação da Literatura Brasileira no início do século XX. A autora, frequentemente, ia a essas redações, conversava com os jornalistas, mostrava seus manuscritos, oferecia-se para escrever ensaios, enfim, era conhecida entre os jornalistas, e vez ou outra seus textos eram publicados:

> Quando eu era empregada doméstica, trabalhava com má vontade, porque o meu desejo era ser artista. Queria ser cantora. Quando eu via uma artista no palco, invejava-a. nos meus dias de folga, lá estava eu, ou no teatro ou nas rádios e na redação do jornal "O dia", conversando com o saudoso Chico Sá, pôis pretendia ser escritora. Quando eu escrevia versós ia na redação para ouvir a opinião do senhor Francisco Sá. Uma noite entrei na redação e disse: O senhor quer ouvir os últimos versos que escrevi? O senhor Francisco de Sá coçou a cabeça e disse-me:
> – Oh, meu Deus! Pórque é que eu não nasci surdo! (FBN, rolo 4 - MS-565 (4), FTG 511).

Além dos jornais brasileiros, a escritora relata que, diante da demora de Audálio Dantas em cumprir com a publicação prometida, juntou dinheiro e enviou seus manuscritos para os Estados Unidos a fim de tentar publicá-los (JESUS, 1996a, p. 43-46). Entretanto, os originais foram recusados (JESUS, 2007a, p. 155).

Ademais, Carolina sempre se apresentava como poeta. Desse modo, nas ruas onde catava papel, nos lugares onde os vendia, nos frigoríficos onde pedia comida, nas bancas de jornais, nas redações, nos circos, nos bailes de carnaval, na favela, todos a conheciam como poeta.

A escritora tinha plena consciência de que não atendia aos padrões socialmente estipulados para um poeta, por isso "deslizava", utilizando-se de diversas estratégias para ser reconhecida como tal e para ser publicada. Um exemplo foi a maneira irônica e astuta com que encarou o apelido de "escritora vira-lata". Em vez de revoltar-se, riu do apelido, assumindo-o para si, sugerindo que ser escritora vira-lata era, na verdade, uma nova categoria de escritores, e que não era uma categoria ruim, já que iria aparecer na televisão e logo seria publicada:

> 15 de maio de 1960: Eu disse para a Dona Maria que ia para a televisão. Que estava tão nervosa e apreensiva. As pessôas que estavam no bonde olhavam-me e perguntavam-se: é a senhora quem escreve?
> Sóu eu.
> – Eu ouvi falar.
> Ela, é a escritóra vira-lata, disse a dona Maria, mâe do Ditão. Contei-lhes que um dia uma jovem bem vestida vinha na minha frente. Um senhor disse:
> – Olha a escritora!
> O outro agêitou a gravata e olhou a loira. Assim que eu passei fui apresentada.
> – Ele olhou-me e disse:
> – Ê isto!
> E olhou com cara de nojo. Sorri, achando graça.
> Os passageiros sorriam e repetiam. Escritôra vira-lata
> (JESUS *apud* PERPÉTUA, 2014, p. 313).

Outra tática utilizada pela autora para ser publicada foi, em alguns momentos, ceder aos desejos dos seus editores em relação à sua linguagem. É possível encontrar em seus poemas, principalmente naqueles produzidos ou reescritos após iniciada a parceria com Audálio Dantas, textos que apresentam uma linguagem mais cotidiana, e esse fato acontece não só pela carência do ensino formal da autora, mas também como outra estratégia para ser publicada. Observa-se em seus manuscritos registros de momentos nos quais Carolina aceita utilizar uma linguagem mais usual, provavelmente influenciada pela opinião dos jornalistas e editores com os quais conviveu, a fim de tornar sua obra mais acessível para o público e, consequentemente, mais aceita entre os leitores:

> 18 de novembro de 1959
> – É a senhora a escritóra?

– Sou sim senhor! [...]
– Onde a senhora estudóu?
– Tenho só dôis anós de grupo.
– É muito pouco! Então a senhora não estudóu gramática?
– Não estudei curso superior. Recibi algumas lições de particulares. [...]
Declamei para êle, o colono e o fazendeiro, negros e Getúlio Vargas. Ele não aprecia versos sem gramática – Mas a época da gramática já passóu. Eu escrevo para um povo apressado que não tem tempo de folhear o dicionário para saber a tradução da palavra clássica – eu escrevo para um povo que é obrigado a ler nas conduçôes. Escrevo para os escravos da atualidade. Que lê nas horas vagas porque precisam trabalhar quinze horas. Oito horas só, não dá para viver.
Eu disse para o diretor que vou assinar um contrato com *O Cruzeiro*. O diretôr olhava-me com espanto que eu pensei:
– Será que eu tenho aspecto de fantasma? [...]
É que eu não escrevo com a gramática porque não é vantagem para o escritôr. Vitor Hugo era advogado e não escrevia com a gramática. Mas, eu sei escrever o clássico. O diretor deu-me a entender que com dois anos de grupo, não vou escrever coisas que prestam
(JESUS *apud* PERPÉTUA, 2014, p. 233).

Por meio do fragmento apresentado, podemos compreender esse processo. Quando Carolina diz que o diretor não gosta de poesia "sem gramática", ou seja, sem um apuro formal e vocabular, e, logo em seguida, aponta que, mesmo sabendo disso, não utilizará essa linguagem em seus textos, revela que sua poesia não é para ele, mas, sim, para um novo público, que não conhece o "clássico" e não tem tempo de pesquisar palavras no dicionário. Também nos diz que o fato de utilizar uma linguagem mais simples em seus poemas é uma escolha, já que sabe "escrever o clássico", mas opta por se comunicar com os mais simples, com o pobre, com o trabalhador, com o preto, com quem não teve acesso ao conhecimento hegemônico, ou, como bem definiu, "os escravos da atualidade". É para esse leitor que Carolina escreve. Por fim, argumenta que o poeta francês Victor Hugo, embora dominasse a norma padrão da língua, pois era advogado, também optou por utilizar uma linguagem mais ordinária a fim de validar a sua atitude, reforçando que os grandes poetas tinham essa prática.

Por fim, percebemos que a própria publicação de *Quarto de despejo*, em 1960, também foi outra estratégia da autora para acessar o meio editorial, pois, ao atender ao pedido do repórter de voltar a escrever o seu diário, mesmo querendo publicar seus poemas, Carolina entendia que aquela era uma oportunidade de adentrar as editoras. Depois, estabelecido o seu lugar nesse mercado, poderia, enfim, libertar-se das ordens de seus editores e publicar seus outros gêneros. Desse modo, escreve com afinco seu cotidiano e, paralelamente, continua a escrever e a recitar seus poemas (PERPÉTUA, 2014, p. 236).

Sobre os temas que marcaram sua produção nesse período, no qual a escritora se iniciava no mundo literário, acreditamos que tenham sido assuntos próximos à estética romântica, visto que, como vimos no primeiro capítulo deste livro, o primeiro contato de Carolina com a arte literária escrita foi por meio da obra dos escritores desse período literário. Antes de ser alfabetizada, ouvia o Senhor Nogueira declamar os poemas de Castro Alves, poeta romântico da terceira geração. Depois de alfabetizada, relatou que o primeiro livro que leu foi *A Escrava Isaura* (1875), do regionalista Bernardo de Guimarães, e, ao descobrir-se poeta, foi o livro do poeta Casimiro de Abreu, *As primaveras* (1859), que lhe deu as primeiras orientações a respeito da arte literária. Em seus poemas, exaltou Gonçalves Dias, e de Camilo Castelo Branco, provavelmente, emprestou o título de sua novela *Onde estaes felicidade?* (2014). Frequentemente, citava a obra do escritor romântico e ativista francês Victor Hugo, principalmente, *Os miseráveis* (1862).

Diante disso, era natural que seus primeiros poemas fossem fortemente marcados pela estética romântica, a partir de temas como o saudosismo, discutido no primeiro capítulo, no vocabulário, na força descritiva, na maneira de se fazer poesia, pois tinha neles o modelo de poeta. Entretanto, verifica-se também a ocorrência de práticas parnasianas, como o desejo de alcançar a forma perfeita, além de um bucolismo, provavelmente fruto das leituras de Tomás Antônio Gonzaga e Bocage, bem como das suas experiências na época da adolescência, quando morava e trabalhava na fazenda, onde tinha a possibilidade de contemplar a natureza, desenvolvendo um grande amor pelo campo.

Ademais, esse é o período no qual a autora mais vivenciou as mazelas sociais, pois, como vimos, recém-chegada a São Paulo, fazia parte do contingente de pessoas que, atingidas pela crise da agricultura, retiraram-se do campo, iludidas pela esperança de prosperidade na cidade. Gomes (2013, p. 58-59) comenta o fenômeno do êxodo rural, que atingiu seu ápice no período de 1930 a 1960:

[...] o avanço do processo de urbanização, dessa feita combinado ao de industrialização, que deslocou cada vez mais a população do campo para as cidades do sul, especialmente para um novo polo de atração: São Paulo. Nesse sentido, os meados do século XX assinalaram um ponto de inflexão extremamente significativo em nosso perfil demográfico, na medida em que começou a se inverter a relação entre população rural e urbana, ficando essa última cada vez mais concentrada no que, genérica e simbolicamente, foi denominado de "sul", ou melhor, de "sul maravilha", numa alusão às possibilidades reais ou sonhadas que a região oferecia. Dessa forma, se até os anos 1920 o Brasil ainda tinha poucas cidades de maior porte e elas se situavam, maciçamente, no litoral, sendo centros político-administrativos, essa distribuição vai se alterando e, no início da década de 1960, a situação era bem diversa, multiplicando-se o número de centros urbanos que se espalhavam pelo interior do país e cresciam a taxas bastante altas. [...] esses imensos deslocamentos populacionais, particularmente intensos nos anos de 1940 e 1950, vão responder por um êxodo rural de 10 milhões de pessoas, numa população que chegou, nessa última década a 50 milhões de habitantes. [...] Dessa forma, inverte-se decisivamente a curva de concentração da população brasileira que, em 1930, ainda contava com 70% de habitantes em zonas rurais, enquanto em 1980 os mesmos 70 % se encontravam em cidades.

Contudo, esses indivíduos não foram absolvidos pelos "benefícios" e pelo enriquecimento prometidos pela industrialização e pelo progresso. Essa população precisava ser afastada dos centros urbanos, pois "manchava" a imagem das cidades, que almejavam corresponder à concepção de "civilização", de "ordem e progresso". Assim, a jovem artista acabou encontrando em um pequeno barraco, em um terreno às margens do Rio Tietê, sem qualquer estrutura possível para viver, além de uma torneira de água, o seu único espaço na cidade grande, assim como vários outros sonhadores, jogados e esquecidos no "quarto de despejo" da cidade. Então, acreditamos que a opção pelas idealizações e pelos escapismos românticos seja também um outro recurso que a autora encontrou para resistir àquela realidade.

Desse modo, é comum encontrarmos, em meio às denúncias das condições subumanas nas quais viviam os favelados, poemas que tratam da idealização da natureza como refúgio para o poeta angustiado, que deseja fugir da realidade que o atormenta, como o texto a seguir:

Sou feliz[75]

No topo de uma colina
Construí uma cabana
De manhã surge a neblina
Que a natureza promana.
Quem reside nesta casinha
Que é um verdadeiro primor
Eu e a minha mãezinha
A quem dedico o meu amor.

Quando o sol deixa o poente
Tudo encanta na colina

Surge a noite lentamente
Tudo é belo, e me fascina.
Minha mãe sempre cantando
É amável e carinhosa
Passa os dias cuidando
Dos seus canteiros de rosas.

Como é lindo o meu viver!
Nesta cabana que eu fiz
Creio que... eu posso dizer:
Graças a Deus, sou feliz!

O poema ilustra o que seria a felicidade para o eu lírico: uma vida simples numa cabana no alto da colina, cercada pela natureza, ao lado da sua mãe. Tudo bem idealizado e bucólico, semelhante aos poemas que leu. Diante da dura condição na qual vivia, Carolina recorda-se da mãe, figura que aparece sempre de maneira imaculada em seus poemas. Além disso, apresenta o campo como um lugar de amparo, que remete à paz e à tranquilidade, reforçando uma oposição que é frequente em seus poemas: o campo como um lugar bom e a cidade como um lugar ruim. Infeliz com a sua atual situação, a poeta deseja escapar para essa outra realidade criada em seus versos. A linguagem que a autora utiliza para narrar o seu desejo é marcada pela oralidade e singeleza, como nos versos "Quem reside nesta casinha / Que é um verdadeiro primor", os quais se assemelham aos primeiros versos que Carolina fizera à Irmã Maria José, em Franca - SP.

Além das descrições, como já foi apontado neste livro, Carolina explora as imagens referentes ao campo, que frequentemente aparecem em seus poemas, como pássaros e flores, para desenvolver análises em torno do fazer poético, incluindo reflexões existenciais. Vejamos alguns exemplos:

---

[75] Transcrição do manuscrito localizado em: FBN, rolo 5 - MS-565 (5), FTG [n.p].

Trinado[76] (versão manuscrita *Clíris*)

A ave escolheu um galho
Num carvalho
E construiu seu ninho.
Levava a vida a cantar
E para alegrar
Seu inoçente filhinho.

Ao rómper da madrugada
Em revôada,
Voêja. Galga amplidão,
Retorna ao ninho silente,
E contente.
Executa uma canção.

A sua voz maviósa
E sónórósa
Ouve o filho estasiado
Êle vai ensaiandoE executando
Inocente trinado.

Comtempla a mãe que vóeja
E deseja
Que surgem breve as penas.
Quer unir-se ao bando
Que avoando
Rompem as aves tão serenas

Trinado[77] (versão datiloscrita *Antologia pessoal*)

A ave escolheu um galho
Num carvalho
E construiu seu ninho.
Levava a vida a cantar
E para alegrar:
Seu inocente filhinho.

Ao romper da madrugada,
Em revoada,
Voeja e galga amplidão,
Retorna ao ninho silente
E, contente,
Executa uma canção.

A sua voz moviosa
E sonorosa
O filho ouve e extasiado
Êle vai ensaiando
E executando
Inocentes trinados.

Comtempla a mãe que voeja
E deseja
Que surgem breve as penas.
Quer unir-se ao bando
Que voando
Rompe os ares tão serenos.

---

[76] Transcrição do manuscrito localizado em: FBN, rolo 4 - MS-565 (4), FTG 377.
[77] Transcrição do manuscrito localizado em: FBN, rolo 5 - MS-565 (5), FTG 34 [29].

Neste poema, no qual a autora descreve um processo de aprendizado, desenvolvimento e amadurecimento de um filhote por meio da observação de sua mãe, observa-se também o processo de amadurecimento da autora, que vai, a partir dos seus modelos canônicos, desenvolvendo sua poética, seu próprio voo. Podemos perceber esse movimento principalmente em relação à linguagem, quando a escritora incorpora ao cenário pastoril palavras eruditas, como "galga", "voeja", "amplidão", "silente", "extasiado", "maviosa" e "trinado", misturando a sua experiência com o vocabulário que considerava clássico.

Por meio da comparação das versões, percebem-se algumas modificações que geram dúvidas em relação ao processo de reescrita. Um exemplo é a palavra "maviosa", que significa "branda", "afinada", substituída por "moviosa" na segunda versão, termo que não aparece no dicionário da língua portuguesa. Desse modo, ficamos na dúvida se o que houve foi um erro de digitação ou se Carolina realmente quis criar uma nova palavra. O mesmo acontece nos últimos dois versos do poema, quando, na primeira versão, temos "Que avoando / Rompem as aves tão serenas" enquanto na segunda temos "Que voando / Rompe os ares tão serenos". As duas opções fazem sentido, todavia a segunda versão não finaliza com uma rima, pois "serenos" não rima com "penas", o que a torna uma construção destoante dos versos não só do poema, mas da poética carolineana, que é permeada por rima.

Ademais, no poema, há um ritmo bem marcado, em que o segundo e o quinto verso são mais curtos, fazendo com que o leitor execute uma pausa na leitura. As rimas também obedecem a um esquema fixo, no qual, em todas as estrofes, o primeiro e o segundo verso são rimas emparelhadas, sendo que, nos demais versos, as rimas são alternadas, orientando a leitura, revelando a musicalidade, assemelhando-se ao trinado das aves.

Observemos outro poema:

As aves[78]

Quando a aurora vem surgindo
E refletindo
Nítido o sol no horizonte.

Em bando os passarinhos
Deixam os ninhos:
E voejam sobre os montes.

---

[78] Transcrição do manuscrito localizado em: FBN, rolo 5- MS-565 (5), FTG 30 [25].

As aves querem-se mutuamente
E sentem
Umas às outras afeições.
Não tem inveja daninha
Que definha
E deturpam os corações.

Entre elas rêinam amizades
E as igualdades
Não ha classes e nem nações

Elas deferem da terra
Não fazem guerras
Nas disputas de torrões

Se asas pudesse eu ter
E percorrer
O espaço. De norte a sul
Como é belo voar
E comtemplar
Este lindo céu azul.

    O poema reflete sobre as relações humanas, comparando a comunidade das aves à sociedade dos homens, apontando que, diferentemente dos humanos, os animais cuidam um dos outros, protegem-se. Para a autora, entre os passarinhos não há inveja, inimizades, guerras, divisões, disputas, e eles respeitam a terra, a natureza. Assim como no poema anterior, o esquema rimático e a própria disposição dos versos no papel também são recursos que a autora utiliza para levar o leitor a contemplar o voo dos pássaros, que ela estava descrevendo. Por fim, a autora aponta para a ideia de liberdade ao apresentar um eu lírico que deseja ter asas para poder percorrer todo o espaço, e ao concluir: "Como é belo voar". Podemos dizer que, nesse verso, a autora revela todo o sentimento de estar aprisionada, de incompreensão, pelo qual passou durante sua trajetória, bem como toda busca por liberdade que iniciou ainda na adolescência, com seus constantes deslocamentos, o que permeia toda sua produção poética. Talvez seja esse o motivo de a poeta trazer com tanta frequência a figura dos pássaros em sua poética quilombola, pois eles remetem à liberdade, uma das coisas mais almejadas por Carolina.

    Outro tema romântico que se mistura à vivência de Carolina é a crítica social. A geração condoreira, com a poesia político-social, a defesa da liberdade, a luta contra as injustiças sociais, aponta para a autora um ensinamento que perpassará toda a sua produção poética: a missão do poeta é lutar ao lado do povo oprimido. Desse modo, compreendem-se as constantes críticas que teceu aos "opressores" encontrados no decorrer da sua trajetória. Além da desigualdade racial, que a autora teve que vivenciar desde a infância, conforme já relatado neste livro, acreditamos que um dos primeiros espaços de opressão que ela vivenciou foi a fazenda, quando se deparou com a exploração do trabalhador rural. Em sua autobiografia, a autora descreve as constantes fugas e humilhações às quais ela e seus familiares tiveram que se submeter durante o período em que trabalharam como lavradores, em suas tentativas frustradas de obter sucesso no campo:

> Trabalhamos quatro anos na fazenda. Depois o fazendeiro nos expulsou de suas terras.
> – Vão embora! Não os quero na minha fazenda.
> Vocês não me dão lucro. Só me dão prejuízos, a sua lavoura é fraca.
> O meu padrasto pediu:
> – Se o senhor me alugar o arado para arar as terras ...
> – Não dou nada, vão embora. Você vai vender verduras em Uberaba, ganha muito dinheiro e não divide comigo.
> Ele vendia mil sacos de café classificado, o café moca. Vendia cem porcos gordos para os frigoríficos, e nós ganhávamos trinta mil-réis com verduras e ele queria divisão.
> Nestas fazendas só o fazendeiro é quem tem o direito de ganhar dinheiro.
> – Você me deve oitocentos mil-réis e não me paga. Eu não sou teu pai.
> Meu padrasto criou coragem e disse-lhe:
> – Eu também não queria ser teu filho. Porque teus filhos nascem idiotas. Os animais ainda nascem com um pouquinho de inteligência, e os teus filhos?
> O fazendeiro entrou, fechou a porta dizendo:
> – Oh! Se ainda existisse o tronco!
> Fiquei pensando na dívida que ele disse que nós devíamos, se meu padrasto nunca pediu um tostão.
> Eles não davam dinheiro para os colonos.
> Chorei com dó de deixar nossa casinha, as verduras, os pés de jiló [...] (JESUS, 2007b, p. 166-167).

Essa experiência rendeu-lhe o poema "O colono e o fazendeiro":

O colono e o fazendeiro[79]

Diz o brasileiro
Que acabou a escravidão
Mas o colono sua o ano inteiro
E nunca tem um tustão.

Se o colono está doente
É preciso trabalhar
Luta o pobre no sol quente
E nada tem para guardar.

Cinco da madrugada
Toca o fiscal a corneta
Despertando o camarada
Para ir à colheita.

Chega à roça. O sol nascer.
Cada um na sua linha
Suando e para comer
Só feijão e farinha.

Nunca pode melhorar
Esta negra situação
Carne não pode comprar
Pra não dever ao patrão.

Fazendeiro ao fim do mes
Dá um vale de cem mil réis
Artigo que custa seis
Vende ao colono por dez.

Colono não tem futuro
Trabalha todo dia.
O pobre não tem seguro
E nem aposentadoria.

Êle perde a mocidade
A vida inteira no mato
E não tem sociedade
Onde está o sindicato?

Êle passa o ano inteiro
Trabalhando, que grandeza!
Enriquece o fazendeiro
e termina na pobreza.

Se o fazendeiro falar:
Não fique na fazenda
Colono tem que mudar
Pois há quem o defenda.

Trabalha o ano inteiro
E no natal não tem abono
Percebi que o fazendeiro
Não da valor para o colono.

O colono quer estudar
Admira a sapiência do patrão
Mas é escravo, tem que estacionar
Não pode dar margem à vocação.

A vida do colono brasileiro
É pungente e deploravel
Trabalha de janeiro a janeiro
E vive sempre miseravel.

O fazendeiro é rude como patrão
Conserva o colono preso no mato
É espoliado sem lei, sem proteção
E ele visa o lucro imediato.

O colono é obrigado a produzir
E trabalha diariamente
Quando o coitado sucumbir
É sepultado como indigente.

---

[79] Transcrição do manuscrito localizado em: FBN, rolo 5 - MS-565 (5), FTG [n.p.].

O poema é todo construído por meio de quadras, com rimas alternadas, muito ironia e denúncia, em que a autora expõe a realidade em que viviam os colonos nas fazendas logo após a Lei Áurea. Entretanto, a autora faz uma analogia entre essa nova realidade e a condição de escravizado, concluindo que nada mudou, ou seja, apesar de juridicamente livres, os negros continuavam sendo explorados, agora como colonos, presos a um sistema que não lhes permitia ascender socialmente. Enganados pelos fazendeiros, trabalhavam a vida inteira para poder pagar uma dívida que eles mal sabiam como tinham contraído. Não tinham nenhuma legislação que os protegesse, exatamente como aconteceu no período da escravização.

Acredita-se que esse tenha sido o primeiro poema publicado da autora, na reportagem de Willy Aureli, no início dos anos 1940. Depois, o poema passou por adaptações referentes à ortografia e foi frequentemente declamado pela autora, principalmente no período de divulgação do *Quarto de despejo*, subentendendo-se que se tratava de um poema muito bem aceito pelo público e que correspondia à imagem de poeta que ela queria construir e que quiseram construir para ela. Um exemplo foi a sua viagem à Argentina, durante a qual, sempre que lhe pediam um poema, a autora o recitava. Vejamos:

> Voltamos ao Hotel Lyon e saímos para visitar o dr. Ignácio Winizky. [...] o dr. Ignácio Winizky nos recebeu adimiravelmente bem. Estava presentes varias pessoas da elite. Todas educadas com dó dos habitantes de Vila miséria, mas não podem selecionar o problema [...]. A mesa estava chêia de docês e licores... As mulheres elegantes e cortêzes eu pensava: é a reprise da história os fidalgos e os miseráveis de Vitor Hugo. Pediram para declamar um poema. Declarei o colono e o fazendeiro – a pedido do Audálio, e disse-lhes que foram os fazendeiros quem implantou as favelas nas grandes cidades. A condição de um miserável que reside perto de um rico é que o rico esta sempre pensando que o pobre vae roubar-lhe algo. Fiquei horrorisada ouvindo uma mulher dizer que os pobres são filhos de Caim. E os ricos são filhos de Abel [...] (JESUS, 1996a, p. 191-192).

É possível atribuir a razão para a boa recepção do poema ao fato de que, embora crítico, não atingia diretamente a elite urbana, que, provavelmente, leu o livro de Carolina, costumava assistir às suas entrevistas ou encontrá-la em eventos sociais, visto que esse grupo era formado, geralmente, por donos de fábricas, políticos, entre outros. Assim, podemos dizer que esse poema era mais uma estratégia que Carolina utilizou para divulgar seu projeto estético e literário, pois, com tal texto, conseguia "deslizar", ou seja, fazer uma denúncia e continuar frequentando os espaços da casa de alvenaria, questionando aqueles que ela considerava da elite. Além desse poema, Carolina divulgava diversas quadrinhas, que se assemelhavam às cantigas de escárnio e maldizer da poesia medieval, pois criticava os políticos da época, como a que fez sobre as favelas construídas pelo prefeito Abrahão Ribeiro, que governou São Paulo de 1945 a 1947, antes de Ademar de Barros:

> 15 de outubro de 1958
> Quando eu vi o povo da favela do Abrahão Ribeiro fiz este verso:
> Eu fui ver as casas de tabuas
> Que fez o Abrahão Ribeiro
> Pois o povo misturados
> Como porcos no chiqueiro
> (JESUS *apud* PERPÉTUA, 2014, p. 321).

Há, também, a quadrinha feita para criticar a administração de Ademar de Barros, que, na época das eleições, denunciava o aumento dos preços em seus comícios, mas que, depois de se tornar prefeito, nada fez para congelar os preços:

> 30 de outubro de 1958
> [...] Que vida sacrificada!
> Do pobre, trabalhadôr
> O salário sobe de escada
> E os preços de elevador
> (JESUS, 1996a, p. 35).

Ainda, há aquelas que produziu sobre o governo de Juscelino Kubitschek, que disputou com Ademar de Barros e ganhou as eleições presidenciais de 1955:

> 11 de dezembro de 1959
> [...] – Votaram no mineiro!
> Que o paulista não servia
> E agora o brasileiro,
> – Come só uma vez por dia
> (JESUS *apud* PERPÉTUA, 2014, p. 322).

Outros temas românticos encontrados na poética de Carolina, principalmente nesta primeira fase, são aqueles relacionados ao sentimentalismo exacerbado, ao egocentrismo, ao amor como algo impossível e platônico, à mulher como um ser inacessível e idealizado. Vejamos um exemplo:

Segredo oculto[80]

Tenho abscondado bem no fundo
A mais sublime aspiração
Era dizer-te que vieste ao mundo
E habitaste no meu coração.

És na minha vida estrêla a luzir
És o orvalho que umedece a flôr
Eu desejo-lhe, deves ouvir-me
Não seja ingrata. Quero o teu amor.

Teus olhos são faróis a iluminar
A minha vida de peregrinação

Estou exausto: eu quero repousar
Eternamente no teu coração.

Aos teus braços entrego-me
Guia-me. Quero-lhe, me conduz
Por amar-lhe juro, estou cego
No mundo és a minha luz.

És mais bela do que a rosa!
Tenho por ti, grande adoração
Quero-lhe, és mêiga e carinhosa
Vem morar no meu coração.

Numa mistura de estética romântica e Música Popular Brasileira, que encantava os ouvintes das rádios da época com canções de amor, como "Carinhoso", de Pixinguinha, o poema de Carolina é permeado de lirismo, descrevendo o amor puro, forte e oculto que o eu lírico nutre secretamente por sua amada: "Tenho abscondado bem no fundo".

Construído a partir de metáforas, aos moldes de "Rosa", do compositor carioca, o eu lírico apresenta sua amada, caracterizada como uma mulher perfeita e, por isso, inatingível. Mesmo assim, ele deseja viver esse relacionamento: "Quero o teu amor". O texto também apresenta imagens que remetem às ideias de luz, caminho e direção – "És na minha vida estrela a luzir", "Teus olhos são faróis a iluminar", "No mundo és a minha luz" –, que ilustram como é esse amor que o sujeito lírico sente, que o guia, o conduz e o faz querer parar sua peregrinação, pois, nesse amor, encontrou o que tanto buscava. É interessante que a poeta também peregrinou por diversas cidades em busca de algo que lhe fizesse repousar, como um amor e a literatura, ou o seu amor pela literatura. Podemos dizer que os amores que Carolina teve eram o que lhe permitia experienciar

---

[80] Transcrição do manuscrito localizado em: FBN, rolo 5 - MS-565 (5), FTG 58 [59].

a emoção de ser alguém para o outro, de sentir seu coração pulsar. Os livros, como ela mesmo dizia, eram também estradas que a conduziam durante toda sua vida. A sua *escrevivência* era o que a possibilitava caminhar e viver.

O poema é concluído com o reforço da admiração que o eu lírico tem por sua amada. É um fascínio tão grande que ele a considera mais bela que a rosa, sobre a qual podemos dizer que não se trata somente da flor, mas da rosa do Pixinguinha, já considerada à época uma das mais belas canções da MPB. Desse modo, consegue exemplificar toda sua adoração por essa mulher, que também é "meiga e carinhosa", e conclui implorando: "Vem morar no meu coração".

Podemos dizer que esse seja o traço mais interessante da poética de Carolina, pois, mesmo em meio a diversas outras urgências sociais, ela insiste em apresentar um eu lírico que sofre por amor em vez de denunciar a fome. Esse movimento é revolucionário, já que o amor foi tantas vezes negado às poéticas negras, porque acreditava-se que escritores negros só pudessem utilizar a literatura para falar sobre o racismo. Carolina descobre o amor, declara esse amor e luta por ele em todas as fases da sua produção poética, humanizando o sujeito lírico negro, provando que ele também é capaz de amar.

O nacionalismo ufanista, tema caro aos românticos devido ao contexto da independência política do Brasil e à necessidade de construção de uma identidade nacional, está fortemente presente nos poemas da autora, que idealizava as características do Brasil. Apesar de viver na condição de marginalizada e estar bem distante de experimentar as alegrias de ser brasileira, a autora não polpou elogios ao país, pois, inspirada por seus modelos, para ela, "o poeta real é patriótico. Não é fantasiado de patriótico" (FBN, 47, GAV 01, 02, p. 120). Assim, escreveu verdadeiros hinos de exaltação à pátria. Observemos:

Minha pátria[81]

A solidão me torturava
Era um inópio no amor
Alguma coisa faltava
Para acalmar a minha dor
Minha pátria era sombria
Fui viver em outro pais

Sem amor sem alegria
Longe talvez serei feliz

Vaguei montes vales e serras
Nada era semelhante
Nada iguala minha terra

---

[81] Transcrição do manuscrito localizado em: FBN, rolo 5 - MS-565 (5), FTG [n.p.].

O meu sol é mais brilhante
Ao fitar a imensidão
Notei, o céu não era tão azul
E faltava a constelação
O nosso cruzeiro do sul

O airoso cair da tarde
Contemplei o sol no orizonte
E senti imensa saudade
O meu Brasil tão distante
As flores não eram belas
As nossas são mais fogueiras[82]
Faltava as cores amarelas
Que ornam a nossa bandeira
As flores de outras terras
Faltam vivacidades

As belas flores são as que encerram
Amores e tranquilidades

O idioma é diferente
As aspirações é pugil
Não posso viver contente
Longe do meu Brasil
Que é um pais proeminente
Na sua grande extensão
O Brasil é um continente
Que está no meu coração
Aqui na minha terra sou rei!
Lá eu era um estrangeiro
Que alegria quando regressei
Com orgulho de ser brasileiro.

    É possível verificar, no poema de Carolina, o diálogo com as "canções do exílio" dos românticos, visto que o modo de construção do poema é exatamente o mesmo: o eu lírico, que está longe do Brasil, saudoso, começa a recordar-se das belezas do seu país e tece comparações com o lugar onde está exilado. Nesse percurso, exalta a natureza, o idioma e o céu brasileiros, sinalizando a constelação Cruzeiro do Sul, que é uma das mais importantes, vista no Hemisfério Sul. Abusa das idealizações e exageros, apontando que até o sol do Brasil "era mais brilhante" e que as flores nacionais "encerram amores e tranquilidades". Diante disso, o eu lírico resolve retornar, pois descobre que, apesar de sofrer por amor no Brasil, viver distante de sua pátria é um sofrimento maior ainda, concluindo que não há felicidade longe do seu país.

    Um ponto interessante do texto diz respeito ao fato de que a autora, para preservar a rima, chama o Brasil de continente, pois tal vocábulo rima com "diferente", "contente" e "proeminente", demonstrando sua capacidade de manejar as palavras de acordo com a sonoridade do poema.

    Vejamos outro exemplo dessa perspectiva na poética de Carolina:

---

[82] Acreditamos ser "fagueiras".

Meu Brasil[83]

Meu Brasil proeminente
Ídolo da nossa gente
País belo e altaneiro
Tudo em ti pode clisar
Tenho orgulho em declarar
– Sou brasileiro.

Esta é a pátria do amor
Desconhecemos a dor
A truculência, ambição.
Os teus filhos te veneram
E nobremente cooperam
Na grandeza da nação.

Brasil querido e amado
Por nossos antepassados
Gonzaga, Caxias e Herval

Vultos que honraram a nossa gente
Combateram heroicamente
Pela glória nacional.

Estas estrêlas brilhantes
Que habita o céu la distante
Que fulgor maravilhoso
– Bela a nossa terra
Que imensa grandeza inserra
O brasileiro é venturoso.

Esta é a pátria de civismo
Tolhemos o cataclismo
Trabalho é o nosso roteiro
Devemos enaltecer
Amar e defender
O pavilhão brasileiro.

Assim como no poema anterior, utilizando-se novamente de um vocabulário rebuscado, semelhante ao encontrado no Hino Nacional e nos demais poemas nacionalistas da época, Carolina dedica-se a idealizar a paisagem, a história e o povo brasileiro. Entretanto, diferentemente do "Minha pátria", há, nesse poema, um viés patriótico, apontando nomes como Tomás Antônio Gonzaga e Duque de Caxias, que ficaram conhecidos como heróis nacionais por servirem ao Brasil, defendendo-o e lutando por sua independência e soberania. Além disso, na última estrofe, a autora sintetiza as características do que ela acredita ser um verdadeiro cidadão brasileiro, declarando que "Esta é a pátria do civismo", convocando seus leitores a serem fiéis à pátria, aderindo à ideologia trabalhista, enaltecendo, amando e defendendo o Brasil.

Esse poema nos revela que essa temática nacionalista, ufanista e patriótica não aparece na poética de Carolina apenas para dialogar com os poetas românticos, mas também porque está ligada ao contexto político-social e cultural no qual a autora estava inserida. Visto que produziu grande parte de sua poética em meio à ditadura do Estado

---

[83] Transcrição do manuscrito localizado em: FBN, rolo 5 - MS-565 (5), FTG [n.p].

Novo (1937-1945), período fortemente marcado por uma ideologia nacionalista, populista, moralista e trabalhista.

Sabemos que, já em 1931, quando foi criado o Departamento Oficial de Publicidade, surgiram canções que exaltavam a figura de Getúlio Vargas, como marchinha "G e Gê (Seu Getúlio)", composta por Lamartine Babo e interpretada por Almirante, que dizia: "Só mesmo com revolução / Graças ao rádio e ao parabélum / Nós vamos ter transformação / Neste Brasil verde-amarelo / G-e-Gê- / t-u-tu / l-li-o- / Getúlio". Em 1939, instaurada a ditadura do Estado Novo, foi criado o Departamento de Imprensa e Propaganda (DIP), em substituição ao anterior, que tinha por objetivo construir uma boa imagem de Vargas e do seu regime. Para isso, não só produziam esse tipo de material como também censuravam tudo que fosse contrário a essa ideia:

> *O DIP exerceu amplas funções, utilizando e controlando o cinema, o rádio, o teatro, a imprensa, a literatura social e política. No esforço por sanear as mentes e calar inimigos do regime, proibiu a entrada no país de publicações "nocivas aos interesses brasileiros", agiu-se junto à imprensa estrangeira no sentido de evitar que fossem divulgadas informações "nocivas ao crédito e à cultura do país". O DIP censurou desde músicas carnavalescas até a grande imprensa, subornou jornalistas, subvencionou jornais, dirigiu a transmissão radiofônica diária da Hora do Brasil etc. as ações repressivas combinavam-se com as afirmativas. Os valores mais caros ao Estado Novo – o nacionalismo, a valorização do trabalho – foram promovidos de inúmeras formas, utilizando desde textos escritos até o incentivo a compositores de música popular* (FAUSTO, 2006, p. 116-117)

Como vimos, Carolina consumiu esse material, principalmente aquilo que era divulgado no rádio, como músicas, que tinham por objetivo disseminar e fortalecer esse ideal nacionalista. Um exemplo é o samba-exaltação, criado como uma forma de apropriar-se do ritmo, que, nesse período, já era considerado o gênero musical representativo do Brasil, e substituir o "samba original", que tem origem boêmia, elogiava a malandragem, a indisciplina e a insubordinação. A canção "Aquarela do Brasil" (1939), de Ary Barroso, é um exemplo desse novo estilo, que se tornou o símbolo do Brasil no exterior por apresentar vários ingredientes simbólicos para consagrar "um estereótipo nacionalista para o Brasil: a exuberante natureza, a fusão racial, a presença de um ritmo original, a religiosidade, certo exotismo e uma poética da unidade na diversidade" (DUTRA, 2013, p. 266), como podemos observar na primeira estrofe:

> Brasil meu Brasil brasileiro
> Mulato inzoneiro
> Vou cantar-te nos meus versos
> Brasil, samba que dá
> Bamboleio, que faz gingar
> O Brasil do meu amor
> Terra de nosso Senhor

Marchinhas de carnaval, que também eram consumidas por Carolina, igualmente sofreram com a censura do regime e foram adaptadas para corresponderem à pedagogia e à moral da ditatura varguista. Além das músicas, outra expressão artística utilizada como meio de doutrinação do povo foi o radioteatro, sobre o qual citamos Dutra (2013, p. 263):

> O radioteatro com dramas históricos foi uma alternativa às novelas, explorando episódios como a Inconfidência Mineira, com o drama das prisões e exílio dos conjurados, bem como eventos como a Abolição da Escravatura e a Retirada da Laguna, ocorrida durante a guerra Brasil e Paraguai.

Além do rádio, podemos dizer que a autora consumia materiais distribuídos gratuitamente, como "cartilhas, catecismos, cartazes, biografias e livretos destinados à formação cívica dos estudantes, exaltando o Brasil, o presidente Vargas e o regime" (DUTRA, 2013, p. 258). A educação também foi reorganizada: livros didáticos, programas educacionais e currículos foram moldados a fim de promover o sentido patriótico e a preocupação moral (FAUSTO, 2006, p. 124). Tudo isso contribuiu para que Carolina enaltecesse a figura de Getúlio e reproduzisse os ideais do regime.

Vargas, como sabemos, foi um líder ambivalente, que gerava sobre si manifestações de culto e repulsa. Ao mesmo tempo em que respondia às cartas de cidadãos comuns e enviava os soldados brasileiros para lutarem contra o autoritarismo na Segunda Guerra Mundial, era um ditador, que se aliou ao Nazismo, entregou Olga Benário para a morte nos campos de concentração e nada fez para impedir as torturas durante o seu governo (FAUSTO, 2006, p. 78).

De caráter populista, realizou várias falas e ações para agradar à população, oficializou ideias divulgadas no imaginário brasileiro, como a democracia racial, apresentando a concepção de "raça brasileira", valorizando a mestiçagem, pois o "mestiço virou nacional", e "desafricanizando" vários elementos culturais, como a feijoada, que deixa de ser um prato dos escravos para tornar-se um prato típico brasileiro (FAUSTO, 2006, p. 131). Além disso, descriminalizou a capoeira, convertendo-a em esporte nacional, naturalizou o candomblé e, ainda, inventou o título de Nossa Senhora Aparecida como padroeira do Brasil por dizer que ela era mulata assim como o povo brasileiro.

Ademais, aprovou leis para os trabalhadores ao mesmo tempo em que aprovava medidas de fortalecimento das indústrias, assim era considerado "pai dos pobres e mãe dos ricos", constituindo-se uma figura plural e complexa. Nesse sentido, inaugurou a ideia de "presidências carismáticas", substituindo o vocativo "Senhores" para dirigir-se ao povo em seus discursos por "Trabalhadores do Brasil" (FAUSTO, 2006, p. 121). Tudo isso funcionava como uma estratégia para fortalecer os laços de Getúlio com as massas, das quais trabalhadores pobres e negros constituíam e ainda constituem a grande maioria.

Desse modo, era natural que Carolina, assim como os demais pobres trabalhadores, nutrisse grande fascínio por Getúlio e considerasse sua administração exemplar, pois absorveu todo esse material cultural produzido em torno do ditador e assimilou essa imagem de "grande líder", fortemente divulgada no contexto no qual ela estava inserida. A autora também incorporou a ideologia de que era necessário construir uma nação moderna, forte, rica, poderosa, justa e de muito trabalho. Isso fica evidente na observação de seus diários e autobiografia:

> Era a primeira vez na história do Brasil que um presidente incentivaria o povo, reerguendo-lhe o moral. Os pobres diziam:
> – Getúlio vai ser nosso farol. [...]
> [...] Os homens quando se reuniam, falavam no Getúlio. Quer era o pai dos pobres. E eu comecei a gostar do Getúlio e pensava: "Será este o político que vai preparar o Brasil para os brasileiros"? ele havia reanimado o povo; aquele povo apático, "deixa para amanhã", estava sonhando, idealizando e projetando, porque podia confiar no governo que não o decepcionava. Os que faziam projetos diziam:
> – Eu vou para São Paulo e vou conseguir um empréstimo com Getúlio e abrir uma indústria com cinquenta operários, porque o Getúlio diz que se o operário tiver emprego, ele não terá tempo para transviar-se e desajustar-se [...] (JESUS, 2007b, p. 192-194).

> Em poucos dias o povo só dizia: – "Getúlio! Getúlio!" Até as crianças. Que fé! Que confiança que o povo deposita no governo que vai tomar posse! Como se ele fosse um bálsamo para as dificuldades (JESUS, 2007b, p. 195).

A autora chegou a trabalhar na campanha de Vargas, nas eleições de 1950, e produziu artigos e poemas que, como verdadeiras odes, exaltavam a figura e os feitos de Getúlio. Tais textos foram publicados no jornal *O defensor* (JESUS, 2014, p. 51-55). O poema a seguir foi publicado no dia 17 de junho de 1950, e ela copiou-o do jornal para o diário (FBN, 47, GAV 01, 01):

>
> É Orgulho de nossa gente
> É opinião Brasileira
> Que temos para presidente
> Que honra a nossa bandeira
>
> Getulio heroico e potente
> Grande alma nacional
> Devia ser presidente
> Desde o tempo de Cabral
>
> Getulio é competente
> Para guiar a nação
> Foi um grande presidente
> Deixou mui bóa impressão
> Nas minhas orações peço
> Ao bom Deus, justo e potente
> Para ter breve regresso
> O Getulio a presidência.

Depois, provavelmente após o período eleitoral, o poema sofreu modificações e integrou suas antologias. Nele a autora idealiza e exalta os feitos de Vargas, reforçando a ideologia de progresso e trabalhista. Vejamos a versão datiloscrita em *Antologia pessoal*:

Getúlio Vargas[84]

Foi o orgulho da nossa gente.
É opinião brasileira
Que tivemos um presidente
Que honrou a nossa bandeira.

Getúlio, heroico e potente,
Grande alma nacional,
Deveria ser o presidente
Desde o tempo de Cabral.

---

[84] Transcrição do manuscrito localizado em: FBN, rolo 5 - MS-565 (5), FTG 48 [43]

Éramos um povo inibido,
Apática e sem ação
Mas Getúlio, o destemido...
Nos deu um empurrão.

Retirou do operário a tibieza
Deu-lhe apoio e proteção
Convidou-lhe com delicadeza
A colaborar com o progresso da nação.

Acreditamos que, embora Carolina gostasse mesmo de Vargas, o fato de ela render-lhe homenagens estava dentro do que se fazia no meio cultural da época e a que ela teve acesso. Ou seja, tudo o que foi produzido ou veiculado no período era para exaltar a imagem do ditador e divulgar as "virtudes" da ditadura.

Ademais, é importante ressaltar que vários artistas foram contratados para produzir canções, livros, peças teatrais, shows e exposições que exaltassem a figura de Getúlio e o regime (FAUSTO, 2006, p. 125). Diante disso, podemos dizer que esse movimento de Carolina não se tratava somente de uma homenagem desinteressada ou de manifestações de afeto de uma eleitora fanática, mas, sim, de mais uma das diversas estratégias que a autora utilizou para conseguir ser publicada. Além de Getúlio, a autora produziu poemas para outros políticos populistas, como Ademar de Barros, que era prefeito de São Paulo na época, e sua esposa, Dona Leonor de Barros, que ficou conhecida por obras assistencialistas, a fim de conseguir apoio para a divulgação da sua poética. Sobre esse movimento, comenta Lajolo (1996, p. 55):

> Se a Carolina autora de Quarto de despejo brandia seu diário como forma de intimidar seus desafetos, seus versos correspondiam a uma outra estratégia: empunhada no ritual da lisonja, a poesia era a forma de investir na sobrevivência, ganhando essa última palavra o sentido literal que, na vida de pobres como Carolina e seus filhos, comporta a expressão sobrevivência.

De acordo com os estudiosos da cultura do período pós-Proclamação da República e Era Vargas, observa-se que a produção da época divide-se em:

> criar uma imagem ufanista para o futuro do país, sublimando as dificuldades do presente e ignorando os contrastes; ou enfrentar dramas reais, expondo as diferenças hipocritamente encobertas, forjando uma imagem francamente ilusória para o futuro. [...] dois olhares: um iludido, ajustado e alienado; outro espantado, cético e frustrado (SALIBA, 2012, p. 254).

Podemos dizer que a poética de Carolina é exatamente a junção desses dois extremos, resultado de seus constantes deslocamentos geográficos, do seu anseio pela publicação, do diálogo com seus modelos e, também, do processo de amadurecimento do seu projeto estético, que foi se formando ao longo do tempo.

Acreditamos que essa primeira fase, demarcada pelo início de sua produção, que, provavelmente, aconteceu com a sua chegada a São Paulo, em 1937, e vai até o lançamento do seu primeiro livro, em 1960, tenha sido o período no qual a autora mais produziu. José Carlos, seu filho, corrobora essa ideia:

> [...] ela resolveu construir um barraco no Canindé, e apesar de todas as dificuldades catar papel compensava porque, nas horas livres e nas horas e nas noites a dedicação aos livros era exclusiva. No Canindé, se não fossem as brigas que minha mãe apartava, geralmente à noite, a nossa situação favorecia a sua atividade criativa. Sua miséria, como disse antes, era compensada pelos livros. Tanto que a favela foi o lugar onde mais trabalhos foram produzidos: ensaios, poemas... (JESUS, 1994, p. 93).

Tudo isso vai mudar com o lançamento de *Quarto de despejo*, como veremos a seguir.

4.2 Na casa de alvenaria, durante o sucesso: de *best-seller* ao desencanto com a literatura

> *"Vi os pobres sair chorando.*
> *As lágrimas dos pobres comove os poetas.*
> *Não comove os poetas de salão.*
> *Mas comove os poetas do lixo."*
>
> (Carolina Maria de Jesus)

> *"Às vezes tenho saudades*
> *Da minha quadra inocente*
> *Desconhecia adversidade*
> *Que atinge a vida da gente."*
>
> (Carolina Maria de Jesus)

Como sabemos, a publicação de *Quarto de despejo* significou uma revolução. Uma revolução na vida de Carolina, nas discussões acerca da organização da sociedade brasileira e na concepção em torno da figura do autor. Como no conto da *Cinderela*, Carolina passou de gata borralheira a princesa num passe de mágica: "Eu consegui enriquecer com o meu livro. O meu livro foi uma fada que transformou-me de gata borralheira a princesa. Os meus sonhos estão concretizando" (JESUS, 1961, p. 122).

Fragmentos poéticos, cheios de esperança, habitavam as primeiras páginas do seu segundo livro, *Casa de alvenaria: diário de uma ex-favelada*, publicado em 1961, em que Carolina relata os dias após a chegada do sucesso em passagens como: "A vida de miséria vai acabar" (JESUS, 1961, p. 15); "A tristeza estava residindo comigo há muito tempo. Veio sem convite. Agora a tristeza partiu, porque a alegria chegou. Para onde será que foi a tristeza? Deve estar alojada num barraco da favela" (JESUS, 1961, p. 22); "Como é bom ser filho de poetisa!" (JESUS, 1961, p. 23); "Eu era revoltada, não acreditava em ninguém. Odiava os políticos e os patrões, porque meu sonho era escrever e o pobre não pode ter ideal nobre" (JESUS, 1961, p. 26); "Os favelados estavam abismados vendo-me, eu, preta tratada como se fosse uma imperatriz" (JESUS, 1961, p. 40); "Eis o total que recebi do meu livro. A favela deu-me aborrecimentos e um fim maravilhoso" (JESUS, 1961, p. 53); "Num segundo comecei a relembrar a trajetória da minha vida. Empregada doméstica, lavradora, catadora de papel e agora escritora e admirada. E beijada pelo vice-governador!" (JESUS, 1961, p. 119). Houve, também, homenagens, como o diploma de membro honorário da Academia de Letras da Faculdade de Direito, a capa da revista *Niger*, em que aparece como a Mãe negra, várias viagens, jantares, eventos sociais, programas de televisão, debates, diversas sessões de autógrafos pelo Brasil e pelos países da América do Sul, como Argentina, Uruguai e Chile. O livro foi traduzido em mais de 13 línguas e tornou-se um sucesso mundial. Uma peça teatral foi montada sobre o diário. Enfim, aos poucos, Carolina saiu do Canindé para o mundo.

Entretanto, como disseram os pesquisadores Levine e Meihy (1994), Carolina não era como a Cinderela de Perrault, que terminava feliz e realizada no castelo. Carolina era uma Cinderela negra em um país racista e machista e, por isso, sua história terminou diferente.

Após a publicação do seu diário, a escritora teve um novo desafio: conquistar um espaço e o reconhecimento no meio literário, além de manter-se no meio editorial. Diante disso, talvez influenciada por seus editores e pela imprensa, que construíram para ela uma imagem de representante dos marginalizados, denominando-a "a escritora favelada", e também por sua generosidade nata, passou a assumir uma voz coletiva:

> Fui ver os filhos e trocá-los, porque íamos visitar o prefeito Adhemar de Barros. [...] Na sala de espera várias pessoas aguardavam a audiência. A televisão estava aguardando. Quando o Dr. Adhemar saiu para receber-me caminhei na sua direção e cumprimentei-o e recitei uns versos. Êle disse-me que ia organizar uma comissão para construir casas próprias para os favelados (JESUS, 1961, p. 80).
> Quando chove, fico pensando nos catadôres de papeis. Os depósitos não açêitam papeis molhados (JESUS, 1996a, p. 123).
> Comi uma carne gostosa. E pensei no povo que precisa de carne (JESUS, 1996a, p. 179).
> Têm pessoas que me diz: a senhora não deve se preocupa com a classe que passa fome. Quem deve pensar nisto são os governos. Os governos pensam em bombas atômicas para distruir o povo. Da impressão que um governo não gosta de um pobre (JESUS, 1996a, p. 135).
> O Audálio diz: Você não tem que se queixar da vida. Você tem de tudo. Aquêle você fica na minha mente. E os outros? Os operários que tem vários filhos e não pode dar-lhes uma alimentação digna. Tenho a impressão que sou uma estátua de mil metros observando o sofrimento da humanidade (JESUS, 1996a, p. 160).

Por ser mulher, negra, mãe-solo, pobre e migrante, Carolina estava mergulhada nas adversidades vividas pelos marginalizados brasileiros e era a resposta ao clamor das reivindicações sociais das minorias no momento em que as lutas populares pela mudança do modelo econômico aliava-se à busca de intelectuais pela valorização de raízes nacionais. Desse modo, transformou-se em uma personalidade, que passou a ser vista como porta-voz de lutas coletivas e simbolizava o sentimento de transformações sociais. Em seus diários, a autora relatou diversos momentos que exemplificam sua nova condição:

> [...] Quando chegamos em Pelotas, circulei o olhar ao redor como se estivesse despertando de um sonho. [...] Eu ia autografando os livros com todo carinho. [...] Um pretinho circulava e dizia em voz alta:
> – Sabe, Carolina, peço-te para incluir no teu diário que há preconceito aqui no Sul.
> Os brancos que estavam presentes entreolharam-se, achando incômodo as queixas do pretinho. Parei para ouvi-lo. Creio que devo considerar os meus irmãos de côr.
> – Está bem. Incluirei tua queixa no meu diário. Quer dizer que há precon-

ceito no Sul do Brasil? Será que os sulistas brasileiros estão imitando os norte-americanos? O pretinho despediu-se e saiu contente como se tivesse realizado uma proeza. Pensei: êle confia em mim e sabe que vou inclui-lo no meu diário. Vou registrar a sua queixa (JESUS, 1961, p. 87).

Antes de tudo, é necessário pensarmos nessa concepção de Carolina de dizer que os brancos gaúchos estavam imitando os norte-americanos, dando a entender que ela acreditava que no Brasil não havia racismo, mas somente nos Estados Unidos. É importante entendermos que Carolina tinha consciência a respeito do racismo no Brasil, tanto que fala disso a todo momento em seus escritos. Todavia, sua fala é contaminada por três fatores. O primeiro é que não podemos nos esquecer da ideia de democracia racial, amplamente divulgada na ditadura Vargas. O segundo é que esse era o período em que o movimento pelos direitos civis dos negros nos Estados Unidos ganhou força e visibilidade no mundo, contribuindo para o fortalecimento da ideia de que os negros estadunidenses viviam uma situação pior que a dos negros brasileiros. E, por fim, lembremos que Carolina agora estava na sala de visitas e, aos poucos, começou a entender o que poderia e o que não poderia falar. Esclarecido esse ponto, retomemos a análise da função de porta-voz que foi atribuída à autora.

Carolina representa a voz do povo que não tem voz, como os negros e os favelados. O homem citado no trecho vê na autora a esperança para acabar com o racismo em Porto Alegre. Acredita que, se Carolina denunciar isso em seu diário, a sua condição se transformará, assim como a da escritora e a dos favelados, os quais, após o lançamento do livro, que escancarou o problema das favelas, receberam atenção do poder público e até foram retirados do Canindé. Além do desfavelamento da aglomeração onde viveu por 12 anos, o diário de Carolina gerou a criação do MUD, Movimento Universitário de Desfavelamento, cujo objetivo era orientar e ampliar as atividades dos movimentos estudantis em prol dos favelados, não mais na linha assistencialista, mas com vistas ao desfavelamento (PAULINO, 2007, p. 99). Sobre o MUD, citamos Tanaka (*apud* PAULINO, 2007, p. 99):

> Em maio desse mesmo ano, provocada pela peça teatral baseada no livro <<Quarto de Despejo>>, e por iniciativa do Centro Acadêmico Oswaldo Cruz da Faculdade de medicina da USP, foi realizada uma mesa redonda sobre o problema do Canindé e o desfavelamento em geral, com o comparecimento de diversos centros acadêmicos de São Paulo, muitos estudantes de várias faculdades e representantes de grande número de entidades particu-

lares. Ao fim da reunião, decidiu-se pela implantação de amplo movimento universitário em prol do desfavelamento, que se denominou Movimento Universitário de Desfavelamento – MUD.

Assim, a autora assimila esse título de "porta-voz" e passa a agir como tal. Não só os negros, mas os favelados, os migrantes, os lavradores, os nordestinos, os operários, as mulheres, os desempregados, as associações voltadas para cuidar de crianças órfãs, as entidades que cuidavam de pacientes com câncer, a ala social da Igreja católica, políticos ligados à direita, políticos ligados à esquerda, enfim, diversas pessoas e vários grupos organizados começaram a procurar maneiras de aproveitar-se e também de inspirar-se no fenômeno da "escritora favelada".

Ela começou a sofrer constantes assédios. Todos os dias, sua casa era tomada por pedintes – "Eu fico alucinada com os pedidos" (JESUS, 1961, p. 123) –, visto que tanto os pobres quanto os ricos entendiam que ela deveria gastar todo o dinheiro ganho com o diário, suprindo as necessidades do povo – "Várias senhoras vieram falar de pobreza para mim, dizendo que eu devo resolver a condição desumana dos favelados do País. Eu apresentei os fatos. Compete aos burgueses que predominam no País solucionar..." (JESUS, 1961, p. 97). Além de ser solicitada para comparecer a diversas ações voltadas para auxiliar as populações que estavam em situação de vulnerabilidade, havia, também, aqueles que queriam o mesmo sucesso de Carolina e que começavam a procurá-la para pedir dicas de como escrever um livro ou auxílio para publicar (JESUS, 1961).

Na posição de porta-voz, frequentemente era chamada para participar de eventos e programas de televisão para falar de sua condição social e manifestar sua opinião acerca desses assuntos, mas raramente era convidada para falar de seu processo de escrita, de sua obra. Entretanto, nas entrevistas e debates, Carolina aproveitava para declamar seus poemas que tinham relação com o tema discutido. Assim, de maneira astuta, o ufanismo e a idealização vão perdendo espaço para poemas e canções mais voltados para a crítica social, que a autora passou então a divulgar. Tais poemas eram construídos a partir de oposições entre o opressor e o oprimido, mal e bem, como colono X fazendeiro, pobre X rico, latifundiário X sem-terra, entre outros. Além disso, a linguagem distanciou-se das criações eruditas de outrora e passou a ter elementos mais coloquiais, além de termos relacionados à ideologia marxista, como "oprimido". Percebe-se que Carolina amplia a sua análise, saindo de um pensamento comum para uma conclusão histórico-política-social.

Acreditamos que essa nova estética surge do contato que Carolina passa a estabelecer com grupos considerados ideologicamente de esquerda, como os estudantes, os jornalistas e o Movimento Negro, que, ao contrário do que acontecera antes do lançamento de *Quarto de despejo*, agora a acolhia no grupo. A escritora também frequentava espaços considerados "opressores", como jantares com pessoas da "elite". Entretanto, observamos que, nesses momentos, a poeta não era incluída no meio daquele grupo de "mariposas noturnas", como ela mesmo dizia, e ela tinha consciência disso. Por isso, valia-se da oportunidade para fazer análises sociais e tecer críticas às desigualdades, sempre orientada por Audálio Dantas, que aproveitava para fixar Carolina nessa imagem de "voz de protesto" e "defensora dos oprimidos":

> Fomos jantar no restaurante "Bon Gourmet". Que luxo! Vi várias senhoras ostentando joias caríssimas, bebendo champanha e vinhos. Olhando a lista do cardápio, escolhendo com indiferença o que iam comer. Dá impressão que elas não estão com fome. Elas são ricas e desde crianças estão habituadas a ouvir isto:
> – Come, minha filha! Come, meu filho! [...]
> Um senhor disse-me que vai enviar um donativo para os favelados. Percebi que eles queriam impressionar os jornalistas americanos e os fotógrafos que nos fotografavam. [...]
> Eu estava tranquila por estar ao lado do Audálio, meu guardião amigo. [...] quando eu queria exaltar com as mariposas noturnas que aborrecia-me, êle dizia:
> – Não exalte. Escreve. Dê a sua resposta no diário. [...]
> As mulheres que estavam na minha mesa falaram em reforma social.
> – Não é justo deixarmos os favelados relegados no quarto de despejo. Você fez bem em nos alertar para esse problema. Temos que amparar os infaustos. Você demonstrou coragem lutando para sair daquele antro.
> Eu pensava: elas são filantrópicas nas palavras. São falastronas. Papagaios noturnos. Quando avistam-me é que recordam que há favelas no Brasil (JESUS, 1961, p. 95-97).

Foi também nesse período que o poema "O colono e o fazendeiro" recebeu grande divulgação. Carolina costumava discutir, principalmente, três questões, consideradas por ela os grandes problemas sociais do país: as guerras, a fome e as favelas (JESUS, 1961, p. 56). Vejamos alguns exemplos:

O pobre e o rico

É triste a condição do pobre na terra
Rico quer guerra, pobre vai na guerra
Rico quer paz, pobre vive em paz
Rico vai na frente, pobre vai atras

Rico faz guerra, pobre não sabe por que
Pobre vai na guerra, tem que morrer

Pobre só pensa no arroz e no feijão
Pobre não se envolve nos negócios da nação
Pobre não tem nada com a desorganização

Pobre e rico vence a batalha
Na sua pátria rico ganha medalha
O seu nome percorre o espaço
Pobre não ganha nem uma divisa no braço

Pobre e rico são feridos
Porque a guerra é uma coisa brutal
Só que o pobre nunca é promovido
Rico chega a marechal
(JESUS, 2019, p. 122).

    O texto apresentado é uma das canções que Carolina compôs e gravou em seu disco *Quarto de despejo: Carolina canta suas composições* (1961). Por meio da oposição entre as palavras "pobre" e "rico", a poeta denunciava a desigualdade social/racial no país, principalmente no exército brasileiro, em que os negros, quando apareciam, eram para ocupar cargos subalternos e morrer na linha de frente. Além disso, a letra da música traz um exemplo de como a autora atacava, constantemente, a participação do Brasil nas guerras. Para ela, esses conflitos, que eram criados pelos ricos ("Pobre não se envolve nos negócios da nação"), só serviam para destruir os sonhos e dizimar a vida de jovens pobres e negros, que não recebiam nem um reconhecimento do governo por colocarem suas vidas em risco, para "defenderem" uma pátria que nem os considerava ("Pobre não ganha nem uma divisa no braço"), para defenderem interesses que não eram deles, lutarem a guerra dos outros ("Rico faz guerra, pobre não sabe por que"), para perderem suas vidas sem ao menos serem considerados "heróis da pátria", como os poucos soldados brancos e ricos que iam para o conflito ("Rico chega a marechal").

Carolina, ainda criança, ouvia o seu avô falar sobre a Guerra do Paraguai, que dizimou a vida de muitos jovens escravizados. Sobre isso, comenta Nascimento (2016, p. 80):

> Obtinham soldados prometendo a liberdade para os escravos que se alistassem no serviço militar. Para tornarem, mesmo que precariamente, livres, muitos se inscreveram: buscaram a liberdade morrer nas guerras dos colonizadores escravocratas. A covardia de tal processo de conscrição se demonstrava revoltante através do comportamento dos filhos do senhor branco: quando convocados para servir o exército, enviavam em seu lugar o escravo, preferindo arriscar a vida negra antes que a sua própria vida branca. Esta técnica de substituir sangue português/brasileiro por sangue africano nos campos de batalha verifica-se tanto na guerra de expulsão dos holandeses em Pernambuco, no século XVII, como na guerra contra o Paraguai, em 1865-1870. Tipicamente, nossos mitólogos raciais interpretaram a forçada participação do escravo africano nas guerras coloniais de Portugal e do Brasil como outra das "provas" da integração do negro e de sua completa participação na sociedade brasileira. Diegues Junior promove tal absurda interpretação da história em recente trabalho submetido ao Festac'77. Referindo-se à guerra contra os holandeses, ele afirmara que "participaram os negros dessa reação contra o domínio holandês, dando prova, desta maneira, de seu espírito já brasileiro, integrado no sentido de nossa formação de base essencialmente lusitana". É constrangedor revolver aspectos tão ignóbeis do nosso passado histórico. Mas os afro-brasileiros precisam rever constantemente fatos como este de dar a sua vida nas guerras de um país que não os reconhecia como seres humanos e que, até os dias presentes, os mantém como cidadãos de segunda classe. Toda razão tinha Horácio da Cunha quando anos atrás dramaticamente clamava: "Os americanos lincham cinquenta negros por ano. Nós matamos a raça inteira no Brasil.".

Além da Guerra do Paraguai, na juventude, ouviu falar da Revolta Constitucionalista de 1932, em que uma elite paulistana convocou e matou muitos jovens em nome da defesa do Brasil. Em 1943, Carolina viu o Brasil entrar na Segunda Guerra Mundial para lutar ao lado dos Estados Unidos contra o nazismo. Uma campanha pelos "Voluntários da pátria" foi iniciada e, novamente, muitos pobres e negros integravam o exército, ocupando cargos menores e sendo, na maioria das vezes, os primeiros a morrerem.

No poema "O expedicionário", Carolina questiona quem são os verdadeiros beneficiados com a guerra:

> [...]
> Os que fazem as guerras não são os pobres
> São os poderosos e nobres
> Sem culturas intelectuais.
> [...]
> Se brigam reis e governadores
> Para provarem seus valores
> Decretam guerras mutuamente.
> Mas são os filhos dos operários
> Que marcham para o calvário
> E morrem tragicamente
> [...]
> (JESUS, 1996b, p. 224).

Desse modo, entendia que, por trás de um discurso patriótico divulgado pelo governo, a verdadeira função das guerras era aumentar as desigualdades sociais e exterminar a população pobre, operária e negra do país. Os demais problemas apontados por Carolina eram: a fome e as favelas. Para ela, as duas mazelas sociais tinham origem interligada na má distribuição de terras no país. Sendo assim, acreditava que a solução para essas questões também estava associada: a reforma agrária. Observemos o poema:

> *As terras*[85]
>
> As terras no Brasil, são dós ricaçós
> Que têm dinheiro, mas não têm cultura
> Não querem dividi-las em pedaçós
> Para os pobres utilizá-las na agricultura
> Os pobres vivem pôr aí desoladós
> Famintos como se fôssem estrangeirós
> Pôr não ter terras vão ser faveladós
> E assim que vive a classe humilde brasileira.

---

[85] Transcrição do manuscrito localizado em: FBN, rolo 4 - MS-565 (4), FTG 425

> Uma classe prestes a desapareçer
> Com o custo de vida tão elevado
> Que sacrifício enfrentã no viver
> E alimentam-se com os dias alternados
> Tudo aumenta nêste país
> O povo não têm a quem apelar
> E a classe pobre a mais infeliz
> Já está cansada de penar
>
> As terras ao povo deve pertencer
> Para o povo poder plantar
> Pórque o pobre para viver
> Com o salário a não lhe auxiliar

Esse texto, apesar de estar incluído na antologia manuscrita *Clíris* e de não ter nenhuma marcação de autocensura, não foi publicado nem em *Antologia pessoal* (1996b) nem em *Clíris* (2019). Acreditamos que a razão para que ele ainda permaneça inédito é que, nesse poema, Carolina revela a realidade das terras no Brasil, que estão concentradas nas mãos de poucos, e tece sérias críticas aos grandes latifundiários ou "ricaços", como, sarcasticamente, colocou a autora: "Que têm dinheiro, mas não têm cultura". Para ela, esses administram as terras visando aumentar seus lucros enquanto a maioria do povo passa fome por não ter como produzir, nem comprar seus alimentos: "As terras ao povo deve pertencer / Para o povo poder plantar / Porque o pobre para viver". Ainda argumenta que essa é a causa da existência da fome e das favelas no país, pois, se as terras fossem mais bem distribuídas, os pobres poderiam morar e plantar nessa localidade, suprindo as necessidades de moradia e alimento: "Pôr não ter terras vão ser favelados".

Diante disso, foi uma grande defensora da bandeira da reforma agrária e de um governo voltado para os pobres. Não é à toa que uma das suas frases mais conhecidas seja esta: "O Brasil precisa ser dirigido por uma pessoa que já passou fome. A fome também é professora. Quem passa fome aprende a pensar no próximo, e nas crianças" (JESUS, 2007a, p. 30). Em todas as viagens que fazia, em todas as entrevistas e, principalmente, em seus diários, reforçava essa opinião, chegando a elogiar e a aparecer ao lado de políticos, como Leonel Brizola (JESUS, 1961, p. 56), e de grandes nomes da ala social da Igreja Católica, como Dom Helder Câmara (JESUS, 1961, p. 77). Devido a isso, começou a ser tachada de "comunista" e a receber críticas daqueles que eram contra esse tipo de reflexão, inclusive a ala conservadora da Igreja, que queria combater a entrada de ideais marxistas no catolicismo e manter uma religiosidade transcendental, voltada a moldar e cuidar, principalmente, do espírito do homem, e não das suas necessidades materiais, como queriam os adeptos da ala social da Igreja.

Diante disso, Carolina denuncia: "A dona Igrêja anda dizendo que nós somos cumunistas. Ela não quer que extingue o raio dos capitalistas" (JESUS, 1996a, p. 161). Utilizando-se de, novamente, sua "língua afiada", como foi caracterizada por seu filho José Carlos (JESUS, 1994, p. 93), concebe:

Não inclui[86]

Quando Cristo regressar
Terá que se indispôr com o milionário
Se êle reivindicar
para o pobre, o melhor salário

Se regressar pacífico como cordeiro.
Não se opôr aos legisladôres
Não habolir o uso do dinheiro
Será aclamado pelos senadores

Se fôr um Cristo fraco banal
E não defender os povos oprimidos

Terá o apoio do industrial
No seu núcleo bem acolhido

Se pretender distribuir terras
Dar ao pobre um quinhão
Os mercenários farão guerra
E surgirá outra revolucao

Será crismado de subversivo
Sem o direito de ser cidadão
Pórque o povo tem que ser cativo
Viver piór que um cão

Como vimos, Carolina desenvolveu ao longo da sua vida uma visão pragmática acerca da religiosidade católica e da figura de Cristo. Desde a infância, compreendia Jesus como um ser superior que escolhera nascer no meio dos pobres e que, por isso, identificava-se e compreendia o sofrimento do povo oprimido: "Ergui os olhos, e vi um crucifixo. Olhava Cristo na cruz e pensava: É horrível ser pobre! Como é que o Cristo teve coragem de nascer na pobreza! Ele não tinha casa. E eu também não tenho" (JESUS, 2007b, p. 184). Para ela, Jesus estava comprometido com os excluídos e empobrecidos e veio para libertá-los dos seus "predominadores", e o catolicismo, por ser a Igreja de Jesus, seguia a esse mesmo princípio, de estar atento aos sofrimentos do povo, trabalhar

---

[86] Transcrição do manuscrito localizado em: FBN, rolo 4 - MS-565 (4), FTG 434.

para amenizá-los e construir um reino de verdade, justiça, misericórdia e amor em vista da plena libertação. Podemos dizer que esse pensamento se fortifica, principalmente, por meio da sua experiência com as irmãs da Santa Casa da Misericórdia e com os membros do movimento dos Vicentinos, visto que, nessas pessoas, por diversas vezes, encontrou acolhida e caridade.

Desse modo, revela a sua relação pragmática com a Igreja, com a fé e com o Cristo. Entendemos que, para ela, a fé em Cristo era necessária, pois somente Ele seria capaz de libertar o povo do sofrimento. É importante ressaltar que isso ficará expresso não somente no poema citado, mas, como vimos, na maioria dos seus poemas. Nos diversos assuntos que aborda, sempre está o clamor, o lamento, a prece, a invocação divina, como se não houvesse esperança nos homens para solucionar problemas. Nos poemas que denunciam problemas sociais, esse lamento é até mais frequente. Esse movimento não deixa de ser também uma crítica social, mesmo que nas entrelinhas, pois, se sua única opção para resolver desigualdades sociais é recorrer a Deus, isso significa que os governantes não estão conseguindo realizar a função para a qual foram eleitos.

Assim, Jesus é apresentado como a única esperança do oprimido, é o libertador. Além disso, é apontado como um ser fraternal, que trabalha pelo benefício coletivo, enquanto seus algozes, os pecadores e maus, como Judas Iscariotes, são associados a termos capitalistas, como ambição e ganância:

Pensamento de poeta[87]

Estava eu a vagar
E a pensar:
Porque é que existe ambição?
É uma coisa que domina
E elimina
A pureza do coração.

As pessoas ambiciosas
Invejosas
Invejam os fracos e os fortes
São os tipos repugnantes
Semelhantes
Ao Judas Iscariotes.

---

[87] Transcrição do manuscrito localizado em: FBN, rolo 5 - MS-565 (5), FTG 31 [26].

Desse modo, ilustra e reforça a oposição entre bons e maus, apontando o capitalismo como o mal. Podemos dizer que Carolina antecipa, em seus poemas, discussões sobre um "Jesus Cristo libertador", que será firmado no Brasil por meio da Teologia da Libertação, no final da década de 1960. Esse segmento organiza-se dentro da Igreja Católica, mais fortemente na América Latina, principalmente diante do agravamento das opressões sociais e dominações políticas, decorrentes dos golpes militares que ocorreram. Acerca desse tema, citamos Boff (2012, p. 39):

> [...] A Teologia da Libertação e Jesus Cristo Libertador representam o grito dolorido oprimidos que batem à porta dos irmãos ricos pedindo tudo e não pedindo nada. Pedem apenas para ser gente; suplicam ser acolhidos como pessoas; pedem apenas que os deixem lutar para reconquistar sua liberdade prisioneira. Se a cristologia da libertação ajudar nessa tarefa messiânica, terá cumprido sua missão profética e terá sido digna do sagrado nome de Jesus Cristo, que não quis outra coisa nesse mundo senão libertar a todos e em plenitude.

Inspirado pela orientação da Conferência de Medellín (II Conferência Geral do Episcopado Latino-Americano), esse envolvimento ficou mais sistematizado com uma diretriz básica: a opção preferencial pelos pobres. Sobre os princípios do movimento, citamos Camilo (2011, n.p.):

> Michael Löwy (2000) enfatiza oito pontos que seriam os pilares principais da teologia da Libertação, entre os quais se destacam: a libertação humana como antecipação da salvação final em Cristo, uma nova leitura da Bíblia, uma forte crítica moral e social do capitalismo dependente, o desenvolvimento de comunidades de base cristãs entre os pobres como uma nova forma de Igreja e, especialmente, uma opção preferencial pelos pobres e a solidariedade com sua luta de autolibertação.

Entretanto, quando a escritora passa a habitar espaços fora da favela, essa visão de uma Igreja que assumiu uma "opção preferencial pelos pobres" começa a se chocar com a apresentada pelos membros de uma "elite cristã", com a qual a escritora passa a conviver. Esse grupo não compreende o "Cristo pobre e libertador" e muito menos vê as pessoas em situação de vulnerabilidade como "irmãos", sendo que, na maioria das vezes, é justamente essa ala do Catolicismo quem oprime o povo. Em síntese, ao invés de agirem como Cristo, opõem-se aos ensinamentos d'Ele. Por isso, no poema

"Quando Cristo regressar", a autora aponta que Ele será tachado de subversivo e poderá ser renegado até pelos "próprios cristãos" caso se oponha aos detentores do capital, como os milionários, os políticos e os industriais.

Além da reflexão, outro ponto relevante no poema é a marcação "não inclui". Diferentemente dos demais, nesse poema a escritora se autocensura. Fora da favela, na sala de visitas, começa a compreender que não é tudo que pode publicar, pois começa a ter real entendimento sobre como funciona o mercado editorial e de tudo o que é necessário fazer ou renunciar para sobreviver nesse meio. Carolina desabafa e denuncia a hipocrisia da Igreja em relação aos problemas sociais dos fiéis, apontando as incoerências entre o ensinamento e as ações de Cristo e o comportamento daqueles que dizem ser seus seguidores, os cristãos. Todavia, sabe que essa escritura poderá lhe trazer problemas: "Eu sei que vou angariar inimigos, porque ninguém está habituado com este tipo de literatura" (JESUS, 1961, p. 30). Então, diante disso, prefere não o incluir em sua antologia.

Esse movimento de autocensura acontece com vários outros poemas, nos quais ou a autora não inclui o texto ou escreve versões mais "amenas" para serem publicadas. Vejamos:

João Brasileiro[88]
Não incluí

Eu cresci passando fome
Andando ao léo na cidade.
Quando me tórnei um homem
Era um tipo sem qualidade.

Eu criança não estudei
Não sei o que é uma escola
A minha infancia passei
Nas ruas jogando bola

Meus pais, eram analfabétos
Nada entendiam de instrução

Eram semelhantes aos objetós
Inúteis para a Nação

Neste ambiente eu cresci
Oh! Meu Deus que desgraça
A única coisa que aprendi
Foi ficar vagando na praça

Pôr eu nunca ter um lar
O meu desgosto era tamanho
Queria um leito para repousar
Ser deçente e tomar um banho

---

[88] Transcrição do manuscrito localizado em: FBN, rolo 4 - MS-565 (4), FTG 433-435.

Nunca usei um terno novo
Catava trapos no lixo
No meio daquêle povo
Eu nem era um quase bicho

Mas fome, isto eu sentia
Invejava os bem vestidos
Quantas vêzes a mim eu dizia
Que não deveria ter nascido

Era um tipo de pueril
Sem nenhuma utilidade
Tipós que causavam ao Brasil
Vergonha e infelicidade

Pôr eu não ter instrução
Em nada eu me imiscuía
– Falavam na Revolução
E eu, apenas – ouvia

Nem mesmo ofício de pedreiro
Aprender não consegui
Sou um destes João Brasileiro
Que vive ao léo por aí

Falam no controle da natalidade
Que vão adotar nêste país
Quanta obra de caridade
Para não nasçer mais infelizes

Talvez se eu soubesse lêr
Adoraria este belo país
Mas se nada eu sei fazer
Continuarei sempre infeliz

Já fui preso e deportado
Como um tipo sem valôr
Na polícia eu sou fixado
De Joaquim inferior

Não tenho nem forças nem para andar
Porque oh Deus! Eu nasci
Para a campa o que vou levar
São os dissabores que sofri

Minha existência é uma agonia
Sem lar, vagando sem pão
Oh que luta inglória e sombria
Eu sou pior do que um cão

O meu sonho era ter um lar
E uns filhos que me adorassem
Uma esposa para remedar
Minhas roupas quando as rasgassem

Comprar brinquêdos no Natal
Para meus filhos adorados
Pretendia ser um bom casal
– compreensíveis e ajustadós

Mas eu fui filho de Oleiro
Trabalhava na olaria
Ganhava pouco dinheiro
Na bebida eu os consumia

Se encontraste um tipo descrente
Pedindo esmola, e sem dinheiro
Não o despreze pôr ser indigente
É um João Brasileiro

Candidatos a mórrer de fome
Neste nosso imenso país
Dê-lhe qualquer nome
Por não ter valor, o infeliz

Não tem a data de nascimento
Porque não foi registrado
Nasceu e morreu ao relento
Na vida foi desalojado

Que encarnação tem esse homem	Meu amigo é o Deus clemente
Se sua vida foi um estertór	Deste pobre João Brasileiro
Os que vivem passando fome	Que ampara os indigente
Da existência tem só horrór	E não exige o dinheiro
A humanidade está imperfeita	Como é duro a gente viver
Deixando o homem ao léo	Assim sem possibilidade
Tendo por leito a sarjeta	Tipos que quando morrer
Seu único teto é o céu	Agradeçe a divindade.

O poema, que também não foi publicado e traz a indicação da autora: "não incluí", aborda a condição de marginalidade em que vivem muitos brasileiros. O título, que traz um nome comum e muito utilizado no Brasil, "João", reforça essa ideia de que aquela poderia ser a história de vários cidadãos brasileiros esquecidos pelo poder público, deixados à sua própria sorte, sobreviventes.

Em primeira pessoa, o eu lírico compartilha a sua história e aponta, por meio de situações vividas por ele, a relação existente entre a desigualdade social, a morte do indivíduo e o subdesenvolvimento do país. A falta de comida ("Eu cresci passando fome"), de educação ("Eu criança não estudei"), de moradia ("Queria um leito para repousar"), de roupas ("Catava trapos no lixo"), de trabalho e dinheiro ("Nem mesmo ofício de pedreiro / Aprender não consegui / Sou um destes João Brasileiro / que vive ao léo por aí [...] Se encontrares um tipo descrente / pedindo esmola"), de conhecimento e de consciência política ("Pôr eu não ter instrução / em nada eu me imiscuia / Falavam na revolução / E eu, apenas – ouvia"), de afeto e família ("O meu sonho era ter um lar / e filhos que me adorassem"), de cidadania ("Não tem data de nascimento / porque não foi registrado"), de dignidade ("E nem era um quase bicho"), de esperança ("[...] não deveria ter nascido"), enfim, a falta de tudo que o humaniza levou-o a uma condição de subalternidade extrema, desalento, passividade, vício, e à morte.

Em um dado momento do texto, o eu lírico também expõe o princípio do conhecimento como garantia de existência, entendendo que a leitura permite o empoderamento e possibilita transformação social, pois quem lê questiona, participa ativamente da sociedade e contribui para seu crescimento mesmo sem ter dinheiro. Por outro lado, quem não tem dinheiro nem conhecimento, como era o seu caso, não serve para nada, é inútil e só envergonha o país: "Talvez se eu soubesse lêr [...] / Mas se nada eu sei fazer / continuarei sempre infeliz"; "Era um tipo pueril / Sem nenhuma utilidade / tipos que causam ao Brasil / vergonha e infelicidade". Assim, por não ter nada, João Brasileiro entende que também não é nada e, além de perder sua condição humana, fica abaixo do animal: "Eu sou pior do que um cão."

Diante disso, o eu lírico até assimila como positiva a visão eugenista de que, para construir uma sociedade forte, é necessário exterminar os indesejados, os inúteis, por meio de um controle de natalidade, denunciando, desse modo, o poder de manipulação do sistema no qual estamos inseridos. Um poder que faz a população e até o próprio João Brasileiro acreditar que ele é o único culpado pela sua condição de vulnerabilidade, pois, se ele está nessa situação, é porque não se esforçou o suficiente para sair dela, e o Estado não tem dívida ou responsabilidade alguma com ele. Porém, na verdade, uma das razões que contribuíram para que grande parte da população negra vivesse em situação de precariedade foi a ausência de políticas públicas para inserir os escravizados recém-libertos na sociedade brasileira. Assim, não tiveram oportunidades para sair do sistema de escravização e continuaram reféns de uma escravatura atual, que impede a população empobrecida e negra de ascender socialmente e que, assim, fortalece o ciclo de pobreza e a condição de subalternidade, passada de geração em geração: "Meus pais eram analfabetos / nada entendiam de instrução / eram semelhantes aos objetos / inúteis para a nação"; "Mas eu fui filho de oleiro / Trabalhava na olaria / Ganhava pouco dinheiro / Na bebida eu os consumia".

O poema é constituído por uma linguagem simples, salvo algumas palavras, como "imiscuía", e apresenta vários exemplos que tornam a sua mensagem bem acessível. É fácil lê-lo e identificar-se com a narrativa de João Brasileiro, reforçando a ideia de que Carolina quis se comunicar com o povo.

Outro exemplo de autocensura é o movimento reescrever os poemas, criando novas versões, não só revisando palavras, mas também o discurso, corrigindo não só a ortografia, mas também a mensagem que desejava transmitir. Isso aconteceu com muitos dos seus poemas ao longo da sua trajetória, principalmente com aqueles que apresentavam fortes críticas ao sistema, os quais ela reescreveu, omitindo ou acrescentado palavras, versos ou estrofes, adequando-os aos seus contextos e objetivos. Em outras palavras, se a poeta percebia que algum texto poderia sofrer censura, mas, mesmo assim, desejava divulgá-lo, modificava-o para que ele pudesse ser publicado sem maiores problemas. Observemos os exemplos:

O operário[89] (versão manuscrita *Clíris*)

Nunca foi publicado, podem dizer que é subversivo.

Que vida desajustada
Do homem que é operário
Trabalha e nunca têm nada
Com êste mísero salário

O operário se vai trabalhar
Não presta atenção no ofício
Ele pensa nas faltas do seu lar
E não dedica amôr ao serviço
O que adianta o homem trabalhar!
************[90] sempre a sofrer
*** que não pode comprar
Roupas e nem o que comer.

Pensa nas faltas do seu lar!
Perde o interesse pelo trabalho
No inverno que vai chegar
Nas filhas sem agasalhos

E se um filho adoeçer
Agrava mais o seu mal
Nada consegue se recorrer
Ao abstrato serviço social

E assim de tanto pensar!
Vai ficando triste e descrente
O operário *precisa* ganhar
Um salário suficiente

E assim de tanto pensar!
Vai ficando triste e descrente
O operário *necessita* ganhar
Um salário suficiente

O operário necessita proteção
Para poder produzir
Dará mais lucro ao patrão
Se suas agruras diminuir.

O operário mal remunerado
Que passa privações
Trabalha desinteressado
Não esfórça nas produções

O operário é o braço da nação
E não procura serviços leves
Quando pleitea reivindicação
Têm que recorrer as greves

Quando pleitea reivindicação
De escolta vai para o presídio
Já o deputado na primeira seção
Consegue elevar seu subsídio

O operário merece louvor
Viva o operário brasileiro
Que têm como protetor
São José - o carpinteiro

Quem depende do operário
Deve dar-lhe mais valor
Deve dar-lhe um salário
Justo e compensador

O operário vive cóm descrença
Não crê que diminue se sofrimento
Porque o país sofre a doença
Incurável, que se chama aumento!

---

[89] Transcrição do manuscrito localizado em: FBN, rolo 4 - MS - 565 (4), FTG 390-391.
[90] Ilegível.

Que luta para enfrentar!
O custo de vida. Se ganha pouco

Não têm prazer de trabalhar
E vão ficando neuróticos, loucos.

O operário[91] (versão manuscrita Clíris (Caderno 7).

Que vida desajustada
Do homem que é operário
Trabalha, e nunca têm nada
Com êste mísero salário

O operário, se vai trabalhar
Não concentra atenção no ofício
Ele pensa nas faltas do seu lar
E não dedica amor ao serviço

O que adianta o homem trabalhar
E levar a vida sempre a sofrer
Sabe que não pode comprar
Roupas, e nem o que comer.

Pensa nas faltas do seu lar
Perde o interesse pelo trabalho
No inverno que vai chegar
E no filho sem agasalho

E se um filho adoecer?
Agrava mais o seu mal
Nada consegue se recorrer
Ao serviço social

E assim de tanto pensar
Vai ficando triste e descrente
O operário necessita ganhar
Um salário suficiente

O operário precisa de proteção
Para insentivá-lo a produzir
Dará mais lucro ao patrão
Se a sua agrura diminuir.

O operário mal remunerado
E que passa privações
Trabalha desinteressado
E não esforça nas produções

Quem depende do operário
Deve dar-lhe mais valor
Deve dar-lhe um salário
Justo, e compensador

O operário do mundo inteiro
Somente a Deus deve ter fé
Têm pôr patrono o carpinteiro
São José

    O primeiro ponto que nos chama atenção na primeira versão desse poema é o "X", que aparece com uma recomendação: "nunca foi publicado, podem dizer que é subversivo". O receio da autora é legítimo, visto que a maneira como aborda a questão

---

[91] Transcrição do manuscrito localizado em: FBN, rolo 4 - MS-565 (4), FTG 481.

do operário, apontando reflexões sobre conceitos marxistas, como "luta de classes" ou "mais-valia", por exemplo, poderia, sim, ser considerada rebelde no contexto em que foi produzido. O eu lírico denuncia a condição do trabalhador, que, apesar de ser essencial para o desenvolvimento do país e para o lucro do patrão, como aponta nos versos "O operário é o braço da nação" e "Quem depende do operário", não é amparado por nenhum dos dois, sendo que o empresário não lhe paga um salário justo, apenas "êste mísero salário", e o Estado não lhe garante vida digna.

Ao abordar a relação trabalhador e patrão, utiliza-se da ideia de que o empregado não recebe por todo o trabalho produzido, já que "Trabalha e nunca tem nada", como foi colocado já na primeira estrofe do poema. Ademais, aponta a resistência da classe trabalhadora, que, diante da ausência de negociações entre empresário e empregado, recorre às greves para reivindicar melhores condições de trabalho.

Ao comentar sobre o papel do Estado nessa questão, sintetiza-o, na quinta estrofe, como "abstrato serviço social". Assim, ao utilizar a palavra "abstrato", expõe a ineficiência desse órgão público que deveria assistir os pobres do país. Além disso, por meio da ironia, na décima estrofe faz novamente uma crítica ao Estado, que, em vez de apoiar o povo na busca por seus direitos, utiliza-se da força policial para reprimi-lo e defende o empresário, pois é este quem financia seus caprichos. Assim, o poema denuncia a fiel e antiga parceria entre governos e empresários, que até hoje existe e que surgiu para beneficiar os patrões e os políticos corruptos, prejudicando os trabalhadores.

Outro ponto, extremamente atual e discutido no poema, é a questão da saúde mental do trabalhador, que fica abalada devido às constantes pressões por produtividade, ameaças de demissões, humilhação por ser explorado e frustração pelo baixo salário que o impede de prover sua família. O eu lírico fala disso nos seguintes versos: "E não dedica amôr ao serviço", "Vai ficando triste e descrente", "Trabalha desinteressado" e "Não esforça nas produções". Todos esses sentimentos geram doenças emocionais, como depressão, ansiedade, síndrome do pânico, entre outras, levando os trabalhadores a tornarem-se "neuróticos, loucos".

Diante da rebeldia dessa primeira versão, a autora escreve uma segunda, apresentando a mesma discussão, todavia com um novo tom. Observa-se que a autora, provavelmente por medo de sofrer represálias, omite estrofes e palavras, trocando a subversão pelo lamento e pela religiosidade, apenas. O tom crítico, direcionado tanto ao empresariado quanto ao governo, tornou-se mais ameno. Não há referências a greves, repressão policial ou políticos corruptos, e a palavra "abstrato" também foi ocultada.

Assim como acontece com outros poemas, a primeira versão de "O operário" não foi publicada. A segunda, por sua vez, aparece em *Clíris* (2019).

Outro exemplo dessa mesma estratégia é o que acontece com o poema "Vidas", também em várias versões.

Vidas[92] (versão manuscrita *Clíris*)

Nem sempre e ditosa
A vida das pessôas famosas
Edgar Alan póe, mórre na sargêta
N[93] guilhotina Maria Antonieta
Camôes, teve que mendigar
Gonçalves Dias, morre no mar.
Casemiro de Abreu morre tuberculoso
Tomas Gonzaga, louco furiôso
D. Pedro II, morre exilado.
Pensando no Brasil amado
Armando Salles de Oliveira
Foi exilado da terra brasileira
Rudolfo Diessel fez dividas não poude pagar
Desgostoso atirou-se no mar.
Getulio para impedir a revolução
Elimina-se com um tiro no coração
Para ver o Brasil independente
Morre na fôrca, Tiradentes
Santos Dumont, inventor do avião
Que foi utilizado na revulução
Arrependeu-se de tê-lo construido
Deu um tiro no ouvido
Luiz XVI Rei *inciente*
Morre na guilhotina injustamente
Socrates foi condenado a mórrer
Não acatavam seu modo de viver
Era justo correto e honrado

Homens assim, no mundo é desclassificado
João Batista, repreendia os transviado
foi prêso e decapitado
Abrhan Linconl, abolindo a escravidão
Morre com um tiro no coração
Euclides da Cunha escritor proeminente
Mórre tragicamente
Juana Darc vendo a França oprimida
Defendendo-a pagou com a vida.
Camilo Castelo Branco, era escritor
Ficou cego que estertor
Tudo para êle acabou-se
Tristonho suicidou-se
Kennedy desejaria a união
Reprovaria a segregação
Foi morto a balas
Na cidade de Dallas.
João Goular, teve pretensão
Dós pobres desejou ser pai
Simularam uma revolução
E exilado esta no Uruguay.
pretendia a divisão agraria
para auxiliar a classe operaria
Amigo de pobre acaba exilado
Ou prêso, ou cruxificado
Miguel Arrais, queria ver seu povo feliz.
São os que mais sofrem nêste país

---
[92] Transcrição do manuscrito localizado em: FBN, rolo 4 - MS-565 (4), FTG 390-391.
[93] Ilegível.

O flagelo dizima a populaçao.
Foi depôsto e esta na prisão.
Desejando auxiliar a pobrêsa
Fundou as ligas camponêsas.
Lhe condenaram esta na prisão
Deus que lhe ajude Juliâo!
Seixas Dória, era governador
Queria ser um realizador
Eliminar a pobrêsa do seu torrão
passou uns dias na prisão
Mauro Borges com turtura mental
O casó de goiás lhe foi prejudicial
Afonso Arminio por ser inteligente
Foi deposto injustamente
Espalharam os politicos brasileirós
No mundo inteiro.
Fôram fortes e ficaram os cordeiros.
Adhemar

Encontramos outra versão do poema, na antologia *Um Brasil para os brasileiros*:

Vidas[94]

Nem sempre são ditosas
As vidas das pessoas famosas
Edgar Alan poe, morre na sarjeta.
Na guilhotina, Maria Antonieta.
Luiz de Camões, têve que mendigar.
Gonçalves Dias, morre no mar.
Casemiro de Abreu, morre tuberculoso.
Tomas Gonzaga, louco furioso.
Pedro II, morre exilado.
pensando no Brasil por êle amado.
Armando Salles de Oliveira
Foi exilado da terra brasileira.
Getulio, para impedir uma revolução
Suicida-se com um tiro no coração
para ver o Brasil independente
Morre na forca, o Tiradentes.
Santos Dumond, inventor do avião
Que foi utilizado na revolução.
Arrependeu-se de tê-lo construído
suicida-se com um tiro no ouvido.
Luis XVI, rei *inciente*
Morre tragicamente
Não tinha capacidade
Para ser majestade
Sócrates foi condenado a morrer
Cicuta que obrigaram a beber.
Que mal terá o Sócrates praticado.
Até hoje ainda não foi comprovado.
João Batista, repreendia os transviados
Foi preso e decapitado.
Abraão Linconl, abolindo a escravidão
É assassinado a traição.
Euclides da Cunha, escritor proeminente
Morre tragicamente.
Joana Darc, vendo a França oprimida
Defendendo-a, pagou com a vida.
Camilo castelo Branco, foi escritor
Ficou cego, que estertor.
Tudo passa para ele, acabou-se
Tristonho, suicidou-se.

---

[94] Transcrição do manuscrito localizado em: IMS, CMJ_Pi_Um Brasil para os brasileiros_p 158

Kennedy, desejava a integração
Reprovava a segregação
Foi morto a balas
Na cidade de Dallas.

Jesus Cristo, não foi julgado.
Foi chacinado e crucificado
Com requinte de perversidade
O pior crime da humanidade.

Há, ainda, a versão datiloscrita *Antologia pessoal*:

Vidas[95]

Nem sempre são ditosas
Vidas das pessoas famosas
Edgar Alan, morre na sargeta.
Na guilhotina, Maria Antonieta.
Luiz de Camões, têve que mendigar.
Gonçalves Dias, morre no mar.
Casemiro de Abreu, morre tuberculoso.
Tomas Gonzaga, louco furioso.
Getulio para impedir uma revolução
Suicida-se com um tiro no coração
Santos Dumond inventor do avião
Que foi utilizado na revolução.
para ver o Brasil independente
Morre na forca, o Tiradentes.
Luis XVI, rei *inciente*
Morre tragicamente
Não tinha capacidade
Para ser majestade
Sócrates foi condenado a morrer
Ciente lhe obrigaram a beber.

Que mal terá o Sócrates praticado.
Até hoje ainda não foi comprovado.
João Batista repreendia os transviados
Foi preso e decapitado.
Abraão Lincoln, abolindo a escravidão
Foi morto à traição.
Euclides da Cunha escritor proeminente
Sua morte foi cruelmente.
Joana D'Arc, vendo a França oprimida
Defendendo-a, pagou com a vida.
Camilo castelo Branco, foi escritor
Ficou cego, suicidou-se.
Kennedy, desejava a integração
Reprovaria a segregação
Foi morto a bala
Na cidade de Dalas.
Jesus Cristo, não foi julgado.
Foi chacinado e cruxificado
Com requinte de perversidade
O pior crime da humanidade.

O poema, nas três versões, apresenta o triste destino de várias pessoas famosas nas esferas cultural, religiosa, política, histórica e social no Brasil e no mundo, pessoas que ela admirava pelos seus feitos em favor do povo oprimido. Nessa lista, insere vários

---

[95] Transcrição do manuscrito localizado em: FBN, rolo 5 - MS-565 (5), FTG [n.p.].

escritores, pois acreditava que o poeta deveria, dentre outras coisas, ser também aquele que não só expõe as mazelas da sociedade, mas também luta para defender o povo. Em uma passagem do seu diário, declara: "Os políticos sabem que sou poetisa. E que o poeta enfrenta a morte quando vê o seu povo oprimido" (JESUS, 2007a, p. 40). Além de escritores, apresenta filósofos, cientistas, políticos e personalidades ligadas à religião, como Jesus e Joana D'Arc, que, além de heroína francesa da Guerra dos Cem Anos, foi canonizada pela Igreja Católica. Ao elencar essas histórias, Carolina equipara políticos e religiosos, escritores e cientistas, utilizando o critério de que todos esses, de maneiras e em épocas diferentes, trabalharam e lutaram em favor de libertar o oprimido e, devido a isso, foram perseguidos: "Amigo de pobre acaba exilado / Ou prêso, ou cruxificado".

Ao apresentar o nome, o feito e a causa da morte da pessoa, expõe seu extenso conhecimento e domínio acerca da História universal e do processo de exclusão e silenciamento das pessoas que se opõem ao sistema. O que difere as versões é a omissão/inclusão que a poeta vai realizando ao longo do processo de reescrita. Observando os nomes que foram retirados nas versões seguintes, é possível concluir que Carolina temia repressão, pois, ao homenagear algumas figuras políticas, automaticamente demarcava o seu "lado" diante de momentos da política brasileira, como o Golpe de 1964.

Na primeira versão, por exemplo, a poeta menciona vários exilados políticos, como João Goulart, Miguel Arraes, Seixas Dória, Mauro Borges e Almino Afonso, expondo que foram depostos, torturados e expulsos do país por quererem acabar com a pobreza e lutarem contra a ditadura, apresentando-os como injustiçados, mártires e vítimas. Por fim, aponta que esses eram bons políticos, enquanto os que ficaram ao lado do regime eram maus governantes: "Espalharam os politicos brasileiros / No mundo inteiro. / Fôram fortes e ficaram os cordeiros." O último verso, "Adhemar", nos deixa uma dúvida interpretativa, pois permite duas leituras. A primeira é que se trata da conclusão do poema, em que a poeta identifica o político "Adhemar", provavelmente o Ademar de Barros, como um exemplo de mau político, o "cordeiro". A segunda, que acreditamos ser a mais provável, é que o verso está incompleto, que a escritora o iniciou com "Adhemar" e pretendia apresentar um grande feito em favor dos pobres, além da causa da sua morte, mas não concluiu. Podemos dizer que um possível motivo de ela não ter concluído o texto seja a sua percepção de que não seria prudente publicá-lo, já que poderia ser presa e morta por criticar o regime militar.

Já na segunda versão, os únicos políticos que permanecem no texto são aqueles que não representam nenhuma oposição ao regime totalitário, como Getúlio Vargas e Kennedy. Além disso, a poeta inclui Jesus, identificando seu assassinato como o pior crime da humanidade.

A versão datiloscrita, por sua vez, apresenta algumas omissões, como Dom Pedro II e o político Armando Salles. De todas as versões citadas, é a única que foi publicada (JESUS, 1996b, p. 234). Entretanto, não há como saber se essa versão foi realmente construída pela autora, pois Meihy (1996b), ao explicar o processo de organização do livro *Antologia pessoal*, afirma que o poema "Vidas", que foi publicado, não estava entre os selecionados pela autora em sua antologia. Esclarece ainda que, mesmo assim, ao lê-lo, decidiu incluí-lo por "remeter à essência de sua proposta vivencial" (MEIHY, 1996b, p. 23), que era inserir-se nesse grupo de pessoas famosas, mesmo sabendo que seria amaldiçoada, como as personalidades citadas. Todavia, não há como ter certeza de que o texto tenha sido datilografado na mesma época dos outros e revisado por Carolina, visto que ele apresenta uma grafia diferente dos demais datiloscritos e possui muitas divergências em relação às versões manuscritas, o que nos leva a crer que pode ter sido reescrito pelo próprio Meihy.

Mesmo sem Carolina fazer referência a si, podemos dizer que a análise de Meihy acerca do poema estava correta, pois, diante da leitura de seus diários e sua autobiografia, percebemos que a autora se identifica com os não compreendidos, entendendo que, por acreditar pertencer a esse grupo, não poderia escapar do seu destino: a perseguição e a morte. Além do fato de ser poeta, outro ponto que a insere no grupo dos "malditos" é o fato de ser negra. Esse pensamento é exemplificado a partir dos trechos a seguir:

> 1 de março de 1961 [...] O céu está belíssimo, as nuvens estão vagueando-se. Umas negras, outras côr de cinza e outras claras. Em todos os recantos existe a fusão das cores. Será que as nuvens brancas pensam que são superior as nuvens negras? Se as nuvens chegassem até a terra iam ficar horrorizadas com as divergências de classe. Aqui na terra é assim: o preto quando quer predominar é morto. Podemos citar Patrice Lumumba (JESUS, 1961, p. 148).

> 9 de dezembro de 1963 [...] E dia 22 de novembro de 1963 mataram o presidente dos Estados Unidos. [...] o mundo adorou o Kenedy porque foi bom. [...] Não era estúpido selecionando as classes. O pior é que todas maldades partem dos brancos que desde os tempos remotos pensam que são donos do mundo. E quantas infelizes sofrem no mundo dos brancos Jesus Cristo, foi cruxificado. Socrates morreu envenenado, Kenedy morreu assassinado. João Batista decapitado. Joana Darc foi queimada. E eu? Como

será que vou morrer? Penso que vou morrer matada porque os trapaceiros que lidam com meus livros não são corretos comigo. E eu os despreso porque não tenho muito amor aos bens materiaes. Sou preta e o preto tem ambição limitada (JESUS, 1996a, p. 263-264).

Podemos dizer que essa percepção a respeito do que "pode" ou "não pode" ser publicado não surge de maneira autônoma em Carolina, mas é fruto de acontecimentos, como: as diversas tensões com seus editores; o fato de *Quarto de despejo* ter sido censurado em Portugal pelo ditador Salazar; a consciência do poder que as pessoas da casa de alvenaria tinham sobre o meio editorial e de que, ao escancarar a realidade da sala de visitas, poderia sofrer represálias – "Não estou tranquila com a ideia de escrever o meu diário da vida atual. Escrever contra os ricos. Eles são poderosos e podem destruir-me. [...] Quando escrevi contra os favelados fui apedrejada..." (JESUS, 1961, p. 83) –; e a convivência com o pensamento das pessoas do núcleo da sala de visitas, que a orientaram sobre o que falar, principalmente na época do lançamento na Argentina:

> 30 de outubro 1961 [...] chegou o senhor Bertini, funcionário da Editora Abraxas.[...] mostrei-lhe as fotografias que vou levar para a Argentina. Ele corrijiu uma inscrição que eu fiz na fotografia dizendo que ia prejudicar-me. E que eu escrevi na fotografia, Os pobres do Brasil anda descosos. Êle disse que o que interessa é dizer que eu era favelada e gostava de livros (JESUS, 1996a, p. 123-124).

> 19 de novembro de 1961 [...] A nove horas, saímos com o Audálio e fomos visitar o Feola. [...] O Feola é agradável e calmo. Disse-me que está residindo na Argentina a um ano. Era técnico do Boca Junior. [...] saímos e fomos ao hotel. Pensando nas palavras do Feola. Cuidado Carolina, quando falar... (JESUS, 1996a, p. 193).

Essa compreensão que Carolina adquire acerca da realidade na qual está inserida e do preço que deverá pagar se quiser continuar no meio literário fica evidente, principalmente, quando analisamos seu comportamento nas entrevistas que deu. Na véspera do lançamento, no dia 18 de agosto de 1960, quando questionada sobre o que achava de Fidel Castro, sua resposta foi: "Adoro Fidel Castro. Êle fez bem defender Cuba" (JESUS, 1961, p. 38). Já em outra ocasião, na Argentina, um ano e três meses após a publicação, em 16 de novembro de 1961, quando questionada sobre o mesmo assunto, sua resposta foi: "Não lêio nada sobre o senhor Fidel Castro. Apenas ouço as mulheres dizer: que êle é muito bonito!" (JESUS, 1996a, p. 182). Ainda no relato sobre essa viagem à Argentina, Carolina escreveu sentenças que corroboram a ideia de que estava tentando conformar-se, "adaptar-se" às exigências que lhe foram impostas para adentrar e permanecer naquele meio, passando da fase de "Fiquei furiosa com a autoridade de Audálio, anulando meus projetos. Dá impressão de sou sua escrava" (JESUS, 1961, p. 27) para "Ele é meu editor, dêvo obedecer-lhe" (JESUS, 1996a, p. 191).

Ademais, houve o Golpe Militar de 1964, que, diferentemente da ditadura de Getúlio, na qual Carolina estava do lado dos "alienados", que apoiavam o governo e não conseguiam perceber os malefícios do totalitarismo, que não tinham voz nem representavam ameaça ao regime, agora a escritora estava entre os que precisavam ser calados e censurados: "porque é que o governo não distribui as terras para o povo? Eu penso isto, mas não digo porque se eu disser os capitalistas vão dizer: a Carolina é vermelha. É ignorante e semianalfabeta" (JESUS, 1961, p. 27).

É importante ressaltar que Carolina, apesar de atacar os ricos, a "elite" e o capitalismo e defender a reforma agrária, não era totalmente adepta ao regime comunista, tanto que chegou a tecer elogios ao presidente dos Estados Unidos do período, John Kennedy. Além disso, também não era contra o dinheiro. Pelo contrário, por meio da leitura de sua obra, percebemos que sua poética buscava discutir acerca de todos os direitos do homem, ou seja, defendê-lo em sua integralidade e garantir-lhe inclusive o direito de querer ter dinheiro para poder viver dignamente. Sua luta era pela vida plena, pelo direito a ter uma casa de alvenaria, vestidos, joias, quadros na parede da sala, um carro, educação de qualidade para os filhos, viagens, ir ao cinema e a bailes. Isso chegou a ser um dos motivos dos constantes embates entre Carolina e Audálio Dantas, já que ele queria que ela fosse "humilde" e não gastasse dinheiro com "vaidades", enquanto ela queria utilizar-se do direito de poder decidir sobre como administrar seu próprio dinheiro: "Quando cheguei fui devolver o relógio de ouro que comprei de Dona Elza. [...] Eu jurei não comprar mais nada, por causa das críticas do repórter. Êle é um detitive da minha vida. Mas eu vou publicar só 'Casa de Alvenaria'. Depois desisto" (JESUS, 1961, p. 138).

Em uma entrevista para repórteres argentinos, ao ser questionada sobre o direito de os favelados possuírem artigos de luxo, como uma televisão, respondeu: "Acho que sim. Porque a televisão é um veículo de cultura e distração. Se o favelado pode comprar coisas uteis para ele, deve comprar" (JESUS, 1996a, p. 185). Carolina, mais do que ser porta-voz, escrevia para suportar o mundo, para alcançar o sucesso e a glória. Buscava o reconhecimento como escritora para poder viver de literatura, ou seja, obter um retorno financeiro e sair da favela: "Se estou escrevendo é porque tenho pretensões – quero comprar uma casinha para os meus filhos" (JESUS, 1996a, p. 71); "[...] eu estou escrevendo um livro, para vendê-lo. Viso com esse dinheiro comprar um terreno para eu sair da favela. Não tenho tempo para ir na casa de ninguém" (JESUS, 2007a, p. 28).

Essa ambivalência de Carolina fez com que ela passasse a ser fortemente criticada pela imprensa, pelos movimentos sociais e pelos políticos. "Passada a novidade, Carolina foi rejeitada por todos. Pela direita, por expor a miséria. Pela esquerda, porque não queria saber de luta social" (SANTOS, 2009, p. 56). Assim, os diversos grupos que a promoveram já não tinham mais interesse na escritora, que não era mais favelada e queria ser poeta. Carolina era extremamente assediada pela população em situação de vulnerabilidade e, também, por exploradores, que a viam como uma nova rica que tinha a obrigação de ajudá-los. Sente-se usada:

> 25 de dezembro de 1960 [...] Todos dizem que eu fiquei rica. Que eu fiquei feliz. Quem assim o diz estão enganados. Devido ao sucesso do meu livro passei a ser olhada como uma letra de câmbio. Represento o lucro. Admirada por uns e criticada por outros que Natal confuso para mim (JESUS, 1961, p. 114).

> 27 de janeiro de 1961 [...] tenho impressão que sou uma carniça e os corvos estão rondando o meu corpo. Corvo humano que quer dinheiro (JESUS, 1961, p. 130).

> 17 de março de 1961 [...] Com aquela confusão de vender a Carolina, eu fiquei pensando, quando eu estava na favela não valia zero. Agora tenho valor (JESUS, 1961, p. 156).

O sucesso editorial trouxe-lhe problemas, como a dificuldade de lidar com a fama e a inadaptação ao meio midiático e às exigências do mundo editorial: "Vou abandonar a literatura. Com as confusões que enfrento com o quarto de despejo, fui perdendo o amor pela literatura. [...] Não me adapto a ser teleguiada" (JESUS, 1996a, p. 136); "O editor é um tipo que quer obrigar o escritor a ajoelhar-se a seus pés. – E eu, só ajoelho aos pés de Cristo, porque de Cristo eu gosto!" (JESUS, 1996a, p. 265).

A autora também desabafa em seus diários sobre a relação com outros escritores e as críticas que recebeu sobre a sua obra:

4 de janeiro de 1961
A Dona Suzana convidou um senhor para ir a nossa mêsa. Apresentoume:
— Este... é o Mario Donato. Ja conhecia de nome e suas obras. Dôis livros horrorosos e obceno. Uma lêitura cansativa! Quando o livro saiu a imprensa divulgou. Eu queria ler o livro e não podia compralo. Mas, encontrava os livros do senhor Mario Donato no lixo e lia. Galateia e o fantasma. Uns livros fracos, sem classe. Ele disseme:
— Carolina, emprega bem o teu dinheiro porque a literatura não é meio de vida. Você não é literata! O teu livro não é literatura. É documentario.
— Porque deixaste de escrever?
— Não tive sorte! Ressolvi fundar este club para ganhar dinheiro e ficar rico. O senhor Mario Donato, com a sua cultura, o seu conhecimento dos pronomes, não conseguio dinheiro com os livros que escreveu. Eu... com os meus dois anos de grupo, escrevo estropiadamente, consegui enriqueçer com o meu livro! O meu livro foi uma fada que transformoume de gata borralheira a princêsa! Levo uma vida de viluda. Os meus sonhos estão concretisando. — Eu desejava uma casa de alvenaria — consegui! Está suja, infestada de pulga, mas eu hei de limpala! — O que emocioname é introduzir a chave na fechadura e abrir a pórta e sáber que a casa é minha! Tem hora que eu tenho vontade de dar um grito extentoreo, para ser ouvido no Universo:
— Viva o meu livro! Viva os meus dôis anos de grupo! E viva os livros! Porque é a coisa que eu mais gosto, depois de Deus (JESUS, 2021b, p. 63).

19 de janeiro de 1961
Hoje eu não vou sair, passei o dia em casa, lavando as roupas dos flhos. Li o artigo que a Dona Helena Silveira de Queiroz escreveu referindose ao meu livro. Ela disse que não viu nada no meu livro para ser classifcado Best Seler. Os semi intelectuaes não vê nada que ocorre no seu pais, vao a China inspirarse. Escrevem livros que ficam ignorados do publico e acabam nas latas de lixo (JESUS, 2021b, p. 93).

Somada a tudo isso, houve ainda a mudança para a casa de alvenaria, que agregou ao seu tormento a condição de um não-lugar, em que a escritora não pertencia mais à favela, mas também não foi aceita na elite paulista, fazendo com que aumentasse em Carolina a sensação de desajuste: "Eu estou lutando para ageitar-me na casa de alvenaria. E não consigo" (JESUS, 1961, p. 151); "Já estou ficando com nojo de morar perto dos brancos" (JESUS, 1996a, p. 235); "Você está no meio dos ricos... quem não sabe fingir ali, não vençe" (JESUS, 1996a, p. 143); "Eu ainda não habituei com este povo da sala de visita – uma sala que estou procurando um lugar para sentar" (JESUS, 1961, p. 66).

Outra questão que a autora precisou enfrentar foi a dificuldade em administrar os ganhos gerados pelo livro. Em diversos momentos do seu diário, Carolina acusa os promotores de sua obra de não repassarem os direitos autorais, o que acabou desgastando ainda mais a relação entre eles:

> [...] Amanhã vou vender a máquina de escrever para comprar comida para os meus filhos. O José Carlos não tem sapato. Eles dizem que eu sou idiota, que dêixo o Audálio explorar-me. [...] Não me foi possível dormir pensando que não tenho sabão para lavar roupas. E não tenho dinheiro para comprar pão. Um barbeiro da cidade Dutra disse-me que eu devia estar recebendo 200 mil cruzeiros por mês. Mas os repórteres da Rússia dizem que nos países capitalistas, os pobres trabalham para sustentar os burgueses, tipos que saem da classe média (JESUS, 1996a, p. 262).

> O Luiz vêio convidar-me para ir no seu aniversário domingo. Ele disse-me que o povo fala que o Audálio ficou rico com o meu livro. Que espoliou a minha ingenuidade. Mas tudo tem seu dia de libertação. E agora estou livre! Mas quem continua recebendo o dinheiro dos direitos estrangeiros é o meu Sinhô Dantas, quando quem deveria receber sou eu que lutei com dificuldades para escrever o livro. Que luta para arranjar papel e tinta. Eu catava as fitas das máquinas de escrever e fendia para escrever [...] (JESUS, 1996a, p. 274).

Em seu diário, no dia 03 de novembro de 1961, relata que, após uma manhã tumultuada, em que estava sem dinheiro para organizar suas contas, sem conseguir encontrar uma empregada doméstica que a respeitasse, precisou ir até Francisco Alves para resolver questões sobre a sua viagem à Argentina. Lá, teve que esperar para ser atendida e começou a recordar que, quando estava no auge da fama, eram eles que esperavam por ela. Logo em seguida, ouviu da secretária que o Dr. Lélio de Castro e Andrade, um de seus editores, não estava no local. Entretanto, Carolina o viu atendendo a outro cliente, o Barbosa Lessa, que a princípio também a tinha ignorado. Ao deparar-se com tamanha humilhação, Carolina concebeu este poema (JESUS, 1996a, p. 138):

Humanidade

Depôis de conhecer a humanidade
Suas perversidades
Suas ambições
Eu fui envelheçendo
E perdendo
As ilusões
O que predomina é a
Maldade
Porque a bondade
Ninguém pratica
Humanidade ambiciosa
E gananciosa
Que quer ficar rica!

Quando eu morrer...
Não quero renasçer
É horrível, suportar a humanidade
Que tem aparência nobre
Que encobre
As péssimas qualidades

Notei que o ente humano
É perverso, é tirano
Egoísta, interesseiro
Mas trata com cortêzia
Mas tudo é ipocresia
São rudes e trapaçêiros

    O poema é construído, majoritariamente, por meio de versos curtos, o que sugere um ritmo fragmentado, como se a poeta estivesse ofegante, tentando colocar para fora tudo o que estava sufocado em seu peito. Entendemos que isso é resultado de todo o sentimento de desilusão e revolta sentido pela poeta depois das constantes decepções e humilhações que enfrentara desde o lançamento de seu livro até aquele momento. Podemos dizer que a "humanidade" à qual se refere não contempla todos os homens da Terra, mas somente aqueles com quem passara a se relacionar depois do sucesso, como os seus editores. Esses, ela conclui, são perversos, ambiciosos, maldosos, gananciosos, tiranos, egoístas, interesseiros, hipócritas, rudes e trapaceiros, responsáveis pelo fato de ela ter perdido toda a esperança e todo o encantamento por uma das coisas que ela mais amava, a literatura:

> O Barbosa Lessa, entrou me viu. E claro, porque eu estava com um vestido espalhafatosos. Entrou direto, sem olhar. Eu disse-lhe: está rico! Não cumprimenta mais os pobres. Ele voltou-se e cumprimentou-me e abraçou-me [...] olhando-o perguntei:
> Qual é a razão dos teus cabêlos abandonar-te? É a desilusão de ter entrado neste meio?
> Ele, olhou-me e disse: quem entra nêste núcleo ou perde os cabelos ou perde a dignidade.

Dei um suspiro comentando: e eu... perdi a ilusão. Isto é que é pior! (JESUS, 1996a, p. 137).

Tudo isso levou Carolina a uma tristeza profunda. Ela começou a maldizer a nova vida, inclusive o fato de ter saído da favela, tamanho era seu sofrimento. Nos versos do poema "Barracão"[96], expõe:

[...]
Eu nasci aqui no Brasil
Mas sofri
Fui infeliz
Gritei e não consegui
Realizar o que eu quis

Pedi: Me dê felicidade
Quero campo e não cidade
Mas foi tudo em vão

Por isso eu arrependi
Por que fui tola e saí
Do meu barracão

Minha renda é tão precária
Que às vezes passo provação
Com fala de milionária
Sem nenhum tostão

[...]
Ao sair da favela cantei
Sentindo um prazer interno
Mas foi depois que notei
Não fui para o céu
Era inferno
[...]

A falta de dinheiro, o adiamento de uma viagem à Argentina e a falta de controle diante da sua vida e da sua carreira resultaram em uma forte depressão. Tornaram-se mais intensos pensamentos como: "Em que condições chegou minha vida. Eu preciso morrer [...] Eu preciso sair deste mundo [...] Já estou enjôada da vida" (JESUS, 1996a, p. 147); "Estou doente com falta de ar" (JESUS, 1996a, p. 148); "Na casa de um poeta, a felicidade passa. Mas, não estaciona" (JESUS, 1996a, p. 150); "Tenho a alma angustiada / E um desgosto profundo / de viver nesta salada / que se chama mundo" (JESUS, 1996a, p. 141).

Carolina lidou com a doença da única maneira que sabia lidar: concebendo poesia: "Eu passei a manhã escrevendo para não pensar nas dificuldades que me é difícil transpor. Mas eu sou forte! E os fortes não se habatem!" (JESUS, 1996a, p. 264).

---

[96] Transcrição do manuscrito localizado em: FBN, rolo 4 - MS-565 (4), FTG 430.

A depressão tornou-se matéria-prima em suas mãos, que transformaram todo esse sentimento em poética. Poética quilombola, de resistência, para não sucumbir. Assim, no dia 06 de novembro de 1961, escreveu (JESUS, 1996a, p. 150-152):

Quarto de despejo

Quando infiltrei na literatura
Sonhava só com a ventura
Minhalma estava chêia de hianto
Eu não previa o pranto.
Ao publicar o quarto de despejo
Concretisava assim meu desejo.
Que vida. Que alegria...
E agora... Casa de alvenaria.
Outro livro que vae circular
As tristêsas vão duplicar.
Os que pedem para eu auxiliar
A concretisar os teus desejos
Penso: eu devia publicar...
Só o "quarto de despejo".

No início vêio a adimiração
O meu nome circulou a nação.
Surgiu uma escritora favelada
Chama: Carolina Maria de Jesus.
E as obras que ela produs
Dêixou a humanidade habismada
No início eu fiquei confusa.
Parece que eu estava oclusa
Num estôjo de marfim.
Eu era solicitada,
Era bajulada
Como um querubim.

Depôis começaram a me invejar
Diziam: você, deve dar
Os teus bens para o asilo

Os que assim me falava
Não pensava
Nos meus filhos.

As damas da alta sociedade
Diziam: praticae a caridade,
Doando aos pobres agasalhos.
Mas o dinheiro da alta sociedade
Não é destinado a caridade
É para os prados e os baralhos.

E assim, eu fui desiludindo,
O meu ideal regredindo
Igual a um corpo envelhecendo.
Fui enrugando, enrugando...
Pétalas de rosa, murchando, murchando
E... estou morrendo!

Na campa silente e fria
Hei de repousar um dia...
Não levo nenhuma ilusão
Porque escritora favelada
Fui rosa despetalada.
Quantos espinhos em meu coração.

Dizem que sou ambiciosa.
Que não sou caridosa.
Incluíram-me entre os usurários
Porque não critica os industriaes
Que tratam como animais
Os operários...

Podemos dizer que o texto citado é um dos poemas mais intensos de Carolina. Um texto sincero, "escrevivido", incômodo. Nascido em meio à dor e à revolta por ver seus ideais sendo desfeitos. É um verdadeiro manifesto, cheio de ironias, sarcasmos e dores indescritíveis, indizíveis, que ficam expressas por meio das constantes reticências apresentadas no decorrer do poema, no qual expõe todos os dissabores que existem por detrás do seu "sucesso".

Já na primeira estrofe, por meio do verbo "infiltrei", revela que sua entrada no meio literário não foi fácil. Expõe o quão excludente é o cânone e que sua entrada não foi pela porta da frente, mas dos fundos. Aponta que, mesmo com todas as dificuldades, alimentava a ilusão de que seria feliz como escritora. Todavia, toda essa esperança se desfez após o lançamento do seu primeiro livro. Agora, diante da proximidade da publicação de um segundo, sente que sua angústia irá aumentar.

Na segunda estrofe, a partir do sétimo verso, a poeta revela os sentimentos que tomaram seu coração logo quando começou a habitar a sala de visitas: confusão e sufocamento. Sentia-se presa numa vitrine, onde todos poderiam observar "a mulher exótica" que, mesmo "favelada", escrevera um livro. A mulher que decidira escrever para ser livre viu-se confinada em sua nova prisão, constituída pelo meio editorial e pela imprensa, metamorfoseada em um "estojo de marfim", onde era bajulada, mas também teleguiada. Nesse momento, foi descobrindo o alto preço que teria que pagar para permanecer no meio literário, ou seja, perder sua liberdade:

> [...] o senhor Audálio Dantas queria me dominar. Não gostei. Principiei a reagir. Não nasci na época da escravidão. Eu não tinha o direito de fazer nada que o senhor Dantas, observa-me. Uma noite, *êle* chegou na minha casa e criticou-me porque eu coloquei vários quadros nas paredes. Obrigou-me a retirar aludindo que a minha casa estaria antiquada parecendo galeria. Retirei os quadros em silêncio. Mas, xingando o senhor Audálio Dantas mentalmente. Quando vesti uma saia japonêza ele criticou dizendo que eu deveria ser mais simples no vestir. Tudo que eu fazia, *êle* observava. E assim minha adimiração por ele ia arrefeçendo. Começou meu calvário. O livro estava sendo bem vendido e o senhor Audálio Dantas estava convencido que havia construído um monumento. Por eu ter passado muita fome, eu lia o livro sem compreendê-lo. Com o meu nome nos jornaes e eu aparecendo nas televisões, eu era um caso exepcional. Enfim, era a minha vida que trocou de cenário. Mas, com toda

> aquela confusão eu pensava: isto é apenas cenas fictícias. Será que já estou ajustada na vida! Será que estou amarrada numa corrente de fio de retroz? Como o melhor advogado é o decorrer da vida, fiquei aguardando o que haveria de vir posteriormente. Mas, não deixei de preocupar-me com a vida na cidade. Para mim, esta casa na rua Bento pereira, não passava de um estojo de vidro (JESUS, 1996a, p. 276).

Nos versos seguintes, a autora demonstra o seu não-lugar, pois era invejada pelos favelados e excluída pela "elite", que desejava mantê-la sempre no lugar de subalternidade, fixando-a na imagem de favelada, dizendo que ela deveria dar seu dinheiro aos favelados. Carolina, "língua afiada", escancara a hipocrisia da "alta sociedade", que não pratica a caridade, mas exige tal virtude dos outros. Denuncia a incoerência daqueles que a acusam de egoísta por querer investir o pouco que ganhou com ela mesma e o futuro dos filhos, mas não questionam os industriais, que exploram os operários.

Por fim, novamente, é evocada a imagem da rosa murcha e despetalada, ilustrando todo o desencanto da autora em relação a tudo o que estava vivendo porque não se adaptou a ser "teleguiada". Naquele momento, seu anseio por liberdade, por ser fiel ao seu projeto literário, era maior do que ser a flor adorada dos poetas. Não tinha a ilusão de ser rainha do mundo, sentia-se, mais uma vez, presa no quarto de despejo.

Como sabemos, *Casa de alvenaria* já não vendeu como o esperado, e a escritora logo rompeu com os seus assessores e editores. Todavia, Carolina nunca deixou de escrever, estava sempre concluindo romances, peças teatrais e poemas a fim de publicá-los e continuar tentando viver de literatura, o que se tornou cada vez mais difícil:

> [...] Fico horrorizada ouvindo o Dr. Lélio de Castro Andrade dizer: Ninguém vive de direitos autoraes. Que suplicio é levantar de manhã e não ter nada para comer. É a reprise da favela. Só que agora não existe mais Dona Julita. [...] Saí com a máquina de escrever para vende-la e comprar comida para os meus filhos. [...] Já estou desiludida com a literatura. Não vejo uma recompensa justa (JESUS, 1996a, p. 264-265).

No poema "Agruras de poeta", desabafa:

Agruras de poeta[97]

Assim é a vida de poeta:
Desilusão e sacrificio.
Se adoeçe o povo faz coleta
Em seu beneficio

O poeta, não pode desfrutar
Conforto e tranquilidade
É um infeliz não pode demostrar
O seu talento, sua capacidade

O poeta procura trabalho
Sonha com uma vida decente

Lhe preterem preterem como rebotalho
O poeta é citado, o indolente

O poeta conheçe as agruras
A nudêz e a falta de pão
Visa unicamente a sepultura
Porque é agro viver com privação

pórque é que o Deus do poeta
Sò lhe reserva estertór
Sua existência é incompleta
Falta-lhe pão, lar, e o amôr.

Por volta de 1966, os jornais *Diário de São Paulo* e *Jornal do Brasil* confirmaram a realidade apresentada no poema ao noticiarem que Carolina, mesmo já morando em seu sítio, voltara a catar papel. De acordo com as reportagens, fora vista no centro de São Paulo "[...] recolhendo jornais velhos, bugigangas e guardando tudo num grande saco remendado. Carregava também um caderno onde escrevia seus pensamentos [...]" (CASTRO; MACHADO, 2007, p. 99). Depois disso, não demorou para que Carolina fosse abandonada pela mídia – "já estou saindo dos noticiários" (JESUS, 1996a, p. 203) – e caísse no esquecimento. Desse modo, o encantamento gerado pelo tão sonhado sucesso deu lugar à profunda desilusão.

4.3 No sítio, após o sucesso: a reflexão e a reformulação de seu projeto literário

> *"Parece que vim ao mundo predestinada a catar.*
> *Só não cato a felicidade."*
>
> (Carolina Maria de Jesus)
>
> *"Deixei de ser aquela Carolina ingênua da favela.*
> *Não creio em nada mais."*
>
> (Carolina Maria de Jesus)

---

[97] Transcrição do manuscrito localizado em: FBN, rolo 4 - MS-565 (4), FTG 390.

> *"Se eu pudesse viver sempre escrevendo...*
> *Se eu pudesse viver lendo!"*
>
> (Carolina Maria de Jesus)

Segundo seus biógrafos, no ano de 1963, Carolina, finalmente, mudou-se com os filhos para o seu tão sonhado sítio, em Parelheiros-SP. O campo sempre foi um lugar especial para ela, que era lavradora. Entretanto, a desilusão com a casa de alvenaria, a inadequação à elite paulistana, o racismo explícito que tivera de enfrentar junto com os seus filhos na sala de visitas, o assédio contestante de pedintes e de exploradores, o sensacionalismo da mídia, a relação tensa com seus editores, o sentimento de ter sido traída por Audálio Dantas, a sensação de estar sendo enganada pelos administradores dos seus direitos autorais, a ausência de sossego para produzir sua obra e, principalmente, a falta de dinheiro para alimentar seus filhos, além do medo do retorno da fome, fizeram com que o desejo de viver em um sítio se tornasse, na verdade, sua única alternativa para não enlouquecer:

> Citei para Dona Adélia que não possível finalizar a casa em parelheiros por falta de dinheiro. E é por isso que eu odeio o Dantas. Quando eu estava na favela eu pedi para êle em vez de comprar casa na cidade que deveria comprar um sitio para mim porque tudo na cidade tem que ser comprado. E nem sempre se tem dinheiro (JESUS, 1996a, p. 275).
>
> Que silêncio gostoso. Não há radio. Apenas o côaxar dos sapos. Que sono reconfortante. Não ouço aquelas vozes curiosas.
> – A Carolina esta rica! (JESUS, 1996a, p. 284).

No auge da sua depressão, Carolina recorre às memorias do passado como um abrigo seguro que a ajudará a reencontrar-se consigo mesma e, assim, poder dar continuidade à sua história:

Reminiscências[98]

Quando criança comtemplava o céu
Quantas belezas lá deve existir

Se eu pudesse deixar a terra
Com as estrelas quero residir

---

[98] Transcrição do manuscrito localizado em: FBN, rolo 5 - MS-565 (5), FTG [n.p.].

Com as desídias que via
Ia distânciando do mundo
Onde uns cantavam outros sofriam
Desgostos profundos.

Quando criança, tudo é diferente
A gente brinca e o tempo passa
O mundo é belo e inocente
Que desconhece a amarga taça.

Hoje vivo a chorar saudosa
A minha infância tão bela
Que quadra pundunorosa
Não mais esqueço-me dela.

De manhã pegava a enxada
Ia pra roça trabalhar
À tarde estava cansada
Jantava, ia-me deitar.

O poema ilustra o pensamento que começou a permear a mente de Carolina: viver no campo seria a única solução diante daquela situação que estava vivenciando. A escritora chegou a essa conclusão depois de uma reflexão, motivada por um período de profundo desencanto, em que ela se viu desajustada, em conflito interior e exterior, pois sabia que, embora não se sentisse parte da favela, depois do lançamento do livro, esse espaço, definitivamente, não era mais seu, não poderia mais retornar a esse lugar já que saíra de lá apedrejada e acreditando fortemente que seria feliz na casa de alvenaria: "Não vou incluir a saudade na minha bagagem" (JESUS, 1961, p. 45). Também compreendia que não poderia permanecer onde estava, visto que não fora aceita no bairro de classe média, no qual ela e seus filhos eram constantemente atacados e onde esperava viver só alegrias: "[...] eu cheguei à conclusão que quem está na sala de visitas não sofre [...]" (JESUS, 1961, p. 54). Diante disso, reiniciou sua procura de um lugar que saciasse sua sede de felicidade para poder repousar depois de um longo período de caminhada:

> 31 de dezembro de 1960 Ano passado eu estava na favela. Este ano na casa de alvenaria. Desde os meus 8 anos que estou procurando localizar a tranquilidade e a felicidade. Há os que dizem que o ente humano é incontentável (JESUS, 1961, p. 119).

Nesse sentido, na busca por um lugar no mundo, a escritora recorre ao velho escapismo romântico, que estava esquecido na fase do sucesso, como uma forma de fugir da realidade na qual estava inserida, o que fica evidente na segunda estrofe do poema: "Com as desídias que via / Ia distanciando do mundo / Onde uns cantavam outros sofriam / Desgostos profundos". Na terceira estrofe, a infância e o passado são idealizados – "O mundo é belo e inocente / Que desconhece a amarga taça" – e o campo é entendido como um lugar de paz, o ambiente ideal para que ela possa descansar e encontrar a paz e a felicidade almejadas:

> Já fui lavradora, doméstica, catadeira de papel, e agora sou escritora. Mas o quadro melhor da minha vida foi quando eu era lavradora. Morávamos na roça, havia solidariedade entre os colonos. [...] relembrei os tempos passados. O meu cérebro era povoado de ilusões. Pensava eu vou escrever! Eu vou editar um livro! Eu vou comprar um sítio e plantar flôres, criar aves, como é bonito o cantar dos galos. O cacarejar dos patos. As angolas com suas penas preta e branca (JESUS, 1996a, p. 140).

> Eu fiquei na chuva relembrando quando eu trabalhava na lavoura as vezes não tínhamos tempo de chegar no rancho e molhávamos todo. Bom tempo. Eu não conhecia o mundo que é habitado pelos vermes humanos. Hoje eu estou triste. E que eu não vivo como desejei (JESUS, 1996a, p. 144).

O campo, diferentemente da cidade, é apresentado no poema e no diário como um lugar de pessoas honestas, boas e solidárias. É também um lugar de pessoas trabalhadoras, que não têm tempo para interferir na vida alheia nem explorar o próximo. Pessoas simples e puras, que conseguiam encontrar a felicidade nas situações cotidianas e nas coisas pequenas, despretensiosas, como apontou na última estrofe: "De manhã pegava a enxada / Ia pra roça trabalhar / À tarde estava cansada / Jantava, ia-me deitar". Desse modo, esse ambiente, tão idealizado em suas criações, passa também a ser almejado por ela, que mantém a esperança de, nesse espaço, ser descontaminada, descorrompida de todos as vaidades mundanas, e poder retomar o coração ingênuo da infância, encontrando a felicidade e a paz:

> 4 de outubro de 1962 despertei as 4 horas e fiquei escrevendo até o despontar da aurora. Fico pensando quando eu estiver em parelheiros e despertar ouvindo os gorgêios dos pássaros. E os dias há de ser sempre iguaes porque eu já estou cansando da humanidade. São perversos, invejosos e cruéis. Será que Deus arrependeu-se de ter criados? (JESUS, 1996a, p. 234).

Assim como uma mulher escravizada, que foge para um quilombo, a escritora partiu sem avisar ninguém, num movimento de resistência, para o lugar que representaria o seu refúgio, para viver sua tão almejada liberdade. Apesar do sentimento de contentamento diante da mudança e da esperança por dias melhores, a vida no sítio não foi tão tranquila como idealizara, principalmente para os seus filhos, que tiveram que se readaptar a uma nova realidade. Primeiro, havia as dificuldades estruturais, como a casa no sítio, que estava inacabada. Faltavam as janelas e, também, não havia eletricidade. João e José, adolescentes, acostumados com a cidade, estranharam a nova vida, longe da agitação e dos amigos. Vera Eunice, acompanhada do irmão José, tinha de enfrentar 5 km de caminhada, seguindo as trilhas que encontravam no meio do mato, para chegar à escola onde concluiu o Ensino Fundamental I, antigo Ensino Primário. Quando iniciou a 5ª série, viajava 14 km até o colégio mais próximo. Segundo Vera Eunice, quem custeava sua condução eram suas professoras, pois sua mãe continuava a enfrentar sérias dificuldades financeiras (LIMA, 2020). Por diversas vezes, a escritora denunciou que, após a mudança, o dinheiro dos direitos autorais, praticamente, parou de chegar.

Contudo, ao contrário dos filhos, a autora parecia ter encontrado a solidão desejada e recuperado a independência perdida nos tempos de sucesso. Parecia aliviada e, na medida do possível, contente e em paz em seu "poético recanto"[99], como ela mesmo denominou. Sobre esse período, Vera Eunice comenta:

> Minha mãe adorava o sítio! Se não estava lendo, ficava capinando, plantando, colhendo. Era tanto amor por aquele lugarzinho que você não imagina. Ela dizia assim: Essa terra é minha... não tem olho gordo em cima dela, e é aqui que eu quero morrer: na tranquilidade (LIMA, 1994, p. 82).

Da lavoura, Carolina tirava boa parte do seu sustento e da sua família, plantando os alimentos para seu consumo e para vender. A dieta era à base de raízes, como mandioca, e de legumes, verduras, frutas e ovos. Entretanto, não era em abundância. Para os filhos, esse período foi pior que o da favela, pois, quando chegaram ao sítio, já estavam acostumados à mesa farta. Precisaram "desacostumar", o que foi muito complicado. Sendo raizeira, era também na terra que Carolina encontrava cura para os males do corpo. Sempre tinha um chá, uma erva, para aliviar as dores.

Foi nesse período, também, que a autora se voltou a uma reflexão existencial. Essa reflexão sempre esteve presente em suas obras, todavia percebemos que, reclusa em seu sítio, retomando o tempo para escrever, que tinha ficado comprometido nos tempos da casa de alvenaria, com os filhos crescidos, depois de longa trajetória, ela optou por escrever sobre sentimentos universais, os quais permeiam toda condição

---

[99] Cartas de Carolina Maria de Jesus, "Carta 5". Localização: FBN, rolo 4 - MS-565 (4), FTG 529.

humana, como a incompreensão, o desajuste ao mundo, a saudade, o arrependimento e a procura pela felicidade. Carolina construiu textos figurativos para refletir sobre a velhice, a loucura e a dor da perda de um ente querido. São textos marcados pelo viés do ensinamento, como se a poeta, amadurecida, quisesse deixar lições aos seus leitores. Observemos os exemplos a seguir:

A velhiçe e a mocidade[100]

Apoiada a um bordão
Olhar triste e cansado
Ela faz a revisão
Do seu infausto passado.
É uma velha a meditar
Que grande magua lhe invade
Na expressão do olhar
Revela dor e saudade.

Eis que por perto passava
Uma jovem de alma pura
Vendo que a velha chorava
Quiz saber suas desventuras
A jovem fogueira[101] e bela
Como o despontar d'aurora
Aproximou-se dela
E perguntou: porque chora?

Ela citava suas amarguras
E a jovem atenta ouvia
Eram frases obscuras
Que ela conhecia.

A mocidade disse:
Comove-me o teu sofrer

Mas quando surge a velhice
Em nada achamos prazer.
Veja o prado que florece
É a primavera querida!
Contempla este quadro, esquece
As decadências da vida.

Não conheces a saudade.
De nada tens experiência.
Ela nos procura a tarde
Quase ao findar da existência.

Aos teus olhos o mundo aparece
Cheio de encanto e grandeza
Aqueles que já o conhece...
Em nada encontra beleza.
Desconheces os desenganos
De alguém que nos faz sofrer
Mas com o decorrer dos anos
Tu hás de compreender
E a velhice triste seguiu
E a mocidade alegre sorriu.

---

[100] Transcrição do manuscrito localizado em: FBN, rolo 5 - MS-565 (5), FTG 96 [94] - 97 [95].
[101] Acreditamos ser "fagueira" em vez de "fogueira", pois é uma palavra que melhor se adapta ao contexto apresentado no poema, além de ser um vocabulário comum nos poemas da autora.

No poema citado, a escritora propõe uma reflexão sobre as fases da vida. Em um inusitado encontro entre a velhice e a mocidade, a poeta faz um jogo interessante entre passado, presente e futuro. Figurativiza a velhice por meio de uma idosa chorando, apontando-a como uma fase triste da vida, de arrependimentos, de solidão, de dores e de saudades. Depois, apresenta a mocidade como uma "jovem de alma pura [...] bela", ilustrando-a como um momento de muitas alegrias e romantismo devido à ingenuidade e à inexperiência juvenil, ao desconhecimento acerca das "coisas da vida". É como se a poeta quisesse alertar jovens e idosos sobre como viver bem cada fase da vida.

Podemos identificar nesse texto os ensinamentos aprendidos com o avô. Carolina retoma o método narrativo, apresentando em seu poema a clássica estrutura de uma história, com um enredo, personagens e conflito. Também resgata o viés moralizante, encontrado no gênero "fábula" ou nos provérbios que ouvia do avô durante sua infância.

Outro exemplo a ser analisado é o poema "O infeliz", a seguir:

O infeliz[102]

Venham: tenho os cabelos grisalhos
Já passei tantos trabalhos
Que não posso enumerá-los
Vi, o meu irmão enlouquecer
Minha esposa falecer
E os meus filhos para cria-los.

Vejam, tenho os cabelos grisalhos
Já passei tantos trabalhos
Agra é minha provação.
Vi um filho transviar-se,
E a turba imensa gritar
Mata! Lincha este ladrão.

Vejam, tenho os cabelos grisalhos
Já passei tantos trabalhos
Que até perdi a ilusão

Passo os dias a meditar
Oh! se eu pudesse libertar
O meu filho da prisão!...

Vejam, tenho os cabelos grisalhos
Já passei tantos trabalhos
Não tenho alegria para viver.
Estou ciente que não tenho sorte
Por isso, a Deus, peço a morte
Para findar o meu sofrer.

Vejam, tenho os cabelos grisalhos
Já passei tantos trabalhos
Nada mais me prenda ao mundo
Vivo ao relento sem abrigo
Tenho que vagar sujo, imundo
Sem filhos, sem esposa e sem amigo.

---

[102] Transcrição do manuscrito localizado em: FBN, rolo 5 - MS-565 (5), FTG 21 [12] - 22 [13].

Vejam, tenho os cabelos grisalhos
Já passei tantos trabalhos
Estou exalto e vencido.
Quando jovem, eu vivia tão bem...
Sítios, prédios e armazém
Hoje... sou um homem falido.

Vejam, tenho os cabelos grisalhos
Já passei tantos trabalhos
Meu Deus! Que fatalidade
Perdi, a minha única habitação
Perdi a minha única habitação
Desliguei-me da sociedade
Vim residir nesse porão.

Vejam, tenho os cabelos grisalhos
Já passei tantos trabalhos
Meu Deus! Fico alucinado

Por isso eu vivo a vagar.
Não gosto de recordar
O meu pungente passado.

Vejam, tenho os cabelos grisalhos
Já passei tantos trabalhos
O que conheceu-me "diz"
Aquele é um homem honrado
Mas sofreu tanto, o coitado,
É um verdadeiro infeliz.

Vejam, tenho os cabelos grisalhos
Já passei tantos trabalhos
Meu Deus, que fatalidade,
Perdi minha habitação.
Vim residir num porão
Longe da sociedade.

Como no poema anterior, temos um idoso amargurado fazendo uma revisão de sua vida e de seu destino miserável. Há um tom performático, caracterizado pela repetição dos versos "Venham, tenho os cabelos grisalhos / Já passei tantos trabalhos". Essa repetição valida a voz do eu lírico, que deseja transmitir a sua história a fim de aconselhar seus leitores. Ao apontar que já é velho, que passou por muitos momentos difíceis na vida, o eu lírico sugere que tem muita experiência de vida e de sabedoria para dividir com os mais jovens. Novamente, a poeta aponta a juventude como um momento feliz, de realizações e, também, de irresponsabilidades, pois apresenta que o sujeito lírico tinha posses, mas faliu.

Na estrofe seguinte, que aparece rasurada no datiloscrito, a poeta revela que o sujeito lírico hoje vive em um porão. Tal mensagem é reforçada em uma estrofe manuscrita, colada no datiloscrito, ao final do poema. É interessante esse movimento da escritora, construindo e reconstruindo seu texto, que nunca termina, pois há sempre um novo elemento a ser acrescentado na narrativa, demonstrando novamente sua habilidade criadora e sua ânsia por colocar no papel os "pensamentos poéticos" que não a "deixavam" em paz.

O texto também leva a imaginar a figura daquele "velho louco", andarilho, comum nas cidades, que anda "anunciando" histórias, mas que ninguém ouve ou por cujo passado ninguém se interessa, nem tenta compreender a razão de ele ter chegado àquela condição. O poema "revela" o que há por trás do "louco", excluído nas sociedades, assim como a poeta, que, por andar suja pelas ruas, com um saco de papel nas costas, era ignorada por onde passava. Era tachada de mendiga ou de favelada e era desacreditada das suas habilidades poéticas apenas por sua aparência.

O mesmo acontece no poema a seguir, "A carta", revelando a transformação de uma mulher que, após sofrer uma grande perda, desiste de viver e passa a sobreviver, deprimida, maltrapilha, a recordar do filho que morreu:

A carta[103]

Ela estava assim sentada
E reclinada
Na sombra de um arvoredo
Uma carta ela relia
E sorria:
Talvez, fosse um segredo.

Quando por ela eu passava
Sempre estava
Com uma carta nas mãos.
Um dia, tristonha chorava
E lamentava:
Meus Deus! Que desilusão

Vive tristonha a vagar
E fitar:
O espaço, horas e horas
As vêzes diz ela, assim
Deus! Tenha pena de mim,
Socorrei-me, Nossa Senhora.

Vive tristonha a vagar
Sem parar
Com os olhos fixos no chão.
Como poderei viver
Sem mais ver:
O filho do meu coração

A carta era de um filho,
No exílio
Lá mui distante morria
A pobre mãe não falava
Ocultava
A grande dor que sentia

Anda toda esfarrapada
E amargurada
Perdeu a ilusão na vida
Olha o espaço indiferente
E sente
Que está só e deprimida

---

[103] Transcrição do manuscrito localizado em: FBN, rolo 5 - MS-565 (5), FTG 23 [18] - 24 [19].

Vive triste a meditar
E a chorar.
E o que faz, todos os dias
Porque se um filho morrer,
O viver
Da mãe, é uma agonia.

Outro dia não suportou
E bradou.
Onde é que estais amôr meu!

Oh! Meu Deus! Por piedade
Permita não ser verdade,
O meu filho não morreu.

Êle era tão educado
E resignado
Com a sua vida na pobreza
Gostava de trabalhar
Para não faltar
O pão na nossa mesa.

Como uma narradora do cotidiano, Carolina exercitava esse movimento de criar histórias por trás de imagens encontradas na cidade. "Enxergava" histórias em meio à correria dos centros urbanos, que ninguém mais vê, tirando da exclusão e do anonimato essas personagens: uma velha mãe, sofrida e esfarrapada; um bom filho, que morreu antes do tempo; e uma carta de luto. O elemento da repetição também reaparece, "Vive tristonha", reforçando a doença à qual estava submetida aquela mãe, compadecendo-se, humanizando-a.

Saindo dos textos figurativos, observemos os textos abstratos. Neles, a partir de um tom de amargura, a poeta discute a hipocrisia das relações humanas, a infelicidade, a solidão e a morte. Vejamos os três exemplos a seguir:

Ipocrisia[104]

Há os que tratam com ingratidão
Nos causando imensas dores
Mas quando estamos mortos no caixão
Vem adornar nosso corpo com flores
Há os que ferem a nossa sensibilidade
Nos desprezando sem clemência
Quando partimos para a eternidade
É que nos tratam com descência

---

[104] Transcrição do manuscrito localizado em: FBN, rolo 5 - MS-565 (5), FTG [n.p.].

Em vida só sabem nos martirizar
Palavras rudes, não nos conforta
Peço-lhe: para não chorar
Quando me veres morta.
Quando o esquife baixar a sepultura
O espírito sorri de contentamento
Porque vai findar ao meu sofrimento
Extinguir a minha agrura.
Quando eu morrer!
Não levarei recordação
Pois foi duro o meu viver
Com tantas atribulações.

A vida[105]

A vida é concernente
Aos que dela tiraram proveito.
Eu sofro horrivelmente
Ao ver meu sonho desfeito
Será banalidade...
Sonhar com felicidade?

No auge dos sofrimentos
Quem não maldiz a sua sorte
Todos nós temos momentos
Que desejamos a morte
Breve: quem sabe farei
A viagem da eternidade
Recordações levarei
Não sei se deixo saudades.

Não tenho mãe para chorar
A perda do filho amado
Sou uma ave sem lar
Um infausto exilado.
Vivo ao céo[106] sem ter abrigo
Somente Deus! É meu amigo.

---

[105] Transcrição do manuscrito localizado em: FBN, rolo 5 - MS-565 (5), FTG 76 [72].
[106] Acreditamos ser "léu" em vez de "céo", pois é uma palavra que melhor se adapta ao contexto apresentado no poema, além de ser um termo recorrente nos poemas da autora.

O homem[107]

Em vida o homem é escritor
    É doutor,
    É senador,
    É majestade.
Assim êle se descrimina,
Mas na campa predomina:
    A igualdade.

E o orgulho então finaliza.

O homem não mais precisa
    De brasão.
Vai para o campo silencioso
    E tenebroso
Dentro de um caixão
E na campa êle estará só.
Na campa êle é apenas pó.

    Recordando tudo o que viveu, a poeta faz uma "revisão" de sua trajetória. Passa pelos momentos de profunda desilusão, nos quais sentiu-se usada, viu seus sonhos serem desfeitos e conheceu a falsidade e a ingratidão dos homens, como apontou nos primeiros versos do poema "Ipocrisia": "Há os que tratam com ingratidão / Nos causando imensas dores / Mas quando estamos mortos no caixão / Vem adornar nosso corpo com flores". Por isso, na segunda estrofe, desejou a morte: "Quando o esquife baixar a sepultura / O espírito sorri de contentamento / Porque vai findar ao meu sofrimento / Extinguir a minha agrura".

    Enfrentou as mazelas **às** quais foi submetida, denunciou problemas sociais, peregrinou, apaixonou-se, amou seus filhos, dançou carnaval, foi a escritora mais vendida do país, saiu da favela, comprou uma casa, desfrutou do sucesso, comprou um **sítio** e, ao final da vida, conforme a primeira estrofe do poema "A vida", começa a questionar: "Será banalidade... / Sonhar com felicidade?".

    Carolina, durante toda a sua trajetória, perseguiu a satisfação plena, iniciando sua peregrinação ainda menina. Mesmo depois de adulta, diante das várias adversidades,

---

[107] Transcrição do manuscrito localizado em: FBN, rolo 5 - MS-565 (5), FTG 117 [114].

continuou mantendo a esperança: "Eu ando a procura da felicidade. E hei de encontra-la" (JESUS, 1996a, p. 264). Entretanto, agora oscila, não tem mais certeza de que essa busca, na qual colocou toda a sua força, todo empenho de uma vida inteira, valeu mesmo a pena. Além disso, o eu lírico de Carolina, nesse mesmo poema, também indaga se será lembrada após sua morte – "Não sei se deixo saudades" –, justificando que não tem familiares e reconhecendo que já não é mais famosa. Duvida se, depois de tudo o que fez, depois da pessoa que foi, conseguirá deixar um legado.

Carolina sabe que a morte é certa para todos, independentemente da profissão, das condições sociais e dos seus feitos. Todos vamos morrer. No cemitério, os orgulhos se findam, todos temos o mesmo fim, como apontou no poema "O homem": "E na campa ele estará só. / Na campa ele é apenas pó." Porém, ela não queria morrer. Embora caminhasse em uma linha tênue entre a vontade de viver e o suicídio, a poeta não queria virar pó. Não queria ter sua memória apagada na campa silente e fria. Almejava a imortalidade dos grandes escritores.

A poeta era altiva e determinada, e tais qualidades fizeram com que o tempo do sítio fosse utilizado também para reformular o seu projeto literário e, mais que isso, voltar ao meio literário. Não era mais a Carolina ingênua e deslumbrada de outrora. Sabia muito bem onde estava pisando e tomaria todo cuidado para não ser enganada novamente. Em uma carta, com destinatário desconhecido, a escritora revelou o desejo de ter alguém de confiança para falar por ela:

> Se eu decidir escrever, quero que o senhor interessa por mim. O senhor falara por mim. Eu quero ficar semi-afônica, com estes homens. E se arranjar dinheiro para pagá-lo. E assim, poderei dizer: que tenho um advogado (FBN, rolo 4 - MS-565(4), FTG 526).

Além disso, usaria todas as estratégias possíveis para voltar a ver o seu nome na capa dos livros, como preparar sua obra e conversar com editores e jornalistas. Nesse tempo, concluiu sua autobiografia, reescreveu obras, organizou o livro *Meu estranho diário* (1996) e reorganizou sua antologia poética, selecionando os poemas que julgava que seriam bem aceitos pelo público, excluindo aqueles que acreditava que seriam censurados ou atrapalhariam seu retorno ao meio editorial, como os poemas políticos. Tais obras foram publicadas em 1996, por Meihy e Levine.

Com o auxílio dos filhos, datilografou poemas e contos. Vera Eunice recorda que a mãe não tinha facilidade em datilografar (LIMA, 2020). Por isso, solicitou a ela e ao irmão João, que era escriturário e datilografava muito bem, que fizessem tudo, sob a sua supervisão, é claro. José também participava, ouvindo as histórias da mãe, conversando sobre filosofia, arte e política. Era um momento em família, no qual a escritora ia passando a herança da cultura para os filhos:

> Na época, não havia luz no sítio. Eu corrigia os erros e ao mesmo tempo explicava pra ela as concordâncias... os verbos e o meu outro irmão conversava muito com ela. Não tínhamos luz e ficávamos perto de um lampião, conversando. Ela declamava os versos... cantava com a gente... dançava MUITO. Eu adorava ver ela dançar e pedia várias vezes pra dançar pra mim. Enfim éramos pobres, mas cheios de cultura (LIMA, 2020).

As propostas de trabalho começaram a se tornar reais, como a participação no livro *Brasileiras. Voix, écrits du Brésil*[108], organizado por duas jornalistas, uma brasileira, Clélia Pisa, e uma francesa, Maryvonne Lapouge, que entrevistaram a escritora em 1975. Durante a entrevista para esse projeto, conforme já mencionado, Carolina entrega às jornalistas os manuscritos da obra *Um Brasil para os brasileiros*, na esperança de ver seus textos novamente publicados: "Carolina, já esquecida pelo público e pela mídia, sentiu nesse encontro um vislumbre de esperança e entregou-lhes dois cadernos manuscritos, contendo relatos da sua infância e poesias" (CASTRO; MACHADO, 2007, p. 15).

> Os textos que chegaram às mãos das jornalistas pertencem aos últimos cadernos do espólio de Carolina de Jesus. São cópias das versões mais bem-acabadas das memórias de Bitita, e estão organizadas no modo como a escritora gostaria que chegassem ao público leitor. Este livro foi editado, modificado e publicado na França ao contrário do nome escolhido pelas editoras francesas, *Diário de Bitita*, deveria se chamar "Um Brasil para os brasileiros" e traria um "Prólogo" da própria Carolina de Jesus (FERNANDEZ, 2015, p. 91).

As jornalistas levaram os manuscritos à França e, após um trabalho de editoração, publicaram os escritos autobiográficos em um livro, sob o título de *Journal de Bitita*, em 1982, e "somente em 1986 a Nova Fronteira publicou uma tradução do texto em francês, *Diário de Bitita*" (CASTRO; MACHADO, 2007, p. 16). Os cadernos em questão só

---

[108] O livro em questão tinha por objetivo apresentar testemunhos de mulheres brasileiras ligadas às mais variadas atividades. Além de Carolina, foram entrevistadas outras 26 brasileiras, entre as quais Clarice Lispector, Rosemare Muraro, Heloisa Buarque de Holanda, Marilena Chauí, Norma Bengel e Odete Lara (CASTRO; MACHADO, 2007, p. 15).

retornaram ao Brasil em 2006, quando Clélia Pisa os entregou ao Instituto Moreira Salles do Rio de Janeiro (FERNADEZ, 2015, p. 193).

Além disso, por meio da leitura de suas cartas, entendemos que Carolina começou a organizar todo o seu acervo, buscar novas parcerias e novos projetos, como um filme e novas publicações, no Brasil e no exterior:

> Carta 1, Ao senhor Hernani, sem local e data: [...] O senhor peça ao senhor Rastelelle[109] para devolver-me, as fitas que foram guardadas e a partitura – musical. O homem que é meu patrão, fala e escreve inglês. Vai ler o meu manuscrito – o escravo, e traduzir para o inglês, se o senhor Rastelle, lhe entregar os livros que prometeu-me! [...] (FBN, rolo 4 - MS-565 (4), FTG 523).
>
> Carta 2, Ao senhor Gerson Tavares, Parelheiros, em 31/12/1976[110]: [...] Estou reunindo roupas para o nosso filme. Quando eu ia catar papel, ia com as roupas rasgadas e os sapatos velhos e rotos usava palitó masculino e arregaçava as mangas. [...] Quando eu escrevi esse livro, pedaços da fome. O título, era – "A felizarda". – mas, o ilustrador Suzuki – muito antipático trocou o nome do livro – para pedaços da fome, e enfraqueceram a estória – a editora, não pagou a gráfica, e o dono da tipografia deu-me, os livros. Mas esta tao fraco, que eu não tenho coragem de po-los a venda. Quando eu puder, quero mandar imprimi-lo do jeito que eu escrevi. O livro é mais forte, do que o quarto de despejo. Tem mais críticas e mais desajustes para debates.

Quando o senhor voltar a São Paulo poderá ler os originais, e senhor datilografá-lo, e fazer prefácio, podemos ganhar muito dinheiro vender as traduções para os editores internacionais, e se o dinheiro vier no meu nome, nós dividiremos os lucros. O senhor ainda não me conhece profundamente, mas eu não tenho preguiça. Eu não sou pernóstica (FBN, rolo 4 - MS-565 (4), FTG 524).

> Carta 3, sem destinatário, datada de São Paulo, em 24/05/76: [...] tive um encontro com os jovens que me visitavam quando eu residia na favela. Eles eram estudantes e me deram livros, e cadernos. Agora eles são editores, vieram procurar umas cartas para publicar. Eles vão fazer umas reportagens só com escritores negros, eu dei umas cartas para eles ler. Eu disse-lhes do

---

[109] Acreditamos que Carolina esteja se referindo ao editor Henrico Rastelli, da Edibolso, editora responsável por uma nova publicação de *Quarto de despejo*, em 1976.
[110]

livro que eu dei ao jornalista, para olhar e me dar uma opinião se o livro é bom. Depois adoeci e não foi possível encontra-lo, e ele disse-me, que o livro cansa, foi o único defeito que ele achou. Mas, eles querem ler o original – me fotografaram e vão publicar. Me aconselharam a continuar escrevendo. [...] estou lendo muito. Vou ler Jorge Amado, o Veríssimo eu já li [...] (FBN, rolo 4 - MS-565 (4), FTG 526).

Carta 6, Ao brigadeiro Leo Magarinos, datada em Parelheiros, em 15/08/76: [...] Há tempos que venho lhe escrevendo para o senhor fazer outra tiragem do quarto de despejo. E o senhor nunca respondeu-me, se ia fazer ou desistir [...] Agora que a editora, quer editar o livro eu cedi para eles. O canal 2 já divulgou, que d'aqui à 2 meses o livro vai circular. É que os jovens que não leu o livro quer lê-lo, peço-lhe para liberar o livro. É um favor que lhe peço! [...] (FBN, rolo 4 - MS-565 (4), FTG 530).

Desse modo, entendemos que a poeta nunca parou de escrever nem de trabalhar para poder publicar a sua obra, desenvolvendo parcerias e administrando o seu projeto da maneira que sonhou.

Carolina conseguiu publicar uma nova edição de *Quarto de despejo* em 1976, pela Edibolso. Nesse período, também surgiu a proposta de um filme a ser rodado nos Estados Unidos pelo produtor norte-americano Scarpelli. A escritora parecia feliz e realizada novamente. Entretanto, meses depois, no dia 13 de fevereiro de 1977, acometida por uma crise asmática, ela faleceu, tendo seus projetos interrompidos.

Sem dinheiro, teve um enterro simples. O padre que encomendava o corpo estranhou a ausência de flores em seu túmulo. Rapidamente, aqueles que acompanhavam a cerimônia trouxeram-nas, cumprindo o seu último desejo:

Da-me as rosas[111]

No campo em que eu reposar
Solitária e tenebrosa
Eu vos peço para adornar
O meu jazigo com as rosas

---

[111] Transcrição do manuscrito localizado em: FBN, rolo 5 - MS-565 (5), FTG [n.p.].

As flores são formosas
Aos olhos de um poeta
Dentre todas são as rosas
A minha flôr predileta

Se afeiçoares aos versos inocentes
Que deixo escritos aqui!
E quiseres ofertar-me um presente
Da-me as rosas que pedi.

Agradeço-lhe com fervor
Desde já o meu obrigado
Se me levares esta flôr
No dia dos finados.

A poesia quilombola de Carolina e os novos olhares para a sua obra: à guisa de conclusão

*"O Brasil não é lugar para nascer poeta.
O poeta que nasce no núcleo pobre está perdido!"*

(Carolina Maria de Jesus)

Beatriz Nascimento, historiadora e ativista do Movimento Negro brasileiro, em seus estudos, apresentou a ideia de quilombo como "instrumento ideológico contra as formas de opressão" (NASCIMENTO, 2006, p. 122). Ou seja, o "quilombo" passa de uma instituição, como foi no período colonial, para um símbolo de resistência política e cultural ao racismo, possibilitando a valorização da herança e da identidade negras. A partir dessa concepção, compreendemos a poética de Carolina Maria de Jesus como quilombola. É quilombola o seu ato de acessar a palavra poética, tão negada às nossas ancestrais. É quilombola o seu exercício de escrita, mesmo diante da carência material e estrutural. É quilombola o seu movimento de escrever versos de amor, permeados de idealizações e utopias, mesmo diante de uma realidade que lhe oferecia exatamente o contrário. Ao assenhorar-se da pena e resistir no exercício de desenvolver o seu projeto literário, Carolina rejeita o despejo e apropria-se do quilombo. Toda a trajetória de Carolina apresentada neste livro comprova esse intenso movimento de resistência por meio da poesia.

No gesto de acompanhar o percurso da história da escritora, desde a infância até sua morte, percebemos que ela tinha tudo o que se esperava de um escritor: inspiração, incômodo com a realidade na qual estava inserida, sensibilidade, formação literária, estudo e dedicação. Carolina só não tinha uma coisa: a pele branca. Acreditamos que tenha sido esse o motivo de, mesmo escrevendo uma grande obra literária, vendendo mais de 100 mil cópias no Brasil, tendo sido traduzida para mais de 14 línguas e sua obra tendo recebido diversas adaptações, ela sempre ter vivido às margens da sociedade brasileira e do cânone literário, pois esse era o lugar reservado aos negros:

> A história da comunidade negra é marcada pela estigmatização de seus territórios na cidade: se, no mundo escravocrata, devir negro era sinônimo de subumanidade e barbárie, na República do trabalho livre, negro virou marca de marginalidade. O estigma foi formulado a partir de um discurso etnocêntrico e de uma prática repressiva; do olhar vigilante do senhor na senzala ao pânico do sanitarista em visita ao cortiço; do registro esquadrinhador do planejador urbano à violência das viaturas policiais nas vilas e favelas (ROLNIK, 2007, p. 90).

Assim, por mais que "se esforçasse", por mais que fizesse de tudo para demonstrar suas capacidades, por ser uma pessoa negra em uma sociedade construída sob o racismo estrutural, nunca seria considerada cidadã brasileira, muito menos escritora e muito menos ainda incluída no seleto rol dos "imortais" da nossa literatura. Como vimos, durante toda a sua vida, Carolina dedicou-se à atividade literária. Enfrentou os estereótipos, os limites impostos, a carência de educação formal, e também material, e produziu sua vasta e diversificada obra:

> 1º de maio de 1960 (data da apresentação do contrato)
> Eu disse ao Audálio que vou concluir tudo que tenho iniciado. Mostrei-lhe. **A mulher diabólica. Maria Luiza**. A saudosa Lucia Benedetti escreveu Maria Luiza eu disse ao Audálio. Mostrei-lhe a **Esposa do judeu Errante** Ele ia lendo. – perguntei-lhe se vae editar o **Clíris**[112] ? – Disse-me que vae publicar o Quarto de despejo depois edita os versos e os contos (JESUS *apud* PERPÉTUA, 2014, p. 241, grifo nosso).

Entretanto, todo esse material foi ignorado pelo jornalista, que não fora ao Canindé à procura de uma escritora, mas, sim, de uma favelada que ilustrasse sua reportagem sobre as condições das favelas de São Paulo. Assim, mesmo após a publicação de *Quarto de despejo*, houve um insistente movimento voltado a reduzir a obra de Carolina ao seu diário, fixando seu texto sempre à margem da literatura e mantendo sua voz em um lugar de subalternidade. Construiu-se uma personagem em prol de um projeto que tinha por objetivo chocar a sociedade com a condição do favelado brasileiro

---

[112] As palavras destacadas referem-se a títulos de obras ficcionais.

na década de 1960, valorizando-se o testemunho em detrimento da ficção. Sobre isso, Meihy (1994) expõe a opinião dos filhos da autora:

> Mesmo com o sucesso do *Quarto* Zé Carlos insiste em mostrar que o talento materno era mais largo que a avenida aberta por aquele texto. Afirma: ela gostava de escrever RO-MAN-CE. Em vez de ajudar, os editores atrapalhavam, pois o pessoal da direção queria continuar com aquelas "fofoquinhas" de diário. Logicamente a superioridade de Carolina enquanto mulher de letras seria, ao ver do filho, muito mais profunda que os interesses comerciais dos editores alcançavam. Para provar essas afirmativas declara Vera com orgulho: só aqui em casa tenho três romances inéditos dela, escritos a mão, em caderninhos (MEIHY, 1994, p. 151).

A crítica literária brasileira, nas raríssimas vezes em que mencionou o nome de Carolina, sempre foi em torno de classificações como "produção das classes subalternas", "escritos dos grupos oprimidos", "fenômeno", "surpresa", "subliteratura", "diarista", "documento" e "memorialismo", nada além disso. Um caso foi a rápida menção que Alfredo Bosi realiza em seu livro, curiosamente chamado *Literatura e resistência* (2002), no qual o crítico utiliza-se de apenas um parágrafo para abordar a escritora mais resistente da Literatura Brasileira.

Todavia, até quando Carolina tentou destacar-se nessa posição de "escritora que escreve a realidade", como apontou Clarice Lispector[113], buscando assumir o pioneirismo sobre o desenvolvimento do gênero "diário" na Literatura Brasileira, teve esse reconhecimento negado. Para não concederem a uma mulher negra o lugar de precursora e grande disseminadora dos gêneros "diário" e "autobiografia" no Brasil, começaram a acusá-la de não ter escrito a sua obra. Chegaram a atribuir a Audálio Dantas a autoria de *Quarto de despejo*, acusando-o de agir como um *ghost writer,* alegando que uma "favelada" e "semianalfabeta" não teria condições de escrever tal obra. Em 1961, Ferreira Gullar sai em defesa de Dantas:

> Tampouco têm razão os que não acreditam na autenticidade do livro e desconfiam de que tudo não passa de uma chantagem. Basta a leitura de alguns trechos do livro para mostrar que essa hipótese é absurda: só um gênio capaz

---

[113] Vera Eunice recorda essa fala de Clarice, no programa *Conversa com Bial,* do dia 16 de julho de 2017, da Rede Globo: "Quando minha mãe foi apresentada a Clarice, ela ficou meio intimidada e comentou: 'Nossa, você é uma escritora. Quem sou eu perto de você?' E a Clarice respondeu: 'Posso ser uma grande escritora, mas você é a única que conta a realidade'." (LIMA, 2017).

de colocar-se no lugar de uma favelada e fingir a vivência dos episódios que ela narra (GULLAR *apud* CASTRO; MACHADO, 2007, p. 56).

Manuel Bandeira também defende a autenticidade do diário, em 1963:

> Muita gente tem me perguntado se acredito na autenticidade do livro. Querem atribuí-lo a trabalho de Audálio Dantas sobre notas, apontamentos de Carolina. Houve de fato algum trabalho de composição da parte de Audálio. Este declarou no prefácio que selecionou trechos dos cadernos de Carolina, suprimiu frases. Não enxertou nada. Acredito. Há nestas páginas certos erros, certas impropriedades de expressão, certos pedantismos de meia instrução primária, que são flagrante autenticidade, impossíveis de inventar (BANDEIRA *apud* CASTRO; MACHADO, 2007, p. 56).

Ainda em 1993, por ocasião de uma nova edição de *Quarto de despejo*, as acusações retornaram, por meio do artigo "Mistificação literária", de Wilson Martins. Audálio Dantas pronunciou-se em "Uma resposta à acusação de fraude literária", refutando todas as acusações[114]. A polêmica só foi resolvida quando, finalmente, os manuscritos foram entregues à Fundação Biblioteca Nacional e puderam ser verificados por qualquer um que ainda alimentasse essa desconfiança.

Há quem argumente que as razões para a exclusão de Carolina não foram étnicas, mas, sim, de gênero. Entretanto, na mesma época em que a poeta produziu sua obra, já havia um grupo de mulheres, como Cecília Meireles, Clarice Lispector, Lygia Fagundes Telles, Raquel de Queiroz e Nélida Piñon, que iniciavam um movimento de questionamento do cânone, buscando espaços para a proliferação de vozes femininas brasileiras. Carolina, mesmo sendo mulher e discutindo sobre temas do feminismo em seus textos, não foi acolhida nesse grupo, que, por sinal, não tinha nenhuma mulher negra.

Há outros que apontam, ainda, que o motivo de a autora não estar no cânone foi a sua carência de educação formal, alegando que o fato de não ter domínio sobre a norma culta a impediu de ser reconhecida como escritora. Sobre isso, citamos Lajolo (1996, p. 43):

> Uma certa incapacidade prática (porque técnica) de Carolina vencer (n)este mundo que lhe reservava o papel de lavadeira é inevitável: afinal em poesia,

---

[114] Castro e Machado (2007, p. 122).

> como de resto na literatura que se pensa com letra maiúscula, ao contrário do que se pode pensar, não se admite ignorância das normas gramaticais. Melhor dizendo, só se admite a infração, e a infração precisa ser voluntária. Ou seja: não se pode ignorar a gramática, embora possa infringi-la. Tolera-se a infração, mas não o desconhecimento do que se infringe.

Por meio da fala de Lajolo (1996), entende-se que o domínio da linguagem escrita era um fator, aparentemente, determinante para o exercício da atividade literária. Dizemos "aparentemente" porque sabemos que, na tradição poética, desvios gramaticais são permitidos, como exemplificamos no primeiro capítulo deste livro, e também, como apontaram Emil Staigner (1972)[115] e Salete de Almeida Cara[116] (1986) em seus estudos sobre poesia lírica, nos quais alegavam que, na arte poética, a expressividade é mais importante que o rigor da norma. Ademais, demonstramos ao longo do livro que a escritora desenvolveu experimentações na linguagem, como também fizeram os modernos, por exemplo, as quais, no caso deles, foram bem aceitas pela crítica. Assim, concluímos que tais "erros" só foram condenados na obra de Carolina.

Além disso, acreditamos que utilizar esse argumento para justificar a fala de que Carolina não produziu uma obra literária é apenas mais uma estratégia para mascarar o racismo que existia na sociedade e no cânone. Isso pois havia outros escritores negros que tinham o domínio do código escrito e que, mesmo assim, ficaram no limbo, como Maria Firmina dos Reis e Lima Barreto.

Também é importante destacar as vezes em que a escritora fora rotulada de "pernóstica" por "ousar" utilizar uma linguagem refinada em suas obras. Sobre essa questão dos cerceamentos aos quais estão submetidos os escritores negros, comenta J. Abílio Ferreira (1985, p. 32-33):

> Dele [o escritor negro] é cobrado um esforço maior do que qualquer outra categoria de escritor: além da superação das barreiras que dificultam seu aprimoramento no domínio das palavras – não dispõe, durante toda sua formação e mesmo no cotidiano de sua atividade, de todo aparato necessário para tanto – é-lhe essencial o posicionamento crítico e cuidadoso frente a uma questão sempre negada e encoberta. [...] a inquietação se instala na medida em que tomamos conhecimento de que qualquer expressão nossa será logo cooptada, filtrada e rotulada de maneira a buscar o esvaziamento

---
[115] Staigner (1972, p. 24).
[116] Cara (1986, p. 19).

da legitimidade que ele encarna. Nada do que fizermos deverá despontar na superfície sem os devidos reparos e acomodações necessários para o bom recebimento do mercado consumidor. De um lado, a beleza artística e o talento expressados na obra poderão aparecer como tentativas de alcançar o padrão branco. De outro, a indignação fluída de maneira espontânea poderá ser interpretada como algum tipo de racismo às avessas ou de radicalização incendiária e coisas do gênero.

Por fim, há ainda os defensores da hipótese de que Carolina era uma mulher geniosa, difícil de lidar, o que não deixa de ser verdade. Contudo, será que na história do cânone não houve escritores "difíceis de lidar"? E será que esses foram punidos pela mídia e pelo meio editorial como Carolina?

É preciso, também, tentar compreender qual a razão e qual o contexto dessa "intransigência" de Carolina. A poeta era uma mulher negra, pobre, mãe-solo, que só frequentou a escola por dois anos. Sendo assim, desde menina, aprendeu as dificuldades que precisaria transpor para ser respeitada em um mundo racista, machista e que valorizava o saber institucionalizado. Por diversas vezes, denunciou a dificuldade em administrar a própria carreira e impor a sua voz e vontade diante de seus editores homens e brancos: "Eu queria aparecer no rádio, cantar. Eu fiquei furiosa com a autoridade de Audálio, reprovando tudo, anulando meus progetos. Dá impressão que eu sou sua escrava" (JESUS, 1961, p. 27).

Assim, era natural que fosse chamada de "difícil" por pessoas que estavam acostumadas a não ouvir uma mulher negra, que estavam acostumadas a mandar em pessoas negras e a mantê-las em "seus devidos lugares". Tais pessoas não souberam trabalhar com uma mulher que não se submeteria a quaisquer ordens, nem admitiria ser "teleguiada". Levine (1994, p. 29) relata:

> No espírito dos anos 60, dias acinzentados para a expressão política brasileira, o jornalismo investigativo era, pela primeira vez, um órgão desafiador do sistema e possível protetor dos direitos civis, ainda que submetidos a limites. Alguns dos orientadores de Carolina, incluindo Audálio Dantas, aconselharam-na a escrever mais sobre injustiça social, mas, autônoma, ela escapava sempre. Ao contrário, insistia em dedicar-se a ficção, ensaios ou qualquer coisa que lhe viesse à cabeça. Escrevia, mas não conseguia publicar. Recusava-se terminantemente a ser manipulada. Aos instigadores, opunha-se com sua língua cortante. Por outro lado, o hábito irascível de se

opor aos padrões externamente fabricados a indispunha com os grupos que pretendiam ser seus mentores e abrir-lhe o trânsito às publicações.

Assim, tachada de "louca", "escandalosa" e "inflexível", Carolina não foi capaz de pagar o preço cobrado dos aspirantes que desejam entrar nesse clube seleto. "Preço talvez alto demais para uma mulher negra e pobre que recusava sempre os *scripts* que lhe reservava a sociedade branca e culta" (LAJOLO, 1996, p. 60).

O mergulho na poética de Carolina nos permitiu concluir que havia uma enorme distância entre o seu ideal de vida e o projeto que fora construído para ela. Carolina almejava ser reconhecida como poeta, em toda a sua complexidade, como uma mulher que sente, cria, elabora, promove reflexões, e, desse modo, ascender socialmente, vivendo de literatura. Seus editores, por outro lado, queriam uma voz de protesto diante das mazelas sociais. Queriam uma mulher que se limitasse a denunciar a falta de pão, o que eles acreditavam ser a sua única reivindicação e o seu único motivo para escrever.

Contudo, diante dos poemas analisados neste livro, é possível confirmar o que sugerimos na introdução deste trabalho: a fome de Carolina não era só de pão. Assim como qualquer outra mulher que tem na escrita a sua profissão, sua fome ia além de questões físicas, refletindo uma busca pela existência, que só era saciada no exercício da escrita.

Carolina, de modo quase "antropofágico", apropriou-se dos modelos que lhe foram ofertados, como a tradição grega, a tradição oral africana e a estética romântica, parnasiana, simbolista e moderna. Todavia, inseriu as suas vivências, a sua realidade. Por isso, é complicado enquadrá-la em um estilo literário, pois sua poesia subverte essas limitações classificatórias. Num movimento vanguardista, a poeta dialoga com a tradição, com os modernos e com a sua realidade, produzindo uma poética resistente, "escrevivida", deslizante e multifacetada.

Desse modo, reforçamos a concepção de que os versos de Carolina são quilombolas porque a sua poesia é essencialmente resistente. Essa poesia resistiu à carência formal, à transposição de uma cultura oral para uma cultura escrita, às imposições da elite literária e ao racismo. Ela também resistiu à força do tempo, às más condições de conservação de seus manuscritos e aos constantes esvaziamentos de sua legitimidade enquanto poesia. É uma poesia que, assim como os quilombos, serviu de refúgio diante dos tortuosos momentos vividos não só pela autora, mas por todo o povo com que ela se comunicou, que sua voz representou.

Agora, escrevendo as últimas palavras deste livro, deparamo-nos com a publicação dos originais de *Casa de Alvenaria*, juntamente com a notícia de que todos os originais de Carolina serão publicados. Soubemos que a obra de uma das maiores escritoras desse país, que foi "recortada" e "moldada" para atender a um objetivo diferente dos interesses da autora, será, finalmente, apreciada pelo público, de acordo com os desejos de Carolina, por meio do olhar atento de sua filha, Vera Eunice.

Essa publicação, que acontece depois de anos em que a obra de Carolina ficou esgotada, e também inédita, é com certeza um novo marco nos estudos sobre Carolina, bem como na Literatura Brasileira. Ela se realiza porque a editora sabe que a escritora tem um público leitor que está ávido por conhecer toda a sua produção. Esse público foi sendo formado ao longo dos anos por meio de um movimento de divulgação da obra de Carolina, iniciado pela própria autora, quando, ainda antes de ser publicada, andava nas redações de jornais apresentando seus manuscritos. Depois, como vimos, quando terminou a parceria com Audálio Dantas, continuou a trabalhar para publicar e divulgar seus textos.

Após sua morte e a redemocratização do país, esse processo continuou, principalmente, nas associações culturais e sociais negras e nas universidades, onde, por meio de pesquisadores e pesquisadoras negros, se fortaleciam as discussões em torno do racismo estrutural, do feminismo negro e do questionamento do cânone, que possibilitaram o interesse em torno da obra de Carolina. Essas reflexões tornaram-se mais intensas após as comemorações do seu centenário, em 2014, quando Carolina passou a ser cada vez mais conhecida, lida e estudada.

Outro ponto interessante nesse processo de divulgação é a exigência de várias universidades da leitura de *Quarto de despejo* em seus vestibulares, fazendo com que milhares de adolescentes e jovens conheçam essa obra e compreendam a sua relevância para a Literatura Brasileira. Além disso, esse movimento também tem proporcionado a leitura de Carolina no ambiente escolar, o que está contribuindo para o desenvolvimento de uma educação antirracista, possibilitando diversas reflexões entre os alunos, além da elevação e do fortalecimento da autoestima de crianças e adolescentes negros, que se identificam e se inspiram na força e no talento de escritora.

Não é de hoje que Carolina atrai os jovens. Entendemos que esse entusiasmo vem desde 1960 e continuou por todos esses anos, pois a obra da autora continua refletindo a nossa sociedade. Em uma carta destinada ao senhor Hernani, em 03 de dezembro de 1976, a escritora comenta a recepção entre os jovens: "Estou vendendo o livro só para a juventude. Eles estão interessado nos problemas da classe que vão decepcionando, até transformar-se em favelado, eles olham que os homens devem unir-se [...]" (FBN, rolo 4 – MS-565 (4), FTG 531).

Percebemos que o interesse só não é ainda maior, justamente, pela dificuldade em adquirir os livros, os quais estão, em sua maioria, esgotados, salvo *Quarto de despejo*, que ganhou uma nova edição em 2018 pela Editora Ática. Podemos corroborar essa afirmação com a constatação de que, mesmo com todas as dificuldades editoriais, no ano de 2020, *Quarto de despejo* esteve novamente na lista dos mais vendidos do país. A própria autora, em uma de suas cartas, na década de 1970, já comentava isso: "Todos os dias eu recebo visitas que vem me perguntar onde é que estão vendendo 'quarto de despejo'" (FBN, rolo 4 – MS-565 (4), FTG 530).

A partir desses apontamentos, queremos demonstrar a importância dessa nova publicação para a divulgação dessa obra, para o desenvolvimento de novos olhares, por meio de novas pesquisas e para a perpetuação do legado de Carolina. Trata-se da reparação de todo o descaso do mercado editorial para com a escritora e sua obra.

Sabemos que a poeta subverteu a ordem do seu editor, que a mandou "guardar" seus textos, e continuou a produzi-los a todo momento, "estilhaçando" as máscaras de Flandres que foram impostas a ela e suas ancestrais, como a escravizada Anastácia. Apesar disso, Carolina morreu "sufocada", em uma crise asmática, sem conseguir "respirar". Neste momento, não há como não fazer referência à cena do assassinato do homem negro norte-americano George Floyd, no dia 25 de maio de 2020, que se tornou símbolo dos protestos antirracistas que tomaram o mundo nesse ano, e às suas últimas palavras: "Eu não consigo respirar!". Essas três histórias, de Anastácia, de Carolina e de George, denunciam uma prática que emerge desde a escravização e tornou-se sistêmica: o sufocamento e o silenciamento de vozes negras em nossa sociedade e em nossa literatura.

Uma das metáforas mais incômodas de *Casa de alvenaria* é o relato do dia 11 de novembro de 1960, no qual Carolina narra que, durante a viagem ao Rio de Janeiro para o lançamento de seu livro, Dona Helena Figueiredo convidou-a para sair e tirar umas fotos para uma reportagem. Durante o passeio, pararam em frente à sede da Academia Brasileira de Letras, que estava fechada:

> [...] ela fotografou-me na porta da Academia Brasileira de Letras, a porta estava fechada, ela disse:
> – As portas das Academias do Brasil ainda estão fechadas para Carolina Maria de Jesus.

> Eu sentei a Vera e o José Carlos perto do busto de Machado de Assis (JESUS, 2021a, p. 127).

Essa cena, ao mesmo tempo, ilustra a perversidade do racismo em nosso país, que fecha as portas do cânone para as escritoras negras, e demonstra o exercício quilombola de Carolina, que subverte e resiste, e tirou a foto, mesmo do lado de fora, ao lado do busto de Machado de Assis. Sendo assim, a publicação da obra de Carolina depois de 60 anos e por uma das maiores editoras do país, neste momento, representa o rompimento desse ciclo de silenciamentos ao qual as vozes negras têm sido submetidas. Significa, também, a ampliação de estudos realizados a partir de um novo olhar para a obra de Carolina, "descolado" desse lugar de "subliteratura", de "fenômeno", sendo desenvolvidos considerando a escritora que ela foi, que possuía um projeto estético e uma obra literária vasta e diversificada.

Carolina, que teve que se "infiltrar" na Literatura Brasileira, que se deparou com as portas do cânone fechadas para ela, hoje, finalmente, caminha para ocupar o seu lugar de direito na historiografia literária. Hoje, recebe o reconhecimento merecido e legitimado por diversos representantes da Literatura Brasileira contemporânea, como Conceição Evaristo e Jeferson Tenório, que encontraram em sua escritura os caminhos para a formulação dessa estética atual e que, diferentemente dos escritores do início do século XX, questionam as ideias de Arte e Literatura, inspirados por ela. Sua importância é também validada pelos seus leitores, que, hoje, ao contrário do público de 1960, buscam novas poéticas, que representem, de fato, a Literatura Brasileira.

Desse modo, chegamos ao fim de uma pesquisa que parece estar somente no início, pois a complexidade e a atualidade da obra de Carolina nos levam a fazer novos questionamentos a cada leitura.

Sigamos!

Epílogo: uma carta para Carolina[117]

Londrina, 10 de setembro de 2020.

Querida Carolina,

Peço licença para te chamar de "você". Não pense que é falta de respeito. Na verdade, é proximidade, dengo, afeto. Atrevo-me a considerá-la parte da minha família. Minha bisavó gostava de ser chamada de "você". Minha avó também. Minha mãe também. Assim, acabo me perdendo no "dona", no "senhora" e no "você".

Pois bem, Carolina, chegamos ao fim de mais uma etapa. Sim, chegamos. Eu e você. Eu e todas as minhas ancestrais que vejo em você. Eu e todas as meninas-mulheres negras que se sentem representadas por você e por mim. Conseguimos! Hoje, num misto de emoção e alívio, recordo-me do nosso primeiro encontro, lá em meados de 2008, quando eu era aluna do Curso de Graduação em Letras na UEL. Fui apresentada ao seu diário, *Quarto de despejo*, pela única professora negra que tive na graduação, Gizêlda de Melo Nascimento. Lembro-me de que buscava uma oportunidade de me iniciar na pesquisa científica e passei a "perseguir" Gizêlda, que tinha um projeto de pesquisa sobre escritoras negras nos *Cadernos Negros*. Mas o projeto já estava no fim e a professora estava na iminência de aposentar-se e mudar-se para o Rio de Janeiro para assumir os cuidados da mãe, que tinha o Mal de Alzheimer, e de uma irmã, que fora acometida por um câncer. Por esses motivos, não queria responsabilizar-se pela minha orientação, pois entendia que não teria tempo de me acompanhar nesse processo.

Contudo, Carolina, assim como você e todas as nossas ancestrais, não sou de desistir. Sendo assim, após muita insistência, pedi que ela me apontasse, pelo menos, um caminho por onde eu poderia iniciar minha jornada pelas *escrevivências* negro-femininas

---

[117] Essa carta foi escrita na ocasião da minha defesa de doutorado, em 10 de setembro de 2020, e foi inspirada no gesto da pesquisadora e amiga Hildália Fernandes Cunha Cordeiro, que, em 2014, escreveu uma carta para Carolina por ocasião do seu centenário. Disponível em: <https://www.geledes.org.br/carta-para-carolina-maria-de-jesus/>. Acesso em: 02 out. 2020.

e realizar minha pesquisa. A professora, então, indicou-me: "Vá à biblioteca, procure o livro *Quarto de despejo*, leia e, depois, me diga o que achou!". Fui, tomada pela euforia comum a estudantes recém-chegados à universidade. Diante da sua escrita áspera e, ao mesmo tempo, poética, Carolina, a euforia transformou-se em catarse. Recordo-me de que li o seu diário em um dia, pois nunca tinha visto um texto tão pungente como o seu.

No dia seguinte, lá eu estava à espera da professora, que não conseguia acreditar que eu já tinha cumprido a tarefa que ela havia me dado: "Já leu?". Respondi que sim e, na minha ingenuidade e empolgação com o mundo que você acabara de me apresentar, sinalizei que queria escrever um artigo sobre a sua obra. Rindo, a querida professora me alertou ser impossível colocar em um artigo a grandiosidade da sua obra. Depois, complementou: "Precisaria de um doutorado para abarcar o legado de Carolina!". Hoje, finalizando um doutorado, concluo que nem uma tese teria essa capacidade.

Continuei minhas leituras à medida que ia tendo acesso aos seus livros, já que se encontravam, praticamente todos, esgotados ou inéditos. A partir das leituras possíveis, como *Diário de Bitita* (2007b), "Minha vida" e "Sócrates Africano", publicados em *Cinderela Negra* (1994), rascunhei um artigo sobre "a escritura de mulheres negras como lugar de memória afro-brasileira", sob a orientação da professora, que, a essa altura, já entendera que não conseguiria "livrar-se" de mim tão facilmente. O processo de construção desse artigo, juntamente com a quase ausência de trabalhos sobre a sua obra, Carolina, levou-me a discernir aquele que seria meu objeto de estudo, o qual abarcaria a iniciação científica, o mestrado e o doutorado: a sua *escrevivência*.

Gizêlda realmente aposentou-se no ano seguinte, no entanto, antes disso, deu-me todas as condições para que eu pudesse ir em busca de respostas em torno da sua escritura, que tanto me indagava, tocava e fascinava. Eu, de fato, não conseguia compreender como uma potência como você estava "escondida" em um livro pouquíssimas vezes lido na biblioteca da UEL. Não entendia como eu, mulher negra e amante das letras, havia demorado tanto tempo para ouvir falar de você.

Em 2011, aquele pequeno artigo transformou-se em um projeto de mestrado, que foi desenvolvido no Programa de Pós-Graduação em Estudos Literários da Faculdade de Letras da UFMG, sob orientação do professor Marcos Antônio Alexandre.

Em 2013, defendi a dissertação, e foi-me recomendado aprofundar as discussões iniciadas, já que ainda havia poucos trabalhos sobre a sua obra. Foi nesse período que, por providência divina, deparei-me com o raríssimo livro *Antologia pessoal* (1996), em uma livraria da UFMG, e comprei-o por apenas 20 reais. Sentia-me como se tivesse encontrado um tesouro de posse daquele livro que eu já procurava havia seis anos. Assim como aconteceu com o *Diário*, "devorei" os seus poemas.

Escrevi um artigo e apresentei-o no evento *Mulheres em Letras*, na UFMG, de 2014, cujo tema era o seu centenário. Foi uma grande festa, Carolina! Você foi homenageada em diversos eventos e passou a ser lida por muitas pessoas! A participação nesse evento possibilitou-me um amadurecimento em meu projeto, pois, diante das falas de pesquisadores e pesquisadoras, como Elzira Divina Perpétua, Aline Alves Arruda, Raffaella Fernandez, José Sebe Bom Meihy e Conceição Evaristo, conheci uma outra Carolina, a poeta "manuscrita", que estava oculta em seu espólio, guardada em acervos, como o da Fundação Biblioteca Nacional e o do Arquivo Público Municipal, em Sacramento – MG.

Saí daquele evento empenhada em conhecer esses manuscritos e, naquele mesmo ano, na Biblioteca Nacional, pude ver o autógrafo *Clíris*, com poemas que eu não tinha visto em *Antologia pessoal*. Constatei a escrita penetrante, bem marcada nos cadernos de que tanto tinha ouvido falar, mas que não imaginava, um dia, conseguir alcançar. Foi um momento muito emocionante, Carolina! Meus olhos se encheram d'água pois, de repente, estava prestes a descobrir tantas coisas sobre ti, uma vez que estava diante de uma Carolina que, ao mesmo tempo em que era conhecida mundialmente, era desconhecida em sua essência, que se encontrava "escrevivida" naqueles cadernos. Naquele instante, descobri qual seria o meu objeto de estudo para o doutorado, iniciado ainda em 2014, no Programa de Pós-Graduação em Letras da UEL. Foram seis anos imersa em sua poética, Carolina. E hoje, finalmente, defendemos a tese!

Por um tempo, achei que esse dia não chegaria. Não só pelas células cancerígenas que começaram a se multiplicar desordenadamente em meu corpo e que me fizeram parar por um ano, não só pela dificuldade em conciliar a vida acadêmica com outras atividades profissionais e pessoais ou, ainda, pela dificuldade com a teoria proposta inicialmente para a discussão sobre os seus poemas, mas também porque entendi que acessar a sua poética significava também adentrar memórias, partes de minha constituição e vivências enquanto mulher negra, que eu não queria acessar, pois tinha medo das tantas realidades que seriam confrontadas com essas leituras. Contudo, Carolina, uma vez mergulhada em ti, não tive mais condições de escapar.

Enquanto tentava fugir, absorvi as mentiras que me foram contadas e as reproduzi, dizendo que este trabalho era só mais uma pesquisa em meio a tantas outras ou que, se ele não fosse concluído, não teria problema algum, já que era tempo de cuidar somente do meu corpo...

Até que fui convidada para uma banca de mestrado sobre a sua obra, Carolina, mas não pude aceitar porque ainda não tinha conseguido concluir o doutorado. Cheguei a sugerir à mestranda outros nomes que poderiam ajudá-la a pensar seu trabalho, mas ela justificou que queria em sua banca não só uma pesquisadora da sua obra, mas também uma mulher negra, uma herdeira do seu legado. Na fala daquela moça, e recordando outras falas, entendi a razão pela qual fui atraída até você. Você me escolheu (né, querida Veronica de Souza?) e só agora, por meio da rede de afeto constituída por várias outras mulheres-irmãs e ancestrais negras que tive a oportunidade de construir por meio de ti, Carolina, consigo compreender o grande movimento ao qual tenho a honra de pertencer (não é, querida Nana Martins?). Entendi que esta tese não é só minha; essa conquista não é só minha. Tudo isso é fruto de caminhos abertos por ti, por várias vozes antes silenciadas. Tudo isso é chão para que novas Carolinas possam pisar!

Ao longo desses 12 anos juntas, você nunca esteve tão próxima como nos últimos meses. Devido à quarentena, ao medo de um vírus desconhecido que ameaçava a vida de nossas mais velhas, senti a necessidade de estar com elas e voltei para a casa da minha mãe, casa de onde saí aos 22 anos para fazer o mestrado e aprofundar minha busca por ti, Carolina. Ou por mim? Eu te procurava, mas não te acessava. No fundo, não me achava digna te ti. A academia me ensinou que precisava me distanciar de ti. Eles diziam que não podia me envolver com meu "objeto". Mas você, Carolina, não era meu objeto. Você é minha ancestral, que me guia na minha errância. Por isso, distanciada, não conseguia escrever.

Foram anos de folhas em branco. Buscava palavras, mas não encontrava. Você me tocava, mas não sabia como colocar-te no papel. Travei. Olhava para a página em branco e não conseguia entender por que escrever sobre ti, que tanto escreveu, era tão difícil.

Por medo de perder as minhas mais velhas, de me perder mais ainda, retornei à casa de minha mãe e, nesse colo, colei-me em ti, Carolina. Acolhida em minha ancestralidade, sonhei contigo. No meu sonho, você me recordava do que somos feitas. Somos do dengo, do cafuné, do ninar, do ouvir, do contar... não somos da distância. Tudo em nós traz marcas dos nossos. Aprendemos ouvindo, nos conectando. Ouvi a sua voz. Deixei-me guiar por ela.

Adentrando os seus caminhos, Carolina, fui encontrando meu próprio caminho. Na sua solidão, também me recolhi e aprendi. Aprendi a sentir e a expor o que sinto, a falar e a ouvir, a nomear as coisas, a dar sentido a tudo que transbordava em mim, a exigir, a questionar e, até, a chorar. Quem diria? Eu, que passei a vida toda acreditando que o desaguar não era permitido a nós, mulheres negras, com você, aprendi a chorar. De repente, descobri-me mulher das águas.

No estudo sobre a urgência da sua escrita, Carolina, destravei-me. Entendi a importância de assenhorar-me da pena e passei a escrever compulsivamente. Despejei todas as experiências desses 12 anos juntas, desses 12 anos de atravessamentos naquele papel em branco, e, hoje, aqui estamos nós! Ocupando espaços antes nunca imaginados!

Hoje, Carolina, só posso te agradecer, pelo dengo, pela estrada que abriste, por guiar meus caminhos e por me ensinar a tomar posse da poesia, a transgredir limites impostos e, ao mesmo tempo, nunca perder a esperança!

Com afeto,
Amanda.

Referências

Documentos originais de Carolina Maria de Jesus

Fundação Biblioteca Nacional. *Coleção Carolina Maria de Jesus*. Cadernos microfilmados: 11 Rolos (1958-1963): MS565 (1-10). Rio de Janeiro, 1996, P/b, 35mm.

Fundação Biblioteca Nacional. *Cadernos autógrafos*: 14 diários (1947-1963): 47, GAVI, 01-14. Rio de Janeiro, 2011.

Instituto Moreira Salles. 2 *Cadernos autógrafos*: BR IMS CLIT CMJ P1 0001 e 0002. Rio de Janeiro, 2006.

Referências gerais

ABREU, Casimiro. *As primaveras*. (s.d.). Disponível em: <http://www.dominiopublico.gov.br/download/texto/bn000163.pdf>. Acesso em: 17 mar. 2018.

ALMEIDA, Marco Antonio Bettine de; SANCHEZ, Lívia. Os negros na legislação educacional e educação formal no Brasil. In: *Revista Eletrônica de Educação*, v. 10, n. 2, p. 234-246, 2016.

ALVES, Miriam. *Brasilafro autorrevelado:* Literatura Brasileira contemporânea. Belo Horizonte: Nandyala, 2010.

ANDRADE, Mário de. *A escrava que não é Isaura*. São Paulo: Lealdade, 1925.

ANDRADE, Oswald. *Primeiro Caderno do Aluno de Poesia Oswald de Andrade*. Rio de Janeiro: Globo, 1991.

ANJOS, Augusto dos. *Obra completa*. Rio de Janeiro: Nova Aguilar, 1994.

ARAÚJO, Clarice Fortunato. Por que as mulheres negras são minoria no mercado matrimonial. *Geledes: instituto da mulher negra*, 21 mai. 2015. Disponível em: <https://www.geledes.org.br/por-que-as-mulheres-negras-sao-minoria-no-mercado-matrimonial/>. Acesso em: 28 jul. 2020.

ARRUDA, Aline Alves. *Carolina Maria de Jesus:* projeto literário e edição crítica de um romance inédito. 2015. 257 f. Tese (Doutorado em Letras) – Programa de

Pós-Graduação em Estudos Literários, Universidade Federal de Minas Gerais, Belo Horizonte, 2015.

AURELI, Willy. Carolina Maria, poetiza preta. *Folha da manhã*, São Paulo, 25 fev. 1940. Disponível em: <https://acervo.folha.com.br/leitordo?numero= 21600&keyword= Carolina%2CMaria&anchor=141712&origem= busca&pd=e3b5eb6743993cece51b74eeb39b5ff6>. Acesso em: 28 jul. 2020. BAIRROS, Luiza. Nossos feminismos revisitados. In: RIBEIRO, Matilde (Org.). Dossiê Mulheres Negras. *Revista Estudos Feministas*, Florianópolis/SC, CFH/CCE/UFSC, v. 3, n. 3, p. 458-463, 1995.

BANDEIRA, Manuel. *Poesia completa e prosa*. Rio de Janeiro: Aguilar, 1974.

BARCELLOS, Sérgio da Silva (Org.). *Vida por escrito*: guia do acervo de Carolina Maria de Jesus. Sacramento, MG: Bertolucci, 2015.

BARTHES, Roland. *Aula*. São Paulo: Cultrix, 1987.

BASTIDE, Roger. *A poesia afro-brasileira*. São Paulo: Martins, 1943.

BERND, Zilá. *Negritude e literatura na América Latina*. Porto Alegre: Mercado Aberto,1987.

BERND, Zilá. *Introdução à literatura negra*. São Paulo: Brasiliense, 1988.

BILAC, Olavo. *Antologia poética*. Porto Alegre: L&PM, 2012. p. 68

BOFF, Leonardo. *Jesus Cristo Libertador*: ensaio de cristologia crítica para o nosso tempo. Petrópolis: Vozes, 2012.

BORGES, Juliana. Nós não escrevemos para adormecer os da casa-grande. *Nós*, 30 abr. 2018. Disponível em: <https://nosmovimenta.com.br/index.php/2018/04/30/nos-nao-escrevemos-para-adormecer-os-da-casa-grande/>. Acesso em: 28 jul. 2020.

BOSI, Alfredo. *Literatura e resistência*. São Paulo: Companhia das Letras, 2002.

BOSI, Alfredo. *História concisa da literatura brasileira*. São Paulo: Cultrix, 2006.

BRASIL. *Decreto n.º 1.331-A, de 17 de fevereiro de 1854*. Approva o Regulamento para a reforma do ensino primario e secundario do Municipio da Côrte. Rio de Janeiro, 1854. Disponível em: <https://www2.camara.leg.br/legin/fed/decret/1824-1899/decreto-1331-a-17-fevereiro-1854-590146-publicacaooriginal-115292-pe.html>. Acesso em: 28 jul. 2020.

BRASIL. *Decreto n.º 7.031-A, de 6 de setembro de 1878*. Crêa cursos nocturnos para adultos nas escolas publicas de instrucção primaria do 1º gráo do sexo masculino do municipio da Côrte. Rio de Janeiro, 1878. Disponível em: <https://www2.camara.leg.br/legin/fed/decret/1824-1899/decreto-7031-a-6-setembro-1878-548011-publicacaooriginal-62957-pe.html>. Acesso em: 28 jul. 2020.

BRASIL. *Decreto n.º 528, de 28 de junho de 1890.* Regularisa o serviço da introducção e localisação de immigrantes na Republica dos Estados Unidos do Brazil. 1890. Disponível em: <https://www2.camara.leg.br/legin/fed/decret/1824-1899/decreto-528-28-junho-1890-506935-publicacaooriginal-1-pe.html>. Acesso em: 28 jul. 2020.

BRASIL. *Decreto-Lei n.º 3.688, de 3 de outubro de 1941.* Lei das Contravenções Penais. Rio de Janeiro, 1941. Disponível em: <http://www.planalto.gov.br/ccivil_03/decreto-lei/del3688.htm>. Acesso em: 28 jul. 2020.

BRASIL. Ministério da Educação e Secretaria Especial de Políticas de Promoção da Igualdade Racial. *Diretrizes Curriculares Nacionais para a Educação das Relações Étnicorraciais e para o Ensino de História e Cultura Afro-Brasileira e Africana.* Brasília: MEC/SEPPIR, 2005.

BROOKSHAW, David. *Raça & cor na literatura brasileira.* Porto Alegre: Mercado Aberto, 1983.

BÜRGER, Peter. *Teoria da vanguarda.* São Paulo: Cosac Naify, 2008.

CAMARGO, Oswaldo de. *O negro escrito:* apontamentos sobre a presença do negro na Literatura brasileira. São Paulo: Secretaria de Estado da Cultura/Imprensa oficial, 1987.

CAMILO, Rodrigo Augusto Leão. A teologia da libertação no brasil: das formulações iniciais de sua doutrina aos novos desafios da atualidade. In: SEMINÁRIO DE PESQUISA DA FACULDADE DE CIÊNCIAS SOCIAIS, 2., 2011, Goiânia. *Anais...* Goiânia: UFG, 2011.

CAMPOS, Maria Consuelo Cunha. Cruz e Sousa. In: DUARTE, Eduardo de Assis (Org.). *Literatura e afrodescendência no Brasil:* antologia crítica. Belo Horizonte: Editora UFMG, 2011. p. 223-250.

CANDIDO, Antonio. *Formação da literatura brasileira:* momentos decisivos, 1750-1880. Rio de Janeiro: Ouro sobre Azul, 2007.

CARA, Salete de Almeida. *A poesia lírica.* São Paulo: Ática, 1986.

CARNEIRO, Sueli. Gênero, Raça e ascensão social. *Revista Estudos Feministas,* Florianópolis, n. 2, p. 544-552, jul./dez. 1995.

CARNEIRO, Sueli. Enegrecer o feminismo: a situação da mulher negra na América latina a partir de uma perspectiva de gênero. *Geledés: instituto da mulher negra,* 06 mar. 2011. Disponível em: <https://www.geledes.org.br/enegrecer-o-feminismo-situacao-da-mulher-negra-na-america-latina-partir-de-uma-perspectiva-de-genero/>. Acesso em: 28 jul. 2020.

CARRIJO, Fabiana Rodrigues; SANTOS, João Bôsco Cabral dos. Nas fissuras dos cadernos encardidos: o bordado testemunhal de Carolina Maria de Jesus. *Linguagem em Dis(curso),* Tubarão, v. 12, n. 2, maio/ago. 2012. Disponível em: <https://www.scielo.br/scielo.php?script=sci_arttext&pid=S1518-76322012000200003#nt05>. Acesso em: 28 jul. 2020.

CASCUDO, Luis da Câmara. *Literatura oral no Brasil*. 3. ed. Belo Horizonte: Itatiaia; São Paulo: Edusp, 1984.

CASTRO, Eliana de Moura; MACHADO, Marília Novais de Mata. *Muito bem, Carolina!:* biografia de Carolina Maria de Jesus. Belo Horizonte: C/ Arte, 2007.

CASTRO, Tamara. Escrevivência em verso e prosa. *Cenpec Educação*, 12 dez. 2019. Disponível em: <https://www.cenpec.org.br/tematicas/escrevivencias-em-verso-e-prosa>. Acesso em: 28 jul. 2020.

COMBE, Dominique. A referência desdobrada: o sujeito lírico entre a ficção e a autobiografia. Trad. Iside Mesquita e Vagner Camilo. *Revista USP*, São Paulo, n. 84, p. 112-128, dez./fev. 2009-2010.

COMPAGNON, Antoine. *Os cinco paradoxos da modernidade*. Belo Horizonte: Editora UFMG, 1996.

COSTA, Aline. Uma história que está apenas começando. In: RIBEIRO, Esmeralda, BARBOSA, Márcio (Orgs.). *Cadernos Negros, três décadas:* ensaios, poemas, contos. São Paulo: Quilombhoje, Secretaria Especial de Políticas de Promoção da Igualdade Racial, 2008. p. 19-39.

COSTA, Jurandir Freire. *História da psiquiatria no Brasil:* um corte ideológico. Rio de janeiro: Garamond, 2007.

CRUZ, Ana. *E... feito de luz*. Niterói: Ykenga Editorial Ltda, 1997.

CUNHA, Diva. Auta de Souza. In: DUARTE, Eduardo de Assis (Org.). *Literatura e afrodescendência no Brasil:* antologia crítica. Belo Horizonte: Editora UFMG, 2011. p. 253-270.

CUNHA, Olivia Maria Gomes da.; GOMES, Flavio dos Santos (Orgs.). *Quase-cidadão:* histórias e antropologia da pós-emancipação no Brasil. Rio de Janeiro: Editora FGV, 2007.

CUTI, Luiz Silva. *Literatura negro-brasileira*. São Paulo: Selo Negro Edições, 2010.

DAMASCENO, Benedita Gouveia. *Poesia negra no Modernismo brasileiro*. 2. ed. Campinas: Pontes Editores, 2003.

DANTAS, Audálio. Depoimento. In: LEVINE, Robert M.; MEIHY, José Carlos Sebe Bom (Orgs.). *Cinderela Negra:* a saga de Carolina Maria de Jesus. Rio de Janeiro: Editora UFRJ, 1994. p. 102-108.

DAVID, Emiliano de Camargo. *Saúde mental e racismo: a atuação de um Centro de Atenção Psicossocial II Infantojuvenil*. 2018. 168f. Dissertação (Mestrado em Psicologia Social) – Programa de Estudos Pós-Graduados em Psicologia Social, Pontifícia Universidade Católica, São Paulo, 2018.

DAVIS, Angela. *Mulheres, raça e classe*. 1. ed. Trad. Heci Regina Candiani. São Paulo: Boitempo, 2016.

DUARTE, Eduardo de Assis. Maria Firmina dos Reis e os primórdios da ficção afro-brasileira (posfácio). In: REIS, Maria Firmina dos. *Úrsula*: a escrava. Florianópolis: Ed. Mulheres; Belo Horizonte: PUC Minas, 2004. p. 265-281.

DUARTE, Eduardo de Assis. Mulheres marcadas: literatura, gênero, etnicidade. In: DUARTE, Eduardo de Assis; DUARTE, Costância Lima; ALEXANDRE, Marcos Antônio (Orgs.). *Falas do outro*: literatura gênero, etnicidade. Belo Horizonte: Nandyala; NEIA, 2010a. p. 24-37.

DUARTE, Eduardo de Assis. Literatura e afro-descendência. In: PEREIRA, Edimilson de Almeida (Org.). *Um tigre na floresta dos signos*: estudos sobre poesia e demandas sociais no Brasil. Belo Horizonte: Mazza Edições, 2010b. p. 73-85.

DUARTE, Eduardo de Assis. *Antologia Literatura e Afrodescendência no Brasil*. Belo Horizonte: Editora UFMG, 2011.

DUKE, Dawn (Org.). *A escritora afro-brasileira*: ativismo e arte literária. Belo Horizonte: Nandyala, 2016.

DUTRA, Eliana de Freitas. Cultura. In: GOMES, Angela de Castro (Coord.). *Olhando para dentro*: 1930-1964. Vol. 4. Rio de Janeiro: Objetiva, 2013. (História do Brasil Nação: 1808-2010; 4) p. 229-274.

EVARISTO, Conceição. Gênero e etnia: uma escre(vivência) de dupla face. In: MOREIRA, Nadilza Martins de Barros; SCHNEIDER, Liane (Orgs.) *Mulheres no mundo*: etnia, marginalidade e diáspora. João Pessoa: Idéia Editora Ltda, 2005. p. 201-212.

EVARISTO, Conceição. Da grafia-desenho de minha mãe, um dos lugares de nascimento de minha escrita. In: ALEXANDRE, Marcos Antônio (Org.). *Representações performáticas brasileiras*: teorias, práticas e suas interfaces. Belo Horizonte: Mazza Edições, 2007. p. 16-21.

EVARISTO, Conceição. *Poemas da recordação e outros movimentos*. Belo Horizonte: Nandyala, 2008.

EVARISTO, Conceição. Literatura negra: uma voz quilombola na literatura brasileira. In: PEREIRA, Edimilson de Almeida (Org.). *Um tigre na floresta dos signos*: estudos sobre poesia e demandas sociais no Brasil. Belo Horizonte: Mazza Edições, 2010. p. 132-144.

EVARISTO, Conceição. Conceição, Elisa e Vera: linha de frente por Carolina M. de Jesus. *Catraca livre*, 15 jul. 2017. Disponível em: <https://catracalivre.com.br/cidadania/conceicao-elisa-e-vera-linha-de-frente-por-carolina-m-de-jesus/>. Acesso em: 28 jul. 2020.

EVARISTO, Conceição. Conceição Evaristo: Cada vez mais o racismo no Brasil sai do armário. *Carta Capital*, 23 mar. 2019. Disponível em: <https://www.cartacapital.com.br/cultura/conceicao-evaristo-cada-vez-mais-o-racismo-no-brasil-sai-do-armario/>. Acesso em: 28 jul. 2020.

FARIA, Álvaro Alves de. A poesia simples como a vida. In: TRINDADE, Solano. *Cantares ao meu povo.* 2. ed. São Paulo: Brasiliense, 1981.

FAUSTO, Boris. *Getúlio Vargas:* o poder e o sorriso. São Paulo: Companhia das Letras, 2006.

FELINTO, Marilene. Clichês nascidos na favela. In: *Folha de São Paulo,* São Paulo, Caderno Mais!, p. 11, 29 set. 1996.

FERNANDEZ, Raffaella Andréa. Percursos de uma poética de resíduos na obra de Carolina Maria de Jesus. *Itinerários,* Araraquara, n. 27, p. 125-146, jul./dez. 2008.

FERNANDEZ, Raffaella Andréa. *Processo criativo nos manuscritos do espólio literário de Carolina Maria de Jesus.* 2015. 315 f. Tese (Doutorado em Teoria e História Literária) – Instituto de Estudos da Linguagem, Universidade Estadual de Campinas, Campinas, 2015.

FERNANDEZ, Raffaella Andréa. Carolina Maria de Jesus: uma breve cartografia de seu espólio literário. *Manuscrítica:* revista de crítica genética, n. 31, p. 10-26, 2016. Disponível em: <http://www.revistas.fflch.usp.br/manuscritica/article/viewFile/2637/2332>. Acesso em: 28 jul. 2020.

FERNANDEZ, Raffaella Andréa. *A poética de resíduos de Carolina Maria de Jesus.* Edições Carolina, 2018. Versão *e-book*.

FERNANDEZ, Raffaella Andréa. As margens como celeiro da palavra. In: JESUS, Carolina Maria de. *Clíris:* poemas recolhidos. Raffaella Fernandez e Ary Pimenta (Orgs.) Rio de Janeiro: Desalinho, Ganesha Cartonera, 2019. p. 141-147.

FERRARI, Márcio. Poéticas de resíduos. *Revista pesquisa FAPESP.* Literatura. Ed. 231, maio 2015. Disponível em: <https://revistapesquisa.fapesp.br/poetica-de-residuos/>. Acesso em: 27 jul. 2020.

FERREIRA, Abílio J. Considerações à cerca de um aspecto do fazer literário ou de como um escritor negro sofre noites de insônia. In: QUILOMBHOJE. *Reflexões sobre literatura afro-brasileira.* São Paulo: Conselho de participação e desenvolvimento da comunidade negra, 1985.

FRASSON, Ivana Bocate. *Na cozinha, o duro pão; no quarto, a dura cama: um percurso pelos espaços na obra de Carolina Maria de Jesus.* 2016. 158 f. Dissertação (Mestrado em Letras) – Pós-graduação em Letras, Universidade Estadual de Londrina, Londrina, 2016.

FREYRE, Gilberto. *Casa-Grande e Senzala.* 20. ed. Rio de Janeiro: José Olympio, 1984.

GAMA, Luiz. *Primeiras trovas burlescas & outros poemas.* Org. e introd. Ligia Fonseca Ferreira. São Paulo: Martins Fontes, 2000.

GLISSANT, Édouard. *Le discours antillais.* Paris: Seuil, 1981.

GOIS, Ancelmo. Flávia Oliveira sugere nomes para ABL: 'Tá faltando preto na Casa de Machado de Assis'. *O Globo*, Rio de janeiro, 25 abr. 2018. Blog da turma da coluna. Disponível em: <https://blogs.oglobo.globo.com/ancelmo/post/flavia-oliveira-sugere-nomes-para-abl-ta-faltando-preto-na-casa-de-machado-de-assis.html>. Acesso em: 28 jul. 2020.

GOMES, Angela de Castro. População e sociedade. In: GOMES, Angela de Castro (Coord.). Olhando para dentro: 1930-1964. Vol. 4. Rio de janeiro: Objetiva, 2013. (História do Brasil Nação: 1808-2010; 4). p. 41-90.

GOMES, Heloisa Toller. Lino Guedes. In: DUARTE, Eduardo de Assis (Org.). *Literatura e afrodescendência no Brasil*: antologia crítica. Belo Horizonte: Editora UFMG, 2011. p. 349-363.

GONZALEZ, Lélia. Racismo e sexismo na cultura brasileira. In: SILVA, Luiz Antonio Machada *et al*. Movimentos sociais urbanos, minorias e outros estudos. *Ciências Sociais Hoje*, Brasília, ANPOCS, n. 2, p. 223-244, 1983.

GONZALEZ, Lélia. A categoria político-cultural de amefricanidade. *Tempo Brasileiro*, Rio de Janeiro, n. 92/93, p. 69-82, jan./jun. 1988.

GONZALEZ, Lélia. Mulher negra. In: NASCIMENTO, Elisa Larkin (Org.). *Guerreiras da Natureza*: mulher negra, religiosidade e ambiente. São Paulo: Selo Negro, 2008. p. 29-47.

GUEDES, Lino. *Negro Preto Cor da Noite*. São Paulo: Cruzeiro do Sul, 1932.

HARKOT-DE-LA-TAILLE, Elizabeth; SANTOS, Adriano Rodrigues dos. Sobre escravos e escravizados: percursos discursivos da conquista da liberdade. In: SIMPÓSIO NACIONAL DISCURSO, IDENTIDADE E SOCIEDADE: dilemas e desafios na contemporaneidade, 3., 2012, Campinas. *Anais...* Campinas: Unicamp, 2012.

HOOKS, bell. Vivendo de amor. In: *Geledes: instituto da mulher negra*, 09 mar. 2010. Disponível em: <https://www.geledes.org.br/vivendo-de-amor/>. Acesso em: 28 jul. 2020.

HOOKS, bell. *O feminismo é para todo o mundo*: políticas arrebatadoras. Trad. Ana Luiza Libânio. 1. ed. Rio de Janeiro: Roda dos Tempos, 2018.

JESUS, Carolina Maria de. *Casa de alvenaria*: diário de ex-favelada. Rio de Janeiro: Editora Paulo de Azevedo LTDA, 1961.

JESUS, Carolina Maria de. *Pedaços da fome*. São Paulo: Editora Áquila LTDA, 1963.

JESUS, Carolina Maria de. Minha Vida. In: LEVINE, Robert M.; MEIHY, José Carlos Sebe Bom. *Cinderela Negra*: a saga de Carolina Maria de Jesus. Rio de Janeiro: Editora UFRJ, 1994. p. 172-189.

JESUS, Carolina Maria de. *Meu estranho diário.* José Carlos Sebe Bom Meihy e Robert M. Levine (Orgs.). São Paulo: Xamã, 1996a.

JESUS, Carolina Maria de. *Antologia pessoal.* José Carlos Sebe Bom Meihy (Org.). Rio de Janeiro: Editora UFRJ, 1996b.

JESUS, Carolina Maria de. *Quarto de despejo:* diário uma favelada. São Paulo: Ática, 2007a.

JESUS, Carolina Maria de. *Diário de Bitita.* Sacramento: Editora Bertolucci, 2007b.

JESUS, Carolina Maria de. *Onde estaes Felicidade?* Dinha e Raffaella Fernandez (Org.). São Paulo: Me Parió Revolução, 2014.

JESUS, Carolina Maria de. *Meu sonho é escrever...:* contos inéditos e outros contos escritos. Raffaella Fernandez (Org.) São Paulo: Ciclo contínuo editorial, 2018.

JESUS, Carolina Maria de. *Clíris:* poemas recolhidos. Raffaella Fernandez e Ary Pimenta (Orgs.) Rio de Janeiro: Desalinho, Ganesha Cartonera, 2019.

JESUS, Carolina Maria de. *Casa de Alvenaria.* Vol. 1: Osasco. São Paulo: Companhia das Letras, 2021a.

JESUS, Carolina Maria de. *Casa de Alvenaria.* Vol. 2: Santana. São Paulo: Companhia das Letras, 2021b.

JESUS, José Carlos de. Depoimento. In: LEVINE, Robert M.; MEIHY, José Carlos Sebe Bom (Orgs.). *Cinderela Negra:* a saga de Carolina Maria de Jesus. Rio de Janeiro: Editora UFRJ, 1994. p. 88-101.

KILOMBA, Grada. *Memórias da plantação:* episódios de racismo cotidiano. Trad. Jess Oliveira. 1. ed. Rio de janeiro: Cobogó, 2019.

KLEIMAN, Ângela B. (Org.). *Os significados do letramento:* uma nova perspectiva sobre a prática social da escrita. Campinas: Mercado das Letras, 1995.

LAJOLO, Marisa. Poesia no quarto de despejo, ou um ramo de rosas para Carolina. In: JESUS, Carolina Maria de. *Antologia pessoal.* José Carlos Sebe Bom Meihy (Org.). Rio de Janeiro: Editora UFRJ, 1996. p. 37-62.

LE GOFF, Jacques. Memória. In: *História e memória.* Campinas: Educamp, 1992. p. 419-476.

LEJEUNE, Philipe. *O pacto autobiográfico:* de Rousseau à Internet. Trad. Jovita Maria Gerheim Noronha; Maria Inês Coimbra Guedes. Belo Horizonte: Editora UFMG, 2008.

LESSA, Orígenes. *O feijão e o sonho.* São Paulo: Global, 2012 [1938].

LEVINE, Robert M. Uma história para Carolina. In: LEVINE, Robert M.; MEIHY, José Carlos Sebe Bom (Orgs.). *Cinderela Negra:* a saga de Carolina Maria de Jesus. Rio de Janeiro: Editora UFRJ, 1994. p. 15-53.

LEVINE, Robert M; MEIHY, José Carlos Sebe Bom (Orgs.). *Cinderela Negra:* a saga de Carolina Maria de Jesus. Rio de Janeiro: Editora UFRJ, 1994.

LIMA, Vera Eunice de Jesus. Depoimento. In: LEVINE, Robert M.; MEIHY, José Carlos Sebe Bom (Orgs.). *Cinderela Negra:* a saga de Carolina Maria de Jesus. Rio de Janeiro: Editora UFRJ, 1994. p. 64-87.

LIMA, Vera Eunice de Jesus. *Questões sobre Carolina.* Destinatário: Amanda Crispim Ferreira Valério. [s.l.], 4 jul. 2020. 1 mensagem eletrônica.

LOBO, Luiza. *Crítica sem juízo.* Rio de Janeiro: Garamond, 2007.

LOBO, Luiza. Maria Firmina dos Reis. In: DUARTE, Eduardo de Assis (Org.). *Literatura e afrodescendência no Brasil:* antologia crítica. Belo Horizonte: Editora UFMG, 2011. p. 111-126.

LONGO, Ivan. Professor branco diz que obra de Carolina Maria de Jesus não é literatura e provoca embate no RJ. *Revista Fórum*, Santos, 20 abr. 2017. Home Cultura. Disponível em: <https://revistaforum.com.br/noticias/professor-branco-diz-que-obra-de-carolina-maria-de-jesus-nao-e-literatura-e-provoca-embate-no-rj/>. Acesso em: 28 jul. 2020.

MARQUES, Reinaldo Martiniano. Domingos Caldas Barbosa. In: DUARTE, Eduardo de Assis (Org.). *Literatura e afrodescendência no Brasil*: antologia crítica. Belo Horizonte: Editora UFMG, 2011. p. 49-60.

MARTINS, Leda Maria. Performances do tempo espiralar. In: RAVETTI, Graciela; ARBEX, Márcia (Orgs.). *Performance, exílio, fronteiras:* errâncias territoriais e textuais. Belo Horizonte: Departamento de Letras românicas, Faculdade de Letras/ UFMG: Poslit, 2002a. p. 69-92.

MARTINS, Leda Maria. Arabescos do corpo feminino. In: DUARTE, Constância Lima; DUARTE, Eduardo de Assis; BEZERRA, Kátia da Costa (Orgs.). *Gênero e representação na literatura brasileira.* Belo Horizonte: Editora da UFMG, 2002b. p. 219-228.

MARTINS, Leda Maria. Solano Trindade. In: DUARTE, Eduardo de Assis (Org.). *Literatura e afrodescendência no Brasil:* antologia crítica. Belo Horizonte: Editora UFMG, 2011. p. 389-416.

MARTINS, Nilce Sant'Anna. *Introdução à estilística:* a expressividade na língua portuguesa. São Paulo: T.A. Queiroz; Edusp, 1989.

MEIHY, José Carlos Sebe Bom. Algumas histórias das várias Carolinas. In: LEVINE, Robert; MEIHY, José Carlos Sebe Bom. *Cinderela Negra:* a saga de Carolina Maria de Jesus. Rio de Janeiro: Editora UFRJ, 1994. p. 123-168.

MEIHY, José Carlos Sebe Bom. A integridade das frações. In: JESUS, Carolina Maria de. *Meu estranho diário.* José Carlos Sebe Bom Meihy e Robert M. Levine (Orgs.). São Paulo: Xamã, 1996a. p. 285-308.

MEIHY, José Carlos Sebe Bom. O inventário de uma certa poetisa. In: JESUS, Carolina Maria de. *Antologia pessoal.* José Carlos Sebe Bom Meihy (Org.). Rio de Janeiro: Editora UFRJ, 1996b. p. 7-36.

MEIHY, José Carlos Sebe Bom. Três utopias de uma certa Carolina. In: JESUS, Carolina Maria de. *Meu estranho diário.* José Carlos Sebe Bom Meihy e Robert M. Levine (Orgs.). São Paulo: Xamã, 1996c. p. 309-314.

MEIHY, José Carlos Sebe Bom. *Antologia Pessoal (pedido de ajuda).* Destinatário: Amanda Crispim Ferreira. [s.l.], 13 fev. 2015. 1 mensagem eletrônica.

MENDES, Algemira de Macedo. Maria Firmina dos Reis: uma voz na história da Literatura Afro-brasileira do século XIX. In: MENDES, Algemira de Macedo; FERREIRA, Elio (Orgs.). *Literatura afrodescendente:* memória e construção de identidades. São Paulo: Quilombhoje, 2011. p. 23-40.

MIRANDA, Fernanda Rodrigues de. O campo literário afro-brasileiro e a recepção de Carolina Maria de Jesus. *Estação Literária,* Londrina, v. 8, p. 15-24, dez. 2011.

MIRANDA, Fernanda Rodrigues de. *Silêncios prescritos:* estudos de romances de autoras negras brasileiras (1859-2006). Rio de Janeiro: Malê, 2019.

MOISÉS, Massaud. *Dicionário de Termos Literários.* 9. ed. São Paulo: Cultrix, 1999.

MOTT, Maria Lúcia de Barros. Escritoras negras: resgatando nossa história. In: PEREIRA, Edimilson de Almeida (Org.). *Um tigre na floresta dos signos:* estudos sobre poesia e demandas sociais no Brasil. Belo Horizonte: Mazza Edições, 2010. p. 245-255.

MUSSA, Alberto Baeta. Estereótipos do negro na literatura brasileira: sistema e motivação histórica. *Estudos afro-asiáticos,* Rio de Janeiro, n. 16, p. 70-87, mar. 1989.

MUZART, Zahidé Luppinacci. Entre quadrinhas e santinhos: a poesia de Auta de Souza. *Travessia:* Revista do Curso de Pós-graduação em Letras. Mulheres Século XIX. Florianópolis: Ed. da UFRN, 1991. p. 149-153. Disponível em: <https://periodicos.ufsc.br/index.php/travessia/article/view/17168>. Acesso em: 28 jul. 2020.

NASCIMENTO, Beatriz. O conceito de quilombo e a resistência cultural negra. In: RATTS, Alex. *Eu sou atlântica:* sobre a trajetória de vida de Beatriz Nascimento. São Paulo: Instituto Kuanza Imprensa Oficial, 2006. p. 117-125.

NASCIMENTO, Gizêlda Melo do. Poéticas Afro-femininas. In: CORREA, Regina Helena Machado Aquino (Org.). *Nem fruta nem flor.* Londrina: Edições Humanidades, 2006a. p. 73-90.

NASCIMENTO, Gizêlda Melo do. *Feitio de Viver:* Memórias de descendentes de escravos. Londrina: Eduel, 2006b.

NASCIMENTO, Gizêlda Melo do. Grandes mães reais senhoras. In: NASCIMENTO, Elisa Narkin (Org.). *Guerreiras de Natureza:* mulher negra, religiosidade e ambiente. São Paulo: Selo Negro, 2008. p. 49-63.

NASCIMENTO, Abdias. *O genocídio do negro brasileiro:* processo de um racismo mascarado. São Paulo: Perspectivas, 2016.

OLIVEIRA, Eduardo de. Apresentação. In: JESUS, Carolina de. *Pedaços da fome.* São Paulo: Editora Áquila, 1963. p. 11-14.

PACHECO, Ana Cláudia Lemos. *Mulher negra:* afetividade e solidão. Salvador: EDUFBA, 2013.

PALHANO, João Maria Paiva. Vozes da tradição na poética de Auta de Souza. *Imburana:* revista do Núcleo Câmara Cascudo de Estudos Norte-Rio-Grandenses/UFRN, n. 10, p. 10-22, jul./dez. 2014.

PAULINO, Jorge. *O pensamento sobre a favela em São Paulo:* uma história concisa das favelas paulistanas. 2007. Dissertação (Mestrado em Habitat) – Faculdade de Arquitetura e Urbanismo, Universidade de São Paulo, São Paulo, 2007.

PENTEADO, Gilmar. A árvore Carolina Maria de Jesus: uma literatura vista de longe. *Estudos de literatura brasileira contemporânea*, n. 49, p. 19-32, set./dez. 2016.

PEREIRA, Edmilson de Almeida. Pulsões da poesia brasileira contemporânea: o Grupo Quilombhoje e a vertente afro-brasileira. In: PEREIRA, Edimilson de Almeida (Org.). *Um tigre na floresta dos signos:* estudos sobre poesia e demandas sociais no Brasil. Belo Horizonte: Mazza Edições, 2010. p. 329-355.

PERES, Elena Pajaro. *Exuberância e invisibilidade. Populações moventes e cultura em São Paulo, 1942 ao início dos anos 1970.* 2007. Tese (Doutorado em História Social) – Departamento de História, Faculdade de Filosofia, Letras e Ciências Humanas da Universidade de São Paulo, 2007.

PERES, Elena Pajaro. Carolina Maria de Jesus, insubordinação e ética numa literatura feminina de diáspora. In: ASSIS, Maria Elisabete Arruda de; SANTOS, Taís Valente dos (Orgs.). *Memória feminina:* mulheres na história, história de mulheres. Recife: Fundação Joaquim Nabuco, Editora Massangana, 2016. p. 88-97.

PERPÉTUA, Elzira Divina. *Traços de Carolina Maria de Jesus:* gênese, tradução e recepção de Quarto de despejo. 2000. Tese (Doutorado em Literatura Comparada) – Universidade Federal de Minas Gerais, Belo Horizonte, 2000.

PERPÉTUA, Elzira Divina. *A vida escrita de Carolina Maria de Jesus.* Belo Horizonte: Nandyala, 2014.

PORTUGAL. Prontuário ortográfico. Súmula das principais regras que se hão de observar na escrita das palavras e formas vocabulares portuguesas. *Diário do Governo*, Lisboa, n. 213, p. 3849-3851, 12 set. 1911.

PROENÇA FILHO, Domício. A trajetória do negro na literatura brasileira. In: PEREIRA, Edimilson de

Almeida (Org.). *Um tigre na floresta dos signos:* estudos sobre poesia e demandas sociais no Brasil. Belo Horizonte: Mazza Edições, 2010. p. 43-72.

PROENÇA FILHO, Domício. *Estilos de época na literatura.* São Paulo: Prumo, 2012.

RAMOS, Marcos. 'Racha' entre intelectuais sobre a obra de Carolina de Jesus: clima cada vez mais tenso. *O Globo*, Rio de janeiro, 22 abr. 2017. Blog Gente boa. Disponível em: <https://blogs.oglobo.globo.com/gente-boa/post/racha-entre-intelectuais-sobre-obra-de-carolina-de-jesus-clima-cada-vez-mais-tenso.html>. Acesso em: 28 jul. 2020.

REIS, Maria Firmina dos. Úrsula e outras obras [recurso eletrônico]. Brasília: Câmara dos deputados, Edições Câmara, 2018. (Série prazer de ler; n. 11; *e-book*).

RIBEIRO, Djamila. *O que é lugar de fala?* Belo Horizonte: Letramento, 2017a.

RIBEIRO, Djamila. Conceição Evaristo: "Nossa fala estilhaça a máscara do silêncio.". *Carta Capital*, 13 maio 2017b. Disponível em: <https://www.cartacapital.com.br/sociedade/conceicao-evaristo-201cnossa-fala-estilhaca-a-mascara-do-silencio201d/>. Acesso em: 28 jul. 2020.

RIBEIRO, Esmeralda. A narrativa feminina publicada nos Cadernos Negros sai do quarto de despejo. In: DUARTE, Constância Lima; DUARTE, Eduardo de Assis; BEZERRA, Kátia da Costa (Orgs.). *Gênero e representação na literatura brasileira.* Belo Horizonte: Editora da UFMG, 2002. p. 229-233.

ROLNIK, Raquel. Territórios negros nas cidades brasileiras: etnicidades e cidade em São Paulo e Rio de Janeiro. In: SANTOS, Renato Emerson dos (Org.). *Diversidade, espaço e relações étnico-raciais:* o negro na geografia do Brasil. Belo Horizonte: Autêntica, 2007. p. 75-90.

ROMANELLI, Marina. *A representatividade feminina na literatura contemporânea brasileira.* 2014. 51f. Monografia (Graduação em Comunicação Social) – Escola de Comunicação, Universidade Federal do Rio de Janeiro, Rio de Janeiro, 2014.

ROMERA VALVERDE, Antônio José. *Pedagogia libertária e autodidatismo.* 1996. 321f. Tese (Doutorado em Educação) – Faculdade de Educação, Universidade Estadual de Campinas, Campinas-SP, 1996.

SALES, Germana Maria Araujo. *Palavra e sedução:* uma leitura dos prefácios oitocentistas (1826-1881). 2003. 387f. Tese (Doutorado em Teoria Literária) – Instituto de Estudos da Linguagem, Universidade Estadual de Campinas, Campinas, SP, 2003.

SALIBA, Elias Thomé. Cultura. In: SCHWARCZ, Lilia Moritz (Coord.). *A abertura para o mundo:* 1889-1930. Vol. 3. Rio de Janeiro: Objetiva, 2012. (História do Brasil Nação: 1808-2010; 3). p. 239-294.

SANTOS, Joel Rufino dos. *Carolina Maria de Jesus:* uma escritora improvável. Rio de Janeiro: Garamond, 2009.

SANTOS, Lívia Maria Natália de Souza. Poéticas da Diferença: a representação de si na lírica afro-feminina. *Literafro:* o portal da literatura afro-brasileira. 07 fev. 2018. Disponível: <http://www.letras.ufmg.br/literafro/artigos/artigos-teorico-conceituais/154-livia-maria-natalia-de-souza-santos-poeticas-da-diferenca>. Acesso em: 02 out. 2020.

SCHWARCZ, Lilia Moritz. População e sociedade. In: SCHWARCZ, Lilia Moritz (Coord.). *A abertura para o mundo:* 1889-1930. Vol. 3. Rio de Janeiro: Objetiva, 2012. (História do Brasil Nação: 1808-2010; 3). p. 35-84.

SILVA, José Carlos Gomes da. Carolina Maria de Jesus e os discursos da negritude: literatura afro-brasileira, jornais negros e vozes marginalizadas. *História & Perspectivas,* Uberlândia, v. 39, p. 59-88, jul./dez. 2008.

SILVA, Ana Paula Araujo. Breve história da ortografia portuguesa: períodos, reformas e acordos. *Revista de Villegagnon,* p. 58-63, 2009. Disponível em: <http://www.redebim.dphdm.mar.mil.br/vinculos/000004/000004c7.pdf>. Acesso em: 28 jul. 2020.

SILVA, Mario Augusto Medeiros da. A Descoberta do Insólito: Literatura Negra e Literatura Periférica no Brasil (1960-2000). 2011. 448f. Tese (Doutorado em Sociologia) – Instituto de Filosofia e Ciências Humanas, Universidade Estadual de Campinas, Campinas, 2011.

SILVA, Mário Augusto Medeiros. Prefácio. In: FERNANDEZ, Raffaella. *A poética de resíduos de Carolina Maria de Jesus.* Edições Carolina, 2018. Versão *e-book*.

SILVA, Fernanda Felisberto da. *Escrevivências na Diáspora: escritoras negras, produção editorial e suas escolhas afetivas, uma leitura de Carolina Maria de Jesus, Conceição Evaristo, Maya Angelou e Zora Neale Hurston.* 154 f. 2011. Tese (Doutorado em Letras) – Instituto de Letras, Centro de Educação e Humanidades, Universidade do Estado do Rio de Janeiro. Rio de Janeiro, 2011.

SOARES, Magda. *Letramento:* um tema em três gêneros. 4. ed. Belo Horizonte: Autêntica Editora, 2010.

SOBRAL, Cristiane. *Não vou mais lavar os pratos.* Brasília: Oi Poema, 2010.

SOUZA, Florentina; LIMA, Maria Nazaré (Orgs.) *Literatura afro-brasileira.* Salvador: centro de estudos afro-orientais; Brasília: Fundação Cultural Palmares, 2006.

SOUSA, João da Cruz e. O emparedado. In: DUARTE, Eduardo de Assis (Org.). *Literatura e afrodescendência no Brasil:* antologia crítica. Belo Horizonte: Editora UFMG, 2011. p. 232-250.

SOUZA, Germana Henriques Pereira de. *Carolina Maria de Jesus:* o estranho diário da escritora vira-lata. 2004. Tese (Doutorado em Teoria Literária) – Universidade de Brasília, Brasília, 2004.

SOUSA, Germana Henriques Pereira de. *Carolina Maria de Jesus:* o estranho diário da escritora vira-lata. Vinhedo: Editora Horizonte, 2012.

SOUZA, Auta de. *Horto*. São Paulo: Lebooks Editora, 2019. Edição do Kindle.

SPIVAK, Gayatri Chakravorty. *Pode o subalterno falar?* 1. ed. Trad. Sandra Regina Goulart Almeida; Marcos Pereira Feitosa; André Pereira. Belo Horizonte: UFMG, 2010.

STAIGER, Emil. *Conceitos fundamentais da poética*. Rio de Janeiro: Tempo Brasileiro, 1972.

STREET, Brian. *Letramentos sociais:* abordagens críticas do letramento no desenvolvimento, na etnografia e na educação. Trad. Marcos Bagno. São Paulo: Parábola, 2014.

THEODORO, Helena. *Mito e espiritualidade; mulheres negras*. Rio de janeiro: Pallas, 1996.

TRINDADE, Solano. *Cantares ao meu povo*. São Paulo: Fulgor, 1961. (2. ed. São Paulo: Brasiliense, 1981.)

TRUTH, Sojourner. E não sou uma mulher? *Geledés: instituto da mulher negra*, 08 jan. 2014. Disponível em: <https://www.geledes.org.br/e-nao-sou-uma-mulher-sojourner-truth/>. Acesso em: 28 jul. 2020.

VARELLA, Luiz Nicoláo Fagundes. *Obras Completas*. Vol. 2. Rio de Janeiro: Livraria Garnier, s.d.

VARGAS, Getúlio. *Carta Testamento*. Rio de Janeiro, 23 ago. 1954. Disponível em: <https://www2.camara.leg.br/atividade-legislativa/plenario/discursos/escrevendohistoria/getulio-vargas/carta-testamento-de-getulio-vargas>. Acesso em: 28 jul. 2020.

VÁRIOS AUTORES. *Cadernos negros 19*: poemas afro-brasileiros. São Paulo: Quilombhoje, 1996.

VÁRIOS AUTORES. *O menelick 2º ato*, São Caetano do Sul/SP, ano IV, ed. Zero XIV, Out./nov./dez, 2014.

VOGT, Carlos. Trabalho, pobreza e trabalho intelectual. In: SCHWARZ, Roberto (Org.). *Os pobres na literatura brasileira*. São Paulo: Brasiliense, 1983.

WERNECK, Jurema. Nossos passos vêm de longe! Movimentos de mulheres negras e estratégias políticas contra o sexismo e o racismo. In: *Revista da ABPN*, v. 1, n. 1, mar./jun. 2010, p. 08-17.

ZIN, Rafael Balseiro. Maria Firmina dos Reis e seu conto "A escrava": consolidando uma literatura abolicionista. *Revista XIX*, v. 1, n. 4, p. 142-161, 2017.

ZOLIN, Lúcia Osana. Literatura de autoria feminina. In: BONNICI, Thomas; ZOLIN, Lúcia Osana (Orgs.). *Teoria Literária:* abordagens históricas e tendências contemporâneas. Maringá: Eduem, 2009. p. 327-336.

Esta obra foi composta em Arno pro light 12 para a Editora Malê e impressa na Trio Gráfica em março de 2025.